대한민국
어디로
가야 하는가

問
得

원로에게 대한민국의 미래를 묻다

대한민국
어디로
가야 하는가

이광재 엮음

Humanist

問得, 대한민국을 생각하다

인생과 국가에는 흥망이 있다. 역사의 법칙이다. '과연 대한민국호는
잘 가고 있는 것일까?' 하는 의문이 끊이질 않았다. 앞으로 나가려면
지난 역사를 보라고 했다. 지난 100년의 역사는 명암이 선명했다.

나라가 어렵다. 한치 앞을 예측하기 어렵고, 서민 경제는 침체의
늪에 빠졌고, 국민행복지수는 OECD 국가 최하위권 수준이다. 온
나라에 '힐링'이란 단어가 홍수를 이루는 게 당연해 보인다. 기업도,
노동자도, 아빠 엄마도, 아이도 사는 게 힘들다. 나라 전체에 '해보자'
라는 열망과 에너지가 떨어지고 있다. 그런데 길을 제시해야 할 정치
권은 '대결의 늪'에 빠져 있다. 보수와 진보의 대결은 막말 수준을 넘
어 국가의 영혼을 갉아먹고 있다.

희망이 있는 자가 살아남는다. 고난이 닥쳐도 희망이 있으면 이겨
낼 수 있다. 그렇다면 이 시대 우리의 희망은 무엇인가? 나는 묻고 싶
었다. '이 나라는 어디로 가야 하는가?' 시대의 정수를 찾고 싶었다.

책을 떠나 우리 현대사를 거치면서 한 분야에서 일가를 이루거나
큰 족적을 남긴 원로들의 경험을 배우고 싶었다. '존재하는 것은 다

이유가 있다. 보수와 진보를 넘어 모든 사상을 받아들이자' 하는 각오로 임했다. 원로들의 생각을 좀 더 현실 정책으로 만들기 위해 전문가들을 찾아갔다. 온고지신溫故知新, 진화하는 길을 찾고자 노력했다. 원로들의 자료를 찾고, 책을 읽었다. 묻고 생각하고 배우는 1년은 참으로 값진 시간이었다.

1년간의 인터뷰 끝에 최종적으로 얻은 것은 '대한문국大韓文國', 문명화된 대한민국이다. 문명은 고도로 발달한 인간의 문화와 사회를 얘기한다. 《백범일지》에는 "나는 우리나라가 세계에서 가장 아름다운 나라가 되기를 원한다. 가장 부강한 나라가 되기를 원하는 것은 아니다…… 오직 한없이 가지고 싶은 것은 높은 문화의 힘이다. 문화의 힘은 우리 자신을 행복되게 하고 나아가서 남에게 행복을 주겠기 때문이다"라고 씌어 있다. 나라를 잃고 중국 땅을 전전하던 고통 속에서도 백범 선생이 왜 문화국가를 꿈꾸었는지 비로소 알게 되었다.

세계 역사에서 대한문국이 되려면 첫째, 통일이 되어야 한다. 통일을 위해서는 김유신·김춘추·안중근의 정신이 필요하다. 둘째, 교육은 국가 흥망의 알파이자 오메가다. 교육 혁신이 살 길이다. 셋째, 신자유주의를 넘어 '공동체 자본주의'로 나아가야 한다. 보수는 복지를, 진보는 성장을 연구해야 한다. 넷째, 문화의 시대를 열어야 한다. 물질의 가치와 정신의 가치가 함께 발전하는 것이 문화의 시대다. 다섯째, 국가통합은 국가의 전략적 과제다. 통합은 번영을 가져오지만 분열은 패망을 가져온다.

산업화·민주화 성공 신화에 대한 자부심은 '세월호' 앞에서 무참히 무너지고 말았다. '내가 살고 있는 대한민국이 이 수준이란 말인가?'

하는 참담함 속에 있다. 이 책을 통해 한번쯤 우리는 어디로 가야 하는지 되돌아보는 시간을 갖길 기대한다. 인터뷰한 원로와 전문가 들과 내 의견이 다른 점도 많다. 그러나 과도하게 나의 주장을 이야기하지 않으려 한다. 원로와 전문가 들의 생각과 정책을 경청하되, 판단은 독자 여러분이 하시길 바라기 때문이다.

시대가 영웅을 만들기도 하고 영웅이 시대를 만들기도 한다. 그러나 지금 우리에게 필요한 것은 서로에게 배워 집단지혜를 키워내는 작은 영웅들이다. 분열은 뇌의 합리적 판단을 위축시키고, 심장의 열망을 좀먹는다. 의기투합하면 빛나는 역사를 만들 수 있다는 믿음이 있다. 처음부터 길은 없었다. 사람이 다니면서부터 길이 생겼다. 경청하고 배우는 문화를 통해 문명국가로 나아가는 위대한 길이 시작되길 간절히 바란다. 역사의 신이 우리를 외면하기 전에 우리는 서로에게 배워야 한다. 원로들의 말씀이 마음속에서 떠나질 않는다. "돈이 사람을 따라가야 하는데 사람이 돈을 따라가는 사회는 멸망한다", "다음 대통령은 교육 대통령, 통일 대통령이어야 한다", "교육혁신을 통한 대한문국이 나아갈 길이다", "교육 안 바꾸면 아이도, 부모도 지쳐 죽는다", "이젠 성숙한 사회로 가야한다", "100년, 200년 뒤 후손에게 뭐라고 할 것인가? 통일로 가야 한다". 大韓文國, 교육 대통령, 통일 대통령을 고대해본다. 인터뷰에 응해주신 원로와 전문가 선생님들, 그리고 〈중앙선데이〉 팀에 깊은 감사를 드린다.

2014년 6월
연세대학교 동서문제연구원에서
이광재

차례

2부 경제의 미래를 묻다

3부 복지의 미래를 묻다

3131년에게 대한민국을 묻다

대한민국이 전대미문의 미로 속에서 출구를 찾지 못하고 있다. 정치는 실종됐고, 경제는 나락에서 헤어날 줄 모른다. '이광재가 원로에게 묻다'라는 타이틀 아래 원로 마흔두 분을 만난 배경이다. 연간 국민소득이 100달러도 안 되던 동아시아의 최빈국을 세계 10위권의 경제대국이자 민주화의 모범국가로 끌어올리는 데 주저하지 않은 그들의 조언을 통해 돌파구를 찾고 싶었다. 원로들의 정치적 성향은 따지지 않았다. 마주 보고 달리는 두 대의 기관차처럼 죽기 살기로 싸우는 분열을 딛고 일어서려면 이념을 떠나 실사구시의 정신으로 그들의 경륜에 귀 기울여야 했다.

누구나 한 번밖에 살 수 없다. 이런 유한한 인생을 제대로 누리려면 어떻게 해야 하는지 인생의 먼 길을 뜨겁고 지혜롭게 살아온 원로들에게 배우고 싶은 마음도 컸다. '인생도처유상수'의 심정으로 지난 열 달 동안 만난 원로들의 나이를 합해보았다. 3131년이었다. '사람이 만나면 생각이 모이고, 생각이 모이면 사상이 생기고, 사상이 모이면 세상을 바꿀 수 있다.' 원로들을 만나면서 얻은 깨달음이다.

배움

원로들은 하나같이 공부벌레였다. 은퇴한 분들이 많기에 주로 자택을 찾아갔는데, 집 안에는 온통 책이 쌓여 있었다. 서울 봉천동의 2층 단독주택에 사는 조순 전 부총리는 집에 책이 넘쳐나 마당에 컨테이너를 두어 책을 보관하고 있었다. 그는 요즘도 매달 두 번씩 서점에 책을 사러 간다. 그는 "서울에서 좀 산다는 사람이 가진 재산만큼의 책을 사서 모았다고 보면 될 것"이라고 말했다. '라면왕' 전중윤 삼양식품 명예회장의 책장에도 식품과 관련된 책은 물론 정치와 경제, 사회, 문화 등 다방면의 서적이 수천 권이나 꽂혀 있었다. 평생 만져온 책들을 처리하는 게 원로들의 큰 애로사항 중 하나였다. 원로의 자택 주변에 그들의 이름을 딴 도서관을 세워 주민에게 개방하면 좋겠다는 생각이 들었다.

가야금 명인인 황병기 이화여대 명예교수는 "가야금을 배우기 시작한 고교 시절부터 지금까지 60년간 하루도 거르지 않고 가야금을 연습해왔다"고 말했다. 이어 "대가가 된다는 건 연습의 연속"이라고 귀띔했다. 그는 "작곡을 할 때는 식음을 전폐하고 몰입한다"고 했다. 작가 조정래 선생은 "설 연휴 빼고 1년에 362일, 하루 열두 시간 넘게 원고지 서른 장씩을 써왔다"고 말했다. 그는 해방 직후 지리산 일대 빨치산의 활동을 조명한 소설 《태백산맥》부터 포항제철_{지금의 포스코}을 세계적 철강기업으로 키운 뒤 노태우 정권 시절 여당인 민주자유당에 몸담았던 박태준 회장의 일대기까지, 보수와 진보를 넘나드는 작품 세계를 구축했다. 이념을 떠나 시대와 정직하게 만나고, 영혼의 에너지를 한 방울도 남김없이 소진해야 일가를 이룬다는 걸 조정래 선생은 보여줬다. 조순 전 부총리와 황병기 교수, 조정래 작가 모두 "누구에게나 평등하게 주어진 24시간을 어떻게 쓰느냐에 따라 인생이 달라진다"고 입을 모았다.

국가

조순 전 부총리는 "2013년 대한민국에서 신자유주의는 끝났다"고 선언했다. 미국발 금융위기로 시장을 통한 자정 기능이 명백한 한계를 드러낸 만큼 국가가 문제 해결에 적극 나서야 한다고 강조했다. 다른 원로도 입을 모아 국가의 적극적인 역할을 주문했다. 그러면서 한국이 배울 만한 국가 모델을 다양하게 제시했다. 남재희 전 노동부 장관은 다당제와 분권형 리더십으로 분열을 극복하고 발전을 이룩한 독일과 영국을 예로 들었다.

한국의 대표적인 역사학자 강만길 고려대 명예교수는 "한반도 역사 2000년은 대륙과 해양세력의 결절점에 놓인 지정학적 문제를 해결하는 데 운명을 걸어온 역사"라며 "남북이 갈라져 있으면 바둑의 한 집일 뿐이지만 서로 교류하면 대륙과 해양을 사통팔달하게 돼 열 집이 된다는 중국인들의 지적을 경청해야 한다"고 말했다. 이종찬 전 국정원장은 "한국전쟁 때 잠시 평양을 수복했을 때 이승만 대통령과 미군 사령부가 함경남북도 지사를 제각기 임명해 혼란이 빚어졌다"며 "북한이 붕괴하면 자동적으로 남한 땅이 될 거란 생각은 환상이다. 실질적으로 북한과 통합할 수 있는 능력을 길러야 한다"고 경고했다.

바람직한 국정을 위해선 '인사가 만사'라는 지적도 원로들의 공통

된 목소리였다. 청와대 경제보좌관을 지낸 조윤제 서강대 교수가 제시한 '40대 장관론'은 인상적이었다. 그는 "우리나라의 경우 고시에 합격한 100명 가운데 약 30명이 사무관 15년, 과장 10년을 거쳐 국장이 된다. 이들이 차관보에 오르면 은퇴 준비에 들어간다. 후배들을 위해 용퇴해야 하는 구조이기 때문"이라며 "반면 선진국은 40대 장관이 많이 나온다. 유능한 인재들이 빨리 고위직에 오른 뒤 롱런하는 구조다. 우리도 관료들을 조기에 경쟁시켜 40대 장관이 많이 나오게 해야 한다"고 제언했다.

정치

원로 마흔두 분 모두 "여야는 공존하고 타협하라. 대통령은 초당파적 내각으로 나라를 다스리라"고 말했다. 정치인들의 의식 변화에 앞서 승자독식 권력 구조가 바뀌어야 한다는 주장도 공통됐다.

헌법학의 태두 김철수 서울대 명예교수는 "우리는 권력을 가진 자가 모든 것을 가지고, 패한 자는 역적·도적으로 몰린다. 그러다 보니 죽기 살기로 싸우는 것"이라며 "여야가 8 대 2 또는 7 대 3으로 권력을 분점하는 구조가 돼야 갈등을 줄일 수 있다"고 말했다. 다당제로 연립정부를 세워야 완충지대가 생기고 나라가 전진할 수 있다는 말에 공감하지 않을 수 없었다.

원로들은 또한 갈수록 심해지는 빈부격차 현상을 우려했다. 성장 동력이 급락하는 추세도 심각하게 보고 있었다. 진덕규 이화여대 명예교수는 "영국을 복지국가의 원조로 만든 사회안전 조치 대부분은 보수주의자인 윈스턴 처칠이 상무장관을 맡았을 때 단행한 조치"라고 지적했다. 송복 연세대 명예교수와 조윤제 서강대 교수도 "독일에서 건강보험, 산업재해보험을 도입한 이는 보수주의자인 비스마르크였다. 빈부격차가 커지고 노동자들의 생계가 어려워지면 사회주의 혁명이 일어날 가능성이 크다고 본 비스마르크가 대응책을 낸 것"이라고 지적했다. 한국도 박정희 전 대통령이 1970년대 북한의 의료보험제도에 자극받아 건강보험제도를 도입했다. 남재희 전 노동부 장관은 "스웨덴에서 노사정 대타협을 통해 노동자 복지와 함께 경제 성장의 기반을 강화한 건 진보 계열인 사회민주당이었다"며 "독일도 진보 계열이던 슈뢰더 총리가 노동 개혁을 추진한 결과 정권을 빼앗겼지만 독일 경제가 일어서는 데는 큰 기여를 했다"고 강조했다. 대한민국도 살아남으려면 보수가 복지 전략을, 진보가 성장 전략을 펼쳐야 한다는 게 원로들의 일치된 목소리였다.

교육

모든 원로가 같은 목소리를 낸 또 다른 이슈가 '교육개혁'이었다. 산업화 시대를 넘어 지식기반경제시대로 나아가려면 교육 시스템의 대수술이 시급하다는 것이었다. 조완규 전 서울대학교 총장은 "창의적인 교사 양성이 가장 중요하다. 사범대학 출신이 장악한 교직 문호를 개방해야 다양한 고품질 교육이 가능해진다"고 강조했다. 송복 연세대학교 명예교수는 "대한민국은 하버드대학교를 나온 박사나 서울대학교 교수조차 초·중·고 교사가 될 수 없다"며 같은 취지의 제언을 했다. 그는 또 "유아원, 유치원 교사들에게 준공무원 자격을 부여함으로써 사회적 위상을 마련해줘야 한다. 인간은 태어나서 여덟 살까지 자라는 동안 지능의 80퍼센트가 발달하기 때문"이라고 역설했다. 최재천 이화여자대학교 석좌교수도 "고등학교에서 문과와 이과 구분을 없애고, 체육 시간을 늘려야 한다"고 제언했다.

원로들은 "삼성, 현대가 어려워지면 큰일이 나는 경제 구조도 문제"라고 한목소리로 지적했다. 김기형 초대 과학기술처 장관은 "경제를 살리려면 젊고 의욕적인 기업인과 과학기술자가 많이 나와야 하는데 학생들이 이공계를 기피하는 게 가장 걱정된다"고 말했다. 그는 "마이크로소프트, 구글, 애플 등 요즘 미국을 먹여 살리는 기업들은 젊은 창업자들이 단시일에 일으켰다는 공통점이 있다. 반면 한국의 기업 순위는 삼성과 현대가 30년째 1, 2위를 차지하며 변화가 없다. 대전과학단지를 실리콘밸리로 만들어야 한다"고 말했다.

문화를 살려야 나라의 미래가 있다는 데도 원로들의 생각은 일치했다. 한수산 작가는 "외국에서 좋은 책이 나왔다 하면 즉시 번역서가 출간되는 일본의 일급 출판 시스템을 벤치마킹해야 한다"고 말했다. 김홍남 전 국립중앙박물관장은 예술품 면세구역을 홍콩에 이어 상하이에 확대하며 문화 붐을 조성하는 중국의 예를 들면서 "한국만 미술품 거래에 양도세를 부과해 미술계를 위축시키고 있다. 연간 30억 원을 벌겠다고 문화를 죽이는 어리석은 조치"라고 비판했다.

행복

"인간은 절대로 혼자 살 수 없다. 더불어 살아야 행복하다"고 원로들은 한결같이 말했다. 행복을 얻는 구체적인 방법으로 그들은 봉사와 기부를 들었다. 류시문 노블레스오블리주 시민실천 공동회장은 자식에게 재산을 한 푼도 물려주지 않고 전액 기부할 생각으로 공탁을 걸어뒀다. 그는 "부모의 재산을 물려받으면 자본주의의 원칙인 공정성이 무너지기 때문"이라고 강조했다. 또 전중윤 삼양식품 명예회장은 "조선시대 청백리들은 본인은 깨끗하게 살았을지 몰라도 돈이 없어 자식교육을 시키지 못했다"며 "깨끗하게 부를 일궈 베풂의 기쁨을 누리는 청부淸富가 청빈淸貧보다 낫다"고 말했다. "행복하려면 욕심이란 인생의 분모를 줄여야 한다"는 지적도 공통적이었다.

이명재 전 검찰총장은 "출사出仕와 진퇴進退에 인생의 모든 게 달렸다. 나서야 할 때 나서고, 물러나야 할 때 깨끗이 물러나면 모두가 행복해진다"고 말했다. "어떤 종교라도 좋다. 사람이 종교를 가지면 마음이 강해지고, 알찬 삶을 살 수 있다"는 김장환 목사의 말도 무게 있게 다가왔다. 그는 "사람을 만나면 역사가 생기고 하나님을 만나면 기적이 생긴다"고 강조했다. "나를 남과 비교하지 말라"는 원불교 이광정 상사의 조언도 울림 있게 다가왔다. 그는 "땅 위에 부는 바람은 고기압과 저기압의 차이에서 온다. 마음에 부는 바람도 차이에 대한 비교에서 온다. 서로 비교하지 말고, 자신을 사랑하면 행복이 온다"고 말했다.

인생

원로들은 공통적으로 "죽을 때까지 열심히 살아가는 것"을 인생으로 정의했다. 조순 전 부총리는 "어제보다 오늘이, 오늘보다 내일이 나아질 것이란 낙천적 믿음을 갖고 사는 게 인생"이라고 했다. "오늘 하루 최선을 다해 사는 것이 가장 중요하다"는 말은 원로들의 일치된 얘기였다. 또 "노년을 잘 보내려면 베풀고 살아야 한다. 베풀고 살면 친구가 많아져 노년이 외롭지 않다"는 강봉균 전 부총리의 말도 기억에 남았다. 건강한 몸과 또렷한 정신을 유지하는 것도 행복한 인생을 위한 길이라는 게 공통된 조언이었다. "치매를 예방하려면 공부하라. 외국어 단어 100개를 외운 뒤 95개를 잊어버려도 그런 노력을 통해 뇌 운동의 효과가 크다"는 양재모 성심의료재단 이사의 말에서 평생 공부의 중요성을 실감했다.

다음은 인터뷰가 끝난 뒤에도 머리를 떠나지 않는, 원로들이 남긴 경구이다. "지금 바로 일어나 앉아라…… 죽으면 충분히 잔다", "마음에 잡초를 심지 말라", "게으름은 가난을 태풍처럼 몰고 온다", "모든 인간은 사명을 갖고 태어났다", "꿈이 있어야 산다. 꿈이 있는 인간은 죽지 않는다", "시련은 인생을 알차게 가꿔주는 자양분이다", "역사는 가운데를 쥐는 것이다. 좌우에 흔들리지 말라", "인생은 배턴 터치다", "토끼를 깨우지 않고 달린 거북이는 반칙이다", "진정한 고수는 큰 뜻을 폄으로써 경쟁자를 자신의 편으로 만든다".

죽음

이번 인터뷰를 위해 만난 원로 가운데 남덕우 전 총리와 채명신 장군이 2013년 5월과 11월 각각 운명했다. 채명신 장군 자택에서 얘기를 들으며 여러 번 눈시울이 붉어졌다. 그가 한국전쟁 당시 김일성의 오른팔로 불리던 길원팔을 생포한 일화를 들려줄 때였다. 채명신 장군은 길원팔에게 전향을 권유했지만 그는 거절하고 자결했다. 길원팔은 "내가 아들처럼 데리고 다니던 고아 소년을 보살펴달라"는 유언을 남겼다. 이에 채명신 장군은 그 고아를 동생으로 삼아 유명 대학 교수로 키워냈다고 한다. "나보다 그 아이의 삶이 훨씬 소중하니 절대 쓰면 안 된다"고 신신당부하던 모습이 잊히지 않는다. 그런 장군이었기에 "장군 아닌 병사 묘역에 묻어달라"는 유언도 자연스레 나왔을 것이다.

남덕우 전 총리는 인터뷰를 할 때 사진 찍기를 사양했다. 오랜 투병에 지친 얼굴을 사람들에게 보이고 싶지 않다는 이유였다. 하지만 인터뷰를 시작하자 그는 30년 전의 경제통계 수치까지도 정확히 기억해냈다. 지금 한국이 처한 경제 현실과 해법도 똑 부러지게 풀어냈다. "내가 좀 더 젊었더라면 한·중·일이 참여하는 동북아평화개발은행을 세우려고 세계를 누볐을 거다. 하지만 난 이젠 늙었어, 당신들 몫이야"라며 허공을 쳐다보던 그의 모습이 잊히지 않는다.

1

신봉승

강만길

유상남

진덕규

채명신

이광정

정치의 미래를
묻다

남덕우

송복

김철수

이종찬

이공현

이명재

1

통일

평화통일의 원칙과 방법론을 묻다

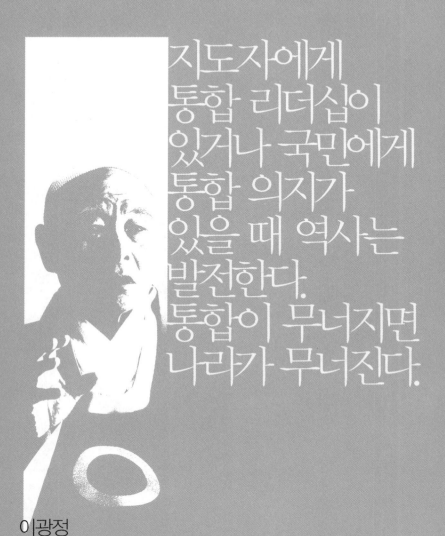

지도자에게
통합 리더십이
있거나 국민에게
통합 의지가
있을 때 역사는
발전한다.
통합이 무너지면
나라가 무너진다.

이광정

원불교 상사. 현재 원불교의 최고 어른이다. 박중빈, 송규, 김대거에 이어 네 번째로 원불교의 최고 지도자
인 종법사를 지냈다. 1994년 58세에 종법사에 오른 그는 '맑고 밝고 훈훈하게'란 표어를 내건 새생활 운동
을 전개하고 원불교 교단의 행정체제를 재정비했다. 전 세계 모든 종교가 화합하자는 '세계종교협의회(UR)'
운동을 추진했다. 통일 문제에도 관심을 가지고 《분단역사 극복의 길》이란 책을 냈다. 뛰어난 리더십으로
원불교의 교세를 크게 확장한 그는 재임 12년 만인 2006년 스스로 종법사직에서 물러났다.

대인답게 북한 포용해
통일의 길을 열자

●   좌산左山 이광정 상사는 2006년 원불교 최고 지도자인 종법사에서 물러난 뒤 전북 익산의 상사원에 은거하며 민족의 문제를 평생 화두로 삼아 남북통일을 위해 줄곧 기도해왔다. 이 상사는 지금의 한반도 위기를 해소하려면 먼저 우리가 북한에 손을 내밀어야 한다고 강조했다. 적을 '더 큰 나'로 생각하고 포용해야 궁극적인 통합이 이루어진다는 것이다. 북한에 대해서도 "어리석은 짓을 할수록 더 괴로워질 수밖에 없다"는 지적을 잊지 않았다. 매일 손수 방을 청소하고 400미터 높이의 미륵산을 오르며 민족과 통일을 화두로 수도해온 이광정 상사와 남북관계에 관한 이야기를 나누었다.

평화통일 위해선 경제협력부터

원불교의 최고 어른이신데, 출가는 어떻게 하게 되었습니까?

한국전쟁 당시 동족이 서로를 죽이는 비극을 봤다. 빨치산들이 큰 부자도 아닌 사람을 '우익'이라며 폭행했는데, 마을 사람들이 애원해 죽음을 면하는 걸 봤다. 반대로 사람들이 빨치산을 죽이는 것도 목도했다. 우리가 일제의 식민지로 어렵게 살았는데 왜 또다시 같은 민족끼리 싸우고 죽이는 건가. 가슴이 아프고, 또 아팠다. 삶이란 무엇인가? 이런 고민 속에 출가를 결심했고, 상생과 민족의 문제를 평생 화두로 삼아 살았다.

대한민국의 미래에 가장 중요한 과제는 무엇이라고 생각하십니까?
국민통합과 남북화해·통일이다. 성현들도 통합의 리더십이 있어야 역사가 발전한다고 했다. 지도자에게 통합 리더십이 있거나 국민에게 통합 의지가 있을 때 역사는 발전한다. 통합이 무너졌을 때 나라나 왕조가 무너진 사례가 많다. 제2차 세계대전 뒤 오스트리아에도 우리처럼 미군과 소련군이 주둔했지만, 공산당까지 연합해 통일정부를 수립했다. 그 뒤 13년 동안 '미국과 소련은 물러가라'고 주장한 끝에 영세중립국으로 자유와 평화를 만끽하며 살고 있다. 반면 우리나라는 백범 김구 선생이 서울과 평양을 오가며 통합하자고 호소해도 받아들여지지 않았다. 통일을 지금까지 못 이룬 건 국제사회에서 큰 수치다.

1968년 김신조가 청와대를 습격하려 할 때나, 1987년 KAL기 폭파 사건 이후에도 남북이 대화는 했습니다. 그런데 지금은 북한의 대화 태도가 불투명해 한반도 긴장이 고조되고 있습니다. 남북문제는 어떻게 풀어야 할까요?
이런 때일수록 대화를 해야 한다. 그래야 상대의 의중을 파악할 수 있고, 우리 의중을 전달할 수 있다. 대화를 해야 신뢰가 쌓이고, 정책 조율도 가능하며, 오해도 풀 수 있는 것이다. 이제 시작이다. 어떤 악조건 속에서도 대화를 시작해야 한다. 강경한 태도를 고수해봐야 속수무책일 뿐이다. 미국의 케네디 대통령은 1962년 쿠바 위기 때 "두려움 때문에 협상하지는 않는다. 그러나 협상을 두려워하지도 않겠다"고 했다. 결국 대화와 협상으로 위기를 이겨냈다.

요즘 북한이 우리 국민을 불편하게 합니다. *

북한이 지혜가 부족한데, 상대를 괴롭히는 행동을 하면 국제사회는 북한을 괴롭히는 일을 할 수밖에 없다는 것을 알아야 한다. 북한은 남한 국민과 국제사회가 감동할 수 있도록 처신해야 한다. 남한도 북한 주민이 감동하도록 해야 한다. 남북문제의 원천적 씨앗은 서로 간에 쌓인 원한이다. '전쟁을 일으켰던 세대는 다 은퇴했으니 후세가 무슨 죄냐'며 원한을 다 풀어버리자는 관점에서 접근해야 한다. '통일만 되면 너희를 다 잡아 가두겠다'는 태도가 아니라 '통일 뒤에는 과거를 묻지 말자'고 해야 한다.

평화통일을 강조하는 이유가 있습니까?

전쟁은 차마 인간으로서 할 일이 못 된다. 60년 피땀 흘려 일군 나라를 잿더미로 만드는 일은 없어야 한다. 또 흡수통일을 하려고 기다리

---

* 인터뷰는 2013년 4월 초순에 이루어졌다. 당시 북한은 3차 핵실험을 비롯해 개성공단 폐쇄 등 대남 강경책을 쏟아냈다.

는 사이 북한 주민은 얼마나 고초를 겪겠는가? 흡수통일을 한다 해도 남한 제도를 북한에 적용하면 부작용이 엄청나다. 흡수통일은 불가능하다. 독일 같은 선진국도 흡수통일 때문에 휘청거렸다.

남북협력은 어떻게 해야 할까요?

경제협력이 가장 중요하다. 북한에 식량을 줘 먹고살게 해주고, 동남아시아로 가는 우리 공장들을 북한으로 가게 해야 한다. 또 물품을 기차에 실어 대륙으로 가고, 배를 타고 대양으로 가면 장사가 잘돼 우리 기업에도 득이 된다. 투자 회사 골드만삭스도 이런 측면에서 "한국이 평화통일만 하면 독일을 능가하는 경제대국이 될 것"이라고 예측했다.

주변 강대국의 의중도 중요할 것 같은데요.

미·중·일·러 4대 강국은 통일에 우호적이지 않을 수도 있다. 일본의 도쿄 도지사는 "북한은 중국에 편입되는 게 합리적"이라고 공공연히 얘기했다. 우리는 주변국에서 대한민국이 더 크는 걸 달가워하지 않을 수 있다는 전제 아래 외교를 해나가야 한다. 미국과 우호관계를 유지하면서 한·중·일 세 나라가 함께 발전해야 한다.

국민통합의 세 가지 열쇠

우리나라의 대통령에게 바라는 바가 있다면 말씀해주십시오.

욕심을 내면 안 된다. 대통령의 권한으로 세상 모든 문제를 해결한다는 것은 불가능하다. 내치와 외치 두 가지로 나누어 얘기하겠다. 내치에선 탕평 인사를 확고하게 편다면 큰 영광을 얻을 것이다. 프랑스의 샤를 드골 전 대통령은 보수적이었지만 좌파 작가 앙드레 말로를 문화부 장관으로 기용했다. 또한 프랑스 식민지인 알제리에 독립 자금을 전달하고 드골을 나치 같은 사람이라고 비방했던 샤르트르를 "반체제 인사"라며 주변에서 처벌을 권했지만, 드골은 "그도 프랑스다. 볼테르를 잡아넣을 수는 없지 않은가!"라며 관용을 베풀었다. 이처럼 정파를 초월해 인재를 써야 한다. 외치에선 평화통일의 길을 열어야 한다. 남북문제는 절대적 믿음이 아니라 상대적 믿음이다. 믿음은 주고받는 것이지 일방통행은 있을 수 없다. 남한에서도 믿음을 주고, 북한에서도 믿음을 줘야 남북문제의 미래가 밝아질 수 있다. 평화통일만 이룩하면 세계가 축복을 줄 것이다. 우리가 북한을 옹졸하게 대할 이유가 없다. 졸장부처럼 굴지 말고 대인답게 북을 포용했으면 좋겠다. 보수 대통령이 남북문제를 풀어가면 남남갈등도 줄어든다.

수십 년 동안 수행 생활을 하셨는데, 우리 민족의 장래는 어떻게 보시는지요?
내 스승인 소태산박중빈 선생은 1943년 "일본은 기둥 하나도 못 가지고 이 땅을 나가게 될 것"이라며 2년 뒤에 해방될 것이라고 예언했다. 내가 독립하면 나라가 잘될 것 같냐고 여쭈니 "전쟁이 일어날 것"이라고 말씀하셨다. 하지만 그 뒤로는 우리나라가 세계의 정신적 지도국이자 도덕의 부모국이 될 것이라고 덧붙였다. 이 때문에 나는 세계 종교 본부를 한국에 세우고 싶다. 21세기엔 한반도가 승승장구하는 여건이 밀려오고 있다. 문제는 남북관계다. 남북이 평화공존해도 발전할 것이나 통일하면 더 위대한 나라가 될 것이라 확신한다.

한국 사회에서 국민통합이 중요하다고들 합니다. 국민통합의 열쇠는 무엇일까요?

세 가지가 필요하다. 첫째 '연쇄 대아주의大我主義' 둘째는 합리주의, 셋째는 약자를 우선하고 배려하는 풍토를 다지는 거다. 우선 연쇄 대아주의란 '적敵은 나我보다 큰 나我'란 대의에 입각해 지도자와 국민이 하나가 되려는 다짐을 품는 것이다. 이 점이 아주 부족하다. 우리 민족의 단점이 당파의식이다. 언론도 편 가르기를 그만해야 한다. 둘째, 합리적으로 통합하려는 의식을 가져야 한다. 진보니 보수니 하는 건 의미가 없다. 진보는 앞으로 나아가자는 것이고, 보수는 전통적인 걸 지키자는 것이므로 둘 다 있어야 한다. 다만 진보의 자세로 대처해야 할 상황, 보수의 자세로 대처해야 할 상황이 있다. 무엇이 더 합리적인지 찾는다면 합의하지 못할 이유가 없다.

합의를 위해 합리적인 길을 찾아야 한다고 하셨는데, 합리적 기준의 핵심이 무엇인가요?

합리合理는 '이치에 맞는 것'이다. 사회 지도층이 가장 신경 써야 하는 덕목이다. 합리적인 이유를 찾아서 믿는 것이 지혜다. 경전에는 "천하가 다 옳다고 해야 그 사람을 한번 찾아가서 보고 쓰라"고 되어 있다. 국회 제도도 바꿔야 한다. 법안 통과는 무기명 투표로 해야 의원들이 소신을 펼 수 있다. 야당은 야당대로, 여당은 여당대로 합리적인 사람이 있을 테니 무기명으로 하면 좋을 것이다.

합리주의가 자리 잡으려면 중도가 완충역할을 해야 하는데, 우리나라에선 중간층이 회색분자가 됩니다.

처세를 위해 중간을 선택하면 회색분자란 말을 듣게 된다. 내 목에 칼이 들어와도 당당하게 말할 수 있고, 내 편이라도 잘못된 말을 하면 당당히 부정할 수 있어야 한다. 이도 저도 아닌 중도를 택해서는 안 된다. 현실 사안을 놓고 진위를 가리기 어려울 때는 시간을 두고 대의가 무엇인지 토론하고 모색하면 언젠가 결론이 나오게 된다. 나는 교단에서 중요한 문제에 결론을 못 내면 적어놓고 머릿속에서 계속 화두로 생각한다. 주변 사람들에게도 자꾸 물어본다. 그런 가운데 어느 때인가 합리적인 것이 딱 떠오른다. 그 생각으로 하면 맞다.

합리적으로 결정하는 방법 중 하나가 다수결인데, 히틀러 정권도 국민 선거를 통해 탄생했습니다. 다수결의 부조리 문제는 어떻게 봐야 할까요?

원불교에서는 법강항마法强降魔라는 말이 있다. 법이 강하면 마구니^{마귀}가 항복한다는 말이다. 그 정도 가야 민주주의를 제대로 할 수 있다. 끝없이 민주주의 교육을 해나가야 한다. 언론도 그런 교육을 꾸준히 해주면 국민의 민주주의 의식이 고도로 성숙해져 감히 그런 선택이 나오지 않게 된다.

국민통합을 이루려면 인사를 잘해야 한다고 하셨습니다. 어떤 맥락이었습니까?

인사가 만사라는 말이 있다. 그런데 지금도 자칫 잘못하면 자기 사람만 쓰려고 하는데, 그것을 과감히 바꿔야 한다. 전 국민 속에서 찾아보아야 한다. 정부·여당·야당 모두 마찬가지다. 인재들을 잘 끌어들여서 역할을 제대로 수행할 수 있도록 해야 희망이 있다.

통합을 이루려면 약자를 도와야 한다고 지적하셨는데, 어떤 의미인가요?

약자와 함께하지 않으면 정권이 지탱할 수 없다. 러시아혁명은 지주들의 착취로 소작농들이 힘들게 살 때 공산주의가 나와 농민을 위한다고 하니까 성공한 거다. 지나친 불평등 사회는 혁명의 온상이다. 보수주의자인 독일 총리 비스마르크가 근로기준법, 산업재해보험을 창안하고 복지제도의 효시를 만든 것은 혁명을 막기 위한 것이었다.

모든 사람이 다 똑같이 가질 수는 없습니다. 이건 어떻게 해야 할까요?

부유층과 중산층, 서민이 서로 도와주는 상생관계가 되어야 한다. 일방통행식 사회는 불행으로 가는 길이다. 수평적·물리적 평등이 옳다고 주장하는 것이 아니다. 내가 못 가졌어도 상대방이 가진 걸 축복해주는 아량과 미덕이 있어야 한다. 또 노동자 복지만 과도하게 하면 기업이 죽는다. 반면 기업도 상생을 해야 한다. 대기업, 중소기업, 노동자를 막론하고 모두에게 이율배당이 고르게 이루어져야 한다. 균형과 조화란 관점에서 해결책을 모색해야 한다.

세상의 근본은 도덕적 가치

경쟁은 어떻게 봐야 합니까?

선의의 경쟁이 돼야 한다. 상대방을 박멸하려는 경쟁으로 가선 안 된다. 경쟁에 질 수밖에 없는 절대 약자도 인간적 삶을 향유할 수 있도록 보장하는 사회가 성숙한 사회다. 약자가 뭉치면 강자도 망한다. 염소나 사슴도 많이 살게 해줘야 호랑이가 사는 거다.

인생이란 무엇일까요?

세상 모든 것은 자기 길이 있다. 하늘은 하늘의 길이, 땅은 땅의 길이, 사람은 사람의 길이 있다. 사람의 길은 윤리·도덕적인 것이다. 인간은 가치를 추구하지 않으면 동물보다 못해진다. 동물은 잘못하는 데 한계가 있지만 사람은 잘못하면 끝이 없다. 가치엔 도덕적 가치, 물질적 가치, 심리적 가치가 있는데 근본은 도덕적 가치다.

사람은 마음으로 산다 했습니다. 마음을 크게 쓰려면 어떡해야 할까요?

'아상我想'이란 것은 '나'에게 집착하는 것인데, 이 아상에서 사상邪想이 나오고, 사상에서 모든 번뇌가 나온다. 《명심보감》에 '구멍 뚫린 항아리에 물을 채우긴 쉬워도 코 밑에 옆으로 찢어진 것임은 채우기 어렵다'고 쓰여 있다. 끊임없이 먹으려고만 하니 도저히 채워지지 않는다는 의미다. 이기주의, 육신이란 참 철이 없는 것이다. 가치를 추구해야 한다.

소득수준의 향상이 행복으로 이어지지는 않습니다. 행복은 어디에서 찾아야 할까요?

행복은 분수를 지키는 데서 나온다. 욕심을 부리면 행복을 느낄 수 없다. 주위의 인연과 상생하는 관계를 맺어야 행복하다. 상극 관계의 삶은 행복할 수 없다. 원수는 멀리서 생기는 게 아니라 반드시 가까운 데서 생긴다. 예수님도 제자 유다에게 배신당해 팔렸다. 가까운 사람을 선화善化하고, 원수로 만들지 말아야 한다. 남을 도와주는 행동을 계속하면 행복한 거다. 말을 해도 덕담을 주고받으면 좋다.

죽음이란 무엇입니까?

죽음을 두려워할 필요는 없다. 풀 한 포기가 왔다가는 것도 다 이치가 있는 거다. 죽음은 이생의 끝이면서 새로운 생활의 출발이기도 하다. 내생으로 이어진다. 기억 저장 탱크는 '색신色身'에 속한 것으로, 죽음과 동시에 소멸한다. 그러나 잠재의식·무의식은 영혼의 속성으로, 절대 사라지지 않는다. 수행을 하면 내생을 영광스럽게 살 수 있다. 나는 아침마다 내 방을 직접 치운다. 건강하게 기력이 허락하는 순간까지 수행하며 최선을 다해 사는 거다.

● 　　이광정 상사가 출가를 결심하게 된 계기는 한국전쟁이었다. 비참하기 이를 데 없는 전쟁의 참상을 바라보며 이광정 상사는 인간사의 무엇이 이토록 끔찍한 결과를 낳았는지 고민하였고, 결국 상생과 민족을 평생의 화두로 삼았다. 그는 인터뷰 내내 국민통합과 남북

화해를 강조했다. 대결의 정치를 멈추어야 인간의 삶이 제 모습을 찾을 수 있기 때문이다. "어떤 악조건 속에서도 대화를 해야 한다"는 그의 말에는 평화적 해결책을 찾으려는 종교인의 순수한 열정이 담겨 있었다.

이광정 상사는 반기문 유엔사무총장에게 미국·중국·러시아·일본을 설득해 평화통일에 기여해달라는 편지를 전달했다고 했다. 반기문 유엔 사무총장은 대통령 꿈을 꾸든, 꿈을 꾸지 않든 한반도 위기 사태에 적극적으로 나서야 한다. 보통 국제 사회에서 분쟁이 생기면 결국 누군가가 중재에 나서서 대화와 협상을 이끌고 평화를 만드는 사례가 많다. 중동 평화 협상을 이끌었던 랠프 번치 유엔 차장은 노벨 평화상을 받았다.

반 총장으로서는 어려움도 많을 것이고 강대국의 눈치도 봐야 할 것이다. 그러나 이젠 재선 사무총장이 되었다. 연임도 불가능할 것이다. 반 총장이 동북아 평화를 위해서 러시아·일본·중국·북한·한국·미국 등을 누비며 일선에 나서 주기를 바라는 많은 국민이 있다는 것을 기억해야 한다.

남북문제의 해결책은 무엇일까? 원한을 씻어야 한다. 대화를 시작해야 한다. 새로운 역사를 써야 한다. 모든 대화는 평화를 위한 행동이다.

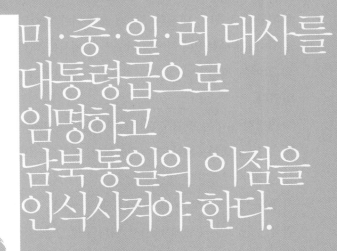

미·중·일·러 대사를
대통령급으로
임명하고
남북통일의 이점을
인식시켜야 한다.

진덕규

1938년생으로 연세대학교 정치외교학과를 졸업한 뒤 같은 대학원에서 정치학 박사학위를 받았다. 이화
여자대학교 명예교수. 한국 정치를 역사정치학적으로 접근해 깊이 있는 성과를 냈다. 통일 방법론 연구
의 권위자로 한국 정치의 이념 과잉과 전근대적 성격을 역사적인 차원에서 파헤친 《한국 현대 정치사
서설》, 《한국 정치의 역사적 기원》 등을 썼다.

외교 역량을 높여
통일에 다가서야 한다

● 　　이광정 상사가 가장 중요한 과제로 평화통일을 제시함에 따라 통일의 방법론을 깊이 천착해온 원로 정치학자 진덕규 이화여자대학교 명예교수를 만나 얘기를 들어봤다. 진덕규 교수는 19세기 비스마르크 총리의 독일 건국과 1990년대 독일 통일 과정을 분석해 남북통일에 적용할 교훈을 추적해온 통일 전문가다. 진덕규 교수를 이화여자대학교 인근 커피숍에서 세 차례 만났다. 학술원 회원으로 연구에 매진해온 진덕규 교수는 '국민통합'을 주제로 학술원에서 강연을 앞두고 있었다.

비스마르크의 현실주의적 통일

오랫동안 철혈 재상 비스마르크의 통일론에 대해 연구하셨는데, 비스마르크의 독일 통일에서 무엇을 배울 수 있을까요?

현실주의적인 접근이다. 첫째 비스마르크의 외교 경험이다. 둘째는 작은 독일 통일론, 셋째는 관세동맹, 넷째는 국민들의 독일 통일 열망이다. 이런 것이 종합돼 통일이 이뤄진 거다. 한 단계의 성취가 더 높은 성취로 이어졌다. 정치 지도자는 현실주의자여야 한다.

비스마르크의 외교에 대해 구체적으로 말씀해주십시오.

비스마르크는 처음부터 외교에 관심을 뒀다. 당시 프로이센은 주변의 강대국 사이에서 살아남으려면 하나의 통일 국가를 이루어 강대국이 되어야 한다고 인식했다. 그래서 자국뿐 아니라 주변 국가의 관계를 면밀히 분석했다. 심지어 프랑스 지배세력까지 분석했다. 그 사람의 특징이라면 외교관 출신으로 시작해 정치를 했다는 것이다. 우리나라의 경우에는 외교와 국내 정치가 지나치게 나뉘어 있다. 그래서 외교·경제·교육 등 제반 영역을 종합적으로 사고하지 못한다.

독일 건국에 관세동맹이 큰 영향을 미쳤다고 하는데, 우리는 어떻습니까?

관세동맹은 공통의 경제 이해를 가져왔다. 정치적인 통일은 대체로 경제와 문화부터 시작해야 한다. 우리도 북한과 경제·문화 교류를 먼저 시작하고 정치는 뒤따라오게 해야 한다. 한·중·일 자유무역협정FTA이나 동아시아 경제 공동체를 위해 노력해야 한다.

그렇다면 시간을 건너뛰어, 1990년 독일 재통일이 가능했던 배경으로 무엇을 꼽을 수 있습니까?

첫째, 소련의 고르바초프가 통일을 지지했는데, 이것이 서독에 유리하게 작용했다. 둘째, 브란트 총리의 동방정책으로 시작된 동독과의 화해 노력이 있었다. 셋째, 미국·영국·프랑스를 설득한 헬무트 콜 총리의 외교적 능력을 꼽을 수 있다.

브란트 총리의 동방정책은 우리나라에 어떤 교훈을 줄 수 있을까요?
서독은 동독에 고속도로를 깔아주며 경제적 지원을 했다. 총리실에서 동독 스파이가 적발됐지만 면직 정도로 넘어갔다. 통일 당시 동·서독 경제의 격차가 컸지만 화폐를 일대일로 교환해주는 등 하나의 나라를 만들어가려는 데 노력을 아끼지 않았다. 남북관계도 마찬가지다. 국민들이 서로 하나라는 생각을 할 수 있도록 노력해야 한다. 이데올로기는 깃발이다. 깃발의 노예가 되어선 안 된다. 철저한 현실주의를 바탕으로 큰마음을 가진 지도자가 나와야 한다.

남북통일이 도움이 된다는 인식을 심어줘야

우리나라도 비스마르크 당시의 프로이센처럼 분단국가인 데다 강대국의 틈바구니에 끼어 있습니다. 미국·중국·일본·러시아 등 주변 4강에 대한 외교 역량을 키우려면 어떻게 해야 할까요?
최소한 그 나라에 보내는 대사는 대통령급 인사, 즉 대선 유력 후보였거나 총리 정도는 지낸 인사가 초당적으로 맡아야 한다. 주변 4강에 '대한민국과 함께하는 게 좋다'는 인식을 심어주어야 한다. 지금의 외교 역량으로는 힘들다.

남북 대화는 어떻게 풀어가야 합니까?

국제정치학에 '대화를 통해 전쟁을 막은 경우는 없다'는 말이 있다. 한쪽이 전쟁을 결심하고 밀고 들어오는데, 다른 쪽이 타협을 추구하는 건 어려운 일이기 때문이다. 제2차 세계대전 당시 영국 체임벌린 총리의 대독 유화책은 실패했다. 전쟁에서 이길 수 있는 힘을 가져야 전쟁을 막을 수 있다. 대화·유화책만으론 안 된다. 그런데 우리는 힘을 갖추고 있다. 대화에 나서야 한다.

앞에서 현실주의 노선이 중요하다고 하셨는데, 우리나라는 과연 현실주의 노선을 걷고 있다고 볼 수 있나요?

미·중·일·러의 관계를 고차원적으로 바라봐야 한다. 남북통일이 동아시아 전체 번영에 도움이 된다는 전제가 깔려 있어야 한다. 초기 단계의 민족주의를 넘어서야 한다. 팽창을 지향하는 민족주의가 아니라 문화적 민족주의로 나아가야 한다. 통일이 동북아시아에 팽창과 분쟁을 가져오는 것이 아니라 평화와 번영에 기여한다는 인식을 주변 국가에 확고히 심어줄 필요가 있다.

한국전쟁은 우리 역사의 굉장한 비극이고, 아직도 그때의 원망을 마음속에 담아둔 분이 많습니다. 지금은 경제적으로 여유가 있으니 한국전쟁 참전용사에 대한 보상을 확실하게 해줘야 국민통합이 이루어진다는 의견도 있습니다. 그분들에 대한 복지가 우선되어야 하지 않을까요?

맞는 얘기다. 경제가 악화될수록 이데올로기 대결이 커진다. 실미도 사건도 말이 안 되는 얘기다. 결국 국가가 불러서 북한에 간 것인데 그 국가는 누구를 위한 국가인가. 국가의 부름을 받고 희생한 당사자와 유가족에게 국가는 보답해야 한다. 그래야 애국심이 높아지고 안보가 강해진다. 미국·영국이 좋은 사례다.

북한과 관련해서는 늘 식량 문제가 제기됩니다. 이 문제는 어떻게 보십니까?

식량지원만큼은 계속해야 한다. 북한 사람들도 우리와 같은 피를 나눈 민족이다. 나중에 통일을 하더라도 심한 경우 이른바 생존에 관한 부분은 우리가 책임질 수밖에 없다고 본다. 우리 쪽의 빈곤문제도 해결해야 하지만, 선후를 따지지 말고 다 같이 보아야 한다.

국민통합은 국가 발전 전략의 하나라고 하셨는데, 어떤 의미인가요?

로마, 중국, 인도 등 역사상 주요 제국은 통합과 관용이 지배할 때는 평화와 번영을 이뤘고, 분열과 불관용이 지배할 때는 내리막길을 걸었다. 통합에는 배분이 전제된다. 하나가 되는 게 아니라 서로의 존재를 인정하고 합의해나가는 것이다.

남북 화해와 통일을 위해 대통령은 무엇을 해야 할까요?

역사적인 맥락 속에서 남북문제를 바라보고 정치를 해야 한다. 여·야나 영·호남, 보수·진보에 따라 갈등하는 단계를 훌쩍 뛰어넘어야 한다. 대통령은 여당만이 아니라 야당과 국민의 지도자다. 또 청와대는 세계를 위해 일하는 곳이다. 문화가치를 정립해야 한다. 부자라고 해서 불만이 없는 게 아니다. 이렇게 잘사는 지금, 국민들의 불만이 많은 건 문화시민에 대한 가치가 정립되지 않았기 때문이다.

끝으로 부드러운 질문을 드리겠습니다. 인생이란 무엇이라고 생각하십니까?

인생은 내가 태어나고 싶어서 태어난 게 아니다. 내가 죽고 싶어서 죽는 것도 아니다. 내가 원해서 이 길을 걸어온 것도 아니다. 주어진 상황에 대해 스스로 의미를 부여하고 이를 통해 내 가치를 실현해나 가는 게 인생이다.

그렇다면 인생에서 가장 중요한 자산은 무엇일까요?

두 가지다. 하나는 성실이고, 다른 하나는 내가 배신하기보다 배신당 하는 것이다. 성경에 나오듯 원수를 사랑할 순 없어도 내가 남을 배 신해야 하는 상황이라면 내가 배신당하는 게 낫다.

행복한 노후를 보내려면 어떻게 해야 합니까?

존재하는 것은 다 존재할 가치가 있다고 생각해야 한다. 행복의 기준 은 나이마다 다른데, 가정이 행복지수에 가장 큰 영향을 미친다. 우 리나라는 부부간에 대화가 적다. 젊었을 때부터 대화하려는 노력을 해야 한다.

● 　　독일은 두 번에 걸쳐 주변국의 견제를 물리치고 통일을 이 룩했다. 비스마르크와 콜 수상이 그 주역이다. 비스마르크가 재상으 로 있을 당시 독일은 작은 소국들로 쪼개져 있었다. 독일이 살아남을 방법으로 통일을 선택한 비스마르크는 많은 장해와 맞닥뜨려야 했 다. 주변의 프랑스, 오스트리아, 러시아, 영국이 독일의 통일을 반대

했다. 결국 독일은 오스트리아, 프랑스와 각각 전쟁을 통해 독일 통일을 이루어냈다. 이때, 통일의 조건은 세 가지를 꼽을 수 있다. 먼저 당시 독일에는 독일 국민이 하나가 되어야 한다는 국민의 열기가 있었다. 둘째는 관세 동맹을 통해 남독일과 북독일이 경제적 이해를 같이하고 있었다. 셋째로 작은 통일 독일론을 내세워 독일이 통일하더라도 유럽 사회에 분열을 일으키지 않고 안정을 가져올 것이라는 점을 주변에 인식시켰다.

콜 수상은 주변국과 전략적 주고받기를 통해 통일을 이루었다. 당시 서독 정부는 프랑스에 유럽통합이란 명분과 유로화라는 선물을 주었다. 진정성을 의심하는 영국에는 미국을 동원하여 나토 체제를 통한 평화를 약속했다. 러시아에는 경제 협력을 약속했다. 동독에는 화폐 가치를 일대일로 인정해주고 연립정부를 구성하여 안정적으로 통일할 것을 약속했다. 그 결과, 지금은 동독 출신 메르켈이 3선 총리를 하고 있다.

한반도를 둘러싼 중국·일본·러시아·미국 모두 강대국이다. 국제 정치에서 합의 가능한 도덕적 명분이 존재하는가? 도덕적 명분이 국제사회에 실제로 영향력을 끼치는 것이 아니라면 주변 강대국과 어떤 전략적 대화와 협력을 이끌어내어 통일을 이룰 것인가?

늦기 전에 통일을 향한 국가 전략을 세워야 한다. 다시 나라가 일어서느냐 이대로 침체의 늪에 빠지느냐 하는 명운이 걸린 문제이다.

교수님 말씀 중에 80년대 데모하는 학생들에게 더 치열하게 공부하라고 다그쳤어야 했는데 그러지 못해 너무 아쉽다고 하신 말씀이 오랫동안 머릿속을 떠나지 않았다.

2

국방

진정한 안보의 의미를 묻다

나는 그 누구보다
전쟁을 혐오한다.
하지만 안보라는
버팀목 없이 부르짖는
평화주의는 오히려
전쟁을 부추긴다.

채명신

1926년 태어나 평양사범학교를 졸업하고 교사로 일하다 1947년 월남한 뒤 육사 5기로 군 생활을 시작했다. 한국전쟁 당시 중대장으로 참전했고 5·16 군사 쿠데타 당시 5사단장으로 병력을 이끌고 박정희 소장의 쿠데타를 지원했다. 1965년 육군 작전참모부장 시절 주베트남 한국군 초대 사령관에 임명돼 4년 8개월간 지휘했다. 당시 미군으로부터 독자적인 작전권을 확보하고 태권도를 이용한 심리전과 대대급 소규모 작전으로 탁월한 전과를 올렸다. 1981년 공직에서 물러난 뒤 하버드대학교 등에서 연구원으로 공부하다 1988년 귀국했다. 베트남전참전동지회와 6·25 참전유공자회 회장을 지냈다. 《베트남전쟁과 나》, 《사선을 넘고 넘어》 등의 저서가 있다. 2013년 11월 세상을 떠났다.

북핵 맞서 핵무장하는 건
어리석은 짓이다

● 　　베트남전쟁이 종식된 지 38년이 되던 날 한국전쟁과 베트남전쟁의 영웅 채명신 장군을 만났다. 스물넷의 나이에 백골병단을 이끌고 북한 땅에서 게릴라전을 펼쳤고, 서른아홉에 주베트남 한국군 사령관에 임명돼 국내 최초의 파병 전쟁을 지휘했다. 한 번 겪기도 힘든 전쟁을 두 번이나 지휘한 백전노장이다. 하지만 그는 전쟁광이 아니라 평화주의자다. "전쟁은 가장 잔혹한 비극이다. 나는 그 누구보다 전쟁을 혐오한다. 하지만 안보라는 버팀목 없이 부르짖는 평화주의는 오히려 전쟁을 부추긴다"는 그의 말엔 전쟁의 참혹성을 뼛속 깊이 체험한 사람만이 지닐 수 있는 통찰이 담겨 있었다. 그는 "북한 핵에 맞서 핵무장을 하는 어리석음을 범할 필요가 없다"며 "북한의 위협이 사라질 때까지 전시작전권 전환은 연기돼야 하고, 한미연합사는 존치돼야 한다"고 강조했다. 서울 이촌동 채명신 장군의 자택에서 일곱 시간 동안 이어진 인터뷰는 장군이 20대 후반에 만난 부인 문정인 씨와의 추억담으로 시작됐다.

돈의 노예가 되면 부패한다

부인이 이화여대 홈커밍 퀸이셨더군요. 어떻게 결혼하셨습니까?

20대 후반 대령 시절 만났는데 한눈에 반해 엄청나게 쫓아다녔다. 장인이 납북돼 홀몸이 된 장모는 딸을 내게 줄지 결정을 내리지 못했다. 답답해진 나는 경북 영덕의 처갓집 어른을 찾아가 큰절을 했다. 그러면서 "내 아버지는 독립운동을 하다 고문 후유증으로 숨졌고, 어머니는 이북에 있다. 가진 건 몸뚱이밖에 없지만 정인이를 굶기지 않을 자신이 있다"고 말했다. 그러자 그분이 흔쾌히 승낙하면서 장모를 설득해 결혼할 수 있었다. 나는 장모를 아주 존경한다.

장인어른이 안 계셔서 그런가요? 장모님을 존경하는 이유가 따로 있습니까?

당시 대령 월급이 쌀 사고 콩나물국 먹으면 바닥나는 수준이었다. 그러자 장모가 나 몰래 아내에게 생활비를 보태주며 "남편한테 돈 얘기하지 말라. 그러면 남편은 돈의 노예가 되고, 부패한 사람이 된다"고 당부했다고 한다. 동기생 김익권 장군이 "네 장모 같은 분이 있다면 도시락을 열두 개 싸 들고 다니며 청혼하겠다"고 할 정도였다. 오늘날 한국 여성들이 우리 장모 같았으면 좋겠다.

부인은 어떤 분입니까?

아내도 장모에게 바른 교육을 받았다. 아내 때문에 내가 살 수 있었다. 50년 가까이 당뇨병을 앓았지만 합병증이 하나도 없는 건 전적으로 아내 덕이다. 아내는 매일 아침 6시 30분이면 내 혈당을 체크하고 먹을거리를 철저히 챙겨준다. 아내에게 감사한다.

한국전쟁이 발발하기 전 북한에서 김책과 김일성을 만났다고 들었습니다. 그 얘기를 해주십시오.

소련군 소좌였던 김책의 주선으로 1946년 2월 8일 평양학원 개원식에서 김일성을 만났다. 김일성은 내게 "채 동무, 사람이 필요한데 평양에서 함께 일합시다"라고 말했다. 나는 모셔야 할 홀어머니가 있었고, 그와 생각도 맞지 않아 응하지 않았다. 김일성의 외모는 호남형이었지만 덧니가 심했다. 나중에 치아를 교정했다고 한다.

개인의 출세로만 생각하면 좋은 기회였을 텐데, 왜 월남하셨습니까?

1945년 8월 해방과 함께 북한에 진주한 소련군은 기계와 쌀, 잡곡을 전부 소련으로 실어 갔다. 젊은이들이 반발하면서 그해 말 신의주에서 처음 학생 시위가 터졌다. 소련군은 학생들에게 기관총을 난사했고, 많은 사람이 숨졌다. 그때 도망친 사람들이 서북청년단을 조직해 좌익과 싸웠다. 나는 어릴 때부터, 어머니 뱃속에서부터 기독교도였다. 목사가 되는 게 꿈이었다. 이듬해 김일성의 외삼촌인 강양욱 목사가 북조선인민위원회 서기장에 선출되면서 기독교를 철저히 부수기 시작했다. 그때 탈북을 결심했다. 어머니와 생이별하고 삼팔선을 넘었다. 그런데 남한에 오니 여기서도 서북청년단과 좌익이 서로 싸우고 죽이는 게 반복됐다. 조선의 장래는 총칼이 난무하고 피를 보게 될 것이라는 생각이 들었다. 이 때문에 육사 5기^{당시 조선경비사관학교}에 응시해 합격했다.

한국전쟁 당시 기억에 남는 일이 있다면 들려주십시오.

1949년부터 삼팔선 일대에서 게릴라전이 있었다. 200여 명의 중대를 이끌고 매복과 기습으로 전공을 쌓아 대대장으로 발령이 났다. 그러자 부대원들이 나랑 헤어질 수 없다며 붙잡았다. 상부에 "대원들과 함께 있고 싶으니 중대를 대대로 해달라"고 요청했는데 받아들여져 특별 중대를 지휘하기 시작했다. 이듬해 한국전쟁이 터지면서 인민군 복장을 한 '백골병단'을 만들어 사선을 넘나들었다. 국군의 체면과 기개를 위해 북한 후방에 침투하는 유격대를 직접 조직한 것이다.

"1951년 1월 1일 오후 2시 35분 일생일대의 실수를 했다"고 했는데 무슨 뜻인가요?

황해도 곡산에서 작전 중이었다. '정초에 굶으면 1년을 굶는다'는 말 때문에 사전 정찰 없이 식량을 구하러 민가에 들어갔는데, 주민의 밀고로 인민군에 포위됐다. 시계를 보니 오후 2시 35분이었다. 절체절명의 순간이었다. "우리가 남한 군인인 줄 아느냐? 위장한 거다. 버르장머리 없는 놈들"이라고 큰소리를 쳤다. 그러자 밀고자가 인민군에게 우리가 국군이라고 일렀다. 죽음의 그림자가 다가왔다. 부하들에게 "손들고 나가 항복하라"고 명령한 뒤 총을 머리에 겨눴다. 부하들에게 "하느님의 가호를 빈다"고 말하고 방아쇠를 당겼다. '철컥' 소리가 났지만 방아쇠가 터지지 않았다. 다시 한 발을 장전하고 방아쇠를 당기려는 순간, 부하 정영식이 나를 붙잡으며 "하느님이 죽지 말라는데 왜 죽습니까?" 하고 외쳤다. '하느님의 목소리'란 생각이 들었다. 정신이 번쩍 났다. 빨리 나오라며 들이닥치는 적병에게 한 발, 문을 박차고 나가면서 한 발, 따발총을 든 다른 적병에게 한 발을 쏴 모두 세 명을 죽이고 극적으로 탈출했다. 그런데 그 집에 있던 젊은 아낙과 어린이는 인민군이 쏜 총에 즉사했다. 죄책감이 밀려왔다.

김일성의 오른팔이었던 길원팔 노동당 제2비서를 생포한 일화가 유명합니다. 백골병단으로 활동하던 중 인제에서 길원팔을 생포했다. 김일성 작전명령서와 부대 배치도 등 중요 정보도 함께 포획했다. 그런데 길원팔과 얘기해보니 일본 스가모 고등사범학교를 나온 아주 똑똑한 군인이었다. "너를 죽이기 아깝다. 너희가 말하는 인민을 위해 진짜 일을 해보자"고 전향을 권유했다. 하지만 길원팔은 "어떻게 너 같은 인물이 썩어빠진 이승만 정권에 충성을 바쳐 게릴라전을 하는지 모르겠다. 네 손에 죽고 싶다"고 했다. 그러면서 김일성이 자신에게 준 권총으로 자결하고 싶다고 말했다. 그는 자결하기 전 열세 살 된 남녀 아이를 남한으로 데려가 보살펴달라고 부탁했다. 나는 권총에 총알 하나를 장전해놓고 방 밖으로 나왔다. 길원팔이 그 총으로 나를 죽일 수도 있었겠지만 나는 그의 인물됨을 믿었다. 잠시 후 방 안에서 총소리가 들렸다. 길원팔을 묻어준 뒤 부하들에게 비록 적이지만 훌륭한 군인이라고 얘기하고 '받들어총'을 시켰다. 그때 데리고 온 아이 둘 가운데 여자아이는 숨지고 남자아이는 살아서 서울대학교에 진학했다.

애국은 구호가 아니라 실천

오랫동안 박정희 대통령과 함께 일해오셨습니다. 5·16에도 참여하셨고요. 박정희 대통령과의 인연은 어떻게 시작되었습니까?

1950년대 후반 백골병단 생존자들과 강릉을 찾았다. 당시 9사단 참모장이 박정희 대령이었다. 박정희 대령은 "죽을 줄 알면서도 이북에 들어가 게릴라전을 하니 대단하다"며 고깃집으로 데려가 위로해주었다. 피 묻은 내 점퍼를 자신의 털 달린 좋은 점퍼와 바꿔주기도 했다. 그런 인연으로 5·16에 참여했고 국가재건최고회의 감찰위원장을 맡게 됐다.

마음만 먹으면 더 높은 요직을 차지할 수도 있었는데 그러지 않은 이유는요?

나는 내 약점을 잘 안다. 정치에 관심이 없었고, 정치에 필요한 돈과 조직도 없었다.

미국 유학을 마치고 귀국한 뒤 베트남전쟁에 반대했습니다. 특별한 이유가 있었습니까?

전쟁에서 이기려면 명분이 있어야 하고, 지도자가 사심이 없어야 한다. 베트민의 호치민은 자주독립이라는 명분이 있었고, 베트콩과 베트남 국민 모두가 존경하는 지도자였다. 반면 베트남은 썩었다. 외국이 도와줘도 국민이 따라오지 않는 베트남은 질 것이 뻔했다. 베트콩은 인민 속에 있고 또 인민 속에 베트콩이 있다. 마오쩌둥은 인민은 물이고 게릴라는 물고기라 했다.

그런데도 베트남전쟁에 참가한 이유는 무엇입니까?

현실을 직시했다. 베트남전이 격해지면 미국은 우리 서부전선의 주한미군 2사단과 7사단 7만 명을 빼갈 것으로 봤다. 당시는 김일성의 군대가 우리보다 강했을 때다. 미군이 두 개 사단을 빼간 뒤 김일성이 밀고 내려오면 승산이 없었다. 베트남에 파병할 수밖에 없다고 봤다. 조국의 공산화를 막기 위한 파병은 정당했다. 또 파병을 통해 한국의 위상이 높아지고, 경제가 일어선 걸 잊어선 안 된다.

베트남에서 미군 휘하에 있지 않고 독자적으로 지휘권을 가지셨습니다. 어떻게 그게 가능했죠?

박정희 대통령은 미군의 지휘를 받는 게 좋다고 판단했지만 나는 반대했다. "사령관에 임명했으니 내게 맡겨달라"고 했다. 미군과의 회의석상에서 "이 전쟁은 군사전쟁이 아니고 정치전쟁이다. 세계 최강의 미군이 석 달 반 동안 부락 하나 점령하지 못하고 있다. 다른 대응방식이 필요하다"고 말했다. "미군의 지휘를 받지 않는 한국군은 얼굴도 보지 않겠다"던 라슨 장군이 내 말이 맞다고 해서 독자적인 지휘권을 인정받았다. 그 덕분에 맹호부대 주둔 지역에 태권도를 보급해 심리작전을 펼칠 수 있었다.

1969년 베트남전쟁을 성공리에 마치고 귀국했지만, 1972년 대장 진급에 실패했습니다. 유신을 반대했기 때문이라고 들었는데 사실인가요?

내가 대통령이라도 나처럼 직언하는 사람은 피곤해서 참모총장으로 안 쓸 것이다. 박정희 대통령은 내 건의를 다 들어줬지만 단 한 가지

예외가 있었다. 장기 집권 반대가 그것이었다. 1972년 초 대구에서 박 대통령이 '한잔하자'고 해 만났다. 박 대통령은 "채 장군, 김대중에게 정권을 맡기면 나라가 잘될까?"라고 물었다. 짐작되는 바가 있어 "각하가 스스로 정권을 연장하겠다는 말은 하지 말라"고 했다. 박 대통령은 "채 장군이 정치를 뭘 안다고……"라고 말했다. 나는 "3선 개헌 때 이번이 마지막이라며 눈물까지 흘리지 않았느냐"고 받아쳤다. 두 달 뒤 대구에서 다시 박 대통령을 만났다. "채 장군, 아무리 생각해도 집권을 연장해야겠어. 욕을 먹더라도 내가 십자가를 져야겠어"라고 하더라. 그래서 "십자가란 말을 함부로 쓰지 말라"고 했다. 그러자 박 대통령은 "채 장군은 기독교 신자지…… 그 말이 맞아"라고 했다. 나는 "장기 집권 하지 말라. 루스벨트가 4선을 한 건 국민이 하라고 해서 한 거다. 장기 집권은 각하를 죽이는 길이다"라고 했다. 그러자 박 대통령은 작별인사도 하지 않고 떠났다.

얼마 뒤 중장 계급 정년일인 5월 30일이 되자 유재흥 국방장관이 나를 불러 박 대통령의 친필서류를 보여줬다. '채명신 중장 예비역 편입'이라 써 있더라. 만감이 교차했다. 전역식을 마치고 정문을 나서는데 도열한 장병들의 얼굴이 눈물로 범벅이 됐다. 그해 스웨덴 대사로 부임했고, 이어서 그리스·브라질 대사를 지냈다. 1979년 10월 26일 브라질에서 박 대통령 서거 소식을 들었다. 아내가 "부부로 산 57년 동안 당신이 그렇게 슬퍼한 날은 없었다"고 하더라. 박 대통령에게 '각하를 죽이는 길'이라 말한 게 너무나 가슴 아팠다. 브라질 대사를 끝으로 공직을 마감했다.

과거 이야기는 그만하고 현실로 돌아오겠습니다. 북한 핵 문제는 어떻게 풀어야 할까요?

북핵을 겁낼 필요는 없다. 북한이 핵을 쓰면 북한은 없어진다. 그러나 북핵에 맞서 우리도 핵을 가져야 한다고 생각하면 안 된다. 그럼 주변의 모든 나라가 핵을 가지려 할 것이고, 외국 기업은 다 나가버릴 거다. 북한은 절대 오래가지 않는다. 다만 북한의 핵과 미사일을 우리가 단독으로 제어할 능력은 부족하다. 북한의 위협이 사라질 때까지 전시작전권 전환은 연기돼야 하고, 한미연합사도 존치돼야 한다.

국민에게 하고 싶은 말이 있다면 들려주십시오.

베트남전쟁 당시 장병들이 김치를 먹고 싶어 했다. 그런데 조국에서 온 김치 깡통 뚜껑을 따자 붉은 녹물이 나왔다. 기술이 없어서 녹이 슬었던 거다. 나는 "여러분이 이걸 안 먹으면 2주 뒤 일본 김치가 도착할 것이고, 김치 값은 일본 사람 손에 간다"고 했다. 그러자 장병들이 "녹물이라도 먹겠다. 고국의 부모형제에게 돈이 가게 해달라"고 했다. 나도 장병들도 다 울었다. 박 대통령께 이 사연을 적어 보냈다. 그러자 기술이 개발되기 시작했다. 질 좋은 김치 통조림과 군화·군복이 공수되기 시작했다. 우리는 그런 애국심으로 일어선 민족이다.

누구보다 파란만장한 인생을 사신 분 같습니다. 그럼 마지막 질문을 드리겠습니다. 인생이란 무엇인가요?

적에 포위돼 자결을 결심한 적이 있고, 죽을 고비도 여러 번 넘겼다. 그때마다 이순신 장군의 말씀을 따랐다. "살고자 하면 반드시 죽을 것이요, 죽고자 하면 반드시 살 것"이란 신념이 그것이다. 군복을 벗은 오늘에도 그런 마음으로 산다. 후배 군인들도 나라를 사랑한다는 얘기를 입으로 백번 해봐야 소용없다. 애국은 행동으로 실천하는 것이다.

● 　　　채명신 장군은 이 인터뷰를 마치고 두 달 뒤인 2013년 11월 25일 세상을 떠났다. 그는 "사병들이 묻히는 묘역에 묻어 달라"며 장군들의 묘역이 아닌 사병 묘역으로 뚜벅뚜벅 걸어갔다.

　　모처럼 진한 감동을 느꼈다. 어찌 보면 한없이 초라한 것이 인간이고, 어떨 때는 감히 상상하지 못한 위대함을 가진 것이 인간이다. 그래서 인간은, 인생은 아름다운 것이 아닌가 싶다. 채명신 장군이 적장인 길원팔에게 나라를 위해 같이 일해보자고 얘기한 장면은 오래오래 가슴속에 남았다.

　　페르시아 제국의 마지막 왕 다리우스 3세는 전쟁 중에 알렉산드로스 대왕을 피해 도망쳤다. 결국 그는 측근에 의해 목이 베었다. 알렉산드로스는 다리우스의 목을 베어온 배신자에게 중형을 내리고 적장에 대한 예의를 갖춰 장례를 치렀다. 아리스토텔레스는 페르시아 이민족을 강력하게 다스리라고 주장했지만 알렉산드로스는 화합을 선택했다.

　　미국의 링컨 대통령도 남북전쟁 당시 그전까지 자신을 괴롭혔던 정적들을 기용해서 미국이라는 나라를 하나로 만들기 위해 애썼다.

　　우리 사회의 한쪽에서는 보수 꼴통, 한쪽에서는 종북 세력이라고 공격한다. 채명신 장군의 애국심, 적장이라도 그 인물됨에 탄복해 함께 나라를 위해 일해보자고 권유하는 그 마음이 더욱 빛나는 이유다.

인터뷰 말미에 채명신 장군은 "애국은 말로 하는 것이 아니다. 애국은 실천하는 것이다"라고 했다. 진정으로 나라와 공동체를 위해 서로의 존재를 인정하고 아끼는 풍토를 고대한다.

'진정한 영웅은 사라지지 않는다. 말과 업적이 남는 법이다' 하는 생각이 자꾸만 든다.

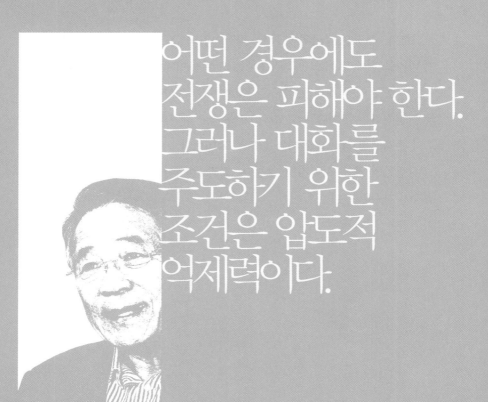

어떤 경우에도
전쟁은 피해야 한다.
그러나 대화를
주도하기 위한
조건은 압도적
억제력이다.

유삼남

한국해양대학교 석좌교수. 1941년 경남 남해에서 태어나 해군사관학교(19기)를 졸업했다. 해군 정보참모
부장과 작전사령관을 거쳐 1997년 제21대 해군참모총장에 임명돼 2년간 재직했다. 예편 뒤 2000년 16
대 총선에서 새천년민주당 비례대표로 당선했고, 2001년엔 제8대 해양수산부 장관에 임명됐다. 2003년
부터 2012년까지 사단법인 한국해양연맹 총재를 지냈다.

해군과 공군의
비중을 높여야 한다

● 　　　채명신 장군은 빈틈없는 안보를 전제로 '북한에 대한 평화적인 관리'를 주문했다. 이에 군사·해양 전문가인 유삼남 한국해양대학교 석좌교수를 만났다. 북한과의 충돌 우려가 가장 높은 지점이 서해 북방한계선NLL 등 해양 부문이란 판단에서다. 그에게 채명신 장군의 주문을 이어갈 구체적인 방법론을 들을 수 있었다.

유삼남 교수는 40년간 해군에 몸담은 끝에 김영삼 정부에서 해군 참모총장, 김대중 정부에서 해양수산부 장관을 각각 역임했고, 이후 9년간 한국해양연맹 총재를 지냈다. 유 교수는 군 최고회의기구인 안보전략회의에 국방부 장관, 합참의장과 함께 육·해·공군 참모총장이 모두 참여해야 한다고 제언했다. 또 한반도 관리를 위해 정부는 대북특사 제도를 신설해야 한다고 강조했다. 중국은 북한의 도발을 막는 데 주력하고 미국은 일본의 우경화를 막는 데 힘써야 한다는 제언도 곁들였다. 최근 눈에 띄는 군 출신 인사들의 고위직 진출에 대해선 "군 출신 인사는 전역 후 몇 년간 정부에 들어가지 말아야 한다"고 충고했다.

안보는 산소와 같은 것

베트남전쟁에 참전했던 고엽제 피해자들에게 정부가 보상을 해야 한다는 지적이 많습니다. 어떻게 생각하십니까?

당연하다. 국가를 위해 희생한 이들에게 보상과 명예를 줘야 나라의 존립 기반이 생긴다. 이제 대한민국에 그만한 국력이 있다.

국가를 위한 희생의 기준을 어떻게 잡을 수 있을까요? 은연중에 놓치는 경우도 있지 않을까요?

우리 해군 같은 경우는 바다에서 실종·납치·사고로 희생된 사람들에게 어떤 대우를 해주는지 아직 법적으로 확인하지는 못했다. 전쟁터에 나가서 전사해야만 희생이 아니다. 어떤 방식으로든 국가를 위해 봉사를 하다가 희생을 당하면 국가가 어느 정도의 보상을 해주어야다고 생각한다. 범위가 다르겠지만 과거와 비교해 좋아지고 있고 앞으로도 그럴 것이다. 따라서 하나하나 세심하게 고려할 필요가 있다. 근무 중에 불의의 사고로 희생을 당해도 그것이 공적임무냐, 사적임무냐를 가지고 논란이 많다. 일반적으로 공적임무 수행 중이었으면 국가가 보상을 해주는데, 외출 중에 사고를 당하면 보상에서 제외된다. 이런 차원에서 국가가 기준을 정해서 법제화하는 것도 필요하다.

싱가포르의 리콴유 전 총리는 "통일을 위해 전쟁을 한다는 건 씻을 수 없는 상처를 남길 뿐"이라고 했습니다.

우리는 정전상태라는 엄연한 현실을 잊어선 안 된다. 어떤 경우에도 전쟁은 피해야 한다. 그러나 대화를 주도하기 위한 조건은 압도적인 억제력이다. 유비무환이 중요하다. 김구 선생도 "안보는 산소 같은 것"이라고 했다.

북한의 핵 위협에 대해선 어떻게 해야 할까요?

우린 핵무기가 없다. 그러나 국제사회의 원조를 받는 나라^{북한}가 어떻게 전쟁을 일으키겠는가? 다만 북한이 기습적으로 어리석은 도발을 할 수 있다는 경계심은 갖고 있어야 한다. 북한이 단독으로 전쟁할 힘은 없다. 할 수 있는 것이라면 국지도발뿐이다. 2003년 이라크전쟁 이후 무기 체계가 더욱 발달해 가공할 위력을 갖게 됐다. 전쟁이 개시되면 30분이 아니라 몇 분 만에 남북이 공멸하는 상황이 올 수 있다는 사실을 인식하고 어떤 오판도 해선 안 될 것이다.

북한의 선군정치는 어떻게 봐야 합니까?

북한은 '군대라는 지붕이 튼튼해야 안전하다'는 마키아벨리의 논리에 지나치게 경도된 것 같다. 지붕만 튼튼하면 뭐하나? 안에 살림살이가 없는데 말이다. 북한도 경제적으로 조금 부족해서 그렇지 사람 사는 모양새는 똑같다고 들었다. 요즘은 제사도 지내고. 북한을 실제로 좌지우지하는 사람들이 10만 명 정도 되는데, 그들은 나름대로 자본주의 사회처럼 잘 먹고 잘산다. 특히 북한군 고위 간부 1500여 명은 '개혁·개방이 되면 우리 입지가 사라진다'고 생각하는 모양이다. 하지만 세상은 바뀌었다. 북한은 개혁·개방으로 나아가야만 살 수 있다.

미국이 이라크전쟁을 개시할 때 군인 출신이었던 파월 국무장관은 신중론을 폈습니다.

맞다. 전쟁에 대해선 군인들이 민간 정치인보다 더 신중할 수 있다. 무기란 게 뭔지, 전쟁을 하면 어떤 피해가 생기는지 더 잘 알기 때문이다. 《손자병법》에도 '싸우지 않고 이기는 게 최상'이라고 했다.

일본이 최근 급격히 우경화되면서 1930년대 군국주의식으로 가고 있습니다. 이런 일본 때문에 한·미·일 협력이 어려워지고 있는데요.

한반도에 위기가 닥친다면 일본도 결국 미국과 같은 편에 서서 도울 수밖에 없을 것이다. 미국에겐 한·미 동맹도 중요하지만 아직은 미·일 동맹이 더 중요할 것이다. 미국의 힘을 대신할 수 있는 나라가 일본이라고 생각할 수도 있다. 미국은 일본에 이지스함 기술도 전수했다. 그 점이 우리의 딜레마다. 우리는 아직도 일본으로부터 배워야 할 점이 많다. 그럼에도 불구하고 일본이 우경화를 계속하면 일본의 장래는 불행하게 될 것이다.

미국은 대륙별로 영국·이스라엘·일본이 연대의 축입니다. 그런데 일본은 한국·중국·러시아와 각각 갈등하고 있습니다. 이런 일본 때문에 아시아에서 미국의 입지가 좁아질 것이란 우려가 있는데요.

맞는 말이다. 이미 중국에선 일본 자동차나 일본 상점이 '나는 중국과 중국인을 사랑한다'는 스티커를 붙이기 시작했다. 중국 내에서 반일 감정이 고조되면서 나온 방어 제스처다. 곧 한국·러시아도 같은 상황이 될 것이다. 동북아의 평화를 위해서 중국은 북한에 자제를 설득

해야 하고 미국은 일본의 자제를 설득해야 할 것이다. 일본은 자중해
야 한다.

우리 안보를 위해 해군과 공군이 강화돼야 한다는 견해가 있습니다.
맞다. 해군과 공군이 강화돼야 한다. 미국이 해군과 공군을 지원해주
니까 한국군은 지상군 중심으로 가야 한다는 고정관념은 버려야 한
다. 우리 군의 안보전략회의에 합참의장과 국방부 장관, 육·해·공군
참모총장이 모두 참여하게 해야 한다. 2010년 천안함 사태 때 해군이
그 회의의 주요 위치에 끼지 못한 것만 봐도 큰 문제다.

정치에 영향을 받지 않는 대북특사가 필요하다

제주 해군기지 논란은 어떻게 봐야 합니까?
기지는 필요하다. 제주도는 중국과 일본 사이에 있다. 제주도가 한국
의 섬이긴 하지만 어떻게 보면 동북아시아의 핵심적인 위치에 있는
섬이다. 상호 견제를 할 수 있고 중심적 위치에 있는 기지라고 봐야
한다. 수입 물량의 90퍼센트 이상이 해상으로 오는데 해상 통로를 보
호하는 전초기지가 제주도이다. 분쟁 시에 우리나라로 들어오는 선
박들이 바다에서 침해를 받으면 안 된다. 앞으로 자원 경쟁을 포함한
해운 경쟁에서 이기려면 제주도 해군기지가 필요하다. 일제 강점기
일본은 군인 7만 명을 제주도에 파견했다. 제주도는 그만큼 군사전략
적으로 중요한 지역이다.

제주도에 해군기지를 짓되 세계에서 처음으로 화석연료 사용이 없는 섬이 되도록 지원하면 어떨까요?

맞다. 오스트레일리아의 시드니나 미국 샌디에이고 등은 모두 중요한 해군기지인 동시에 세계적인 관광지다. 제주도도 그렇게 되도록 정부가 적극 지원해야 한다.

대북특사를 신설해 북한과의 대화를 조직화해야 한다는 의견이 있습니다.

좋은 생각이다. 남북이 지금처럼 치킨게임만 계속하면 결국 공멸한다. 공식·비공식 대화 채널이 모두 필요하다. 국회가 대북특사제도를 만들고 청문회에서 통과시켜 활동 반경을 보장해야 한다. 특사의 임기는 5년 또는 그 이상으로 하고, 국회의원이나 대통령 출마는 금지해 남북관계를 정치적으로 이용하지 못하게 해야 한다. 과거 대북 채널로 활동했던 김우중 전 대우 회장이나 정주영 전 현대 회장처럼 기업인을 활용할 필요도 있다.

존폐 위기에 놓인 개성공단은 어떻게 해야 할까요?

북한에 대한 투자는 중국도, 독일도 실패했다. 개성공단마저 실패하면 북한에 대한 국제사회의 믿음이 완전히 사라질 것이다. 공단이 불안하지 않아야 투자가 일어난다. 앞으론 북한에 투자를 하더라도 우리만이 아니라 다른 나라들과 유엔 등 국제 조직이 함께 참여해 신뢰를 높이고 공동으로 위기에 대응하게 해야 한다.

정부가 러시아와 북한을 거쳐 우리 땅에 들어오는 천연가스관 사업을 구상

중입니다.

러시아와 협력하는 게 중요한 사안이다. 한·미, 한·중 정상회담에 이어 한·러 정상회담을 해야 한다. 다만 천연가스관 사업은 위험한 요소가 있는 만큼 안정성을 높이기 위해 다국적 기업의 공동 참여가 필요하다.

후배 군인들이 박근혜 정부에서 국정원장 등 요직에 올랐습니다.

군인은 정치에 참여해선 안 된다. 미국은 군인이 예편한 후 5년이 지나야 공직에 들어갈 수 있다. 현직에 있을 때 쌓은 지식이나 경험, 인맥을 곧바로 활용하지 못하도록 하는 것이다. 의장을 마치자마자 장관을 비롯해 정부 요직에 배치되면 자기 이권을 챙기게 된다. 긍정적으로 보면 휴전 상태니까 바람직하다고 볼 수도 있으나 국가 발전 상황, 민주화, 국민 의식 수준을 생각해볼 때 국민이 공감할 수 있는 인재등용을 해야 한다. 옛날로 회귀되는 식의 인재등용은 바람직하지 않다. 위기 상황이라는 이유로 군 위주의 인사를 할 수도 있겠지만 균형 있게 등용해야 한다. 한쪽으로만 승객이 몰리면 버스는 기울어진다. 육군과 해군, 공군의 조화가 필요한 것처럼 말이다. 일례로 합참의장 밑에는 육·해·공군 작전부장이 모두 있어야 한다.

마지막으로, 인생이란 무엇이라고 생각하십니까?

이익을 추구하고 행복을 찾는 것이다. 행복한 삶이란 본인도 남도 행복하게 하고, 나아가 국가에 이바지하는 것이다. 나는 지금까지 오로지 해양 인재 양성을 목표로 일관되게 10년 이상 교수 생활을 해왔다. 후학을 키우는 것은 인생의 큰 행복이다. 공직 생활을 한 뒤 퇴직했으면 명예롭게 사는 게 중요하다. 그게 행복이다. 또 건강해야 한다. 건강을 위해선 시간과 노력을 투자해야 한다.

● 　유삼남 교수는 육군에 치우친 군사 전략을 수정하여 해군과 공군의 비중도 강화해야 한다고 강조했다. 육·해·공군의 균형발전을 통한 국방력 증대가 튼튼한 안보를 가져온다는 것이다. 전적으로 동감한다. 또한 육군에서 해군·공군력 강화로 가는 길은 이공계의 진흥을 꾀하는 방법이기도 하다. 이공계 우수한 인력에게는 병역 혜택을 줄 여력이 생기기 때문이다.

청와대에 있던 시절 이공계 전공자의 사기 진작을 위해 병역특례 제도를 대폭 확대하고자 했다. 그런데 국방부 일각에서는 인구가 점점 줄어들어 병력 자원이 부족하다고 했다. 의구심이 들었다. 이미 현대전은 무기 체계가 중요하지 않은가. 첨단 무기를 더 도입하고, 인력을 줄이는 국방 전략이 필요하다고 보았다. 그런데 인력 감축은 쉽지 않았다. 우리나라의 장성은 450여 명이다. 그중에서 육군이 70퍼센트를 차지한다. 세계적으로 높은 수준이다. 육군 중심의 정책에서 벗어나야 한다는 유삼남 교수의 말에 귀를 기울여야 한다. 단계적으로 인력 중심의 육군을 줄여야 한다. 아울러 해군·공군 등 전군 무기체계를 강화해야 한다. 그러면 국방력도 강화되고, 이공계 인력 양성을 위한 병역 특례 인적 자원도 생긴다. 바다를 지배하는 나라가 세계를 지배해왔다는 점은 역사가 증명하고 있다. 삼면이 바다인 한국은 해군이 더욱 강화되어야 한다. 영국의 전쟁 영웅 넬슨은 열두 살 때 해군에 들어가 세상에서 가장 강력한 해군을 만들었고, 영국 역사를 다시 썼다.

남북문제는 생각할수록 답답하다. 실질적 대화가 필요한 시기다. 전쟁 중에도 대화는 있어야 한다. 케네디 대통령이 쿠바 미사일 사태가 일어났을 때 남긴 말이 지금과 같은 우리 상황에 잘 어울릴 것이다. "대화를 구걸하지도 않겠지만 대화를 두려워할 이유도 없다."

남북 특사를 법으로 만들고 남북 대화의 돌파구를 열어야 한다.

3

역사

역사에서 무엇을 배워야 할 것인가?

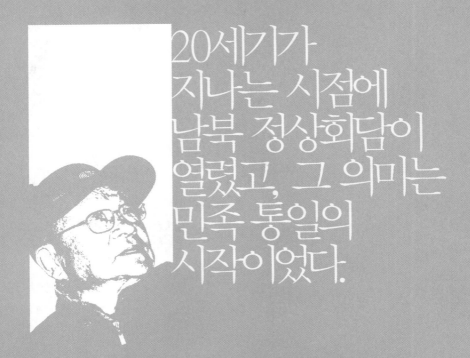

20세기가
지나는 시점에
남북 정상회담이
열렸고, 그 의미는
민족 통일의
시작이었다.

강만길

1933년 경남 마산에서 태어나 고려대학교 사학과를 졸업하고 같은 대학원에서 박사학위를 받았다. 고려
대학교 한국사학과 교수와 박물관장을 지냈다. 1980년 전두환 정권에 의해 교수직에서 강제 해직된 뒤
1984년 복직했다. 2001년부터 4년간 상지대학교 총장을 지냈다. 1970년대 중반부터 분단 극복을 화두
로 삼아 한국 근현대사 연구에 몰두해왔다. 1978년 저서 《분단시대의 역사인식》을 통해 그때까지 학계
에서 연구가 금기시돼온 좌우합작운동 등 좌익 계열의 독립운동을 조명했다. 민족화해협력범국민협의회
상임의장, 친일반민족행위 진상규명위원회 위원장을 맡았다. 주요 저서로 《한국 근대사》, 《한국 현대사》,
《통일운동시대의 역사인식》, 《한국 자본주의의 역사》 등이 있다.

남북, 평화통일 말고는
길 없다

● 　　난세를 만나거나 길이 보이지 않을 때 눈을 돌려 역사를 보라 했다. 독재 시절이던 1970~1980년대 새로운 민족주의 시각으로 분단현실을 파고든 강만길 교수의 책은 리영희 전 한양대 교수의 책과 더불어 대학생·지식인 들의 필독서였다. 그런 강만길 교수를 눈엣가시로 여긴 전두환 군사정권은 그를 4년간 강단에서 내쫓았다. 그럴수록 그는 학문에 매진해 분단 문제를 정면으로 다루면서 사학계의 혁신을 이끌었다. 민주화 운동에도 적극 참여해 '행동하는 지식인'의 길을 걸었다.

　2000년 6·15 남북정상회담 때 역사학자로는 유일하게 동행한 강만길 교수는 노무현 정부 당시 장관직을 제의받았지만 일언지하에 거절했다. 그는 2013년 낙향해 동해가 훤히 보이는 강원도 양양에 자리를 잡았다. "역사의 교훈을 듣고 싶다"는 청과 함께 시작된 인터뷰는 1000년 고찰 낙산사 옆의 찻집에서 일곱 시간 넘게 이어졌다.

역사는 발전하는 것인가

복잡한 도시에서 벗어나 강원도 양양에 사시는 기분이 어떤가요?

바다에서 떠오르는 아침 해를 보는 게 참 아름답다. 매일 아침 조선 초 개국공신 하륜과 조준이 은거했다는 '하조대'를 기점으로 바닷가를 걷는다. 음악을 들으며 걷는다. 클래식은 차이코프스키를, 유행가는 고복수의 〈나그네 설움〉을 주로 듣는다. 사놓고 못 읽은 책을 읽고 일주일에 한 번은 척산 온천에 간다. 공기가 맑고 조용해 좋다. 매일 보는 파도가 다르고 바다의 빛깔도 다르다. 걷다 보면 옛일부터 시작해 많은 생각을 하게 된다.

선생님은 처음에 왜 역사를 공부하기로 결심하셨나요?

1950년 한국전쟁이 일어났을 때 고등학교 2학년이었다. 전쟁은 참으로 처참했다. 얼마나 많은 사람이 죽었는지 모른다. 함경도에서 부산까지 걸어서 피난한 사람을 보기도 했다. 그 끔찍했던 경험 때문에 역사, 특히 우리 역사를 공부한 것 같다.

역사란 무엇입니까?

'역사'의 '사史' 자는 '가운데 중中' 자를 손으로 쥔 형상이다. 좌우로 치우치지 않고 현실만 직시하라는 의미다. 그 현실에서 미래를 배우는 것이 역사다.

역사는 발전하는 것인가요?

물론 발전한다. 역사는 인간 생활의 종합체다. 인간의 노력으로 역사는 발전해왔고 또 발전해갈 것이다. 역사의 발전이 일시 멈출 수 있다. 그러면 그걸 회복하기 위한 혁명이 일어난다. 정치적으로는 모든 사람이 권력의 속박에서 자유로워지고, 경제적으론 모든 사람이 고루 잘살고, 사회적으론 모든 사람이 평등해지고, 문화적으론 모든 사람이 사상의 자유를 누리는 방향으로 역사는 발전한다.

지난 이천 년 한반도 역사가 우리에게 주는 교훈은 무엇입니까?
동북아시아에서 대륙과 해양세력이 충돌하는 위치에 놓인 한반도의 지정학적 문제를 해결하는 데 나라의 운명이 달렸다는 것이다. 중국이란 거대한 용광로에 붙어 있으면서도 굳게 지켜온 우리 민족의 주체성은 높이 평가되어야 한다. 그러나 중세에서 현대까지는 대륙세력에 예속되거나 해양세력에 점령당하거나 남북끼리 갈라져 싸운 게 우리의 주된 운명이었다.

한반도의 지정학적 특징을 보여주는 구체적인 사례를 하나 들어주십시오.
1894년 청일전쟁에서 승리한 일본이 한반도를 식민지로 삼키려 할 때 러시아가 부동항을 찾아 한반도로 진출했다. 그러자 영국과 미국이 러시아의 남하를 막으려고 일본을 '극동의 헌병'으로 삼았다. 1904년 러일전쟁 때 영국·미국은 일본에 군자금의 절반을 빌려줬고, 일본이 유리한 상태에서 전쟁을 끝내줬다. 또 한국전쟁 초기엔 대륙세력을 배경으로 한 북한에 의해 한반도가 통일될 뻔했다. 이로 인해 일본이 위험하게 되자 태평양이 '미국의 호수'가 아니라 '빨갱이의 호수'가 된다고 우려한 미국이 참전한다. 그 결과 한반도 전체가 해양세력 자본주의권에 들어갈 상황으로 바뀌자, 이번엔 중국 육군과 소련 공군이 참전해 막았다. 이 같은 한·미·일 대 북·중·러의 대립 구도는 결국 한반도의 분단으로 균형을 유지했다. 이런 한반도의 지정학적 문제를 해결하는 것이 민족 문제를 해결하는 열쇠가 된다.

대륙세력과 해양세력의 충돌로 한반도를 분할하자는 논의도 있었습니다.

첫째는 1592년 임진왜란 당시 일본이 조선 분할을 주장했다. 둘째는 300년 후 청일전쟁 직전이다. 당시 영국은 아편전쟁 이후 청나라에 이권을 가지고 있었다. 청일전쟁이 터지면서 영국의 입지가 흔들릴까봐 영국은 조선분할론을 주장했다. 한반도 북부는 청나라에, 남부는 일본 세력권에 두자는 안을 냈다. 평안·함경·황해 3도는 청나라에, 경상·충청·전라·강원 4도는 일본에 주고 조선 왕은 경기도만 지배하게 하자는 방안까지 나왔다. 그러자 일본이 한반도 전체를 손아귀에 넣으려고 전쟁을 도발했다.

한반도의 장래는 어떻게 풀어야 할까요?

전쟁으론 통일할 수 없는 곳이 한반도임은 한국전쟁이 증명했다. 남북이 화합해 평화통일을 이뤄야 주변 강대국이 우리를 함부로 대하지 못한다. 독일 상비군이 18만 명인데 우리는 남북한에 150만 군인이 있다. 엄청난 군사비가 낭비되고 있는 거다. 남북이 지혜를 모아야 한다. 남북이 통일돼 일본에 치우치면 중국이, 중국에 치우치면 일본이 각각 고단해진다. 중·일이 대립하면 한국이 중간에서 조정자

역할을 할 수 있다.

북핵 위기를 극복하려면 어떻게 해야 합니까?

1994년 북·미 제네바 합의와 2005년의 6자회담 9·19선언에서 북한의 핵 포기와 북·미 수교가 합의됐다. 그러나 지금도 그 약속은 지켜지지 않았고, 한반도의 긴장은 높아가고 있다. 한국은 북·미 사이에서 적극적으로 중재에 나서야 한다. 미국도 클린턴 행정부의 대북정책을 계승해야 한다. 북한의 핵 포기와 동시에 북·미, 북·일 수교가 이뤄져야 한다. 남한은 소련·중국과 수교한 지 오래다. 따라서 북한도 미국·일본과 수교하고 일본으로부터 배상금을 받아 경제를 일으켜야 한다.

그래도 북한은 핵을 포기하지 않으려 하고, 한국에서도 핵무장하자는 주장이 나옵니다.

남이건 북이건 핵무기로는 통일이 불가능함을 알아야 한다. 남북이 통일되면 인구 8000만의, 독일만큼 큰 국가가 탄생한다. 이런 국가가 핵무기를 가진다면 주변 국가가 허용하겠는가? 이 점을 생각해봐야 한다.

동북아시아의 평화를 잇는 다리가 되어야

최근 일본의 움직임이 수상쩍습니다. 1930년대처럼 우경화가 심해지고 있는

데요. 이 문제는 어떻게 보십니까?

남북 분단의 근본 원인은 일본의 한반도 강점이었다는 사실, 한국전쟁으로 일본의 경제가 일어났다는 사실을 모르는 일본인이 많은 것 같다. 21세기 일본은 한반도의 평화통일에 적극 협력해 동북아시아의 평화 정착에 노력해야 한다. 독일이 제2차 세계대전 뒤 철저히 반성하고, 유럽 통합과 국제 평화에 기여해온 것을 배워야 한다.

러시아는 어떻게 봐야 합니까?

20세기 후반 한·미·일 동맹과 북·중·소 동맹 구도는 냉전 해소로 무너졌다. 하지만 동북아 해양세력으로서의 한·미·일 세력과 대륙세력으로서의 북·중·러 세력 간의 대립은 해소되지 않았다. 푸틴 러시아 대통령이 사상 처음으로 북한을 다녀갔다. 또 러시아는 북한을 거쳐 한국까지 천연가스관과 철도를 이으려 한다. 우리와 관계를 두텁게 하려는 것이다. 이런 러시아와 협력을 강화해야 한다.

동아시아의 근본적인 평화와 번영 전략은 무엇인가요?

21세기 세계는 민족국가의 벽을 무너뜨리고 지역 공동체를 형성하는 방향으로 나아가고 있다. 유럽연합이 대표적인 예다. 프랑스와 독일이 강대국 행세를 하지 않은 게 유럽연합 발전의 요체였다. 중국과 일본도 중화주의와 대동아공영권식 사고를 버려야 새로운 아시아 시대를 열 수 있다.

남덕우 전 총리도 동북아 안보협의체와 동아시아 경제협력을 강조했는데요.

보수든 진보든 원로의 생각은 비슷한 것 같습니다.

은퇴하고 한 발짝 멀리 떨어져 보면 같은 길이 보이는 모양이다. 평생 역사를 공부해온 눈으로 보면 동아시아 공동체로 가는 길이 최선이다. 머지않아 한국·일본·중국 사람은 같은 돈을 쓰고 상대국 언어를 자국어처럼 구사하며 비자 없이 왕래하게 될 거다. 중국과 러시아의 기차가 북한을 거쳐 부산까지 다닐 것이다.

남북이 통일되고 동아시아 공동체가 성립되려면 고도의 전략 외교가 필요하다고 생각합니다. 이 점은 어떻게 생각하십니까?

일제 강점기에 일본식으로나마 군인·교사·기술자는 어느 정도 양성됐다. 하지만 일본의 외교관이 된 조선인은 한 사람뿐이었다. 주영 대사관 참사관을 지낸 장철수 씨였다. 그마저 해방 뒤 교수가 됐다. 우리나라 외교는 외교 경험이 전무한 사람들이 시작한 것이다. 게다가 한국의 외교는 너무 미국 중심이라 다양성이 결여됐다. 시야가 넓은 외교관을 배출하는 게 시급한 과제다.

러시아는 표트르 대제, 일본은 후쿠자와 유키치 같은 걸출한 인물이 국가의 운명을 크게 바꿨습니다.

우리 사회는 사람을 키워내는 능력이 부족한 것 같다. 일제강점기 독립운동가이자 사학자인 신채호 선생이 《영웅대망론》을 쓰며 새롭게 조명한 인물이 이순신이다. 지금 같은 시대에도 영웅이 꼭 필요한지는 모르겠지만, 바람직한 사람, 원대한 비전을 지닌 사상가를 길러내는 풍토는 반드시 필요하다.

우리가 사람을 키우지 못한 건 당파 싸움이나 정적을 죽이는 정치문화 탓 아닌가요?

조선시대 당쟁론은 통치술보다는 정치를 하기 위한 구실로 존재했다고 할 수 있다. 지나치게 폐쇄적이었다. 고려는 쌍기雙冀라는 중국인은 물론, 아랍인까지 등용했다. 반면 조선은 쇄국의 길을 걸은 결과 일제의 식민지가 됐고 민족분단의 비극을 맞았다. 이처럼 불행한 역사를 막으려면 서로 공존하는 지혜가 필요하다.

역사에는 가정이 없다지만, 만약 우리 역사를 가정해본다면 어떨까요?

임진왜란 뒤 의병장이 왕이 되고 실학파가 집권했다면 나라의 운명은 달라졌을 것이다. 또 해방 공간에서도 좌우합작 정부를 운영해본 김구 선생이 처음엔 신탁통치에 반대하다가 이승만 박사가 남한 단독정부 수립론으로 나아가자, 남북통일국가 노선으로 맞섰지만 이미 늦었다. 그 뒤에도 김구 선생은 통일국가 수립론을 고수하다 살해되고 말았다. 우리 현대사의 안타까운 대목이다. 반면 오스트리아는 제2차 세계대전 뒤 미국·영국·프랑스·소련의 신탁통치를 받았지만 좌우가 합작해 10년 만에 영세중립국으로 독립할 수 있었다.

남북문제가 현재의 상태로 계속 간다면, 북한이 중국화되는 게 더 빨라진다는 우려가 있습니다.

한국전쟁이 일어나기 전까지는 그래도 남북 사이에 동족이라는 개념이 있었는데, 전쟁 이후에 완전히 적으로 바뀌었다. 바로 이것이 민족 분단의 의미다. 20세기가 지나는 시점에 남북정상회담이 열렸고,

그것은 민족 통일의 첫걸음이었다. 이후에 철도가 연결되고 사람이 왕래하게 되었는데 이것은 국토의 통일이다. 그대로 계속 진행됐으면 아마 해주 공단이 생겼을 것이고 서해에 평화수역도 생겼을 것이다. 국가의 통일은 그 후 조금 늦어도 될 것이다. 민족 통일과 국토의 통일이 정착되면 평화가 정착한다. 하지만 이명박 정부 이후에 통일되어가던 국토가 단절되었다. 이것을 다시 열어야 한다.

남북문제를 풀어나가기 위해 정부와 대통령은 어떤 역할을 해야 할까요?

역사의식이 있어야 한다. 북한과 대화를 두려워할 필요가 없다. 북한과 대화를 거부하면 북한은 중국에 치우칠 수밖에 없다. 북한이 중국에 넘어가는 것은 우리 국민뿐 아니라 북한도 원하지 않을 것이다. 북한은 북한대로 남한과 가까워져야 살 길이 열린다는 것을 직시해야 한다. 우리의 통일은 전쟁이나 흡수통일처럼 하루아침에 이루어질 수 있는 게 아니다. 끈기 있게 원대한 소원을 품고 추진해야 한다.

21세기에 희망을 얘기하려면 어떻게 해야 합니까?

20세기 인간형에서 벗어나야 한다. 두 차례의 세계대전, 동서 냉전, 식민지, 남북 분단과 동족상잔의 상처가 21세기를 사는 사람들에게 남겨져서는 안 된다. 이제 양육 강식의 시대는 사라지고 있다. 불리한 지정학적 위치를 유리한 위치로 바꾸는 국가 전략이 지도자와 국민들 마음속에 있어야 한다. 제국주의 시대에는 해양세력이 대륙을 침략하는 '다리'가 되었지만, 지역 공동체가 발달하는 시대에는 대륙과 해양을 잇는 '평화의 다리'가 되어야 한다.

마지막 질문을 드리겠습니다. 인생이란 무엇입니까?

인생은 전적으로 자기 책임이다. 남을 탓하지 말아야 한다. 흔히 하는 말이지만, 인간답게 사는 것, 즉 끊임없이 양심에 비추어보며 사는 것이 중요하다. 나도 평생을 학문과 교육에 몸 바쳤지만, 나보다 나은 사람을 양성하는 데 얼마나 노력했는지 반성하고 있다. 너무 고집부리며 산 게 아닌가 하는 생각도 있다. 욕심을 버리고 일상에 만족할 줄 아는 게 중요하다.

● 은퇴 후 강원도 양양 바닷가 조그만 아파트에 사는 강만길 교수를 두 차례 찾았다. "매일 아침 바다에 뜨는 해를 보고, 산책한다. 매일 뜨는 태양이 다르고, 매일 보는 바다의 빛깔이 다르고, 매일 부는 바람이 다르다, 전원생활이 참 좋다"라는 말씀이 인상적이었다.

역사는 좌우에 치우치지 않는 것이라는 말씀이 기억에 오래 남았다. 역사는 승자의 기록이라는 말도 있지만 역사가 살아서 오늘의 교훈이 되려면 좌우로 치우치지 않는 냉정함이 필요하다. 역사 교과서를 둘러싸고 보수와 진보의 대립이 심하다. 보수가 집권하면 이승만 대통령이 영웅이 되고, 진보가 집권하면 김구 선생이 영웅이 되는 역사 논쟁은 이제 끝내야 한다. 보수, 진보 관점을 가진 교과서를 놓고 토론 수업을 해야 한다. 그런 과정 속에서 각자 보수, 진보의 관점을 스스로 체득할 수 있게 해야 한다.

서구는 산업혁명으로, 일본은 메이지유신으로 일어설 때 우리는 내부 갈등으로 모든 역량을 소진하다가 일제의 식민지가 되고 말았다. 극심한 내부 갈등으로 역량을 소진할 때 어떤 결과가 나왔는지를 역사 속에서 간절하게 배워야 한다.

대륙세력과 해양세력 사이에 낀 대한민국의 숙명은 무엇일까? 과거 대결 중심의 냉전시대는 끝났다. 대륙세력과 해양세력의 사이에서 휘둘리며 고통을 받던 역사는 끝내야 한다. 이제는 두 세력 사이에서 눈치 보는 국가가 아니라 두 세력을 연결하는 '다리'의 역할을 하는 국가가 되어야 한다. 그래야 대한민국의 운명이 다시 태어날 수 있다.

그러기 위해선 먼저 남북한의 경제 교류가 활성화되어야 한다. 이를 기초로 도로, 철도, 항공로, 가스관이 연결되어야 한다. 그렇게 대륙과 해양을 잇는 물류의 중심으로 자리 잡아야 한다. 중국과 러시아를 거쳐 유럽으로 가고, 중국과 러시아가 태평양으로 가는 중간 기착지가 한국이 되어야 한다. 은퇴 후 나는 어디에서 무엇을 하며 살 것인가? 하는 생각도 화두가 되었다.

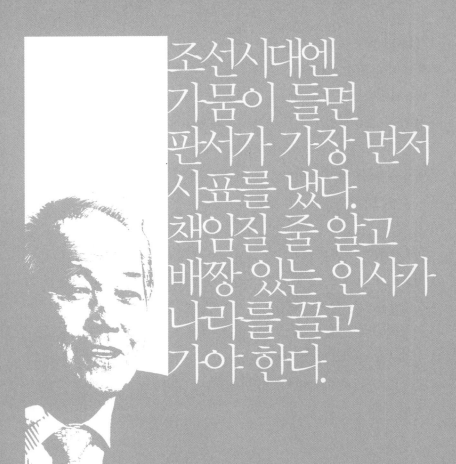

조선시대엔
가뭄이 들면
판서가 가장 먼저
사표를 냈다.
책임질 줄 알고
배짱 있는 인사가
나라를 끌고
가야 한다.

신봉승

1933년 강원도 강릉에서 태어나 경희대학교 국문과와 같은 대학원을 졸업했다. 《조선왕조실록》을 완독
하는 등 남다른 역사 학습을 바탕으로 《풍운》, 《조선왕조 500년》 같은 대하 사극의 대본을 집필했다.
저서로는 《조선왕조 500년》과 《소설 한명회》, 《왕건》 등이 있다. 한국시나리오작가협회 회장을 역임했
다. 대한민국예술원 회원이며 현재 추계예술대학교 영상문예대학원 대우교수로 재직 중이다.

역사에서 배워야 할 것은
배움의 용기다

● 　　강만길 교수가 "우리나라의 갈 길을 역사에서 찾아야 한다"
고 지적함에 따라 조선시대 역사를 30년 넘게 연구해온 신봉승 작가
를 만났다. 그는 1980년대에 조선왕조 500년사를 7년 9개월간 텔레
비전 드라마로 극화하면서 역사를 안방으로 끌어들인 인물이다. 조
선을 이끈 스물일곱 명의 왕과 신료들의 행적을 촘촘히 꿰고 있는 신
봉승 작가에게 대통령과 정부가 배워야 할 교훈을 들어봤다.

책임지는 정치의 실종

역사를 공부하게 된 배경은 무엇인가요?

내 나이 쉰 살이 되었을 때 사극을 써달라는 요청을 받고 춘원 이광수
의 《단종애사》, 월탄 박종화의 《금삼의 피》를 읽었다. 정사가 아닌 야
사에 바탕을 둔 소설임을 알게 됐다. 뒤늦게 대학원에 들어가 논문을
썼다. 《단종애사》를 《연려실기술》, 《조선왕조실록》과 조목조목 비교

한 논문이다. 이를 제출하자 황순원 선생이 은밀히 불러 어디까지가 사실이냐고 물었다. 전부 사실이라고 대답하니 그분 얼굴이 흙빛으로 변했다. "논문은 통과시켜주겠지만 발표하면 안 된다"고 하셨다. 그 뒤로 나는 정사正史의 대중화를 목표로 30년간 노력해왔다.

조선시대 역사에서 대통령이 배워야 할 교훈이 있다면 말씀해주십시오.

우선 사면 문제다. 조선시대 왕은 왕위에 오른 뒤 죄인들을 사면하며 새 시대를 선언했다. 부모를 죽인 흉악범이 아니면 모든 죄인을 방면해 감옥을 비웠다. 그런데 물러나는 대통령이 퇴임 직전 측근들을 사면하는 건 잘못된 거다.

다음은 인사다. 대통령이 청와대 비서실장을 장관급으로 올리는 것은 청와대가 정부를 넘보겠다는 뜻이니 옳지 않다. 비서실장은 차관급 정도여야 한다. 조선 왕의 비서실장은 승정원 도승지였다. 지금의 국장급이다. 지금의 비서실 격인 승정원의 임무는 선비들이 올린 상소문을 가감 없이 왕에게 전하는 것이다. 임금은 반드시 답을 줘야 했다. 대통령도 이처럼 국민과 소통을 해야 한다. 청와대에 올라온 건의를 해당 부처로 이첩해버리는 건 직무유기다. 일례로 이명박 정부 시절 '한자문화추진위원회'의 진태하 교수가 역대 총리 스물한 명과 교육부 장관 마흔한 명의 서명을 받고 국민 여론조사도 실시했다. 60퍼센트가 찬성한다는 결과를 얻어 그 자료를 첨부해 '초등학교에서도 한자를 가르쳐야 한다'는 건의문을 청와대에 보냈다. 하지만 5년간 답이 없었다. 이래선 안 된다.

지금의 정부 체계에서는 어떤 문제가 발생해도 책임지는 사람이 없다는 지적이 나옵니다.

이승만 대통령 이래 64년 동안 배짱 있게 사표를 낸 장관을 본 일이 없다. 조선시대엔 가뭄이 들면 판서가 가장 먼저 사표를 냈다. 조선 중기의 문신 오리 이원익 선생은 예순네 차례나 사표를 썼다. 책임질 줄 알고 배짱 있는 인사가 나라를 끌고 가야 한다.

대통령에게는 직언을 할 줄 아는 참모가 필요합니다. 조선사에서 직언을 하는 충신에 관한 일화가 있으면 일러주십시오.

중종 때 강원도에 수해가 났다. 중종이 그 원인을 묻자 이자건이라는 신하가 "임금이 성심을 다해 정치를 하지 않아 하느님이 노한 것"이라 답했다. 중종이 "그러면 어떻게 해야 하느냐" 하고 묻자 이자건은 "군자와 소인을 구별하라"고 대답했다. 중종이 "나는 군자와 소인을 구별하지 못하겠다"고 말하자 이자건은 "군자는 어질고 점잖아 어디 있는지 모르고, 소인은 말이 많고 나댄다. 전하 아래 있는 사람은 전부 소인"이라 답했다고 한다.

요즘 한국 사회는 세대간 갈등이 상당히 심각합니다. 어떻게 풀어야 할까요?

서른여섯 살의 조광조는 왕에게 "젊은 훈신이 옳다고 하면 나이 든 간관이 틀렸다고 하고, 젊은 간관이 옳다고 하면 나이 든 훈신이 그르다고 한다. 신하 사이에 연령 격차가 크면 중구난방이 된다"라고 말했다. 임금이 "어떻게 하면 되겠나"고 묻자 조광조는 "나이 든 이는 젊은이를 자식처럼, 젊은이는 나이 든 이를 어버이처럼 여기면 된다"

고 답했다. 원로 보수는 젊은 진보를 자식처럼, 젊은 진보는 원로 보수를 어버이처럼 여겨야 한다.

조선시대 인재 발탁에서 배울 점이 있다면 말씀해주십시오.

조선시대는 전랑銓郎을 둬 인재를 발탁했다. 전랑은 관직의 꽃으로, 요즘의 안전행정부 인사과장 격이다. 전랑이 판서 등 정승급 인사들을 추천했다. 전랑의 직속상관은 이조판서인데 이조판서의 영향을 받지 않게 임기를 전랑이 정하고, 후임자도 전랑이 정해 인사의 객관성을 유지했다. 정승들은 거의 모두 전랑이나 경연관을 거친 인물 가운데 발탁됐다. 이에 비춰보면 지금의 인사제도엔 문제가 많다.

배움은 용기다

조선시대 왕은 모두 엄청나게 공부를 했다고 합니다.

지금 고시는 전부 일본 제도다. 이젠 없어져야 한다. 9급 시험 하나만 놔두고, 치열한 경쟁 시스템을 도입해야 한다. 조선시대 임금은 과거에 합격한 엘리트 20여 명과 하루에 네 번씩 질의응답 시간경연을 갖고 공부했다. 실력 있는 신하만 경연관에 뽑혔다. 경연관을 '정부의 꽃'이라고 한 이유다. 대통령은 늘 엘리트와 머리를 맞대고 공부하며 해결책을 찾아야 한다.

조선시대 교육에서 배울 점이 있다면 무엇을 들 수 있을까요?

지금 초등학교 국어책은 '영희야, 철수야 놀자'로 시작한다. 조선시대엔 글을 못 쓰는 다섯 살배기도 '하늘은 높고, 땅은 누르고, 우주는 거칠고 넓도다'를 외웠다. 차원이 달랐다. 게다가 요즘 학교는 아이들에게 체육을 가르치지 않는다. 강인한 정신을 길러주지도 못하면서 어떻게 인간이 되길 바랄 수 있겠는가? 또 '인간이란 무엇인가'를 가르쳐야 하는데 그것도 없다. 일본 학교에선 학생들이 수업 전에 휴대전화를 전용 보관함에 넣어두었다가 방과후에 찾아간다. 대통령 임기는 5년이지만 교육 개혁은 장기적으로 진행되어야 한다. 교육 개혁에 빨리 나서야 한다.

현대 사회는 예전과는 달리 국제 관계가 무척 중요해졌습니다. 역사에서 이와 관련한 사례가 있나요?

16세기 일본은 표류해온 포르투갈인에게 조총 제조 기술을 배웠다. 또 메이지유신 뒤 내전이 벌어지는 상황에서도 장·차관급 고위 인사와 유학생 등 150명을 시찰단으로 해외에 내보냈다. 이들은 1년 반 동안 미국과 영국, 독일을 둘러보고 1800권에 이르는 보고서를 썼다. 이를 바탕으로 일본은 근대화에 성공했다. 반면 17세기 조선은 총포 기술자였던 네덜란드인 하멜 일행 서른여섯 명이 제주도에 표착해 14년 동안 살았는데, 잡일을 시키거나 생김새가 특이한 데다 노래도 잘하고 춤도 잘 추니까 30년 동안 남자 기생 노릇을 시켰다. 그만큼 국제정세에 무지했다. 하멜 일행은 여수, 남원 등지에 흩어져 살았는데 아무도 네덜란드어를 배우지 않았다. 조선 사회가 얼마나 폐쇄적인 사회인가 알 수 있다. 이런 탓에 우리가 임진왜란·정유재란·병자호

란을 당했고, 일본에 35년간 굴욕적인 식민 지배를 받은 것이다.

마지막 질문입니다. 인생이란 무엇인가요?

바르게 사는 것이다. 개인적으로 호텔 헬스클럽 30년 이용권을 받은 적이 있는데, 한 번도 이용해본 일이 없다. 일상이 건전하면 건강하다. 누가 마음에 안 든다고 '저놈 어떻게 때려잡을까' 궁리하며 살면 건강하지 못한 삶이다.

● 　일본에 표류한 포르투갈인과 제주도에 표류한 네덜란드인 하멜 등의 외국인을 대한 일본, 조선의 태도가 나라의 운명을 갈랐다. 16세기 일본의 작은 섬에 포르투갈인이 표류했다. 일본은 와카사라는 조그만 촌장의 딸을 포르투갈인 숙소에 보냈다. 와카사는 멀리 떨어진 과녁을 맞히는 총을 신기하게 여겨 조총 제조 기술을 배웠다. 포르투갈인들이 떠날 때 일본은 조총 두 자루를 지금의 돈으로 약 10억 원을 주고 샀다. 얼마 후 와카사는 그들을 따라갔고 홍콩을 통해 대포와 총을 만드는 기술자를 데려왔다. 조총 제조 기술은 오다 노부나가에게 전해졌고, 전국시대가 통일되었다. 그리고 나서 동아시아의 역사를 바꾸었다. 반면 조선에도 제주도에 총포 기술자인 하멜 일행이 표류했다. 조선은 이들에게 춤과 노래를 시키고, 노역을 시켰다.

　신봉승 작가는 이런 역사에 안타까워했다. 하멜 일행이 조선에 억류되어 있던 14년 동안 네덜란드어를 배운 사람이 하나도 없었다는 사실에 큰 아쉬움을 표했다. 일본은 메이지유신 이후에도 외국에 시찰단을 보내 이를 바탕으로 근대화에 성공했다. 반면 조선은 새로운 세상으로 나가기를 두려워했고, 결국 가장 두려운 역사를 맞았다.

가장 용기 있는 사람은 누구인가? 다른 사람의 생각을 과감히 수용해서 스스로 혁신하는 사람이다. 개인이든 회사 조직이든 국가든 이런 용기가 성패를 가른다. 지금 우리나라가 100년 전 조선의 상황과 비슷하다고 우려하는 목소리가 높다. 우리 스스로 무엇을 혁신해야 할지 다시 한 번 깊이 생각해야 한다. 청나라 강희제는 황제가 되고 나서도 열심히 공부를 했다. 눈에서 피가 났다고 할 정도로…… 나라의 장래에 대해 깊고도 진지한 성찰이 절실한 시기이다.

4

리더십

정치 리더십의 정도를 묻다

지금의 비전은
성숙한 한국으로
가는 것이다.
살기 좋고,
기업하기 좋고,
공평하고
안전한 나라를
만드는 거다.

남덕우

1924년 경기도에서 태어나 국민대학교 정치학과를 졸업하고 서울대학교에서 경제학 석사, 오클라호마 주립대학교에서 경제학 박사학위를 받았다. 국민대학교와 서강대학교 교수를 거쳐 부총리 겸 경제기획원 장관, 국무총리, 산학협동재단 고문 등을 역임했다. 1960년대 대학에서 성장이론을 강의하다 1969년 재무부 장관에 전격 발탁됐다. 2013년 5월 세상을 떠났다.

남북문제와 국제 문제는
동북아안보협의체로 풀어야 한다

●　　　박정희 전 대통령의 경제팀을 오랫동안 이끌었고, 박근혜 후보 후원회장을 지냈던 남덕우 전 총리의 구상을 듣고 싶었다. 서울시 강남구에 위치한 산학협동재단 사무실에 들어서니 남덕우 전 총리가 컴퓨터로 무언가를 열심히 작성하고 있는 모습이 눈에 들어왔다. 90세란 나이를 믿을 수 없을 만큼 정정한 모습이었다. "컴퓨터가 없으면 아무것도 못한다"고 말하는 남덕우 전 총리는 공영방송에서 자신을 주제로 제작한 다큐멘터리 3부작 시나리오를 직접 수정하고 있었다. 건강 비법을 물으니 매일 팔다리, 목, 허리 관절을 좌우로 각각 열 번씩 돌린 뒤 걷는다고 한다. 남 전 총리는 자기 관리에 철저했다. 30년 전부터 가장 최근 통계까지 정확히 꿰고 있었다. 경제위기와 북핵, 남북통일 등 한국이 당면한 문제들의 해법을 현직 정책 결정자만큼이나 진지하게 고민하고 있었다.

경제 위기를 극복하는 두 가지 방법

1969년 재무부 장관으로 발탁되면서 박정희 대통령과 인연을 맺었다고 들었습니다. 어떤 계기가 있었나요?

당시 서울 강서구 화곡동에 집을 짓고 있었다. 경비를 아끼려고 직접 공사 감독을 했는데, 어느 날 서강대학교 이승윤 교수가 지프를 타고 와 "급히 들어오라"는 청와대의 전갈을 전했다. 이 교수는 곧 개각 발표가 있을 것이라 귀띔했다. "정부에 들어오라 하면 어떻게 해야 하냐" 물으니, 이승윤 교수는 "할 수 없죠. 가셔야죠"라고 대답했다. 운명이라고 스스로 다독이며 청와대로 향했다. 당시 박정희 대통령이 장관 임명장을 주고 나서 내게 말했다. "남 교수, 그동안 정부가 하는 일에 비판을 많이 하던데 이제 맛 좀 보시오." 그 뒤로 14년 동안 나는 정부 관료의 쓴맛, 단맛을 톡톡히 본 셈이다.

우리 경제는 지금 말 그대로 위기입니다. 경제 패러다임을 바꾸어야 한다는 지적이 많은데 해법으로는 무엇이 있을까요?

경제 위기를 극복하려면 장기적인 구조 개혁과 단기적인 경제 대책이 병행돼야 한다. 지금 단계에서 그 두 가지는 사회복지 정책과 중소기업의 진흥이다. 이는 구조적인 문제이고, 시간이 걸린다. 지금 당장 급한 것은 물건이 안 팔리고, 중소기업이 위태로워지면서 실업자가 늘어나는 것이다. 이럴 때는 단기 대책, 경기부양책으로 가야 한다. 사람들은 전혀 색다른 뭔가가 나오길 바라는데 그런 것은 있을 수 없다. 지금 소비를 가로막고 있는 게 가계부채이니 이걸 해결하는 특단의 조치를 취해야 한다. 그다음이 투자인데, 요즘처럼 반기업 정서가 심한 때가 없었다. 그저 경제민주화라고 재벌을 때리니 기업들이 사업 의욕을 상실할 정도가 돼버렸다. 우선 기업에 대한 올바른 인식을 심어주고, 규제를 최소화하고, 세액 공제나 정책 금융 등 특단의 재정조치를 취해야 한다. 장기 대책으로 중소기업의 진흥과 사회복지의 확충에 초점을 맞춰야 한다. 우리 기업체의 1퍼센트를 차지하는 대기업이 전체 생산액의 76퍼센트를 만드는데, 99퍼센트에 달하는 중소기업의 생산액은 24퍼센트밖에 안 된다. 사회보장비도 독일은 국내총생산GDP의 40퍼센트이고 일본도 28퍼센트인데 우리는 18퍼센트에 불과하다. 따라서 중소기업의 생산성 향상과 복지 확충이 선진화의 요건이다. 문제는 재원 마련이다.

그렇다면 재원은 어떻게 마련하면 좋을까요?

조세감면액을 축소하고, 탈세 세원을 포착하고, 예산 세출 구조를 조정하면 얼마간의 재원이 나올 수 있다. 아무래도 증세는 불가피할 것이다. 저소득층에 영향이 가지 않는 범위에서 증세 방안을 강구해야 한다. 또 경기부양을 위해 일시적인 적자재정도 생각해볼 만하다. 하지만 국채를 국민이나 외국에 마구 팔다가 국고가 거덜난 그리스, 스페인식 적자재정은 안 된다. 법으로 일정 한도 내에서 정부가 적자재정을 운용하되 경기가 호전되면 단기 부채를 완전 상환케 해야 한다. 재정학에서 이걸 '보완적 재정정책'이라고 한다. 우리나라 GDP가 지난해 4퍼센트 성장했지만 올해 2퍼센트에도 이르지 못할 경우 지난해 GDP의 2퍼센트 범위에서 적자재정을 하는 게 바람직하다. 그러다 경제가 4퍼센트 성장을 하면 정부가 부채를 상환해 균형을 유지하는 게 건실한 정책이다.

지금 가계부채가 1000조 원에 달해 민간 소비 여력이 없습니다. 특단의 조치로 가능한 게 있습니까?

부채상환 기한을 연장하는 동시에 금리를 내리는 수밖에 없다. 그리고 가계부채를 정부가 사들이고 금리를 내리는 방법도 있다. 판매채라는 건데 박근혜 대통령도 대선 공약으로 가계부채를 자산관리공사에서 매입하는 방안을 제시했다. 좋다고 생각한다. 채무자의 자구 노력을 금리에 반영해 도덕적 해이를 막는 동시에 금융기관의 신용평가 방법을 선진화해야 한다.

사실 노무현 정부 때 그런 방법을 검토했지만 도덕적 해이가 우려되어 접었습니다. 그때보다 지금이 훨씬 심각한 상황인 것 같습니다. 재원 마련을 위해 부가세 인상이 논의되고 있는데 어떻게 보십니까?

재무부 장관 시절인 1972년 부가세를 도입할 때 김종인, 김재익 전 청와대 경제수석 등 네 명을 유럽에 파견해 조사를 시켰다. 이들의 보고는 '첫째, 복수의 세금을 만들지 말 것. 둘째, 계산하기 쉬운 숫자를 택할 것'이었다. 그래서 부가세율이 10퍼센트로 된 거다. 부가세는 현재 정부 조세 수입의 35퍼센트를 차지하는 주축인데, 손을 대는 건 적절치 않다고 본다. 대신 GDP의 2.5퍼센트를 차지하는 조세 감면액을 재검토하면 얼마를 건질 수 있을 것이다. 그래도 부족하면 세금을 올리되 저소득층에는 영향이 없게 해야 한다. 결국은 고소득층이 세금을 더 부담할 수밖에 없다.

국가의 흥망성쇠는 역사의 자연스러운 법칙과도 같다는 생각이 듭니다. 국가의 흥망에서 가장 중요한 요소는 무엇이라고 생각하십니까?

리더십이다. 리더십의 요체는 국민에게 비전을 제시하는 거다. 우리나라의 기본 문제가 무엇인데, 우리가 합심하면 해결할 수 있다는 비전을 제시해야 한다는 거다. 그렇다면 지금의 비전은 무엇일까? 선진화도 나왔고, 민주화도 나왔는데 나는 '성숙한 한국으로 가는 것'이라고 본다. 살기 좋고, 기업하기 좋고, 공평하고 안전한 나라를 만드는 거다. 그러자면 정치도 후진성을 극복해야 되고, 국민도 의식적으로 자각이 있어야 한다. 그래도 국민이 옛날과는 많이 달라졌다.

박정희 시대의 리더십은 어땠나요?

흔히 박정희 시대를 독재라고 하는데 그때도 엄연히 삼권분립이 지켜졌다. 김일성이나 스탈린식 독재는 아니었고, 권위주의였다고 본다. 한국을 연구하는 미국인들도 권위주의라고 한다. 그때의 비전은 누가 봐도 북한의 남침을 막아야 한다는 것이었다. 여기에 국민 모두 찬성했다. 국가 비전과 국가 원수의 지도 방향이 딱 맞은 거다. 그래서 박정희 체제에 불만이 많았음에도 18년간 지속된 것이다. 지금은 우리가 갈 방향이 그렇게 명확하지 않다. 그래서 민주화니 선진화니 여러 말이 나오는데 성숙한 정부, 성숙한 국민, 성숙한 정치로 가는 것이라고 본다. 대통령과 장관이 방송에 나와 국민을 설득해야 한다. 굳이 한마디 덧붙이자면, 청와대 비서실이 너무 비대해졌다.

권위주의 시대도 아닌데 청와대 비서실이 비대해졌다는 것은 어떤 의미로 받아들여야 할까요?

박정희 대통령 시절 청와대 비서실에선 비서실장 한 명만 장관급이었다. 그리고 박 대통령은 장관을 비서처럼 부려먹었다. 미국에서도 장관을 'secretary'라고 하지 않나? 그런데 요즘 장관들은 청와대 수석비서관 눈치만 보고 있다. 이러면 안 된다. 장관들이 직접 국민을 설득해야 한다. 예를 들어 4대강 사업에 대해 이런저런 비판이 있는데, 사실인 것도 있지만 이 사업 덕에 홍수가 조절됐다면서 국민을 이해시켜야 한다. 그런 걸 안 하니 정부가 잘못한 것만 얘기되는 것이다.

장관의 임기가 들쭉날쭉한 것도 문제인 것 같습니다. 그러다 보니 장관이 결국 권력자와 주변의 눈치를 보는 것 같은데, 어떤 해결책이 있을까요?

장관 임기와 정권이 같이 가야 한다. 난 재무부 장관을 한 달 모자란 5년, 부총리를 4년 3개월 했다. 박정희 대통령이 나 같은 경제 장관들에게 "정치는 내가 맡을 테니 임자들은 경제개발에만 주력하라"고 했다. 그분은 정치는 자신이 막는다는 확신이 있었다. 그러니 나 같은 사람이 5년 동안 장관직에 있었던 거다.

동북아안보협의체^{NASO}의 탄생을 기대하며

총리께서 쓰신 책을 보니 오일쇼크 이후에 중화학공업을 해야 한다고 기업들을 독려하는 대목이 있었습니다. 그런데 지금 재벌의 문제점을 막고 투자를 유도하도록 하는 방안으론 무엇이 있습니까?

재벌이 어떻게 재벌이 되었는지를 생각해야 한다. 우선 소비자의 선택이 있다. 소비자는 특정 기업이 만든 물건이 좋기 때문에 그것을 산다. 그 결과 그 기업이 재벌까지 된 거다. 둘째는 산업구조의 변화다. 노동집약적인 산업은 중소기업이 하지만 조선·자동차·전자 사업은 어쩔 수 없이 대기업이 한다. 이 두 가지 조건이 합쳐져 재벌이 탄생한 것이다. 물론 일감 몰아주기나 중소기업과의 불공정 거래 같은 재벌의 문제점은 고쳐야 한다. 공정거래법을 고치라는 것이다. 그러나 무조건 재벌을 공격해서는 안 된다.

정부가 아무리 기업에 투자하라고 해도 돈을 번다는 것은 쉬운 일이 아닙니다. 게다가 외국 기업을 상대로 경쟁하려면 한두 푼이 드는 것도 아니고요. 1970년대에 중화학공업을 육성할 당시 기업을 어떤 논리로 설득하셨는지요.

그것도 리더십의 문제다. 박정희 대통령이 아니면 못했을 것이다. 1972년 무렵 미국이 베트남에서 발을 빼기 시작했다. 우리나라도 공산주의에 넘어갈지 모른다는 '도미노 이론'이 확산되면서 큰 위기가 닥쳤다. 박정희 대통령이 대비책을 강구했다. 이후락 중앙정보부장을 북한에 밀파해 7·4 공동성명을 내는 한편 미국에만 의존하던 국방을 자주국방으로 전환하는 계획에 착수했다. 경제도 경공업에서 중화학공업으로 전환하지 않으면 수출이 안 되는 시대가 온다는 게 박정희 대통령의 철학이었다. 비화가 많이 있다. 오원철 수석^{1970년 상} 공부 차관, 1971년 경제수석비서관이 중화학공업 개발계획을 거창하게 내놨는데, 자금 조달 방안은 하나도 없었다. 재무부 장관인 나는 큰일 났다는 생각에 대통령에게 이 문제를 보고했다. 대통령은 "남 장관, 일본은 세계를 상대로 싸우다 패망했지만 국민이 경제개발에 전력을 기울여 경제대국이 되지 않았나. 나는 국가 운명을 걸자는 게 아니라 다만 경제 운명을 걸고 중화학공업만 해보자는 거다"라면서 날 설득했다. 그래서 고민을 거듭하다 정부가 보유한 여러 가지 공적 기금을 하나로 합쳐 공공사업을 하는 일본의 자금운용 방식을 떠올렸다. 그래서 정부에 속한 각종 기금을 다 조사해봤지만 금액이 턱없이 모자랐다. 고심 끝에 은행들에 전년도 저축성 예금 증가액의 20퍼센트를 국민투자채권으로 사게 해서 그 돈을 중화학공업에 배정하게 했다. 그렇게 조달한 금액이 27조 원이다. 지금은 270조 원쯤 될 액수다. 그걸로 중화학공업을 했고 금융시장 질서를 유지했다. 그렇게 하니까 1974~1975년 세계 경기가 호전되면서 수출이 늘어나 처음으로 1200만 달러의 경상수지 흑자를 냈다. 박정희 대통령이 경제 장관 회의에 참석해 "남 부총리의 영도하에 경제 장관들이 잘해서 우리가 드디어 국제 수지에 흑자를 냈다"고 말했다. 결국 박정희 대통령 때문에 된 거다.

남북문제는 어떻게 풀어야 할까요?

우리는 힘이 없어 강대국과의 양자외교는 어렵다. 즉 한국 대 일본, 한국 대 러시아 방식으로는 안 된다. 지역적 협의체를 만들어 다국화로 문제를 풀어가야 한다. 나는 그 이름을 동북아안보협의체NASO라고 붙였다. 남북통일은 물론 환경 등 각종 국제 문제를 여기서 푸는 것이다. 한국과 미국, 일본, 중국, 러시아까지 들어오고 나중에 북한도 들어올 수 있게 하면 된다. 이런 체제 아래서 동북아개발은행을 만들어 자원을 분담하면서 북한과 동북아시아 일대의 경제를 개발하는 것이다. 오호츠크해가 세계 최대 어장이고 시베리아는 천연가스 보고다. 이걸 관련국들이 협력해 개발하면 큰 이익을 얻을 수 있다. 그걸 할 수 있는 지도자가 한국에서 나올 수 있다. 이와 함께 한·미·일 삼각 연대를 확고히 하고, 중국에는 우리가 바라는 통일이 중국의 국익과 합치한다는 걸 설득해야 한다. 동북아시아 국가와 유엔이 우리의 통일 노력을 지지하도록 하는 게 우리 외교의 기본 과제다.

국가 원로로서 우리나라 지도자와 국민, 젊은이들에게 한마디씩 해주십시오.
지도자에겐 국가 우선 과제를 파악하고 국민에게 비전을 제시해 이끌어나가라고 말하고 싶다. 국민은 정부가 하는 일을 깎아내리지 말고 협력하는 정신을 가져야 한다. 박정희 정부 시절 일본에서 이토라는 대신을 만났는데 그 사람이 "일본인과 한국인을 일대일로 붙이면 한국인이 이기지만 삼 대 삼으로 붙이면 일본인이 이긴다"고 하더라. 아직도 그 말이 뼈저리게 남아 있다. 젊은이들에겐 "한국 사람은 우수하다. 꿈을 갖고 성숙된 한국을 여러분의 힘으로 만들어가라"고 하고 싶다.

마지막 질문을 드리겠습니다. 인생이란 무엇이고, 가장 중요한 덕목은 무엇인가요?
인생이란 건 결국 먹고살면서 가치를 추구하는 것 아닐까 싶다. 가장 중요한 덕목은 국가 이념이다. 구체적으로는 자유민주주의와 시장경제인데 이것은 글로벌 가치이지 한국만의 가치가 아니다. 그런데 아직도 그걸 이해하지 않는 좌파 논리가 안타깝다.

● 　국가의 녹을 먹는 사람은 적어도 국가의 현실을 깊이 있게 이해하는 일에 게을러서는 안 되며, 나라의 앞길을 고민하고 연구해야 하는 존재라는 느낌을 받았다. 남덕우 전 총리는 30~40년 전의 경제 통계 수치까지 분명히 외우고 있었으며 현재의 경제 상황도 명확하게 이해하고 있었다. 또 나름의 철저한 대안도 있었다. 그저 원로라는 이름으로 큰 줄기에서만 얘기하는 게 아니라 당면 문제의 해법을 찾고자 부단히 노력하는 모습이었다. 자신이 맡았던 직무와 책임을 과거의 일로 묻은 채 살아가는 것이 아니라 국가의 현실에 대해 책임감 있게 연구하는 모습은 본받을 점이다. 지식인의 자세가 어떠해야 하는지를 배울 수 있었다. 물론 남덕우 전 총리가 제시한 경제 해법에는 관주도적인 면이 너무 많은 점 등 몇 가지 나와 다른 생각은 있었다.

　동북아평화개발은행은 남덕우 총리가 가장 하고 싶었던 일이었다. 인터뷰 말미에는 "더 젊었더라면 이 프로젝트를 위해 세계를 뛰어다닐 텐데……"라며 아쉬워하는 모습을 보이기도 했다. 그는 이것이 젊은 사람들의 몫이라고 하면서 반드시 이 프로젝트가 성사되길 희망했다. 국회의원 시절 나는 남덕우 총리가 제안한 동북아평화개발은행과 비슷한 동북아개발은행 실현을 타진한 바 있다. 그러나 당시 관료사회 내부에서는 동북아개발은행 구상에 대해 부정적인 의견이 많았다. 미국의 반대가 명백해 보이고, 일본도 아시아개발은행을 명분 삼아 반대할 것이라는 주된 이유였다.

2차 세계대전 후 미국의 마셜플랜이 유럽 재건에 도움이 되었다. 북한이 핵을 포기하게 하는 전제조건의 핵심은 체제 인정과 경제 지원이다. 북한을 누가 언제 어떻게 얼마를 지원하여 경제 재건을 도울 것인가? 결국 6자회담 당사국들이 출자한 은행을 만들어 북한과 동북아시아의 지하자원, 도로, 철도, 가스관 등 경제성 있는 사업들을 통해 북한 경제를 일으키는 것이 효과적이다.

아직 국가 차원의 전략적 결정과 추진력이 부족하여 동북아평화개발은행 추진이 본격적으로 논의되지 못하고 있다. 앞으로 동북아시아의 평화를 구축하는 기반이 될 동북아평화개발은행을 국가의 전략 목표로 세울 필요가 있다.

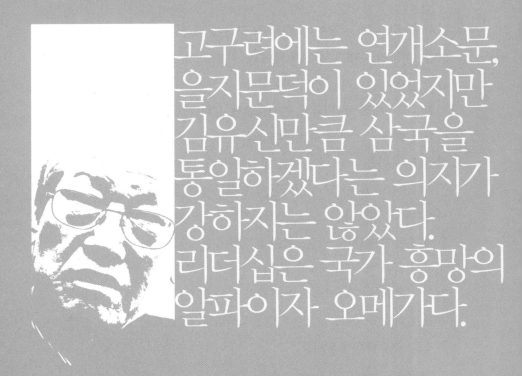

고구려에는 연개소문,
을지문덕이 있었지만
김유신만큼 삼국을
통일하겠다는 의지가
강하지는 않았다.
리더십은 국가 흥망의
알파이자 오메가다.

송복

1937년에 태어나 서울대학교 정치학과를 졸업했다. 하와이대학교에서 사회학 석사학위를 받았고 서울대학교에서 정치사회학으로 박사학위를 받았다. 1975년부터 연세대학교 사회학과 교수로 재직하다 2002년 정년퇴직하여 현재 연세대학교 명예교수로 있다. 대한민국 사회학의 토대를 닦은 제1세대 학자이다. 1970년대 후반부터 왕성한 활동을 통해 한국 보수주의의 사상적 근거를 마련했다는 평을 듣는다.

지식기반사회에 맞는 리더십이 필요하다

●   "박정희식 산업화 리더십은 28년 전에 이미 수명을 다했다. 이제 한국을 2차 산업사회에서 3차 지식기반사회로 통째 바꾸지 않으면 3대 악재가 겹쳐 나라가 망하는 길에 접어들 것이다."

송복 연세대 명예교수는 지금 한국에 필요한 리더십의 요체를 이렇게 보았다. 국내에 정치사회학을 뿌리내린 첫 세대인 그는 역대 대통령들의 리더십을 갈등과 통합이란 프레임으로 분류했고 포항제철고 박태준 회장과 임진왜란 당시의 명재상 유성룡의 리더십 등을 분석해온 리더십 전문가다. 서가에는 《맹자》와 영어 원서, 신간, 서예 관련 도서가 즐비했고, 페이지마다 메모지가 잔뜩 붙어 있었다.

리더십은 국가 흥망의 알파이자 오메가

국가의 흥망에서 리더십은 어떤 비중을 차지합니까?

국가라는 것은 큰 바다를 건너는 배와 같다. 배에는 선장이 있고 승무원과 승객이 있다. 리더는 대양을 건너는 배의 선장이다. 그 선장이 배의 방향과 수심, 파고, 폭풍우를 예견해서 안전하게 배를 운항해야 한다. 이와 마찬가지로 국가도 리더를 잘 만나면 위기를 헤쳐나갈 수 있다.

다산 정약용 선생이 쓴 고구려론, 백제론, 신라론을 보면 삼국 중에서 백제가 제일 강한 나라라고 했습니다. 하지만 제일 약한 신라가 삼국을 통일했는데요.

고구려는 연개소문이 있을 때는 당나라와의 전쟁에서도 이겼다. 하지만 연개소문이 죽고 나서 2년 만에 아들 삼 형제가 주도권 싸움을 벌였고, 큰아들 남생이 자기 아들을 데리고 중국으로 도망을 갔다. 당시 당나라 장수의 휘하에 들어가서 평양 도행군대총관이 되어 당나라 군대를 몰고 쳐들어왔다. 이 틈을 타서 신라가 공격해 고구려가 망하게 된 것이다. 이렇게 리더로서의 책임감이나 애국심 없이 행동했기 때문에 고구려가 망한 것이다.

고구려에는 연개소문, 을지문덕이 있었지만 김유신만큼 삼국을 통일하겠다는 의지가 강하지는 않았다. 무장인 김유신과 외교관이었던 김춘추는 역사를 길게 보는 통찰력이 있었고, 시대정신을 만들어내고 실현하는 능력이 있었다. 두 사람의 리더 덕분에 신라가 삼국을 통일한 것이다. 리더십은 국가 흥망의 알파이자 오메가다.

그렇다면 리더십이란 구체적으로 어떤 것인가요?

국가 흥망은 리더에게 달렸다. 국가는 항상 위기를 맞는데 리더는 위기관리를 잘해야 한다. 그래서 리더를 잘 만나는 나라는 흥할 수 있다. 조선은 후기에 이르러 리더의 부재 때문에 일본에 당했다. 일본에선 1868년 메이지유신이 일어나는데, 선각자 후쿠자와 유키치가 이때 《서양사정》이라는 책을 썼고, 단번에 20만 부가 팔렸다. 30년 뒤 그의 제자인 조선인 유길준이 쓴 《서유견문》은 겨우 500부가 팔렸다. '20만 대 500'의 차이가 일본과 조선의 차이였다. 이렇게 조선은 리더들이 없으니까 백성을 가르치지 못하고 망한 것이다.

리더십의 요소로는 무엇이 있습니까?

우선 통찰력이다. 상황은 바람과 같아 눈에 보이지 않는다. 지도자는 남보다 먼저 정확히 봐야 한다. 둘째는 지인지감知人之鑑, 즉 사람을 알아보는 능력이다. 이 점에서 탕평 정책은 필요하지만 탕평 인사엔 반대한다. 능력 있는 사람 대신 지역·학맥 안배에 치우치면 인사를 그르친다. 셋째는 '방법'의 리더십이다. 방법과 뜻은 반드시 함께 가야 한다. 넷째는 유연함이다. 지도자가 타인의 얘기를 경청할 때 사회통합이 잘된다. 마지막은 성취의 리더십이다. 성취 없는 리더는 있어도, 성취 없는 리더십은 없다.

리더십이라고 하면 흔히 창업과 수성의 리더십을 거론합니다. 지금 우리 사회에 필요한 리더십은 어떤 것이 있을까요?

이승만·박정희 대통령은 창업을 했고, 다른 대통령들은 대체로 수성을 잘했다. 우리나라는 지금 매우 중요한 시기에 와 있다. '치명적 결합 상태'에 들어섰기 때문이다. 고령화, 복지 확대, 대중영합적 민주주의 세 가지가 한꺼번에 밀어닥치는 거다. 이 세 가지 문제가 합쳐진 나라 가운데 망하지 않은 나라가 없다. 한국은 2017년이면 완전한 고령화 사회가 되고 복지도 확대 추세인데, 성장 잠재력은 떨어지고 있다. 앞으로 매년 4퍼센트대 성장을 해야 우리가 치명적 결합 상태로 가는 걸 막을 수 있다. 그렇지 못하면 수성이 어려워진다.

산업사회에서 지식기반사회로

그렇다면 치명적 결합 상태를 극복할 방안은 구체적으로 무엇입니까?

제조업 중심인 2차산업에서 3차산업, 즉 지식기반사회로 구조를 바꾸어야 한다. 4·19 혁명 당시 한국은 농업사회였다. 제조업은 국민총생산GNP의 8퍼센트밖에 안 됐다. 대학생 열여덟 명 중 일자리를 얻는 사람이 한 명밖에 안 되던 시절이다. 그런 '실업폭탄' 위에 이승만 정권의 부정부패가 쌓이니까 폭발하고 만 것이다. 한 해 뒤 터진 5·16은 쿠데타란 걸 부인할 순 없지만, 1차 농업사회였던 한국을 2차 산업사회로 바꾼 국가 구조 혁명이었다. 그걸 이끈 게 박정희 리더십이다. 하지만 이 리더십도 25년 만인 1985년 수명을 다했다. 나는 20년 전인 김영삼 대통령 시절 '21세기위원회'를 하면서 국가 구조를 바꿔야 한다고 주장했다. 박정희 시대가 농업사회에서 산업사회로의 구조 변동이었다면 지금은 산업사회에서 3차 산업사회, 지식기반산업으로 가야 한다는 취지였다. 교육, 의료, 관광, 금융, 법률, 그리고 한류, 저널리즘, 패션 디자인 등에서 성장 모델을 찾아야 한다고 주장했다. 그런데 그 얘기를 아무리 해도 알아듣지 못했다.

필요성은 누구나 알고 있지만 구체적인 방법은 모르는 것 같습니다. 2차 산업사회에서 3차 지식기반사회로 어떻게 갈 수 있을까요?

사실 지금은 4·19 혁명 당시보다 더한 위기상황이다. 그때보다 대학 실업자가 더 많기 때문이다. 이걸 어떻게 해결할 것인가? 규제 철폐와 교육개혁이다. 이 두 가지가 우리 사회구조를 바꿔줄 핵심 요소다. 규제 완화와 관련하여 의료 분야를 예로 들어보자. 타이는 외국인 환자를 연간 200만 명, 싱가포르도 70만 명을 유치하는데, 우리는 세계 최고 수준의 의료 기술을 갖고 있으면서도 10만 명에 그친다. 외국인 환자 두 명을 유치하면 승용차 한 대를 수출하는 것과 맞먹는다. 규제를 없애야 이게 가능하다. 둘째, 교육부가 없어져야 지식경제 시대에 맞는 창의적인 교육이 가능하다. 일본의 대학 총장들이 "한국은 일제 잔재를 다 없애면서 왜 우리도 싫어하는 문부성을 따라한 교육부는 그대로 두고 있는지 모르겠다"고 하더라. 우리는 하버드대학교에서 박사학위를 받아온 사람도 중·고교 교사가 될 수 없다. 이런 고급 인력을 교사로 쓰면 교육이 개혁될 수 있다. 그런데 우리는 교육을 여전히 산업화 프레임에 가둬놓고 있다.

언제부턴가 북한 핵문제가 남북문제의 핵심이 되었습니다. 북한 문제는 어떻게 풀어야 할까요?

북한이 핵을 가졌지만 어디에 쓰겠는가? 북핵에 경계심과 경각심을 늦추지 않되 두려워할 필요는 없다. 남북이 정부를 따로 유지하되 물자와 사람, 정보와 자본의 이동을 자유롭게 해나가면 하부구조부터 통일이 이뤄진다. 그리고 북한에 식량을 줘야 한다. 그곳 주민들은 아사 상태다. 조선왕조가 500년 넘게 유지된 이유는 500년 동안 굶주린 백성이 들고일어날 힘이 없었기 때문이다. 북한을 저대로 놔두면 100년도 더 갈 것이다.

인생이란 무엇입니까?
살 만한 가치가 있는 즐거움이다. 《일리아드》에 "죽어서 황제가 되는 것보다 살아서 노예가 되는 게 낫다"는 말이 있다. 죽는 건 바보다. 인생은 충분히 즐거움을 누릴 수 있는 시간이다. 나는 즐겁지 않은 생활은 하지 않는다. 등산하고, 글씨 쓰고, 책 읽고, 공부하는 것만큼 재미있는 게 없다.

● 송복 교수는 김춘추와 김유신의 리더십이라는 영감을 주었다. 중국 칭화대학에 2년 동안 머물며 '중국이 어떻게 2000년 넘게 하나의 통일 국가로 존재할 수 있었는가'를 골똘히 생각하였다. 왕조가 바뀌더라도 하나의 중국은 변하지 않았다. 몽골족의 원나라, 만주족의 청나라가 세워졌지만, 결국은 다시 한족의 중국이 되었다. 중국은 정복전쟁을 통해 영토를 넓힌 것이 아니라 점령해온 이민족을 한족으로 동화함으로써 영토를 넓힐 수 있었던 것이다.

중요한 것은 진시황 이래로 '천하는 하나'라는 사상이 있었다는 사실이다. 이것이 중화사상의 핵심이다. 천하는 하나여야 한다. 중국의 지도자들은 분열이 아닌 공존을 통해 거대한 제국을 만들어가려 한다.

일본은 어떠했는가? 조총을 처음 들여오고 서양 문물을 받아들인 오다 노부나가의 꿈은 일본을 통일하고 조선과 명나라를 지배하겠다는 것이었다. 독일은 비스마르크와 콜 총리가 통일한 이후 점점 더 강해졌다. 미국은 남북전쟁 후 하나의 미국이 되어 강해졌다.

우리의 꿈은 무엇인가? 1300년 전 김유신과 김춘추는 삼국통일을 꿈꾸고 마침내 한반도를 통일했다. 이제 우리는 남북통일의 꿈을 가져야 한다. 국민과 지도자 모두가 다시 한반도가 하나 되는 꿈을 가져야 한다. 역사는 김유신, 김춘추의 꿈을 다시 부르고 있을지도 모른다.

5

정치

한국 정치 혁신의 길은 어디에 있는가?

국가 권력의
남용을 도저히
시정할 수 없을 때는
헌법이 보장하는
최후의 수단으로
국민 저항권이 있다.

김철수

1933년 대구에서 태어나 서울대학교 법학과를 졸업한 뒤 독일 뮌헨 루트비히막시밀리안대학교와 미국 하버드대학교에서 법학을 연구했다. 서울대학교 대학원에서 석사·박사 학위를 받았다. 서울대학교 법대 교수와 탐라대학교 총장을 지냈으며 현재 서울대학교 명예교수 겸 명지대학교 석좌교수로 있다. 한국 헌법학의 기초를 다진 대표적인 헌법학자로 《헌법학》, 《한국헌법사》 등 관련 저서를 20권 넘게 펴냈다. 제자들과 함께 설립한 한국헌법연구소(1990)에서 토론과 연구를 해왔으며 현재까지도 이사장을 맡아 집필을 계속하고 있다.

법은 인간이 서로 존중하기 위해
만든 계약이다

●   1987년 개정된 우리나라 헌법은 26년간 한 번도 개정되지 않고 유례없는 '장수'를 누리고 있다. 하지만 변화된 시대상을 반영하지 못한다는 지적 속에 개헌을 주장하는 목소리가 높아지고 있다.

  김철수 서울대학교 명예교수는 우리나라 헌법학계의 태두로 시대의 고비마다 깊은 통찰을 던졌다. 박정희 정권 시절 유신헌법을 '현대판 군주제'라고 비판했다가 교수직을 잃을 뻔하기도 했다. 1980년 '서울의 봄' 시절엔 대통령제와 내각제를 혼합한 이원집정부제를 주장해 군부와 민주화세력으로부터 협공을 당했다. 분권형 대통령제와 연립정부를 통해 '죽기 아니면 살기' 식의 정치문화를 타협과 공존의 장으로 바꿔야 한다는 그의 소신은 지금도 변함이 없다. 박근혜 대통령이 개헌을 하겠다면 집권 초기인 지금 독일식 분권형 대통령제로 개헌해야 한다고 역설한다.

분단 헌법이 낳은 역사의 비극

단도직입적으로 묻겠습니다. 법이란 무엇입니까?

학설로는 '권력자의 실력에 의해 만들어지는 것'이라고 한다. 현실로 보면 '인간이 이성에 따라 살기 위해 만든 행동 규율'이다. 인간이 서로를 보호하고 존중하기 위해 만든 계약이라고 할 수 있다.

그렇다면 법의 으뜸인 헌법이란 무엇인가요?

국가를 형성함에 있어 국민이 만든 기본법이자 최고의 법이다. 국회의원이 만드는 게 아니라 원칙적으로 국민의 총의로 만드는 법이다. 헌법에선 법치주의·권력분립·국민대표제 등 국민주권의 원리가 가장 중요하다. 다만 국민의 기본권도 절대적인 것은 아니다. 국가안보와 질서유지·공공복리를 위해 필요한 경우 법률로 국민의 권리를 제한할 수 있다. 타인의 권리를 침해하지 않는 게 공공복리다.

왜 판사나 검사가 되지 않고 헌법학자의 길을 걸으셨습니까?

중학교를 대구에서 나왔다. 당시 '한국의 모스크바'라 불린 그곳에선 교실에 경찰이 들어와 학생들을 잡아갔다. 좌우 대립이 극심해 건국이 가능할까 싶었다. 졸업 후 독일로 유학을 갔는데, 동·서독으로 분단됐지만 서로에 대한 적대감은 적었다. 한국이 부강한 나라를 만들려면 통일을 이뤄야 하기에 통일헌법을 열심히 공부했다. 그 길이 나의 삶이 되었다.

소크라테스가 배심원 501명 중 361명의 찬성으로 사형당하는 것을 본 플라톤은 '다수결이 과연 진리인가'라는 물음을 던졌습니다.

국민을 대표하는 경우 현실적으론 다수결밖에 없다. 다만 국민의 권리를 침해하는 불법적인 법률도 있을 것이다. 그럴 땐 국민이 법을 바꾸라고 청원권을 행사할 수 있다. 그것도 안 될 땐 국가 권력에 대한 저항권을 행사할 수 있다.

저항권이라면 어떤 것을 말씀하시는 건가요? "물은 배를 띄울 수도, 뒤집을 수도 있다"라는 맹자의 혁명론 같은 것을 말하시는 건가요?

1970년대 긴급조치는 불법적인 권력 행사이기 때문에 저항해야 한다고 주장했다. '저항권'을 학문적으로 인정한 것이다. 독일에선 '하얀 장미'라는 단체가 나치즘에 항거하다 지도부가 처형당했다. 저항권의 일환이었다. 신학적으로도 '미친 마부에겐 말을 맡길 수 없다'는 얘기가 있다. 국가 권력의 남용을 도저히 시정할 수 없을 때는 헌법이 보장하는 최후의 수단으로 국민 저항권이 있는 것이다.

유신헌법을 반대하시다가 고초를 많이 당하셨다고 들었습니다.

내 교과서에 유신헌법을 '현대판 군주제도'라고 썼다. 책이 압수됐고 중앙정보부가 "북한이 방송에서 김철수와 내통했다고 주장한다"면서 나를 끌고 갔다. 일주일 뒤 풀어주면서 책을 수정하라고 해서 문제된 부분을 고쳤지만, 그래도 3판까지 모두 몰수됐다. 강의도 못하게 하고 교수직에서 쫓아내려 했다. 이때 미국에서 도움을 줘 미국에 반년, 독일에 반년 나가 있었다. 학생들도 가만히 있지 않았다. 어렵사리 교수에 재임용됐다. 역사는 흐른다.

우리나라의 분단이 고착된 것이 남북이 따로 헌법을 만들었기 때문이라고 합니다. 헌법 제정과 관련해서 남한이 먼저냐, 북한이 먼저냐는 식의 논쟁이 있는데 진실은 무엇입니까?

1948년 제헌헌법 제정 당시 좌우 대립이 극심했다. 좌우익 양측이 모두 인정한 유진오 교수와 독일 바이마르 헌법에 심취한 윤길중에게 자본주의도 사회주의도 아닌 헌법을 만들어달라고 했다. 북한에선 "대한민국이 먼저 헌법을 만들었기 때문에 우리도 헌법을 만들었다"고 주장하는데 사실과 다르다. 국가 체제를 먼저 만든 건 북한이다. 1947년께에 벌써 김일성 중심의 국가 권력이 완성됐다. 남로당에서 "사회민주주의적 헌법을 만들어야 한다"고 했지만 북한은 이를 일축하고 공산주의 헌법과 일당 수령 독재를 채택했다.

헌법과 관련해서 이념적 갈등을 극복한 외국의 사례가 있나요?

남북이 뜻을 모아 헌법을 만들었으면 통일이 됐을 텐데 실패한 게 너무 아쉽다. 오스트리아의 경우를 보자. 제2차 세계대전이 끝난 후 영국·프랑스·미국·소련 네 나라가 오스트리아를 분할 점령했다. 하지만 1955년에 영세 중립국을 통해 독립하였다. 정당 연립으로 독립을 쟁취한 거다. 우리나라의 지식인들은 너무 이상주의적으로 이념을 신봉해 통일에 실패했다. 독일도 서독 주도로 통일했지만 많은 동독인에게 공직을 줬다. 메르켈 총리도 동독 출신이다. 또 통일 뒤에도 공산당을 인정하고, 공산당원의 의회 진출뿐만 아니라 그들을 정부 고위직에 채용하고 있다.

오스트리아와 독일의 성공 요인은 무엇일까요?

바이마르 헌법이라는 사회민주적 전통이 있었다. 또 공산체제로는
복지와 인권을 보장할 수 없다는 것을 알았다. 극우적이지도 극좌적
이지도 않았고, 대연정으로 좌우 합작 정부를 만들었다. 또 미국, 소
련과 다 가깝게 지냈다. 프랑스와 영국이 독일 통일을 가장 반대했지
만 이를 극복할 외교력도 있었다. 민주적 역량과 경험이 있었다는 게
가장 중요하다.

승자독식의 정치를 종식해야

우리는 지금도 보수와 진보의 갈등이 심합니다.

양당제만 고집하지 말고 다당제로 연립정부를 형성하는 전통을 만들
어야 한다. 완충 지대, 합리적 지대를 만들어야 나라가 앞으로 간다.

대통령 후보 단일화가 갈등을 심화하는 측면도 있습니다.

우리나라가 앞으로 대통령제를 유지하려면 결선 투표를 해야 한다.
지금 제도로는 40퍼센트도 안 되는 지지율로도 당선만 되면 모든 권
리를 다 가진다. 그러면 정당성이 떨어진다. 연립정부를 형성하는 게
낫다. 독일은 단독 정부를 한 적이 거의 없다.

1987년 헌법을 손보자는 의견과 그냥 두자는 의견이 갈립니다.

1987년 체제가 낡았다는 주장이 있는데 뭐가 낡았다는 건지 모르겠다. 하지만 국민적 합의가 이루어지면 개헌이 가능할 수도 있다고 본다. 개인적으로는 4년 중임제 개헌에 찬성하지 않는다.

개헌에 찬성하지 않는 이유는 무엇입니까?

4년 중임제로 하면 대통령의 레임덕이 더 빨리 올 수 있다. 미국의 예에서 보듯 4년 중임제를 한다고 부정부패가 없어지는 것도 아니다. 오히려 선거가 자주 있기 때문에 선거 자금과 관련한 부정부패가 생길 우려가 있고, 포퓰리즘에 빠질 가능성이 크다. 또 집권 후 첫 한두 해는 대통령 수습 기간이고, 임기 후반이면 선거운동 기간이 된다. 재선에 성공해도 2년 뒤 다시 레임덕이 찾아온다.

단임제 대통령이라 해도 5년은 국정을 운영하기에 시간이 짧지 않나요?

나는 6년 단임제를 주장했다. 전두환 전 대통령은 8년 단임제를 하겠다고 했고, 사실상 8년간 집권했다. 전두환 대통령이 권력을 넘겨준 것은 새로운 정부가 들어서도 잘 적응할 수 있겠다는 판단을 내렸기 때문이다. 그는 1987년 개헌을 하면서 '국가원로자문회의'를 만들었다. 그리고 성남병원 옆에 새로운 청와대를 지어 거기서 의장을 맡으려 했다. 후임인 노태우 대통령 위에서 상왕 노릇을 하겠다는 뜻이었다. 노태우를 '물태우'로 보고 부려먹으려 생각한 거다. 그런데 선거 결과 여소야대가 되니 노태우가 전두환을 백담사에 보냈다. 이런 역사가 있기 때문에 단임제가 낫다는 거다.

우리나라 헌법이 안고 있는 가장 큰 문제는 뭐라고 생각하십니까?

승자독식이다. 그 때문에 선거운동이 무척 격렬하고 국민 분열이 심하다. 대통령의 권한을 지나치게 강화해선 안 된다. 그래서 의원내각제를 주장한다. 대통령은 국민의 상징으로 있고, 정치는 국무총리가하는 게 옳다. 총리는 국회에서 선출한 사람으로 하되 정부가 국회에대해 불신임과 해임 건의안을 낼 수 있고, 대통령은 총리 해임권과국회 해산권을 가지면 된다.

일본의 사례를 보면 총리가 지나치게 자주 바뀌어 혼란스럽습니다. 우리도 내각제가 되면 정국이 더 불안해질 것이란 우려가 있습니다.

일본이 지금이야 그렇지만 예전엔 자유민주당이 55년간 권력을 독점했다. 민주당이 집권하면서 분파가 많이 생겼다. 지금 일본엔 정당이열 개나 있다. 어떤 정당도 다수당이 되지 못하니 연립을 해야 한다.그럴 경우 예전에는 자유민주당·공명당이 연립을 하면 됐는데 민주당이 집권한 뒤 당이 많아지니 그게 어려워졌다. 민주당이 약해 국민신임을 못 받으니까 총리가 1년마다 바뀌는 거다. 내각제 자체의 문제가 아니라 선거에 따라 어떤 정당이 이기느냐가 문제였던 거다.

대통령제와 의원내각제에서 각기 보완할 점은 무엇인지요?

대통령제에서는 보통 양당제도가 좋겠다는 얘기를 하는데, 현재 상황을 보면 양당제를 하니 일당 독식이 생기고, 찬성 아니면 반대식의흑백논리가 형성된다. 5년 후에 정권 교체를 해야 하기 때문에, 교체를 위해 죽기 살기로 싸운다. 그래서 5년 동안 정쟁만 일삼고 할 일을 못한다. 의원내각제의 취약성을 없애기 위해 독일의 건설적 불신임 제도가 나왔다. 건설적 불신임제도란 국회가 함부로 국무총리를 불신임해선 안 된다는 것이다. 국무총리를 불신임할 때는 후임 수상을 국회 과반수의 다수에 의해 선출하고 난 후 전임 수상에 대해 불신임을 할 수 있다. 국정 공백이 생기지 않도록 후임 수상을 미리 뽑지 않으면 안 되는 것이다. 이탈리아의 경우 후임 정부 구성이 안 된 채 불신임을 하는 바람에 공백이 자주 생겨 문제가 많다.

소선거구제인 우리나라에선 다당제가 실현되기 어렵지 않을까요?

그래서 비례대표제를 가미하자는 것이다. 소선거구제와 비례대표제·중선거구제를 결합하는 방식으로 해야 한다. 이게 독일식이다. 독일의 경우 의원의 절반은 소선거구에서, 나머지 절반은 정당선거구에서 선출된다. 의석은 정당 득표율에 따라 배분한다. 독일은 연방제인데, 주마다 비례대표제 리스트가 있다. 주 선거를 치를 경우 1인 2표제를 도입해 한 표는 사람에게, 한 표는 정당에 투표한다. 우리도 이런 제도로 가야 한다.

국가 갈등을 조정하고 지방의 목소리를 대변하기 위해 양원제가 필요하다는 주장도 있습니다.

양원제의 경우도 독일식이 괜찮다고 생각한다. 지방 정부의 대표자가 상원의원이 되는 것이다. 상원에 각 주의 대표가 모이니까 지방의 권익을 상원에서 대표할 수 있다. 우리나라도 그럴 필요가 있다. 그렇게 하면 지방의 힘이 강화될 것이다. 독일이 이럴 수 있는 건 연방제이기 때문이다. 우리도 연방제로 가야 한다. 작은 나라에서 왜 연방제를 하느냐고 반박하는데 나라 크기는 상관이 없다. 스위스는 우리보다 더 작은 나라지만 연방제로 국정을 잘 꾸려가고 있다. 상원은 연방제를 하고, 하원은 지역구 대표들로 채우면 좋다고 본다.

분권형 대통령제에 대해 긍정적으로 평가하시는 것 같습니다.

학문적으로는 이원정부제로 통일하는 게 맞다. 대통령은 국가적인 외교·안보·국방·통일을 담당하고 내치는 국무총리 중심으로 하는 게 맞다.

감사원을 국회에 두자는 주장이 있습니다.

감사원이 해온 회계감사권을 국회에 줘 결산 감사와 함께 처리할 수 있도록 하는 것이 좋다. 국회 결산 감사가 허술하니 돈이 줄줄 샌다. 감사원은 행정부에 두고 회계감사는 국회에 보내는 게 낫지 않겠나. 그런 나라가 많다.

기초의원이나 기초단체장의 정당 공천 배제는 어떻게 보십니까?

문제는 정당이 아니라 의원이 공천한다는 거다. 의원 개인이 서로 경쟁자가 되어야 할 단체장, 지방의원 들을 컨트롤해 문제가 생긴다. 또 의원들이 지방의회를 너무 무시하는데, 거기서 정치를 배워야 한다.

기초단체장 선거는 어떻게 봐야 할까요?

도지사가 군수를 임명하거나 시장이 구청장을 임명할 수도 있을 것이다. 그런데 서울시는 광역행정이니 구청장이 담당하는 지역의 인구가 많다. '도'와 별 차이가 없다. 이럴 땐 의원내각제 방식으로 운영을 했으면 좋겠다. 지방의회에서 구청장을 뽑고 불신임도 하는 식으로 말이다.

현재의 대통령제를 쉽게 바꿀 수 있을 것 같지 않습니다. 우리나라의 대통령이 꼭 해야 할 일은 어떤 것이 있을까요?

임기 내에 통일의 기초를 이루는 것이 가장 중요하다. 통일을 이루기 위해서는 한미동맹을 기반으로 해서 중국과의 우호 관계를 강화해야 한다. 중국이 북한보다 남한을 더 믿을 수 있도록 해야 한다. 예를 들어 중국과 대결하기 위해 일본과 공조할 필요는 없다. 대내적으로는 무엇보다 국민적인 통합위원회를 만들어 통합을 해야 한다. 그 경우에 지역감정을 없애기 위해서는 선거 제도를 뜯어고쳤으면 좋겠다. 민생 문제 해결도 중요하다. 대타협뿐만 아니라 경제주체 간의 조화를 이룩해 모든 국민이 행복하게 살 수 있게 해줬으면 좋겠다.

마지막 질문을 드리겠습니다. 인생이란 무엇인가요?

자신이 노력해 구축하는 하나의 과정이다. 횡재를 바라지 말고, 자신의 능력과 직분을 최대한 살려 국가에 기여하는 것이다. 요즘 젊은 부부들이 아이를 안 낳으려 하는데 국가·사회를 위해선 후손을 낳아 키우며 희생을 해야 한다. 옛날의 정겨운 가족제도와 이웃 공동체를 복원해야 한다. 눈높이를 낮춰서 행복하게 살아야 한다.

● 　　누구나 나라를 위한 제대로 된 입법과 정치를 주문한다. 개헌에 관한 논의는 오래전부터 무르익었으나 여야의 첨예한 정치적 이해관계 때문에 아무런 진전을 보이지 않고 있다.

김철수 교수는 우리나라 진보와 보수의 갈등을 극복하는 방안으로 다당제 연립정부를 제안했다. 양당제를 그만두고 다당제 전통이 확고히 자리 잡으면 합리적인 완충지대가 만들어질 수 있다는 말이다.

경제에서는 중산층이 중요하고, 정치에서는 중도가 중요하다. 정치에서 맞대결과 분열을 줄이는 완충지대를 만들어야 한다. 대통령 선거 시 결선투표제를 도입해야 한다. 대선후보 단일화로 인한 보수, 진보의 극단적인 결집은 바람직하지 않다. 현재 우리나라의 양당제 구조에서는 여야가 다음 정권을 차지하기 위해 5년 내내 서로 물어뜯는 일만을 반복한다. 정치적 견해의 다양성은 당론이라는 이름으로 무시된다. 연립정부가 탄생하려면 선거구제 개편이 필요하다.

오스트리아는 제2차 세계대전 이후 나치 독일로부터 독립했지만 연합국에 의해 분할 점령을 당했다. 그렇지만 오스트리아 국민은 정당 연립을 통해 중립국으로서 통일 국가를 유지할 수 있었다. 우리나라는 해방 이후 첫 단추를 잘못 끼웠다. 그런데다 지금 대한민국은 분열 상태에 있다. 양당제 아래서의 병폐이다.

포용과 관용과 통합은 정치를 잘하기 위한 술수가 아니다. 통합은 오히려 생존을 위한 국가의 전략이다. 여야가 끝 모를 정쟁에 빠져 에너지를 소모하는 것보다는 권력을 양보해서 반 발짝이라도 역사의 진보를 향해 나아가야 한다.

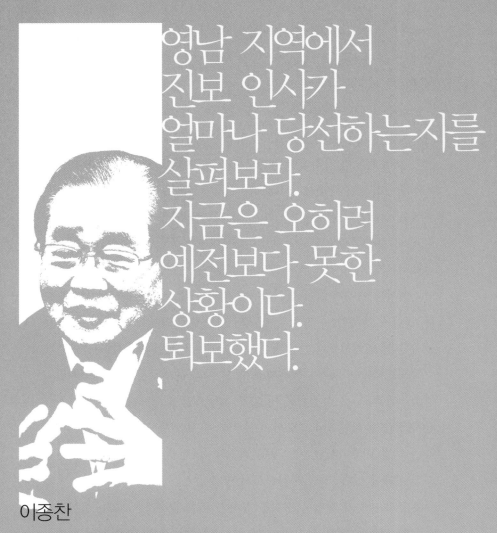

영남 지역에서
진보 인사가
얼마나 당선하는지를
살펴보라.
지금은 오히려
예전보다 못한
상황이다.
퇴보했다.

이종찬

1936년 중국에서 태어나 육군사관학교를 졸업했다. 주영 대사관 참사관을 지낸 뒤 민주정의당 소속으로 11대 국회의원이 되었다. 이후 14대까지 4선 의원을 지내며 민주정의당 사무총장, 원내총무, 정무 1장관을 역임했다. 1997년 김대중 대통령이 당선하자 대통령직 인수위원회 위원장을 맡았고, 1998년 국가안전기획부장이 되었다가 국가정보원으로 개편되자 초대 국가정보원장을 지냈다. 현재 우당장학회 이사장을 맡고 있다.

당과 대통령이 아닌
국민에게 충성하는 정치가 필요하다

● 　　　김철수 명예교수는 분권형 대통령제와 연립정부 구성을 통한 정치혁신을 시대의 과제로 제시했다. 김철수 교수는 철저한 학자였다. 평생 법을 연구하고 강단에서 활동하며 자신의 학문에 따라 한국 사회에 대한 조언을 남겼다. 그와는 다른 인생을 살아온 원로의 이야기를 듣고 싶었다. 군인과 외교관, 국회의원과 정보기관 수장을 두루 역임한 이종찬 전 의원이다. 김철수 교수가 꿈꾸는 새 헌법 구조를 냉혹한 권력정치 현실 속에 착종할 방법론을 듣기 위해서다. 이종찬 전 의원은 우리 정치에서 가장 먼저 수술할 부분으로 소선거구제를 꼽았다. 극단적인 대결 정치와 망국적인 지역감정을 해소하기 위해선 비례대표제 강화와 다당제에 바탕을 둔 연립정부 도입이 절실하다는 것이다. 외교관 생활을 한 뒤 4선 국회의원을 거쳐 초대 국가정보원장까지 지내며 현실 정치의 핵심에 있었던 이종찬 의원은 우리 정치의 문제를 어떻게 보고 있을까?

과거 정치와 요즘 정치의 차이

군인, 외교관, 4선 국회의원, 국정원장을 지내셨습니다. 오랜 공직 생활과 정치인 경험에 비춰볼 때 지금 우리나라가 직면한 국가적 과제는 무엇인가요?

몇 가지를 꼽을 수 있지만 일단 세 가지만 얘기하겠다. 먼저 정치에서 근본적인 변화가 필요하다. 둘째, 정치가 비전과 리더십을 가져야 한다. 셋째, 여야의 극단적인 대결 구조가 사라져야 한다.

오랜 경륜의 정치인으로서 현재 정치권에 할 말이 많을 것 같습니다.

과거에는 정치인들이 작은 이익에 매여 있지 않았다. 뭐랄까, 스케일이 컸다. 나랏일을 한다는 차원에서 정치를 했다. 요즘은 너무 옹졸해진 것이 아닌가 하는 우려가 있다. 사회 자체가 기능적으로 바뀌어가기 때문이기도 하겠지만 정치가 커지지 않고 있다. 소선구제에서 오는 병폐가 아닐까 싶다. 그러다 보니 올바른 사람을 발굴하지 못한다. 안철수처럼 특별한 경우가 아니면, 새로운 사람이 나와서 얘기할 기회를 얻지 못한다. 정치 자체가 국민을 짜증스럽게 만들고, 프랜차이즈 정당이 되어버렸다는 말도 듣는다. 일례로 서해 북방한계선 NLL 문제를 보자. 정말 북방한계선이 국가적으로 중요하다면 이렇게 지저분하게 싸울 일이 아니다. 중요해서 싸우는 게 아니라 그저 정치 공방을 위한 핑계로 삼는다는 느낌을 지울 길이 없다. 승자독식 구조 때문에 죽기 살기로 싸우는 거다. 국정원 사건도 마찬가지로 한심한 일이다. 조금 더 큰 정치로 가지 않으면 국민으로부터 정치가 외면당할 것이다. 더 큰 정치를 기대한다.

말이 나왔으니 말인데, 국정원 대선 개입 사건에 대해서는 어떻게 보십니까? 초대 국정원장이었기 때문에 이 문제를 보는 시점이 남다를 것 같습니다.

국정원은 이미 국가 시스템으로 자리 잡았다. 본연의 기능을 잘하면 된다. 사람만 잘 쓰면 아무 문제가 없다. 국정원 내에는 친여 인사, 친야 인사 모두 있다. 국가 안보만을 위하면 아무 문제가 안 생긴다. 그러나 국정원이 정권의 안보를 얘기하는 순간 무너지고 만다. 원세훈 전 원장은 부하들이 모두 자기 사람인 줄 알았던 모양이지만, 국정원 직원은 원장이라도 명분 없는 얘기를 하면 순종하지 않는다. 국정원은 국가를 위해 있는 것이지, 정권을 위해 있는 기구가 아니다.

지난번 김철수 서울대학교 명예교수를 만났습니다. 분권형 대통령제를 주장하시더군요. 이에 대해서는 어떻게 생각하십니까?

우리나라는 현행 헌법상 이미 분권형 대통령제 국가다. 총리의 권한이 막강하다. 총리가 장관 임명제청권을 갖고 있다. 총리가 제청권을 행사하지 않으면 대통령은 정부를 구성할 수도 없다. 과거 정부에서 총리 인준이 국회에서 처리되지 않아 얼마나 고전했는지 생각해보라. 현행 헌법 아래선 동거 정부도 가능하다. 이렇게 총리의 역할이 크지만 우리 현실에선 대통령에게 모든 권한이 집중된다. 이것을 극복하려면 국회의 기능이 강화돼야 한다. 지금처럼 국회가 국민의 존중을 받지 못한다면 대통령을 견제할 수 없다. 거물 정치인이 나와야 국회의 수준이 높아진다. 그렇게 하려면 선거제도를 바꿔야 한다. 그래야 국회의원의 역량이 커져 대통령의 권력을 견제할 수 있다.

김철수 교수는 연립정부를 통한 협력적 국정 운영이 필요하다고도 했습니다.

매우 바람직한 일이다. 우리도 경험이 있다. 김대중 전 대통령 집권 시절 김종필 당시 총리에게 장관 추천권을 줬다. 두 사람이 서로 힘을 모으려 많은 노력을 했다. 김대중·김종필 연립정권은 1998년 외환위기를 안정감 있게 극복하는 데 도움이 됐다. 김종필 총리는 "김대중 대통령의 리더십은 열려 있는 리더십"이라고 직접 평가를 내리기도 했다. 그런데 두 사람의 측근이 잘못했다. 그 결과 양측 간에 포용의 폭이 좁아졌다. 결국 임동원 통일부 장관에 대한 해임건의안을 계기로 갈라서게 됐다. 유럽 국가는 대부분 다당제다. 연합을 통해 정부를 구성한다. 앞으로 한국 정치가 깊이 연구할 부분이다. 상호 연대하고 존중하는 정치가 자리 잡아야 한다.

제도도 물론 중요하지만 제도를 실행하는 인물이 더 중요하지 않은가요?

좋은 인물이 정당과 국회에 들어가야 정치가 바로 서는데 그렇지 못하고 있다. 지역구 한 곳에서 한 사람만 뽑는 소선거구제 때문이다. 승자독식 구조이기 때문에 정당 보스의 공천권이 절대적이다. 의원들이 국민이 아니라 지도부의 눈치를 보게 되는 것이다. 전국적으로 40퍼센트의 지지를 받아도, 과반 의석을 차지할 수 있고 거꾸로 의석의 20퍼센트밖에 차지하지 못할 수도 있다. 특정 지역에선 한 정당이 40퍼센트를 득표해도 한 석도 못 가질 수 있다. 이 때문에 지역 구도가 극심해져 서로 죽기 살기로 싸우는 것이다. 1988년 소선거구제를 도입할 때 박태준 의원과 나는 끝까지 반대했다. 하지만 당시 노태우 대통령이 전두환 세력을 견제하기 위해 찬성했다. 당시 김영삼 통일

민주당 총재도 반대하다가 어느 교수의 의견을 듣고 돌아섰다.

소선거구제가 지역 갈등에도 영향을 미칠까요?

그렇다. 영남 지역에서 진보 인사가 얼마나 당선되는지를 살펴보라. 지금은 오히려 예전보다 못한 상황이다. 퇴보했다. 영남에서 민주당 당선이 어려운 건 물론이고 호남에서도 민주당이 양보하지 않으면 진보당 후보도 당선하기 어렵다. 호남과 영남에선 공천이 곧 당선이다. 그러다 보니 의원들이 당 지도부에 절대 충성할 수밖에 없다. 영호남에서 독자 출마한 인재가 40퍼센트 넘게 득표해도 줄줄이 낙선한다. 주류 정당으로 출마했으면 압도적으로 당선할 인물이다. 생각할수록 이들이 너무 아깝다. 새누리당이 영남에서, 민주당이 호남에서 각각 기득권을 내려놓는 용단이 필요하다.

소선거구제에선 큰 인물이 나오기 어렵다는 맥락인가요?

일본 정치가 무력해진 이유 중 하나가 소선거구제 도입이다. 한 선거구에서 세 명에서 다섯 명을 뽑을 때는 거물 정치인이 많이 탄생했다. 일본의 경제학자이자 전략가인 오마에 겐이치는 "일본 정치권이 소선거구제를 도입하면서 큰 그림으로 큰 정치를 할 인물들이 사라지고 정치 졸물들이 등장했다"고 비판했다. 얼마 전 일본경제단체연합에서도 중선거구제 재검토를 촉구하고 나섰다.

좋은 인물이 당선할 수 있는 제도를 선택하는 게 중요하다는 말씀이시죠?

그렇다. 정치는 사람이 하는 것 아닌가? 헬무트 콜 독일 총리는 지역구에선 낙선했지만 비례대표로 국회의원이 됐다. 콜이 정치의 중심에 있었기에 독일의 통일이 가능했다. 영국의 에드먼드 버크는 보수정치의 대표적 이론가다. 그도 지역구에서 단 한 번 당선했다. 그때 "여러분은 지역구가 아니라 국가의 국회의원을 뽑은 것이다"라고 주장했다. 다음 선거에선 바로 낙선했다. 선거는 제도만 따질 게 아니라 국민성의 차이도 살펴볼 필요가 있다.

누가 고양이 목에 방울을 달 것인가

선진국들의 선거제도는 어떤가요?

미국은 다수 대표제를 채택하지만, 유럽 국가 대부분은 비례대표제를 도입한 혼합 시스템이다. 그러니 투표율도 높다. 국민들의 복지 요구도 잘 반영된다. 국민의 심성이 냉정한 편인 북유럽 국가에서는 소선거구제보다는 비례대표제를 선호한다. 반면 국민의 심성이 감성적인 남유럽 국가는 소선구제를 선호한다. 우리도 남유럽과 비슷한 감성적 투표 성향이 있다. 정치적인 쏠림 현상을 막으려면 소선거구제를 바꿔야 한다.

기초단체장과 기초의원의 정당 공천 문제는 어떻게 봐야 합니까?

우리도 무공천제를 해본 적이 있다. 그러자 '내천內薦'이란 게 생겼다. 의원들이 자신의 정치 기반을 지키려고 여러 가지 내천 방법을 동원하고 선거운동을 했다. 무공천제는 유명무실해졌고, 결과적으로 더 문란한 공천제가 되고 말았다. 정치의 본령에 충실해야 한다. 그래야 국민의 지지를 받게 될 것이다.

국회와 국민의 거리감이 더 커지고 있는 것 같습니다. 어떻게 해야 거리를 좁힐 수 있을까요?

올바른 사람이 정치권에 들어올 수 있는 구조를 만들어야 한다. 지금 같은 소선거구제로는 의원들이 국민이 아니라 당에 충성할 수밖에 없다. 소선거구제를 바꿔야 지역구에 매달리지 않고 국가를 위해 일할 수 있다. 또 실력 있는 사람이 지역구에서 당선해 당 지도부의 눈치를 보지 않고 활동할 수 있다. 그런 풍토 위에서 정치 거물이 탄생하는 것이다. 결국은 고양이 목에 누가 방울을 다느냐의 문제다.

방울을 달 주체는 누가 되어야 할까요?

여야가 합의해 큰 틀에서 정치개혁 논의 기구를 만들어야 한다. 민주주의, 나아가 대한민국이 위기를 맞았다는 인식을 갖고 여야가 머리를 맞대야 한다. 지금처럼 경제가 어렵고 남북문제가 중요한 때가 있던가?

대한민국의 대통령에겐 어떤 자질이 필요할까요?

리더는 모든 일을 혼자 처리하는 것이 아니다. 시스템이 해야 한다. 대통령은 그런 시스템을 잘 갖추어야 한다. 대통령이 수첩에 적어 읽는 것을 받아 적으려고만 하지 말고 장관들도 안 되는 것은 안 된다고 반박할 줄도 알아야 한다. 혹은 이런저런 계획을 준비해 대통령을 설득할 수도 있어야 한다. 제왕적 대통령이 되어선 안 된다.

마지막 질문을 드리겠습니다. 인생이란 무엇입니까?

자기 나름의 가치를 만들고 사는 것이 행복한 삶이다. 자기의 생각을 굽히지 않고 실행해나갈 수 있어야 한다. 나 역시 아쉬움과 후회가 많은 인생을 살았다. 하지만 그 인생이라도 모두 정리해보고자 한다. 흔히 회고록 하면 자기 자랑만 늘어놓는데, 그것은 인생을 올바로 돌아보는 것이 아니다. 이런저런 실수와 잘못도 모두 기록해야 한다. 나역시 많은 실수를 저질렀다. 그걸 전부 정리해보고 싶다.

● 　이종찬 전 의원은 지금의 정치 풍토에 아쉬움이 많은 듯했다. 개인의 정치적 지향과는 무관하게 과거의 정치는 지금보다 더 큰 뜻이 있었다고 했다. 80년대 전두환 정권이라는 철권통치 기간에도 여야 의원들이 함께 술도 마시고, 자주 만나고, 토론도 하고, 협상도 했다. '나라가 잘되어야 한다'라는 데에는 이견이 없었다. 그런데 지금은 대화 정치가 실종되었다는 지적이 뼈아프게 들렸다.

외교관과 국회의원, 마지막 안기부장이자 초대 국정원장이라는 이력에서 볼 수 있듯이 이종찬 의원은 정치인이 할 수 있는 거의 모든 역할을 맡았다. 국정원의 대선개입과 관련하여 국정원은 국가를 위한 기관이지 정권을 위한 기관이 아니라고 했다. 정치에 대해서도 정치는 국가를 위해 하는 것이지 당 지도부와 대통령을 위해 하는 것이 아니라고 강조했다. 지금은 모두들 사사로운 이권에 지나치게 매달린다는 지적은 현역 정치인이 깊이 새겨들어야 할 것이다.

이종찬 전 의원이 제시한 해법은 소선구제의 폐지였다. 현재 소선거구제는 구청장 아래 국회의원 한두 명, 심지어 세 명인 곳도 있다. 구청장이 국회의원을 하겠다는 생각으로 지역구를 관리하니 국회의원들은 구청장을 통제하기 위해 정당 공천을 할 수밖에 없는 것이다. 이렇게 해서는 국회의원이나 기초단체장들의 지상 목표는 다음 임기일 수밖에 없다. 국가를 위한 정치, 지역을 위한 정치는 실종되어버린다.

정치는 큰 그림을 그리는 일이다. 소선거구제의 도입으로 일본에 큰 정치를 하는 인물이 사라졌다는 오마에 겐이치의 말은 그래서 마음속 깊이 다가온다. 소선거구제를 폐지하고 중·대선거구제로의 전환하는 정치권의 결단이 필요하다. 이종찬 전 의원은 이를 "고양이 목에 방울 달기"라고 표현했다. 누가 달든 고양이 목에 방울을 달아야 한다. 그래야 위기를 피할 수 있다.

6

법치

한국 사회에 법의 의미는 무엇인가?

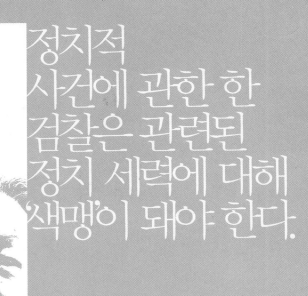

정치적
사건에 관한 한
검찰은 관련된
정치 세력에 대해
'색맹'이 돼야 한다.

이명재

1943년 경북 영주에서 태어나 서울대학교 법대를 졸업했다. 1969년 11회 사법시험에 합격하여 사법연수원을 1기로 수료했다. 서울지방검찰청 영등포지청 검사로 검찰에 입문해 대검찰청 중수부장과 부산고검·서울고검장을 지낸 뒤 2001년 퇴직했다. 이듬해 김대중 정부에 의해 검찰총장에 발탁돼 그해 11월까지 제31대 검찰총장을 지냈다. 경제 관련 범죄 수사에 두각을 나타내 이철희·장영자 부부 어음사기, 영동개발 비리 사건과 5공 비리, 환란, 세풍 사건 등을 처리했다. 현재 법무법인 태평양의 고문변호사이다.

중립은 검찰의 운명이다

●   '수도승 총장'이라 불린 이명재 전 검찰총장을 만났을 때는 국정원 댓글 수사를 둘러싼 내홍으로 검찰이 휘청대고 있던 때였다. 대검찰청 중앙수사부 과장과 서울지방검찰청 특수부장, 대검찰청 중 앙수사부 부장을 거쳐 제31대 검찰총장을 역임한 그는 역대 정권의 핵심 사건들을 도맡아 처리했다. 전두환 정권 시절 이철희·장영자 어음사기 사건, 노태우 정권 시절 5공 비리수사, 김대중 정권 시절 대통령의 아들인 김홍업 씨 비리 의혹 사건이 모두 그의 손을 거쳤다. 권력과 직결된 민감한 사건들이었지만 청와대의 압력에 밀리지 않고 중립적인 수사 결과를 내놓아 호평을 받았다. 요즘 검찰이 보이는 난 맥상에 할 말이 많을 수밖에 없다. 그는 "검찰이 언론이나 국민 정서를 탓하기에 앞서 진정 국민만 보면서 투명하고 공정하게 수사했는지 돌아봐야 한다"고 힘줘 말했다. "정치적 사건에 관한 한 검찰은 관련된 정치 세력에 대해 '색맹'이 돼야 한다"고 강조했다.

수도승 총장의 집무실

총장직에서 물러나 야인으로 돌아간 지 11년 1개월 만에 처음 인터뷰에 응하셨습니다. 영광입니다.

나는 원래 말재주가 없고, 언론에 나가는 것도 별로 좋아하지 않는 사람이다.

서울고등검찰청장 시절 신승남 검찰총장이 내정되자 사표를 내셨더군요.

인생도 관직도 언젠가는 다 그만두는 것 아닌가? 후배들에게 길을 열어주고 퇴장하는 게 옳다고 봤다. 나와서 변호사를 하고 있는데 뜻밖에도 검찰총장에 임명됐다. 이유는 모르겠다. 다만 "검찰의 환골탈태를 위해 외부 인사를 기용하자"는 논의가 있었다는 언론 보도를 봤다. 임명 당시 여야 모두 환영 논평을 낸 것으로 기억한다.

하지만 총장이 된 뒤 임기가 1년 이상 남은 시점에서 그만두셨습니다.

아침 산책을 하다가 서울중앙지방검찰청 강력부로부터 '조사받던 피의자가 숨졌다'는 보고를 받았다. 진상을 파악하기 위해 일주일간 감찰을 한 결과 사망 원인이 구타로 드러났다. 일요일 하루를 내내 고민한 뒤 법무부 장관에게 "누군가는 책임을 져야 하는데 내가 책임지겠다"며 사표를 내고 다음 날 퇴임식을 했다.

총장 재임 당시 집무실에 아무것도 들여놓지 않았다고 전해집니다.

"이명재 총장의 책장엔 책 한 권 꽂혀 있지 않고, 책상 위에는 법전한 권과 출퇴근 때 들고 다니는 007 가방만 놓여 있다. 총장실의 전통적인 소품인 대통령과의 악수 사진도 없다." 뭐 이런 식으로 신문 보도가 나왔다. 이 때문에 '수도승 총장'이란 별명을 얻었다.

당시 언론은 이런 이미지를 '자리에 연연하지 않고 언제라도 그만둘 수 있다'는 의미라고 해석했습니다.

평검사 시절부터 집무실 치장을 하지 않았다. 원래 성격이 그렇다. 자리에 연연하지 말자고 결심한 것은 맞으나 그것을 보여주려고 그런 건 아니다. 공직이란 걸 천직으로 여기고 일하면 언제든 떠날 준비를 해야 하는 것 아닌가 싶다.

퇴직한 뒤 변호사가 되셨습니다. 오랫동안 검찰에서 일하다 변호사가 된 뒤 보는 검찰은 어떤 모습인가요?

검찰의 내분이나 과잉수사에 대한 비판에 공감하는 바도 있지만 어려운 수사 여건에서 고생하는 검찰에 대한 애정엔 변함이 없다. 다만 검사들이 피조사인의 얘기를 많이 듣고 역지사지하는 자세를 가졌으면 좋겠다. 잘 들어주면 수사도 더 잘될 것이다.

검사로서 어떤 신조가 있으십니까?

미국 연방검사였던 휘트니 노스 세이머가 제시한 검사의 신조라는 글귀는 많은 연방 검사보의 사무실은 물론, 검사 출신 변호사들의 사무실 액자에도 항상 걸려 있다. 내용은 이렇다. 검사가 되기 위해서는 "절대적인 정직과 공명정대한 행동이 필요하며…… 어떠한 사건도 피의자의 유죄나 주장의 정당성에 확신이 설 때까지는 재판에 회부하지 말아야 한다." 언제 보아도 가슴에 와닿는 내용이다.

선배 검사 중 존경하는 분이 있으십니까?

초임 검사 때부터 모셔왔고 늘 존경하는 분이 있다. 그분은 항상 '정도正道로 수사하라'고 강조했다. 후배들이 일이 많아 바쁘면 함께 밤을 새우며 거들었다. 야단칠 때는 무섭게 했다. 그러고는 금세 잊어버리셨다. 퇴근길에는 소주를 사며 달래주셨다. 그분을 닮아야겠다는 생각으로 검사 생활을 했다.

국정원 댓글 의혹 사건 수사를 둘러싸고 수사 검사의 항명과 징계로 검찰이 혼란스러운 상황입니다. 최근 검찰의 상황을 어떻게 보고 계십니까?

검찰에 몸담았던 사람으로서 무척 답답하다. 검사들이 수사하다 상사와 갈등을 빚는 일은 옛날부터 있었다. 그러나 대부분 토론을 통해 상사들이 수사팀의 의견을 수용하고, 한목소리를 내며 사태를 수습했다. 이번엔 왜 그렇게 하지 못했는지 의문이다.

그렇다면 이번 사건은 어떻게 수습하는 것이 가장 좋았을까요?

수사 검사가 바뀌었지만 결국은 변경된 공소장에 따라 공소를 유지하고 있다. 일어나지 않아도 될 일이 일어나 국민의 불신만 키웠다.

이번 사건으로 검찰에 대한 국민의 신뢰가 땅에 떨어졌습니다.

검찰의 최우선 과제는 정치적 사건에서 중립성을 유지하는 것이다.

검사 개개인이 자신과 타협하지 않고 안팎의 유혹을 뿌리쳐야 한다. 미국 법조계에는 '정의는 반드시 행해져야 할 뿐 아니라 보여야 한다'는 법언이 있다. 수사의 공정성 못지않게 중요한 것이 '공정하게 보이는 것'이다.

검찰은 언론의 앞서가는 보도나 '국민정서법'이 문제라고 주장합니다.

공공의 신뢰를 먹고사는 검찰에게는 불공정하거나 불공정하다고 평가 받는 것 모두 치명적인 독이다. 실제로 공정한 결론임에도 불구하고 불공정한 것으로 평가 받는 경우도 있을 것이다. 억울한 경우도 있겠지만 검찰로선 자신들의 수사방식과 절차에 문제가 없었는지 먼저 돌아봐야 한다. 우선 의혹 사건은 수사 개시 결정부터 합리적·객관적 기준에 따라 이루어져야 한다. 그래야 표적수사나 의혹 해명성 수사란 오해를 사지 않고도 성과를 거둘 수 있을 것이다. 또 수사는 실무자 전원의 중론을 모아 합리적인 결론을 이끌어내도록 투명하게 운용해야 한다. 결론이 나오면 수사팀은 한목소리를 내야 한다.

정치적 사건을 대할 때는 색맹이 되어라

이명재 검찰총장 시절과 안대희 중수부장 시절이 검찰에 대한 국민의 신뢰가 가장 높았다는 얘기가 있습니다.

당시 대통령 아들의 비리 의혹을 수사하고, 여야를 막론하고 대선자금을 파헤친 것 덕분인 모양이다. 검찰이 신뢰를 얻으려면 권력과 거리를 두는 게 핵심이다. 정치적인 사건에 정치적 중립을 지켜내는 것이 가장 중요하다. 정치적 사건을 다룰 때는 정파의 색깔을 구분하지 못하는 색맹이 되겠다는 각오가 있어야 한다.

검사 시절 외압을 받은 경험은 없습니까?

내 지휘부에 무슨 외압이 들어왔는지는 모른다. 그러나 나는 소신껏 수사를 했다. 내가 지휘부에 있을 때도 부하들에게 소신껏 하라고 당부했다.

올바른 검사의 길은 무엇입니까?

검찰총장 취임사에서 "진정한 무사는 겨울날 얼어 죽을지언정 곁불을 쬐지 않는다. 하늘을 나는 기러기는 무리지어 날아감으로써 오래 날 수 있고 위엄도 생겨 어떤 난폭한 조류도 덤비지 못한다"고 했다. 검사는 명예를 먹고 산다. '곁불 쬐지 말라'는 건 검사들이 명예를 소중히 여길 것을 촉구한 말이고, 기러기 이야기는 단결과 팀워크의 중요성을 강조한 것이다. 거대한 불의에 맞서기 위해선 검찰이 한목소리를 내야 한다.

결국 검찰이 권력으로부터 독립해야 한다는 얘기로 들립니다. 맞습니까?

손태규 단국대학교 교수가 어느 일간지에 기고한 글에 이런 얘기가 나온다. "검찰총장은 대통령의 총장이면서 국민의 총장이어야 한다. 정치적 압력을 피할 수 없으면서도 정치적 중립을 지켜야 한다." 이런 모순이 어디 있는가? 영국의 검찰총장이었던 마이클 헤이버스는 검찰총장에 대해 "때로는 감당할 수 없는 자리에 놓인 사람"이라고 일컬었다. 수난은 검찰총장의 숙명인 것이다. 카터 대통령 시절 법무부 장관을 지낸 그리핀 벨은 카터와 친분이 두터웠지만 "대통령이라도 옳은 일이 아니면 돕지 않겠다"고 공언했다. 그는 임기 내내 이 약속을 지켰다. 은퇴할 때 "벨보다 더 잘한 검찰총장은 없었다"는 칭찬을 받았다.

검찰총장이 그만큼 중요하다는 것이군요.

그렇다. 총장이 잘해야 한다. 정치적 중립에 대한 확고한 의지와 판단력이 있어야 한다. 대통령에게 '아니오'라 말할 수 있는 용기와 고집이 있어야 한다. 국민의 검찰총장이 되겠다는 각오를 하고 실행에 옮겨야 한다.

우리나라에서 대통령과 검찰총장이 충돌한 사례가 있습니까?

김의진 제2대 검찰총장의 경우가 있다. 그는 검찰을 정권의 시녀로 만들려는 이승만 대통령에 맞서다 옥고까지 치렀다. 1950년 4월 경무대에 줄을 댄 정치 브로커 김태수가 이승만 대통령의 허락 아래 무고한 인사들을 공산당으로 조작한 '대한정치공작대' 사건이 발생한다. 이승만 대통령은 김의진 총장에게 "이 사건에 일절 관여하지 말라"는 특명을 내렸지만 김 총장은 공작대원 108명을 검거했다.

이승만 대통령이 가만히 있었습니까?

이 사건으로 두 달 뒤 김의진 총장은 서울고검장으로 좌천됐다. 사표를 낼 수도 있었지만 "대통령이 그만두라고 해서 그만두면 후배 검사들이 소신껏 수사를 할 수 없을 것"이라며 직무를 수행했다. 그러자 이승만 대통령 측은 1952년 부산에서 이 대통령 암살미수 사건이 터지자 이 사건에 김의진 총장이 연루됐다면서 고검장직에서 파면하고 구속했다. 김의진 총장은 재판에서 무죄를 받고 풀려났지만 얼마 뒤 세상을 떠난 것으로 알고 있다.

검찰총장에게 당부하고 싶은 말씀이 있으시면 해주십시오.

검찰총장은 무엇보다 사건을 철저히 수사하고 공소유지에 완벽을 기해야 한다. 또 흩어진 검사들의 마음을 하나로 모아 조직의 안정을 되찾아야 한다. 한국의 검찰총장들은 늘 정치적 중립을 의심받아왔다. 역대 정권이 검찰을 장악의 대상으로 본 측면이 있다. 그러나 검찰이 불신을 받는 근본 원인은 검찰 스스로에게 있다고 생각해야 한다. 검찰이 진정 독립을 원한다면 스스로 엄격해야 하고 국민 입장에서 형평과 정의에 입각해 권한을 행사하겠다는 의지를 보여야 한다. 그렇지 않으면 화를 입게 된다. 검찰의 제단에 몸을 바칠 각오를 해야 한다.

'검찰총장에겐 불면의 밤이 올 것'이라고 하셨는데, 무슨 의미입니까?

검찰총장이 되면 대한민국의 모든 고민을 한 몸에 안고 살게 된다. 백 리 밖의 불길로 보이던 나라 안의 각종 갈등이 금방 검찰에 발등의 불로 다가온다. 그러니 고뇌와 불면의 밤이 계속될 수밖에 없다.

이명재 총장님도 현직 총장 시절 불면의 밤을 보내신 거 아닙니까?

총장이 아니라 중수부장 시절부터 그랬다. 검사가 부장이 되면 집에 특수 전화기가 설치된다. 종종 새벽 4시면 전화가 울리는데, 사건이 터진 것이다. 밤마다 벨소리가 제일 무서웠다.

후배 검사들에게 하고 싶은 조언이 있습니까?

일로 평가받는 검사가 되어야 한다. 검사가 되면 남들이 알아주는 특수부나 공안부에서 이름을 날리고 싶을 것이다. 그러나 작은 사건 하나하나를 잘 처리하는 게 더 중요하다. 당사자들의 운명이 걸린 문제이기 때문이다. 또 검찰권의 정당성은 법이 아니라 고도의 청렴성과 도덕성에 근거한다는 걸 명심해야 한다. 검사는 일종의 사회공학자다. 사회 현상에 늘 관심을 가져야 문제를 풀 수 있다.

검찰총장으로서 우리나라의 대통령에게 제언하고 싶은 말씀이 있습니까?

국민과의 신뢰를 토대로 강한 연대감을 구축하고 원칙을 고수하는 용기를 보여줘야 한다. 정책의 방법은 유연해도 방향은 일관성을 가져야 한다. 이와 함께 검찰의 독립성을 존중해 '역사상 가장 위대한 검찰총장'을 탄생시키기 바란다.

국민에게 드리고 싶은 말씀도 있나요?

겸허하게 현실을 되돌아보면 많은 국민이 검찰의 공정성을 의심하고 있다. 검찰이 실제로 그렇든 그렇지 않든 소악小惡에는 강하고 거악巨惡에는 약하다고 생각한다. 힘이 센 자와 약한 자, 있는 자와 없는 자에게 상이한 법의 잣대가 적용된다는 말도 있다. 이러한 우려를 한 번에 잠재울 방안이 있는 건 아니겠지만, 검찰도 국민이 가장 신뢰하는 공정한 기관으로 거듭나기 위해 혼신의 노력을 하고 있다.

마지막 질문입니다. 인생이란 무엇인가요?

어차피 참고 걸어가는 먼 길이다. 좋은 일도, 어려운 일도 많은 길이다. 한 치 앞을 알 수 없는 가변성을 지닌 길이다. 그래서 '지금' 그리고 '여기'를 소중히 해야 한다. 나는 검찰에 몸담던 시절 인생의 절정기에 있던 인사들을 수사하며 그들의 영욕을 지켜보았다. 잘나가던 사람이 욕심을 부리다 나락으로 떨어지는 것을 자주 보았다. 분수를 지키며 사는 것이 행복한 인생이란 교훈을 그때 얻었다. 도전도 야망도 분수에 맞게 가져야 한다.

● 　이명재 전 검찰총장은 퇴임시 달랑 서류가방 하나만 들고 나왔다고 한다. 수도승 검찰총장이라는 별명을 가지고 있다. 이유를 물어도 그저 웃기만 할 뿐 대답을 하지 않는다. 주위 사람들이 "소신껏 일하고 맞지 않으면 떠난다. 그러기에 가방 하나가 짐의 전부다"라고 덧붙여준다.

　사람은 나서야 할 때 나서고 물러나야 할 때 물러나야 한다. 때를 아는 것이 중요하다. 이명재 전 검찰총장은 검사로서 최고의 자리에 오른 뒤에도 자리에 연연하지 않았다. 대통령의 아들을 수사하고 광범위한 대선 자금 관련 수사를 하며 인기를 얻었지만, 거기에 현혹되

지 않았다. 검찰 총장 당시 임기가 1년이나 남았는데도 피의자 사망사
건이 발생하자 도의적 책임을 지고 총장직을 사퇴하고 떠났다. 진퇴
가 분명한 행보를 하였다.

이명재 전 총장은 얼굴이 편안해 보였고, 얼굴색이 유난히 좋았다.
비결을 물어보았다. 집에서 동네 목욕탕까지 왕복해서 걸으면 40~50
분, 목욕탕에서 15분 반신욕을 한다고 했다. 얼굴은 사람의 인격을 표
현한다. 담백한 인생관과 훌륭한 처신이 품격 있는 얼굴을 만든다는
생각을 오랫동안 하게 되었다.

검찰은 헌법과 법률의 틀 안에서 권한을 행사해야 한다. 권력자도 검찰을 통치에 이용하려 해선 안 된다.

이공현

1949년 전남 구례에서 태어나 서울대학교 법대를 졸업했다. 1971년 13회 사법시험에 합격한 뒤 서울지
방법원 판사로 법조계에 발을 내디뎠다. 이어 대법원장 비서실장과 법원행정처 차장 등 법원 내 요직을
두루 거쳤다. 2005년부터 6년간 헌법재판소 재판관으로 재임했다. 당시 사형제와 간통죄에 합헌 결정
을, '미네르바' 사건엔 위헌 판결을 내린 바 있다. 현재 법무법인 지평 대표변호사로 재직 중이다.

사법부에 대한
국민의 신뢰를 회복하라

● 　　이명재 전 검찰총장은 "검찰이 되살아나려면 수사의 중립성을 확고히 지켜야 한다"고 강조했다. 이에 따라 이공현 전 헌법재판소 재판관을 만나 법원과 검찰의 중립성을 확보할 수 있는 구체적인 방법에 대해 들어봤다. 그는 만 스물세 살 때 최연소 판사로 법복을 입은 이래 38여 년간 민사·형사·행정 분야에서 다양한 재판을 경험했다.

사법부가 국민의 신뢰를 얻으려면

40년 가까이 판사와 헌법재판관을 하시다가 변호사로 변신하셨습니다. 어떤 점이 다르던가요?

판사, 헌법재판관을 하기 전에 변호사를 했더라면 더 잘했을 것이라는 생각이 든다. 법이라는 게 요건과 사실만 갖추면 된다지만 세상일은 그렇게 일률적으로 이루어지지 않는다는 것을 새삼 느낀다.

변호사를 했던 사람을 판사나 검사에 임명하자는 주장이 나오고 있고, 그에 대한 찬반양론이 있습니다. 어떻게 생각하십니까?

장단점이 있다. 젊은 나이에 판검사를 시작하면 오염되지 않는다고 주장하는 분도 있다. 반면 경험 없이 재판에 임했을 때 겪게 되는 한계도 있다. 또한 변호사를 하다가 심판자 위치인 판사를 한다는 것 자체가 매우 어려운 측면도 있다. 그러나 사건은 천차만별이다. 판사 임용에 앞서 경험을 쌓는 게 사건의 실체를 바라보는 데 도움이 된다. 변호사 경험이 있는 인사가 검사나 판사를 맡는 게 필요하다.

대통령직속 사회통합위원회의 조사에 의하면 신뢰도 조사에서 국회가 5.6퍼센트, 정부 15.8퍼센트, 법원 15.7퍼센트로 매우 낮게 나타났습니다. 이유는 무엇이라고 생각하십니까?

법원은 심판자로서 판결을 하고, 검찰은 공익의 대변자로서 공소 유지를 한다. 그런데 헌법과 법률에 기초해 공소가 이뤄지고 있지 않기 때문에 그런 불신을 받는 것이다.

고시에 합격한 엘리트들은 판사나 검사로 임용된 뒤에도 열심히 일하는 것으로 알고 있습니다. 그럼에도 불구하고 신뢰도가 이렇게 낮게 나타나는데, 이를 극복할 수 있는 방법이 있을까요?

국민의 말을 잘 들어야 한다. 법조 엘리트는 자신이 사건을 다 알고 있다고 생각하기 십상이다. 여기서 벗어나 우선 잘 들어야 한다. 그리고 뼈저리게 생각해야 한다.

판사를 지낸 지 8년 만에 교회에 나가게 됐다고 들었습니다.

처음 판사에 임용됐을 때는 자신만만했다. 그런데 강도살인 사건을 맡으면서 기가 꺾였다. 검사는 유죄를, 피고인은 무죄를 주장했다. 등에서 식은땀이 났다. 사람이 사람을 재판한다는 게 얼마나 두려운 일인가. 나 스스로 겸손해지기 위해 교회를 다니기 시작했다.

미국, 프랑스의 무죄율은 대략 9퍼센트인 반면 한국과 일본은 1퍼센트 선에 불과하다고 합니다. 어떤 차이가 있는 걸까요?

헌법에 형법 절차가 규정돼 있다. 합리적 의심을 충족할 증거가 제시될 때만 유죄를 주게 돼 있다. 그렇지 못하고 합리적 의심만 있을 때는 무죄를 줘야 한다. 공권력을 동원해 얻은 검찰의 막대한 증거 능력과 피고인 개인이 가진 증거 능력을 단순 비교해선 안 된다.

판사와 검사가 엄격히 분리돼야 하나 우리 현실은 그렇지 못하다는 지적이 있습니다.

우리는 외국과 달리 정부가 소수의 법조인을 선발하고 판·검사 후보생이 사법연수원에서 함께 생활한다. 이런 경험으로 인해 판사가 피고인보다 검사를 더 신뢰하게 되는 것이다. 그러나 판사는 심판자로서 엄격함을 유지해야 한다. 인맥이 중요한 한국 사회에선 더욱더 그렇다.

그러다 보니 국민은 국민참여재판을 요구하는 경향이 있습니다.

시대적인 흐름으로 인식해야 한다. 국민의 납득과 신뢰가 중요하다.

국민참여재판을 하면 비용이 커지고 절차도 복잡해지나 이를 감수해서라도 재판이 공정했다는 믿음이 자리 잡게 해야 한다. 일정 사안에는 국민참여재판을 도입하고 사후 평가를 통해 그 폭을 결정해가야 한다.

한국은 인맥과 정으로 움직이는 사회라 배심원제가 부적절하다는 지적도 있습니다.

어쩔 수 없는 일이다. 그러나 배심원에 선발된 사람들은 자신들의 희생을 감수하면서 참여하고 있다. 배심원을 객관적·합리적으로 선발하려 노력하고 있다. 성과도 긍정적이라고 본다.

법조인은 자신의 일을 사랑해야 한다

대법관 열두 명이 1년에 3만 건을 재판한다고 들었습니다. 근본적 변화가 필요한 것 아닌가요?

한 가지 사건에 대해 적어도 세 번은 재판해야 한다는 게 국민적 인식이다. 1년에서 주말을 빼면 250여 일뿐이니 하루에 열 건씩 판결을 내려야 한다. 게다가 대법원 연구관은 100명 선에 불과하다. 사건이 이렇게 과다하기 때문에 사법부에 대한 불신이 생겨나는 것일 수도 있다. 그래서 대법원을 이원적으로 운영하자는 논의도 있다. 대안을 모색할 때가 왔다.

대법관은 대법원장의 추천을 받아 대통령이 임명하게 돼 있어 정치적 중립성 논란이 끊이지 않습니다.

대통령과 대법원장 자리는 고도의 정치 행위의 산물이다. 대법관후보자추천위원회가 좀 더 분명하고 공정하게 역할을 해야 한다. 또 정치권력도 대법원을 움직이려는 욕망을 가져선 안 된다. 미국처럼 종신제 대법관 제도를 가진 나라도 있다.

헌법재판관도 대통령과 국회, 대법원장이 추천하게 돼 있어 중립성 논란이 이어집니다.

현 제도가 적절하다고 본다. 헌법재판소는 다양성을 확보해야 국민의 신뢰를 얻을 수 있다. 1948년부터 1988년까지 위헌 판결은 단 다섯 건뿐이었다. 반면 1988년 헌법재판소 출범 이후 20여 년 동안 위헌 결정이 400여 건이나 되었다. 그제야 비로소 헌법이 진짜 법으로 살아난 거다.

검찰의 기소독점권에 대해선 어떻게 보십니까?

참 어려운 문제다. 검찰은 헌법과 법률에 주어진 틀 안에서 권한을 행사해야 한다. 권력자도 검찰을 통치에 이용하려 해선 안 된다.

법조인 출신 국회의원이 갈수록 늘고 있습니다. 어떻게 보십니까?

그런 경우는 선진국에도 많이 있다. 입법부에 법조인이 많이 있으면 전문성이라는 측면에서 도움이 될 것이라고 판단한다.

민주주의에선 '다수결 원칙'을 중시합니다. 그러나 플라톤은 소크라테스가 사형당한 뒤 '과연 다수는 진리인가'라고 물었습니다.

민주주의는 주권재민과 다수결에 의한 의사 결정이 핵심이다. 그러나 다수의 의견이 중요하지만 그것이 얼마나 커다란 가치를 지니느냐도 중요하다. 다수결로 선출된 독일의 나치 정권은 전대미문의 폭정을 저질렀다. 그래서 민주주의나 다수결 외에 헌법 같은 근본 규범에 의해서도 권력이 통제돼야 한다는 반성이 생겨났다. 그 결과 헌법재판소가 탄생했다.

헌법 개정 논의는 어떻게 보십니까?

지금까지 우리는 헌법을 아홉 차례나 고쳤다. 영국은 불문헌법 국가지만 선진국이다. 우리 헌법도 이제는 수출해도 될 만큼 잘 만들어져 있다. 헌법을 잘 지키고 있느냐가 더 중요한 문제라고 본다.

로스쿨 제도를 도입한 후 변호사가 지나치게 많아졌다는 지적이 있습니다. 한편에서는 아직도 적은 편이라는 주장도 있고요. 이 문제는 어떻게 생각하십니까.

현재 우리나라 변호사는 1만 3000명 수준이다. 예전에 베네치아위원회에서 활동했는데, 거기서 우리나라가 인구는 5000만 명에 개업 변호사가 1만 명이라니까 다들 놀라더라. 그 적은 수로 어떻게 감당하느냐는 것이다. 우리나라는 아직도 변호사가 귀하다. 법조인을 워낙 적게 선발하다 보니까 법무사 등 유사 직역이 많이 생긴 것도 사실이다. 법치주의 정착이 필요하다. 한국은 문제가 생긴 뒤에야 변호사의 도움을 받는데 선진국은 프로젝트를 시작할 때부터 변호인의 자문을 받는다. 심지어 미국은 전쟁을 수행할 때도 법무관의 도움을 받는다. 미국은 변호사가 100만 명이 넘는다.

행정 부처에서 예규를 만들 때 인원과 조직에 제한이 있습니다.
국민에게는 행정부가 작성한 지침, 예규가 헌법과 법률보다 큰 힘을 발휘한다. 실질적인 규제가 숨어 있다. 범정부적인 노력을 기울여 국가 시스템을 만들 때가 왔다. 법률과 시행령, 규칙이 충돌하다 보니 국회에서 시행령, 규칙으로 정할 내용을 법으로 정하려 하거나 사전 심사를 요구한다.

후배 법조인에게 어떤 조언을 남기고 싶으십니까?
법조인에는 세 부류가 있다. 그냥 공부 잘해 법조인이 된 모범생, 법조인이 됐음에도 법조 업무를 싫어하는 사람, 그리고 자신의 일을 즐기는 사람이 있다. 훌륭한 법조인이 되려면 법을 좋아해야 한다. 그저 법조인이 되려 하지 말아야 한다. 자기를 가장 사랑하고 열정을 바치는 곳에 인생을 투자하라고 권하고 싶다.

마지막 질문을 드리겠습니다. 인생이란 무엇입니까?
고시 동기생 모두 훌륭한 법조인이라는 같은 꿈을 갖고 출발했지만 결과를 보니 그게 아니었다. 재능과 적성을 따라 사는 게 행복의 길이라고 생각한다.

●　　내가 누군가의 인생을 좌우할 수 있는 위치에 있다면 어떨까? 판사가 두드리는 법봉의 무게는 그래서 훨씬 더 무거울 것이다. 이공현 전 재판관은 강도살인 사건을 맡으면서 기가 꺾였다고 표현했다. 사람이 사람을 재판한다는 것은 커다란 심리적 부담과 고통을 수반한다. 오랫동안 법과 학문의 길에만 매진한 사람도 종교에 마음을 기댈 수밖에 없었던 이유다.

이공현 전 재판관은 대학을 졸업하고 사법고시에 합격하여 이십대에 판사가 되었다. 인생 경험, 사회 경험이 전무한 그는 과연 무엇을 잣대로 판결을 내릴 수 있었을까? 변호사 경력이 있는 사람을 판사로 임용할 수 있도록 하자는 주장은 이러한 점에 대한 반성에서 시작되었을 것이다.

판사·검사·변호사는 중학교, 고등학교뿐 아니라 대학에서도 가장 성실하고 뛰어난 학업 실력을 보인 사람들이다. 그들은 힘든 사법고시에 합격한 뒤에도 여전히 쉬지 못한 채 열심히 일한다. 하지만 그들에 대한 국민의 신뢰도는 거의 바닥 수준이다. 국회 다음으로 불신을 받는 곳이 법조계다.

선진국의 무죄율이 9퍼센트 수준인데, 우리는 1퍼센트 수준이다. 검찰이라는 공권력이 제시한 증거능력도 중요하지만 피의자의 목소리도 동일한 비중으로 중요하게 여겨야 한다. 국민이 법의 보호를 받을 수 있다는 믿음은 국가의 근간이다.

법조계에 대한 국민의 신뢰를 회복하기 위해서는 무엇보다 이공현 전 재판관의 말대로 자신이 모든 것을 알고 있다고 생각하기 전에 국민의 말에 귀 기울여야 한다. 하지만 개인의 의지로만 극복할 수 없는 문제가 있다. 대법관 열두 명이 한 해에 3만 건의 사건을 처리해야 하는 상황에서 사명감만으로 문제를 해결할 수는 없을 것이다.

　로스쿨 제도로 인해 변호사의 수가 늘어났다며 우려하는 목소리도 있다. 하지만 이를 통해 더 많은 국민이 손쉽게 다양한 법률 서비스를 제공 받을 수 있도록 변호사의 수가 늘어나는 것도 긍정적일 수 있겠다. 사법부에 대한 신뢰를 회복하려면 개별 법조인의 노력뿐 아니라, 사법부를 자기 편한 대로 휘두르지 않겠다는 권력의 의지도 중요하다. 그야말로 법은 권력자가 아니라 국민을 위해 존재하는 것이기 때문이다.

2

조윤제　　강봉균　　조순　　전중윤　　남재희

경제의 미래를 묻다

김기영   김기형   오세정   안재홍   이에리사

1

금융

한국 경제 성장의 해법은 무엇인가?

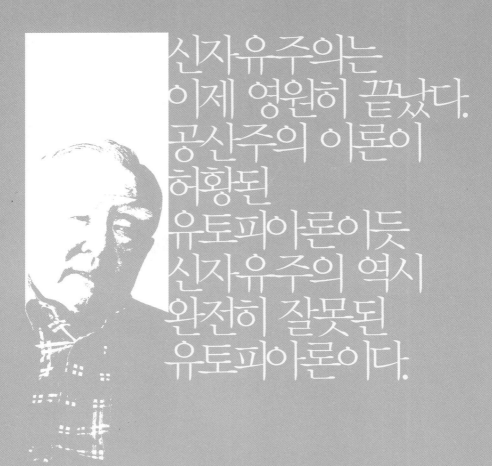

신자유주의는
이제 영원히 끝났다.
공산주의 이론이
허황된
유토피아론이듯
신자유주의 역시
완전히 잘못된
유토피아론이다.

조순

1928년 강원도 강릉에서 태어났다. 서울대학교 상과대학을 졸업하고 캘리포니아주립대학교(버클리 캠퍼스) 대학원에서 경제학 박사학위를 받았다. 귀국 후 서울대학교 경제학과 교수로 재직했다. 1960년대 한국에 케인스 경제학을 처음으로 들여왔으며 1968년부터 20년간 서울대학교 경제학과 교수를 지냈다. 1988년 노태우 정권 시절 부총리 겸 경제기획원 장관, 한국은행 총재를 역임했다. 1995년 민주당에 입당해 초대 민선 서울시장에 당선되기도 했다. 1997년 대통령 선거에 출마했다가 이회창 후보와 단일화에 합의한 뒤 초대 한나라당 대표를 맡았다. 현재 서울대학교 명예교수이다.

신자유주의는 끝났다

●　　　조순 경제부총리가 '신자유주의의 종말'을 선언했다. 그는 "신자유주의는 미국 경제를 거덜내고 세계 경제를 파괴했다"며 "공산주의처럼 허황된 이 유토피아론은 다시 등장하지 못할 것이며, 정부가 적절한 개입으로 시장과 금융을 관리하는 시대가 돼야 한다"고 주장했다. 그렇다면 그는 어떤 대안을 구상하는 걸까? 첫째, 한계에 다다른 한국 경제를 살리기 위한 정부, 금융, 과학기술교육 등 3대 부문의 개혁이다. 둘째로는 일자리를 창출할 수 있는 중소기업 육성과 성장동력 산업 발굴을 꼽았다. 셋째로 통일을 위해 꾸준한 대북 지원을 통해 북한 주민의 마음을 사는 것이라고 조순 전 부총리는 지적한다.

　조순 전 부총리는 정부의 시장 개입 필요성을 강조하는 케인스 경제학을 국내에 소개한 1세대 학자다. 노태우 정권 시절 경제부총리와 한국은행 총재를 지내며 금융·경제 정책을 진두지휘했다. 이어 정계에 투신해 초대 서울시 민선 시장, 한나라당 총재를 역임하며 대권주자 반열에 올랐다. 강직한 성품과 함께 학계에서나 정·관계에서 합리적 개혁 노선을 일관되게 추구해왔다.

과학기술교육이 필요하다

우리나라 1세대 케인스주의 경제학자로서 대통령에게 어떤 조언을 해주고 싶으십니까?

우리나라는 1980년대부터 정부가 국정에 확실한 방향을 정하고 정책을 굳건히 추진한 예가 없다. 철학 없이 국가 경제를 이끈 것이다. 그러다 보니 경제 발전은 이룩했지만 문제가 많이 생겼다. 문제가 생기면 정부가 그때그때 풀어야지 그렇지 않으면 어렵게 된다. 대통령은 복잡하고 다양한 현안에 당면한다. 대통령이 모든 문제를 풀 수 없으니 중요한 부분은 계획과 우선순위를 정하고 거기에 투입될 자원과 산출될 결과를 비교해야 한다. 그냥 내버려둬서는 경제가 안 되니 일종의 계획을 도입해야 한다.

계획 도입, 즉 새 정부에 경제 부흥을 위한 구체적인 계획을 만들 것을 제안했는데, 그 배경은 무엇입니까?

첫째는 고용, 인구, 교육 등 사람에 대한 전망이고, 둘째는 재정이다. 경제는 결국 사람과 돈의 관계다. 경제를 시장에만 맡기지 말고, 정책이 제대로 돼가고 있는지 늘 검토하고 결과를 반영해야 한다. 경제 계획을 세우면 대통령의 부담도 적고, 자신감도 생길 것이다. 이를 실행할 실무팀은 소수여야 좋을 것이다. 이 말이 바깥에 알려지면서 내가 박정희 시대로의 회귀를 원하는 것 아니냐는 얘기가 나왔는데 전혀 사실이 아니다. 난 박정희식 모델은 이미 끝났다고 생각한다. 예를 들면 박정희 정권엔 '물가국'이라는 게 있었다. 물가가 올라가면 물가국장이 잘못했다고 문책을 받았는데, 말도 안 되는 얘기 아닌가? 내 말의 요지는 경제 운용에 계획성이 있어야 한다는 것이었다.

그렇다면 임기 5년의 우리나라 대통령이 재임 기간에 반드시 해결해야 할 일은 무엇입니까?

대통령이 되었다고 해서 욕심을 지나치게 많이 가져서는 안 된다. 대통령의 한 해는 휴가 혹은 몇 가지 이벤트를 제외하면 얼마 되지도 않는다. 집권 3년차면 레임덕이 시작된다. 대통령이 우선 해결해야 할 과제는 정부·금융·과학기술교육이다.

어떤 정치학자는 우리나라의 GDP 1만 달러 진입은 일본을 배우고, 2만 달러 진입은 미국을 배우면서 이룩할 수 있었으나 좋은 롤 모델이 없는 지금, 여전히 2만 달러에 머물고 있다고 말합니다. 우리나라의 미래는 앞으로 어떻게 될 것으로 보십니까?

경제성장률이 2009년 이래 꾸준히 떨어져 2013년 예상치가 2.2퍼센트까지 내려갔다. 제자리걸음이나 마찬가지다. 과연 한국이 GDP 2만 달러에서 3만 달러까지 올라갈 수 있을까? 지금 같아서는 어려울 것 같다. 결국에는 사람, 교육과 기술, 경제 생활의 규모, 그리고 효율성이 전반적으로 개혁되어야 한다.

경제 잠재력을 떨어뜨리는 요인으로는 무엇이 있습니까?

첫째, 인구의 동태를 볼 때 노동인력이 줄고 있으며 출생률도 낮아지고 있다. 둘째, 과학기술 수준이 낮다. 우리나라 사람들은 스스로 과학기술 수준을 높이 평가하는 것 같은데 사실 내가 볼 때는 그런 것 같지 않다. 셋째, 생산성이 낮은 우리나라 교육 내용도 문제다. 교육 생산성이 낮은 나라는 절대로 발전할 수 없다. 교육감 선거를 봐도 분열 그 자체이고, 대학의 운영도 그렇다. 대학의 수는 많고 정리가 안 되니 효율성을 바라기 어려운 것이 우리나라 현실이다. 그 밖에 정부 자체의 생산성도 문제다. 정부의 정책을 보면 혁신이 너무 적다. 지금까지 아무런 이노베이션 없이 지내왔다는 말이다. 공공 부문에서 이노베이션이 있어야 민간 부문을 이끌 수 있다.

과거로부터 자유로워야 하는데 우파도 좌파도 자기가 옳다고 생각하는 것에 너무 집착한다. 덩샤오핑의 '해방사상'을 배워야 한다. 해방을 하는 사상이 아니고, 사상을 해방하라는 것이다. 그런데 우리나라는 개인도 정당도 정부도 모두 실체적 사실을 파악하는 게 아니라 자기 주장만 한다. 아주 나쁜 태도다.

과학기술의 개혁을 주문했는데 폴 케네디도 《강대국의 흥망》에서 "국력은 경제력이고, 경제는 과학기술이 중요하다"고 했습니다.

과학기술의 중요성은 아무리 강조해도 부족하다. 중국 정부의 제12차 5개년 계획2011~2015년을 보면 "나라 발전은 과학기술에 달려 있다. 인문은 국가의 기초이고, 과학기술은 경제의 기초다. 모든 국민은 국가에 교육해달라고 요구할 권리가 있다"고 밝히고 있다. 우리에겐 이런 태도가 없다. 말로는 과학기술을 강조하지만 연구비가 너무 적고, 그나마 나눠 먹기 식이다. 과학기술 발전에 대한 국가의 확실한 태도가 필요하다.

대한민국 정치는 산업화와 민주화 양대 세력이 기득권 집단으로 변질한 듯한 모양새입니다.

우리 역사는 기득권을 수호하려는 투쟁의 연속이었다. 조선왕조의 사색당쟁도 따지고 보면 모두 기득권 싸움이었다. 새로운 이론도 기득권을 수호하는 수단이었고, 괜찮은 사람이 나오면 싹부터 잘랐다.

세계 경제를 파괴한 신자유주의

신자유주의에 대해 어떻게 생각하십니까?

신자유주의는 이제 영원히 끝났다. 신자유주의는 세계 경제를 파괴하고 미국 경제를 거덜냈으며 금융위기를 가져왔다. 공산주의 이론이 허황된 유토피아론이듯 신자유주의 이론도 마찬가지다. 자유주의만 하면 모든 문제가 풀린다는 건데 이 역시 완전히 잘못된 유토피아론이다. 신자유주의를 장기간 실천해온 미국 경제가 망가진 것을 보면 알 수 있다. 신자유주의가 다시 등장할 수는 없다고 본다. 문제는 미국 공화당에 신자유주의 향수가 많다는 거다. 아버지 부시 대통령 시절 재무장관을 지낸 존 커널리는 "달러화는 미국 돈이지만 국제적으로 통용되므로 문제가 생기면 미국의 문제가 아니다"라고 했는데 완전히 잘못된 생각이다.

글로벌 금융위기 이후 한국은행에 감독권을 줘야 한다는 주장이 줄곧 제기되고 있습니다.

한국은행에 감독권을 줘야 한다는 것에 대해서는 찬성한다. 한국은행 사람들은 원래 관료가 아니다. 그러니까 감독권을 줘도 큰 문제는 생기지 않을 거다.

사실 우리 경제는 관치금융에서 시작했습니다. 현재 금융을 산업화해야 하니 메가 뱅크를 만들자는 주장과 메가 뱅크는 의미가 없으니 내실을 다지자는 주장이 팽팽히 맞서고 있습니다. 어떤 의견을 갖고 계십니까?

'금융'이라고 하면 '은행은 커야 된다, 메가 뱅크여야 한다'는 생각이 지금도 강한 것 같다. 그런 주장은 한국뿐 아니라 세계를 망친 길이다. 금융은 크게 둘로 나눌 수 있다. 하나는 금융중개업자로서의 금융, 말하자면 남의 돈 가지고 빌려주면서 그 이익을 챙기는 금융이다. 그것은 있어야 한다. 그렇지만 남의 돈을 가지고 그야말로 도박을 하듯 금융상품을 팔아 이익을 내는 투자은행으로 가면 나라가 망한다. 우리나라가 2008년 금융위기 당시 피해가 적었던 건 금융이 고도로 발달하지 않은 상태였기 때문이다. 역설이지만 금융은 저발달이어야 한다.

현재 우리나라 은행을 보면 지분매각을 해야 하는데 재벌에는 줄 수 없고, 외국에 넘기기도 싫은 상황이 아닌가 싶습니다. 결국 주식은 국민연금에서 사든지 해서 기업 금융을 강화하는 방법을 내야 하는 게 아닌가요?

지금처럼 문제가 커지기 전에 정부가 방향을 결정해놓으면 이런 문제가 없다. 그런 게 없이 일방적으로 하다 보니 결국 일이 커진 것이고, 일이 커지다 보니 이러지도 저러지도 못하고 있는 것이다.

요즘 회사가 탄생할 때부터 금융권이 계속 도와주는 독일의 방식을 배워야 한다는 이야기가 많습니다. 기업이 돈에 얽매이지 않고 안정적으로 운영되도록 자금을 조달하는 시스템인데, 어떻게 생각하십니까?

결국 그것이 기본이다. 금융이라는 것은 본래 그래야 한다. 만약 금융기관이 A라는 기업에 돈을 대주기 시작했다고 하면, 그 기업에 대해서는 금융기관이 가장 많이 안다. 그래서 기술이나 경영에 관한 도움을 줘야 한다. 그것이 은행의 임무다. 손해를 보지 않기 위해서 그러는 것이다. 그렇지 않고, 누군가의 명령에 따라서 돈을 빌려주면 항상 실패한다. 그런 의미에서 기업 금융이란 것은 기업의 생성 단계에서부터 경영 방식과 기술 내용, 기업주의 성향 등 모든 것을 지도해야 하는 것이다. 이것이 기업 금융의 길이다.

금융위기 이후 기업 임원의 연봉을 제한하자는 움직임이 있습니다.

그럴 필요가 있다고 본다. 지금 유럽에선 임금 상한을 정하면서까지 기업을 개혁하려고 싸우고 있는 중이다. 반면 미국에선 기업 이사들의 연봉이 너무 많다. 미국 70대 주식회사 이사들의 평균 연봉이 장관급인 연방 증권금융위원회 의장의 99배란 보고서를 봤다. 이래선 안 된다.

우리도 주요 은행장이 스톡옵션을 포함해 받는 40억 원가량의 연봉을 줄여야 한다는 논의가 있습니다.

당연한 얘기다. 은행 책임자가 돈을 그렇게 많이 받아야 할 이유는 어디에도 없다.

신자유주의의 핵심은 민영화인데 어떻게 봐야 합니까?

민영화가 국영이나 공영보다 나으니 전부 민영화해야 한다는 건 곤란하다. 지독한 고정관념이다. 민영화해도 조직이란 건 커지면 관료화된다. 회사 규모나 업무 내용에 따라 민영화가 더 좋은 경우도 있고, 민영화를 해선 안 되는 경우도 있다.

정부가 민영화된 KT나 포스코, KB국민은행의 지분을 가져야 한다는 주장에 대해서는 어떻게 생각하십니까?

정부 역할을 강화하되 자본주의가 어떤 것이어야 하느냐에 대한 기본 철학을 지켜야 한다. 그때그때 임명된 기업 회장이 자기 마음대로 투자해선 안 된다. 포스코는 자회사가 수십 개나 돼 문제다.

성장과 복지가 양립할 수 있는 개념이라고 보십니까?

복지를 하면 성장이 안 된다거나 성장만 강조하면 복지가 안 된다는 보수·진보의 논쟁은 모두 현실을 제대로 보지 못한 것이다. 지금 우리가 당면한 문제는 저성장 시대에 돌입했다는 거다. 삼성전자나 현대자동차를 보라. 기업이 아무리 성장해도 고용이 정체되어 있기 때문에 복지를 증대하기 힘들어졌다. 따라서 성장 방식 자체를 전환하는 게 필요하다. 지금까지 완전히 무시해온 분야, 예를 들어 농림수산업까지 포함해 성장 가능한 분야가 뭔지 찾고, 선택을 해야 한다. 과거 섬유산업을 사양산업이라며 버렸지만 난 반대했다. 지금은 섬유산업이 다시 각광받고 있다.

성장 방식을 전환하는 방안을 더 구체적으로 얘기해주십시오.

결국 일자리를 많이 창출하는 기업을 만들어내야 한다. 중소기업 살리기가 중요하다. 아무리 작은 업체라도 열 사람에게 월급 주는 건 어마어마한 것이다. 국가가 그런 걸 장려해야 경제가 된다.

대북 지원은 묵묵히 지속적으로

북한 문제는 어떻게 풀어나가야 할까요?

독일 통일이 성공한 것은 국민의 마음이 통일을 원했기 때문이다. 그런 마음을 조성하기 위해 서독 정부가 그만큼 노력을 했다. 동독에 고속도로를 만들어주고, 대가 없이 지원도 했다. 그러니까 동독에서 통일운동이 일어나 베를린 장벽이 무너진 것이다. 결국 우리나라도 통일을 하자면 남북한 국민에게 그런 마음이 있어야 한다. 그게 아니면 통일이 돼도 같이 살 수 없다.

북한에 경제 지원을 해주는 문제는 어떻게 봅니까?

북한에 지원을 해줘도 고맙다는 말을 듣기는 어렵다. 그래도 지원을 해준다면 말없이 해줘야지, 자꾸 인심 쓰는 척하며 지원하니 효과가 없는 거다. 묵묵히 지원해주면 북한에서 '역시 우리 동족이 다르긴 다르네' 하는 마음이 싹틀 수 있다. 그렇게 해야 한다.

살아온 궤적을 보면 도전의 연속인 것 같습니다.

도전을 피하진 않았다. 1995년 대학 후배들이 서울시장 출마를 권유했는데 자꾸 피하면 이중인격자처럼 여겨질 거라고 생각해 응했다. 서울시장 선거에 나가서 떨어져봤자 낙선밖에 더 하겠느냐는 생각이었다. 인생에서 도전은 아주 중요한 가치라고 본다.

한국전쟁 당시 육군사관학교 교관을 지내다 미국 유학을 택한 사연은 무엇입니까?

교관 생활을 하다 1957년 제대한 뒤 뭘 할까 고민했는데, 가진 게 몸뿐이라는 생각이 들었다. 궁리 끝에 미국 대학에 꾸준히 지원서를 보냈더니 1년 과정으로 받아주겠다는 답이 왔다. 미국에서 탈색된 군복을 입고, 고무신을 신고 대학을 다녔다. 1년 뒤 학비가 없어 종강 때 "전쟁으로 폐허가 된 한국을 살리기 위해 한국의 케인스가 되고 싶다"고 말했다. 학생들에게 큰 박수를 받았고, 장학금도 받아 가까스로 유학을 마쳤다.

보수, 진보 진영에 각기 이런 걸 고치자고 한마디씩 들려주십시오.

우리나라 보수의 문제는, 철학이 없다는 점이다. 보수라는 것은 본래 철학을 갖고 있다. 보수가 철학을 갖고 있지 않은 나라는 없다. 보수의 리더들은 항상 자신의 철학을 가지고 행동한다. 하지만 우리나라 보수는 무엇을 보수의 철학으로 놓고 일을 해야 되는지가 없다. 철학이 없는 보수는 보수가 아니다. 난 그런 면에서 우리나라 보수는 철학도 없으면서 왜 자유민주주의를 논하고 있는지 모르겠다. 어떻게 자유민주주의를 실천하고 해나가느냐 하는 기본 입장과 태도를 갖고 있지 않다고 본다. 그다음 진보 역시 비슷하다. 진보는 본래 보수 같은 철학은 없다. 그러나 우리나라 진보는 도대체 뭘 하자는 건지 모르겠다. 내가 볼 때 하는 일들이 정직하지 않다. 그 점은 보수나 진보나 마찬가지다.

늘 공부를 하시는데, 공부와 인생은 무슨 관계입니까?
공부는 하나의 즐거움이자 좋은 친구다. 좋은 책을 만났을 때의 기쁨은 이루 말할 수 없다. 교보문고에 가서 외상으로 책을 산 사람은 나밖에 없을 것이다. 얼마 전 책 두 권을 주문하고 찾으러 갔는데 지갑을 안 갖고 간 일이 있다. 점원에게 자주 오니까 다음에 갚겠다고 하니까 책을 내주었다. 요즘 읽는 책은 중국공산당의 성공 요인을 민족주의의 공세에서 찾은 《나라의 수치를 잊지 말라Never forget national humiliation》이다.

마지막 질문을 드리겠습니다. 인생이란 무엇입니까?
성공적인 인생이란 나이를 먹어갈수록 어떤 면에서든 개선이 있어야 하는 것이다. 인생이 가치가 있으려면 오늘이 어제보다 조금이라도 낫고, 올해가 지난해보다 나아야 한다. 나이를 먹어감에 따라 뭔가 좋아진 게 있다는 것, 이게 인생이어야 한다.

● 　　조순 전 총리는 대단한 독서가였다. 집 안에 책이 가득 있었던 것은 물론이고, 심지어 책이 너무 많아서 컨테이너 몇 개에 보관

할 정도였다. 그 책들을 보며, 국가나 지방자치단체가 예산을 보조해 명사들의 이름을 건 마을 도서관을 만들면 좋겠다는 생각이 들었다. 명사와 인근 주민이 함께하는 문화 공간이 될 수 있을 것이다.

조순 전 총리는 정치와 경제에 관한 얘기도 많이 했지만, 특히 교육과 공부에 대한 얘기가 가슴에 와닿았다. 그는 "자녀의 교육은 사랑으로 대하되 엄격해야 한다"고 말했다. 교편教鞭이라는 말은 '가르칠 교教' 자와 '채찍 편鞭' 자가 합쳐진 단어다. 교육과 공부라는 것은 기본적으로 몰두하고 몰입하고 집중적으로 훈련을 해야 하는 것이다. 그래서 엄해야 할 때는 엄할 필요가 있다.

학교에서 졸고 있는 아이를 방치하는 힘없는 교사나 아이를 체벌했다고 교사한테 따지는 부모에 관한 소식을 뉴스에서 종종 보게 된다. 학생들의 인권 못지않게 교권도 존중되어야 할 것이다. 학부모, 학생, 교사 모두 지쳐 있는 이 참담한 교육 현실을 어떻게 풀어나갈 것인가? '교편'이라는 말의 의미를 다시금 떠올려보았다.

대학 시절 종로구 창신동에서 야학교사 생활을 한 적이 있다. 창신동 입구에서는 매일 새벽 인력시장이 열렸다. 바로 옆에는 돼지비계를 많이 넣어주는 김치찌개 집이 있었다. 그 식당 선반에는 인력시장에서 대기하는 아버지들의 작은 가방이 빼곡히 놓여 있었다. 아침에는 말끔한 옷을 입고 와서 가방에 넣어둔 낡은 옷으로 갈아입고 일터로 나갔다. 일이 끝나면 돌아와 가방 안의 말끔한 옷으로 다시 갈아입고 집으로 돌아갔다. 가족에게는 차마 막일을 한다고 말하지 못한 아버지들의 모습이었다. 아버지에게 일자리는 생명줄이었던 것이다.

조순 전 부총리는 "신자유주의는 끝났다"고 강조했다. 이제는 무한 경쟁으로 몰아치는 신자유주의의 폐해가 온전히 드러났다. 비정규직 저임금 노동자의 삶을 위협하는 방식의 신자유주의적 성장의 시대는 끝났다. 고용이 있는 성장이 가장 중요하다. 평일 북한산에서 쟁쟁한 경력을 가졌던 50대들을 만날 때마다 이건 아닌데…… 하는 생각이 든다. 이들이 일할 수 있는 경제 구조를 가져야한다. 아버지들에게 일자리를 주는 정책이 모든 것의 우선 순위라는 생각이 새삼 다가온다.

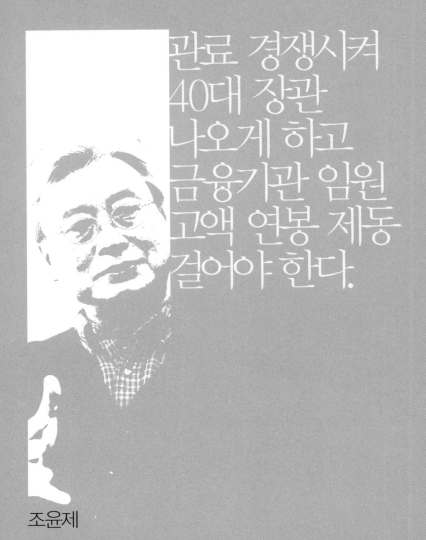

관료 경쟁시켜
40대 장관
나오게 하고
금융기관 임원
고액 연봉 제동
걸어야 한다.

조윤제

1952년 부산에서 태어나 서울대학교 경제학과를 졸업했다. 이후 미국 스탠퍼드대학교 대학원에서 경제학 박사학위를 받았다. 세계은행 선임경제분석관을 거쳐 자문교수를 역임했다. 2003년부터 2005년까지 대통령비서실 경제보좌관(차관급)을 지냈으며, 이후 2008년까지 주영 대사를 지냈다. 현재 서강대학교 국제대학원 교수로 재직 중이다.

관료사회 개혁하면
40대 장관도 가능하다

● 　　　조순 전 부총리는 우리 경제가 위기에서 탈출할 수 있는 방법으로 정부·금융·과학기술교육 등 3대 부문의 전면적 개혁을 제안했다. 이에 따라 국제기구와 정부에서 장기간 개혁 실무를 다뤄온 조윤제 서강대학교 국제대학원 교수를 만나 3대 개혁을 위한 구체적인 방안을 들어봤다.

　조윤제 교수는 국제통화기금IMF과 국제부흥개발은행IBRD에서 9년간 분석관을 지내며 세계 각국의 정부·금융 개혁에 관여했다. 또 청와대 경제보좌관과 기획재정부 자문관으로 국내 금융 개혁을 위해서도 많은 일을 했다.

조순 전 부총리가 우리 경제가 성장할 수 있는 비결로 중소기업을 강조했습니다. 미국은 마이크로소프트, 구글 등 젊은 창업자가 경제의 전면에 등장하는 반면, 한국은 30대 기업에 새로운 기업이 진입하지 못하고 있는 실정입니다. 경제 생태계에 문제가 있는 것 아닌가요?

전체 고용의 88퍼센트를 차지하는 중소기업이 잘되기 위해 가장 중요한 조건은 사람과 기술이다. 독일의 중소기업 인력은 대기업에 비교해도 결코 부족하지 않다. 미국 젊은이들도 작은 기업을 선호한다. 부를 획득하기 위한 도전이 가능하기 때문이다. 미국 하청법은 대기업이 중소기업을 망가뜨리지 못하도록 엄격하게 규제하고 있다. 우리 중소기업 대부분은 대기업의 하청을 받는 구조다. 모함인 대기업을 구축함인 중소기업이 따르는 항공모함 전략과 개별 중소기업 강화 전략, 두 가지를 병행해야 한다. 대기업 아래 계열화된 중소기업 10만 개가 특히 중요하다. 적정 이윤을 보장하고 공동으로 인력·기술·시장을 개발하는 한국형 모델을 만들어야 한다. 김대중 정부 시절처럼 창의적인 벤처기업을 육성하는 것도 중요하다.

정부 개혁의 핵심이 관료사회 개혁인데, 해결 방안은 어떤 것이 있을까요?

단적으로 말해 우리 관료사회는 경쟁 시스템이 부족하다. 모든 관료가 과장·국장·차관보1급가 되려는 열망에 빠져 있는데, 이것을 막지 못하면 관료 개혁은 불가능하다. 예를 들어, 같은 해 고시 합격자가 100명이라고 해보자. 이들이 함께 출발하면 사무관을 15년, 과장을 10년 한다. 과장은 50명, 국장은 30명에 달한다. 이렇게 인원이 줄지 않다가 차관보가 나오면서 줄어드는 속도가 빨라진다. 반면 외국에서는 40대 장관이 많다. 국장 5년을 하고 차관보와 차관을 4년쯤 한다. 반면 한국 관료들은 30년 공직생활 중 25년을 사무관과 과장으로 지낸다. 그러다 보니 고위 관료라 해도 크고 넓은 시야를 갖기 어렵고 역량도 떨어진다. 공무원 사회에 경쟁을 도입해 40대 인재 중에서도 장관이 나오게 해야 한다.

그런 시스템을 갖추기 위해선 어떤 변화가 필요할까요?
관료사회에서는 평가 시스템이 무척 중요하다. 외국에서 고위직에 있는 사람은 업무 중 10~20퍼센트를 밑에서 일하는 사람을 평가하는 데 할애한다. 미국은 올라갈수록 바쁘다. 국장이나 과장 들이 쓴 논문이나 연구보고서가 더 많다.

한국도 사무차관 제도가 필요하다는 지적이 있습니다. 여당 간사에게 그런 자리를 맡겨 국회와 정부 간에 가교 역할을 해야 하는 것 아닌가요?
충분히 검토해볼 만한 일이다.

한국은행에 금융감독권을 주자는 의견을 어떻게 생각하십니까?
한국은행은 은행의 최고 대부자 지위에 있다. 그러니 금융감독기능을 줘야 한다. 그렇게 해서 기업과 금융기관의 건전성을 인지할 수 있어야 하고, 시정을 요구할 수 있어야 한다. 영국과 오스트리아에서는 금융감독원을 정부 기구처럼 운영한다.

메가뱅크 추진 방안에 대해선 찬반양론이 있습니다. 어떻게 생각하십니까?
반대한다. 우리 금융이 홍콩·뉴욕·런던에서 활발히 활동하려면 기업으로 치면 삼성전자 같은 대형 은행이 있어야 한다는 주장인데, 세계적인 금융위기가 일어났을 때 대형 금융기관은 낮은 금리로 양도성예금증서CD를 발행한다. 시장에서 국가가 은행은 못 넘어뜨린다는 판단이 있기 때문이다. 이것이 모럴해저드가 발생하는 이유이다. 한국에서 거대 금융기관이 부실을 야기할 경우 파장은 걷잡을 수 없이 커질 것이다. 금융은 민간 비즈니스의 세계다. 그러나 문제가 생기면 국가가 책임져야 한다. 은행 사업은 일반 기업의 비즈니스와 다르다.

금융기관 임직원의 연봉을 제한하자는 움직임에 대해서는 어떻게 생각하십니까?

제한해야 한다고 본다. 영국에선 2008년 금융위기가 일어난 뒤 임원 보수제한법을 만들었다. 고전경제학의 핵심 이론인 한계생산성에 기초를 둔 법이다. 기여한 만큼만 받아야 한다는 것이다. 연봉을 제한하거나 연봉이 일정액 이상이면 대단히 높은 세율을 매기는 식이다. 지금 우리나라 은행엔 은행장을 하겠다는 사람들이 많다. 그런데 뭐하러 은행장에게 그리 큰돈을 주는지 모르겠다.

산업은행이 중소기업은행을 인수하여 소유는 국가가 하고, 경영은 완전히 시장에 맡기자는 주장에 대해서는 어떻게 생각하십니까?

그런 방향으로 논의할 필요가 있다. 우선 금융은 일반 기업의 민영화와는 다르기 때문이다. 또 한국은 산업계의 전반적인 구조 조정이 필요한 상황이고, 개방경제임에도 불구하고 취약성이 크다. 따라서 경제 위기가 발생하면 정부 은행이 역할을 해야 한다. 2003년 LG카드 사태 당시 산업은행이 부실 정리에 팔을 걷어붙이고 나선 뒤에야 일반 은행이 따랐다. 또 남북관계가 진전돼 경협이 가속화될 때도 정부

은행이 중요할 것이다. 그리고 산업은행이 당장 민영화돼도 국가적으로 큰 이익은 없다. 영국의 최대 은행도 정부 은행이고, 프랑스에도 정부 은행이 있다.

우리은행 정부 지분 매각과 관련하여 재벌에 파는 것도, 외국계 기업에 은행을 떠넘기는 것도 문제라고 합니다. 적절한 해법은 무엇일까요?

당장 정부 지분을 팔아서 얻을 수 있는 이익이 얼마나 있을까 의문이다. 금융의 경우 1997년 외환위기 이후 외국계 자본의 비중이 무척 높아졌다. 경영은 한국이지만 소유는 외국계 은행이 된 경우도 있다. 금융의 공공적 역할이 중요한 만큼 신중해야 한다고 본다.

KT와 포스코, KB국민은행이 민영화를 했지만 부작용이 나타나고 있습니다. 그러다 보니 정부가 주식을 단 한 주만 가지더라도 기업 결정에 거부권을 행사할 수 있는 제도를 만들자는 주장도 있습니다.

충분히 검토할 만한 주장이다. 대처 영국 전 총리가 공기업을 민영화하면서도 일정한 규제를 하기 위해 '골든 셰어'란 이름으로 이런 정책을 추진했다. 대기업의 문어발식 경영이 비판을 받는데, 포스코의 경우 자회사가 수십 개에 달한다. 조선업 경기가 한창 좋을 때 포스코가 이익이 적다고 후판 생산을 줄여 조선업계가 어려움을 겪기도 했다. 정부의 적절한 규제가 필요하다.

경제가 불안해짐에 따라 신용불량자들에 대한 부채 탕감 논의가 뜨거워질 전망입니다. 이에 대해 찬반양론이 팽팽한데 어떻게 보십니까?

참으로 어려운 문제다. 원칙적으로는 정부가 갚아주어선 안 된다. 물론 그게 최선이지만 경제위기라는 현실 속에서 지혜를 찾아야 한다. 첫째는 공정성 문제다. 과거에도 부채 탕감의 역사가 있음을 고려해야 한다. 농가 고리채를 농협에서 인수한 뒤 농민에게 장기 저리로 꿔준 적이 있다. '안 떼먹으면 바보'란 말도 돌았고, 빌려준 돈의 20~30퍼센트를 받지 못했지만 급한 불은 껐다. 1972년 8·3 조치로 정부가 기업의 빚을 탕감해준 적도 있다. 1997년 외환위기 때도 은행에 국민 세금인 공적자금을 투입했고, 이는 결국 기업에 돌아갔다. 둘째, 정부가 벌써 빚을 탕감해준다고 하면 빚진 국민은 더 안 갚을 것이다. 정부가 갚아줄 때 갚아주더라도 '먼저 갚아주겠다'고 나서선 안 된다. 셋째, 빚을 갚아주기에 앞서 정부는 계층과 대상, 시기와 방법을 면밀히 연구하고 국민의 공감대를 얻을 방법을 구해야 한다. 넷째, 직접 탕감 대신 금리를 낮추고 기한을 연장하는 방법을 모색해야 한다. 자구 노력과 연계하는 방안도 연구돼야 한다. 다섯째, 빈곤 문제는 인도적 차원에서 정부 부담으로 극복해나가야지 금융을 통해 해결하려 해선 안 된다.

우리나라의 진보 진영과 보수 진영이 고쳐야 할 점은 무엇일까요?

보수는 기득권에 대한 집착을 버려야 한다. 우리 사회는 갈수록 계층 간 이동이 없어지고 있다. 보수는 개방적일 필요가 있다. 진보의 문제는 북한 문제와 맞물려 있다. 대한민국의 정통성을 부정하는 듯한 진보는 안 된다. 진보는 진보적인 가치들의 문제와 북한 문제를 분리해야 한다. 보수도 진보를 무조건 '빨갱이'라고 몰면 안 된다.

우리 사회의 개혁 모델로 독일을 생각하는 사람들이 많습니다. 그 이유는 무엇입니까?

첫째, 독일은 중소 제조업에 '숨은 챔피언'이 많다. 둘째, 정부에 대한 국민 신뢰가 높다. 독일 국민은 '자유시장 논리가 국민의 복리 증진을 약속한다'는 주장을 믿지 않고 국가의 역할을 강조하는 오르도 학파의 주장을 믿는다. 셋째, 사민당의 슈뢰더 총리가 집권 당시 강성 노조를 설득해 노동시장 유연성을 확보한 게 한때 유럽의 병자로까지 불렸던 독일 경제를 부흥시키는 데 큰 도움이 됐다. 마지막으로 근검 절약과 일하는 정신 등 독일 특유의 문화도 중요한 역할을 했다.

● 　　조윤제 교수는 선진국으로 가는 가장 중요한 요소는 '거버넌스governance'라고 힘주어 얘기하였다. 그러기 위해선 먼저 관료사회의 개혁이 필요하다. 우리나라는 고시에 한번 합격하면 이후 15년 동안 사무관을 지내고 10년 동안 과장을 지낸다. 그러다 보니 국장이나 차관보 자리까지 가게 되면 후배를 위해 어쩔 수 없이 공직에서 물러난다. 승진 인사의 함정이다. 반면에 외국에서는 관료사회를 경쟁시켜서 일찍 다양한 경험을 쌓게 하고, 비전과 시야에 따라 나이를 초월해 인사를 한다. 그래서 40대 장관이 나올 수 있는 것이다.

한국의 공무원은 30년 공직 생활 중 25년 동안 중하위 직급에 머물러 있다. 그러다 보니 관료들에게 큰 범위의 국가적 시각이 부족하다. 처칠은 총리를 하기 전 상무부 장관을 30대 때 역임했다.

시야가 넓은 능력 있는 인사를 어떻게 발탁할 것인가? 평균 1년 6

개월의 임기를 넘어 어떻게 안정적으로 장관직을 수행할 수 있도록 할 것인가? 더 나아가 유능한 인물이 여야를 가리지 않고 기용될 수 있는 구조를 어떻게 만들 것인가? 이것이 대단히 중요한 문제다.

경제 부흥에 성공한 독일 사민당의 슈뢰더 총리는 지지자들이 반대하는 노동 개혁으로 집권에는 실패했지만 독일 경제가 일어서는 데는 기여했다. 결국 자신을 지지하는 사람들의 의견에 반하더라도 표와 당장의 인기에 연연하지 않고 국가가 가야 할 방향을 추구하는 것이 대통령으로서 취해야 할 가장 큰 용기다. 역사의 분기점에 자신의 지지자와 싸우는 지도자가 나올 때 나라가 바로 가는 것이 아닌가 싶다. 그 때문에 정권 재창출에 실패할 각오를 해야 나라가 앞으로 간다. 국민 연금 개혁이 대표적인 사례일 것이다.

폴란드의 바웬사 대통령은 언젠가 "나의 재선을 위해서 참모들은 부정 선거를 제안했다. 개혁을 멈출 수 없기 때문이라는 것이었다. 나는 거절했고 패배를 택했다. 내가 정권을 지키는 것보다 민주주의를 지키는 것이 폴란드에 도움이 된다는 생각에서였다"라고 말했다. 정권 재창출을 통한 개혁도 중요하지만, 민주주의의 원칙을 지키는 것은 더욱 큰 개혁이었다.

브라질의 좌파 출신 룰라 대통령은 많은 사람의 우려를 딛고 경제 성장을 이루었다. 아이들을 학교에 보내면 부모에게 보조금을 지급하고 약자를 보호하되 성장의 기반이 될 수 있는 선택을 했던 것이다. 역사의 길목에 서 있는 지도자는 자신의 충심과 이익 사이에서 정도가 무엇인지 끊임없이 고민해야 한다.

2

기업

한국 기업의 가치는 어디에 있는가?

기업은
사회공헌도가
높아야 한다.
사회에 공헌하지
못하면 기업이
아니다.

전중윤

1963년 국내에서 라면을 처음으로 만들어 '라면의 대부'로 불린다. 동방생명보험주식회사 부사장, 제일 생명보험 사장을 지내다 1959년 출장차 들른 도쿄에서 라면과 인연을 맺게 된다. 1961년 삼양식품을 창립한 후 50년 넘게 한 우물을 파왔다. 라면을 한국인의 입맛에 맞게 개량하는 과정에서 박정희 대통령이 삼양식품에 직접 전화를 걸어 "수프에 고춧가루를 넣어보면 어떨까"라고 조언했다는 일화가 있다. 한국경영자총협회 부회장, 전국경제인연합회 이사, 한국생산성본부 부회장을 지냈다. 학교법인 진명학원 이사, 명덕문화재단 이사장도 역임했다. 선린상고 출신으로 경희대학교 경영대학원에서 석사, 강원대학교에서 농학 명예박사학위를 받았다.

기업의 가치는
사회공헌이다

●   "기업의 가치는 결국 사회공헌이다. 일자리를 만들고 세금을 납부해 국부를 늘리고 지역 사회에 이바지하는 것이다." 전중윤 삼양식품 명예회장은 삼양라면 출시 50주년을 맞은 인터뷰에서 이렇게 강조했다. 1963년 배곯는 서민들을 위해 삼양라면을 세우고 식품 사업에 뛰어든 전중윤 명예회장은 1980년대 중반까지 라면업계에서 부동의 1위로 군림했다. 하지만 1989년 "공업용 소기름으로 라면을 만들어 판매했다"는 검찰 발표로 삼양식품은 존폐 위기에 몰렸다. 7년 9개월 만에 대법원에서 무죄판결을 받고 재기를 모색하던 전중윤 명예회장은 1997년 불어닥친 국제통화기금IMF 외환위기에 또다시 역경을 맞았지만, 절치부심의 노력 끝에 2005년 재기에 성공했다. 90대 중반의 나이에도 여전히 정정한 전중윤 명예회장을 자택에서 만났다. 고령이 믿기지 않을 만큼 또렷한 기억력을 과시한 그의 서재엔 일본 책이 눈에 많이 띄었다.

식량 문제를 해결하라

원로 기업인으로서 볼 때 기업에 가장 중요한 가치는 뭐라고 보십니까?

기업은 사회공헌도가 높아야 한다. 일자리를 만들고 나라에 세금을
내고 지역 사회에 공헌해야 한다. 사회에 공헌하지 못하면 기업이 아
니다.

**과거에는 '사업보국事業報國'이라 해서 '사업으로 나라에 은혜를 갚는다'고 했습
니다. 요즘은 어떻다고 보십니까?**

삼성 이병철 회장, 현대 정주영 회장 다 그렇게 얘기할 만한 분들이
다. 흔히 기업이라고 하면 돈만 생각하는 줄 아는데, 사실 원로 기업
인은 창업할 때 나라 생각을 많이 했다. 그런 큰 철학이 있었기에 삼
성과 현대가 오래가는 거다. 이제는 그런 기업인이 줄어 걱정이다.

기본적으로 기업은 이익을 중시하는 존재입니다. 돈이란 무엇입니까?

돈은 중요한 거다. 청빈淸貧보다는 청부淸富가 낫다. 조선시대 청백리
가 일곱 명이 있었는데, 다들 돈이 없어 자식 교육을 못 시켜 가문이
어려워졌다. 돈이 있어야 먹고살고 자식을 가르칠 수 있다. 기업은
이익을 내야 한다. 하지만 더 중요한 건 그 돈으로 사회에 공헌하는
거다.

기업가에게 기업은 제2의 자식이라고 하는데, 그 말이 맞습니까?

자식보다 소중한 존재가 기업이다. 기업인은 기업에 모든 것을 걸어

야 한다. 그 성취를 못 이루면 기업은 안 되는 거다. 임직원의 식구까지 책임지는 것이나 마찬가지기 때문이다.

해방 이후 여러 사업 기회가 있었을 텐데, 라면 사업을 선택하신 이유는 무엇입니까?

해방 후 '동방생명'이란 상호로 생명보험 사업을 했다. 그러다가 한국전쟁 뒤인 1953년 삼성 이병철 회장에게 팔고 '제일생명'을 인수했다. 어느 날 남대문 시장에 갔는데 50명쯤 되는 사람이 줄을 서 있었다. 미8군에서 나온 음식 찌꺼기를 끓인 꿀꿀이죽을 5원씩 주고 먹고 있더라. 배곯는 이들을 위해 무언가 해야겠다고 생각했다. 얼마 뒤 첫 해외여행으로 일본에 갔다. 일본 제일생명은 맥아더 장군이 쓰던 건물에 있었다. 어느 날 저녁 구수한 냄새가 나서 가보니까 라면이 있었다. 가격이 10원밖에 안 했다. 꿀맛이었다. 이걸 갖다가 배곯는 이들을 먹여야겠다고 생각했다. 생명보험은 누가 죽어야 돈을 버는데, 식품회사는 사람을 살리는 것으로 돈을 벌지 않나? 라면 회사를 차려서 식량 문제를 해결하는 게 내 사명이라고 생각했다. 미국이 'PL480*'이라는 원조를 해줘서 밀가루를 확보하기는 어렵지 않으니 충분히 해볼 만하다고 봤다. 1961년 5·16 군사 쿠데타가 터진 직후 삼양을 만들었다.

• 미공법 480호(Public Law 480)를 말한다. 미국의 자국 농산물 가격을 유지하고 농산물 수출 진흥과 저개발국의 식량 부족을 완화하기 위해 1954년 법제화되었다. 이 규정에 따라 잉여 농산물에 대한 원조를 각국에 제공했다.

라면 공장을 지으려고 당시 중앙정보부장이던 김종필 전 총리를 만났다고 들었습니다. 어떤 만남이었습니까?

그때 국가적으로 가장 큰 문제가 식량 문제였다. 나는 라면이 '제2의 쌀'이 될 수 있다고 생각했다. 라면 공장을 만들려면 돈이 필요했다. 그때는 달러가 워낙 귀했다. 마침 동창의 소개로 김종필 당시 중앙정보부장을 만났다. "라면으로 배곯는 문제를 해결하겠다"고 하니까 마음이 움직이는 것 같았다. 그런데 라면 만드는 기계 라인 하나를 세우는 데 당시 돈으로 6만 달러가 들었다. 당시 정부가 확보한 외화는 15만 달러뿐이었다. 지금 생각하면 기가 막히는 일이다. 석 달 뒤 농림부에 미국 원조로 10만 달러가 들어왔는데, 김종필 부장이 이 가운데 5만 달러를 갖고 라면을 만들어보라고 해서 그 돈으로 라면 기계를 샀다.

김종필 전 총리가 적극적으로 지원해준 셈인데, 그는 어떤 사람이었다고 기억하십니까?

정의감과 신의가 있는 정치인이다. 옳다고 생각하면 배려를 아끼지 않는다. 다른 정치인은 자신이 도와준 사람이 잘못을 저지르면 자신에게도 해가 미칠까 두려워 몸을 사리는데 그는 그렇지 않았다. 다른 정치인들은 정의감 이전에 모종의 거래가 있어야 했지만, 그는 그렇지 않았다. 손해 보는 일이 있어도 옳다고 생각하면 도와주었다. 정직한 사람이다. 나중에 그 사람 때문에 어려움을 겪기도 했지만 원망하지 않는다.

자금이 모자랐는데 어떻게 충당하셨습니까?

일본의 라면업체인 묘조明星 식품을 찾아갔다. "한국의 식량 사정이 어려워 라면 기계를 사러왔다"고 말했다. 간곡하게, 정말 간곡하게 부탁했다. 하지만 묘조식품 측은 정보가 빠져나갈까 두려워 공장조차 보여주지 않으려 했다. 그래도 계속 배우겠다고 부탁하니까 마지못해 도쿄에서 좀 떨어진 공장에 보내줬다. 본사의 오쿠이 사장이 보냈는데도 나를 대하는 공장 분위기는 냉랭했다. 전 생산 라인을 스무 차례 넘게 왔다 갔다 하면서 배우려 노력했다. 그 뒤 도쿄 본사로 가서 계약하겠다고 말했더니 "기술을 무상으로 원조해주겠다"고 하더라. 나를 믿을 만한 파트너로 본 것 같았다. 오쿠이 사장은 "제2차 세계대전으로 패망한 일본이 한국전쟁으로 일어섰으니 그 빚을 갚아주겠다"고 했다. 덕분에 기계 두 라인을 반값도 안 되는 가격에 살 수 있었다. 라인이 한 개에 6만 달러인데 두 개 라인을 2만 7000달러에 구입했다. 결국 정부에서 빌린 5만 달러 가운데 2만 3000달러가 남았다. 그걸 상공부에 되돌려주니 다들 '뭐 이런 사람이 다 있나' 하는 분위기였다. 달러가 워낙 귀한 때라 되팔면 큰돈을 벌 수 있었기 때문이다.

그래서 일본으로부터 기술 원조를 받으셨나요?

묘조식품 측은 오쿠이 사장이 약속했는데도 라면의 핵심인 배합 기술을 가르쳐주지 않았다. 내가 한국행 비행기를 탄 뒤에야 사장 비서가 봉투를 건넸다. 일본 국내에서 기술이 유출되지 않도록 한 거다. 봉투 속 종이에 수프와 면의 배합 같은 핵심 기술이 적혀 있었다. 그 뒤로 오쿠이 사장은 기술자를 보내주고 기계를 조율해주는 등 삼양이 정상에 오를 때까지 지원을 아끼지 않았다.

공장을 서울 창동에 세운 이유가 따로 있습니까?

처음엔 하월곡동에 공장이 있었다. 그런데 라면이 잘 팔리면서 공장을 확장해야 했다. 개발 붐이 일기 시작한 강남과 도봉동 사이에서 고민을 많이 했다. 회사 내에선 강남으로 가자는 의견이 많았지만 이재민들이 개천 주변에 몰려 살던 도봉동에 결국 공장을 지었다. 가난한 이들에게 일자리를 주고 싶어서였다. 땅 가격이 쌌던 이유도 있었다. 일자리를 만들려고 라면 봉지를 한 봉, 한 봉씩 수작업으로 만들었다. 자동 설비를 이용해 라면 봉지를 만들면 두 명만 고용하면 되었다. 하지만 수작업으로 만들면 라인당 스무 명의 일자리를 만들 수 있었다. 도봉동 집집마다 한 명씩 고용하기로 원칙을 정했다. 처음엔 700명가량 고용했다. 사업이 잘돼 공장 부지가 두 배로 확장되면서 고용 인원이 1500명까지 늘어났다. 지금도 그 일대는 우리 회사 직원들이 많이 살아서인지 삼양라면이 가장 잘 팔린다.

공장을 가동할 때 어려운 점은 없었습니까?

경찰서에 부탁해 가구당 한 명씩을 원칙으로 500명을 뽑았다. 경찰은 일자리를 만들어준다니 크게 환영하는 분위기였다. 그런데 막상 사원을 뽑아놓고 보니 교육이 문제였다. 그래서 장교 출신을 또 열 명 뽑아서 기본 태도에서부터 청결까지 정신교육부터 시켰다. 전부 목욕탕으로 출근시키고 옷을 바꿔 입혔다. 그렇게 한 달쯤 되니까 좋아지더라. 그런데 도봉동에서 공장을 운영하면서 깨달은 게 있다. 집집마다 평균 네다섯 식구가 사는데 그중 한 사람만 고정적인 수입이 있으면 다들 먹고살 수 있다는 점이었다. 그렇게 되면 그 일대에 사는 사람들이 전부 우리 가족이 되는 셈이었다. 직원들은 배고픈 게 해결되니까 직장을 하늘처럼 여겼고, 퇴근시간이 따로 없을 만큼 열심히 일했다. 직원이 많아지면서 이들을 관리하는 부장, 차장 들에게 주식을 100주, 50주씩 주었다. 책임감을 가지라는 뜻이었다.

삼양라면을 처음 출시할 때 가격이 10원이었습니다.

배곯던 서민에게 꿀꿀이죽이 인기였던 건 5원이란 싼 가격 덕분이었다. 삼양라면도 가격을 가장 낮게 매겨 서민들의 배고픔을 해결해주고 싶었다. 그래서 10원으로 책정한 거다. 공장을 수동으로 가동하니 인건비가 많이 들어가는 데다 라면 가격까지 저렴하다 보니 적자가 이어졌다.

경쟁사를 의식해 싼 가격을 매긴 건 아닌가요?

솔직히 나는 경쟁사를 의식하지 않았다. 오히려 더 많이 만들어 기아에 허덕이는 사람들이 없도록 하려는 생각만 했다. 처음부터 가격을 올리지 않았다. 그러니 다른 경쟁 업체들도 가격을 올릴 수 없었을 것이다. 결국 다른 업체들은 줄도산했다. 우리도 사업을 시작한 지 1년 반 뒤엔 적자가 발생했다. 그래서 보유하고 있던 은행 주식을 다 팔아 적자 3억 원을 메꿨다. 한일은행을 찾아가 운영 자금을 빌리기도 했다. 힘든 시절이었다.

망할지도 모르는데 전 재산을 공장에 투자한 이유는 무엇입니까?

먹지 못하는 사람들에 대한 애정이 없으면 절대 이렇게 못할 거다. 사업을 시작한 지 4년쯤 지나니까 소비자들이 삼양라면에 익숙해진 것 같았다. 그때부터 회사가 흑자로 돌아섰다. 당시 한 해 삼양라면 생산량이 충청북도 한 해 쌀 생산량과 맞먹었다.

박정희 대통령이 삼양에 총무처 장관을 보내 인사 정책을 배우라고 했다는 얘기도 전해집니다.

나는 지역 편중 인사는 절대 안 된다고 생각했다. 신입사원은 물론 중역들도 지역별로 골고루 뽑았다. 부장이 경상도 출신이면 차장은 전라도로 뽑았다. 식품회사에서 능력 차이는 크지 않다. 이렇게 인사를 하다 보니 뛰어난 직원은 고속승진을 시켜도 불평이 나오지 않았다. 지금도 우리나라에 지역감정이 사라지지 않아 가슴이 아프다.

박정희 대통령이 1960년대에 전중윤 대표를 포함해 10대 기업 총수들을 불러 가축 농장을 해보라고 했다는데 사실입니까?

사실이다. 박정희 대통령이 오스트레일리아를 순방하고 와서는 "잘 사는 나라의 기준은 국민 수만큼 소가 있는 것"이라고 했다. 그러면서 삼성·코오롱·삼양 등 기업 대표들을 불러 "목장을 하나씩 하라"고 권했다. 나는 산이 많은 강원도에서 목장을 해보겠다고 했다. 국민에게 단백질과 지방도 섭취시켜야 하겠다고 생각해 정부가 임대해준 600만 평가량의 부지 위에 오스트레일리아와 캐나다, 미국에서 젖소를 들여와 목장을 세웠다. 목장은 전부 톱과 괭이로 개간했다.

그때 만든 목장 가운데 지금까지 운영되는 곳은 우리 목장뿐이다. 삼성은 용인에 불하받은 땅에 양돈사업을 했는데 지금은 에버랜드로 바뀌었다. 하지만 나는 지금도 대관령 목장을 운영한다. 목장을 세울 때 돌에다 '산은 단백질원이다', '인간백회 천세우人間百懷 千歲憂'라고 새겼다. '인간은 백세를 살지만 천년 뒤까지 생각해야 한다'는 뜻이다. 정부로부터 불하받은 부지 중 필요하지 않은 250만 평은 반납했다.

우지파동 뒤 7년 반 소송 끝에 무죄판결을 받았는데, 간신히 위기를 피하자마자 다시 외환위기를 맞았습니다. 시련을 견뎌낸 힘은 무엇인가요?

오직 식량 문제를 해결해야 한다는 사명감이었다. 우지파동을 겪은 뒤 삼양라면은 불량식품으로 전락했고, 직원 1000여 명은 회사를 떠났다. 결국 법원에 화의신청을 했다. 그런데 숨 돌릴 틈도 없이 외환위기가 터졌다. 밤낮없이 일하고 모든 재산을 처분해 4000억 원이 넘는 부채를 다 갚았다. 우지파동은 정치적 탄압에서 비롯된 거다. 라면에 들어간 우지는 절대 공업용이 아니었다. 우지가 팜유보다 30퍼센트 이상 비쌌다. 나는 절대 거짓말을 안 한다. 그때 당한 고통을 이겨내기 위해 책을 수천 권 읽었다.

성공기업의 조건은 사회공헌도

정부를 비롯해 각계에서 훈장을 많이 받았는데, 어떤 상을 받으셨습니까?

정부에서 주는 국민훈장 동백장을 받았고, 동탑에서 금탑까지 다 받았다. 각계에서 준 상장도 700개쯤 된다. 라면 사업만 50년을 하다 보니 그렇게 되었다.

계속 식량 문제에 대해 말씀하셨는데, 특별히 식량 문제에 열중하는 이유는 무엇입니까?

지금도 세계적으로 식량이 40퍼센트나 모자란다. 우리도 쌀 자급률만 높지 다른 건 다 모자라서 수입을 하는 실정이다. 게다가 북한은 우리의 절반도 생산하지 못할 것이다. 그만큼 식량 문제 해결이 절실하다. 전 세계에서 식량 자급이 가능한 나라는 미국·오스트레일리아·브라질·프랑스 정도다.

기업을 하면서 성공도 하고 어려운 일도 많았는데, 이겨낼 수 있었던 마음가짐이나 자세가 따로 있었습니까?

역시 사회에 공헌할 수 있는 일을 해야 한다. 성공한 기업은 사회공헌도가 높다. 이런 사명감만 있다면 얼마든지 이겨낼 수 있다.

요즘 대기업이 중소기업뿐 아니라 동네 상권도 침범한다는 지적이 많습니다. 대기업과 중소기업의 관계는 어때야 할까요?

대기업도 중소기업도 모두 필요하다. 지금 대기업이 없으면 안 된다. 이들은 사회공헌도가 높다. 대기업이 없으면 경제가 무너진다. 일본 책을 보니 "한국의 재벌들은 가난뱅이가 재벌이 됐기 때문에 중소기업을 착취한다"는 내용이 있더라. 그런 재벌은 오래 못 간다. 대기업은 상대방, 특히 중소기업을 생각할 줄 알아야 한다.

우리나라 대통령은 어떤 일에 중점을 두어야 할까요?

실행 가능한 것부터 시작해서 국민에게 실질적인 도움이 되는 걸 실천해야 한다. 나라가 잘살려면 중산층이 70퍼센트는 있어야 한다. 부자가 인구의 10퍼센트를 넘기면 안 된다. 그러면 국민 사이에서 반항심이 생긴다. 혁명이 오는 것이다. 골고루 잘 먹고살아야 한다.

스스로 어떤 인생을 살아왔다고 평가하십니까?

정직하게 살았다. 기업은 남과 척을 지지 말아야 한다. 옛말에 '한 번 소송하면 5대가 원수가 된다'고 했다.

마지막 질문을 드리겠습니다. 인생이란 무엇입니까?

사람은 사명을 타고 태어난다. 이왕 사람으로 태어난 이상 인류를 위해 기여해야 한다. '그냥 사람이니까 사람으로 산다'는 것은 말도 안 되는 얘기다. 사람은 사회를 위해 무언가 공헌해야 하고 발전해야 한다. 중국에서 지인이 《순자》에 나오는 '미의연년美意延年'이라는 글귀를 써 보내준 적이 있다. 아름다운 마음을 지니면 오래 산다는 뜻이다. 어떤 종교든지 하나를 믿고 살아야 한다. 그러면 신념이 강해진다.

● "자식보다 소중한 존재가 기업이다. 기업인은 기업에 모든 것을 걸어야 한다. 그 성취를 못 이루면 기업은 안 되는 거다. 임직원의 식구까지 책임지는 것이나 마찬가지기 때문이다." 전중윤 회장의 이 한마디에서 많은 생각을 하게 되었다.

기업을 하는 사람들은 회사가 어려울 때 자신의 모든 것을 잃어버리고 만다. 그런데 기업은 이익을 내지 못하면 존재할 수가 없다. 지금의 기업인에 대한 이미지는 부정적이다. 돈만 생각한다는 것이다. 하지만 원로 기업인들이 처음 사업을 할 때, 그들은 개인의 재산을 늘리겠다는 것보다는 나라 생각을 더 많이 했다. 사업을 통해 나라에 보답한다는 '사업보국事業報國'이라는 말은 그래서 나온 것이다.

전중윤 회장이 라면 사업을 한 것은 국민의 배고픔을 해결하기 위해서였다. 이를 위해 그는 수만 달러의 돈을 빌리고, 일본에 건너가 문전박대를 당하면서까지 라면 제조 공법을 배워 왔다. 그리고 지역의 일자리를 만들기 위해 자동설비를 포기하고 수공업으로 생산했다. 이러한 얘기는 매우 감동적이었다. 요즘의 기업은 인건비를 아끼겠다고 자동화 설비를 갖추는 것도 모자라 아예 회사를 외국으로 옮기기도 한다. 그들에 비하면 전중윤 회장의 업적은 단순히 성공한 기업가 이상의 의미를 지닐 것이다.

기업가 정신이라고 하는 것은 무엇일까? 모든 인간은 돈을 벌고 싶어 한다. 돈을 벌기 위해서는 샐러리맨이 되거나 사업을 해야 한다. 돈을 벌면서도 사회적으로 기여할 수 있는 기업을 만드는 것은 어렵고도 힘든 길이다. 하지만 그것이야말로 진정한 기업인의 길일 것이다. 기업은 한 나라 경제의 기둥이다. 기업가들이 나라와 국민을 생각하면서 회사를 이끌어나간다면, 자본주의도 인간의 얼굴을 할 수 있을 것이다.

전중윤 회장뿐 아니라 고 이병철 삼성 회장, 고 정주영 현대 회장의 전기와 기록을 보았다. 그들의 인생에는 명운이 존재한다. 그들도 당시에는 뛰어난 벤처 사업가이며 도전정신이 강한 사람이었다. 고 박태준 포항제철 회장은 기업을 하면서 나라를 생각하고, 기업 구성원의 일자리를 만들려고 노력했다. 그러면서도 시대에 뒤떨어지지 않도록 기술 개발에 매진했다. 기업을 한다는 것은 무척 어려운 일이다. 오로지 돈만을 좇아서는 결코 성공할 수 없다. 사명감이 필요하다. 직원들의 성공적인 삶이 기업가의 인생 목표이자 기업의 목표가 되는 것이 가장 이상적일 것이다. 이 어려운 과제를 돌파할 때 존경받는 기업이 나올 수 있을 것이다.

강원도 평창군에 있는 대관령 목장에는 '인간백회 천세우'라는 글이 새겨진 돌이 있다. 인간은 백세를 살지만 천 년 뒤까지 생각해야 한다는 뜻이다. 100년, 200년 뒤 대한민국은 어디에 있을까?

전중윤 회장은 인터뷰 내내 또렷하게 모든 인간은 사명을 띠고 태어나는 존재임을 강조했다. 나의 사명은 무엇일까? 독자 여러분의 사명은 무엇입니까?

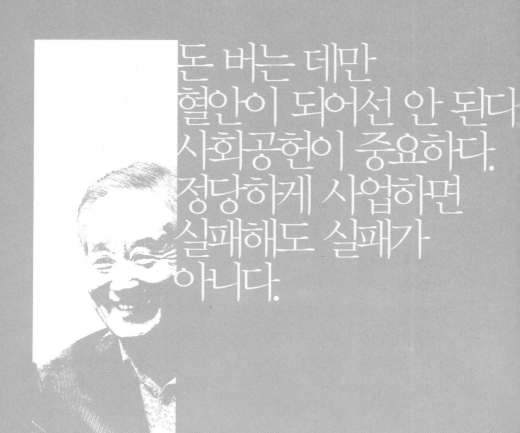

돈 버는 데만
혈안이 되어선 안 된다.
사회공헌이 중요하다.
정당하게 사업하면
실패해도 실패가
아니다.

강봉균

1943년에 태어나 군산사범학교와 서울대학교 상대를 졸업했다. 1969년 6회 행정고시에 합격해 공직
생활을 시작했다. 관료 생활 31년 동안 정보통신부 장관과 재정경제부 장관을 지내는 등 정부와 청와
대의 요직을 두루 거쳤다. 16대 국회의원을 시작으로 18대까지 국회의원을 지낸 3선 국회의원이기도
하다.

기업에는 자유,
정부에는 감독기능 강화가 필요하다

● 　　전중윤 삼양라면 명예회장은 '기업의 본령은 사회에 대한 공헌'이라고 했다. 하지만 우리나라 경제 현실에서 기업이 공익을 추구하기란 쉬운 일이 아니다. 3선 의원이자 정부 경제정책의 사령탑에 있었던 강봉균 전 재정경제부 장관을 만나 '착한 기업'이 성공할 수 있는 구체적 여건을 들어봤다. 강봉균 전 장관은 김대중 정부 시절 재경부 수장을 맡아 국제통화기금 외환위기에 따른 기업 구조조정과 벤처기업 육성을 진두지휘했다.

착한 기업은 가능한가

1986년 노벨 경제학상을 받은 제임스 뷰캐넌은 "세상에 공익은 없다. 사익과 사익의 충돌이다"라고 했습니다. 사회에 공헌하는 '착한 기업'이라는 것이 가능한 개념일까요?

대기업이 이익을 많이 낸다는 이유로 애국자로 불리던 시절은 지났다. 재벌 회장이 사장 인사 기준을 이익에만 두면, 사장은 무슨 짓이든 한다. 이건 애국이 아니다. 이익만 내면 살아남는다는 철학을 바꾸고 일자리를 만들어야 한다. 전경련이 납품단가 후려치기 같은 중소기업의 고충을 해소해주는 기구를 만들어야 한다. 그러려면 재벌 회장이 직접 나서야 한다.

대기업 일자리 구조는 어떻게 보십니까?
재벌이 고용 없는 성장의 주범이라 비판받는 측면과 비정규직이 급증하는 측면이 모두 문제다. 똑같은 일을 해도 임금을 60퍼센트밖에 못 받는 차별을 고쳐야 한다. 그렇다고 기업주가 돈을 더 내 임금 격차를 해소해야 한다는 주장도 맞지 않다. 그러면 기업주는 중국이나 베트남, 심지어 미국이나 유럽의 임금이 더 싸다면서 그쪽으로 옮겨간다. 대기업에만 잘못을 떠넘기지 말고 정부가 기업 규제를 완화하고 세금 부담을 줄여야 한다. 또 정규직 노동자의 정리해고 요건을 완화하고, 근로 시간을 조절하는 등 정규직 노조와 정부, 사용자가 대타협을 해야 고용 없는 성장과 비정규직 문제를 해결할 수 있다.

일자리를 늘리려면 정부가 기업에 제도적으로 인센티브를 줘야 한다는 학계 의견도 있습니다. 어떻게 보십니까?
맞다. 이익을 100억 원 낸 기업 가운데 임금 비중 10억 원, 기업 이익 90억 원인 기업과 임금 비중 90억 원, 기업 이익 10억 원인 기업이 있다고 치자. 후자가 제대로 평가받아야 한다. 이런 기업을 정부가 지원해야 한다. 즉 임금 총량을 이익과 같은 가치로 환산해 지원하는 거다. 모기업은 물론 협력업체까지 합산해 임금 지출 측정 시스템을 만들면 좋을 것이다.

우리나라 기업들의 사회공헌에는 어떤 것이 있습니까?

외환위기를 겪었을 때 김대중 대통령은 "대기업이든 중소기업이든 이익을 많이 내고 세금 많이 내면 애국자다"라고 했다. 하지만 대기업이 이익을 많이 낸다고 해서 애국자일 수는 없다. 대기업이 이익을 많이 내려고 하면 중소기업에 납품단가를 후려치는 부작용이 발생한다. 지금은 고용과 이익 창출, 제품 생산을 대기업이 혼자 할 수 있는 시대가 아니다. 세계적인 제품을 만들려면 중소기업의 기술력을 빌릴 수밖에 없다. 그런데 재벌 회장들이 계열사 사장 인사평가 기준을 이익으로만 삼으면, 사장들은 이익을 위해 무슨 짓이든 할 거다. 이건 애국이 아니다. 우선 룰과 철학을 바꿔야 한다. 둘째는 전경련을 비롯한 기업 협의체에서 피해 중소기업의 고충을 처리해주는 창구를 만드는 것이다. 무조건 이익만 많이 내면 살아남는다는 관행을 바꿔야 한다.

10대 그룹 중 한 곳에서만 매년 사회공헌에 수천억 원을 쓴다고 합니다. 이 돈을 경험 많은 퇴직자를 중소기업에 보내는 데 지원하면 어떨까요?

우리 대기업은 경쟁력을 따지기 때문에, 구조적으로 직원이 나이 들면 내보낼 수밖에 없다. 대기업이 경험 많은 퇴직자를 중소기업에 보내는 게 어설픈 사회공헌보다 백배 낫다고 본다.

대기업과 중소기업의 상생

정부가 대기업·중소기업의 동반성장을 외치지만 정책 실효성은 떨어진다는 비판이 많습니다.

자동차·반도체 등 제조업은 모기업이 협력업체와 함께하지 않을 수 없다. 원청기업과 하청기업이 운명공동체라 여길 수 있는 공감대를 찾아야 한다. 대기업이 중소기업에 인력과 기술을 지원하는 게 당연시되는 분위기를 정착시켜야 한다. 중소기업에 일자리가 많은데 안 가는 이유를 진단해 대기업이나 중소기업이나 차이가 없다는 인식을 만들어야 청년 실업을 해소할 수 있다.

청년실업 문제가 심각합니다. 해소 대책에는 무엇이 있을까요?

대졸자 가운데 기업에서 필요한 기술을 전혀 못 배우고 나온 이들이 워낙 많다. 기업으로선 그런 점들이 불만일 것이다. 대기업이 대학과 손잡거나 직접 기술센터를 만들어 취업 희망자를 훈련시켜야 한다.

'착한 기업'이 많으려면 금융 부문이 잘해줘야 하지 않을까요?

지금은 글로벌 경쟁시대다. 기업의 국적이 곧 애국이라는 말은 이제 유효하지 않다. 세계적 대기업은 국적이 어딘지 모른다. 개인 사업자 조차 본사를 얼마든지 옮겨서 세금을 다른 곳에 낸다. 이를 두고 자본주의의 위기니 뭐니 얘기하는데, 시장경제의 기본적인 흐름은 정부 역량이 커지는 방향으로 나아가지는 않을 것이다. 2008년 리먼 브라더스 사태로 생긴 금융위기는 미국 정부가 금융 재벌을 완전 자율화하고, 지나치게 간섭을 하지 않은 명백한 실수였다. 전반적으로 정부가 완전히 손을 놓을 수도 없고 그렇다고 강하게 개입할 수도 없을 것이다. 금융 시스템은 온전히 인센티브에 의해서만 움직일 수 없다. 자율경쟁이 금융의 건전성을 담보하지 못한다는 건 저축은행 사태로 실증됐다. 중앙은행과 정부가 금융기관을 철저히 감독해야 한다. 금융감독원 위에 있는 금융위원회가 금감원을 실질적으로 견제할 수 있게끔 전문화하는 게 맞다. 또 은행들은 기업, 특히 중소기업을 도와야 한다.

우리나라는 경제 부문에서도 대통령의 힘이 큽니다. 대통령이 반드시 해야 할 일은 어떤 것이 있을까요?

대통령의 말 한마디가 큰 영향을 미치는데, 공직자나 민간기업이 권력의 눈치를 보지 않고 소신껏 일하는 사회가 제대로 된 사회가 아닌가 싶다. 우리나라는 한마디로 말해 제왕적 대통령제다. 국정원, 검찰, 국세청, 금융감독원, 공정거래위원회가 공정하고 투명하게만 움직이면 정부에 대한 신뢰가 높아질 것이다. 또 견제와 균형 원리를 시스템으로 정착시키려는 노력을 해야 한다. 공공 기관장 인사를 중립적으로 하고, 기관장들이 임명권자의 눈치를 보지 않고 소신껏 활동할 수 있는 발판을 마련해야 한다.

재원 마련을 위해 탈세를 뿌리 뽑아야 한다는 의견이 많습니다. 이런 주장을 어떻게 생각하십니까?

대통령이 재원 마련을 위해 탈세의 뿌리를 뽑겠다고 강조하는데 이

건 조심해야 한다. 학자들이 주장하는 탈세 규모를 세무 조사로 찾아 내려면 무리가 따른다. 공권력을 무리하게 행사하는 것은 자칫 경제에 큰 충격을 줄 수 있다. 지금까지 세무 조사의 빈도가 뜸했기 때문에 대기업 세무 조사를 철저히 하겠다는 건 맞지 않다고 본다. 재벌들의 경제력 남용을 다스리는 것만 경제민주화가 아니다. 국세 행정은 재량권이 크지 않도록 하는 게 좋다. 뭐든지 견제 세력이 있어야 한다.

현재 우리나라의 세수입이 12조 원이나 모자란다고 합니다. 어떤 대책이 있을까요?

모자란다는 세수 12조 원 중 6조 원은 지난 정부에서 성장률을 너무 높게 책정해서 생긴 허수로 보인다. 그리고 나머지 6조는 국유재산 매각 차질로 생긴 것이다. 경기가 나빠서 생기는 세수 결함을 국채 발행으로 막으면 적자로 이어질 것이 뻔하다. 10년 가까이 계속돼온 저성장은 민생을 괴롭히는 엄청난 요인이다. 적극적인 재정정책을 펴야 한다. 다만 당분간 국채를 대형 지역개발 같은 신규 사업에는 쓰지 말아야 한다. 135조 원 조달 방안이 수립되지 않았는데 벌써 빚을 내는 건 정도正道가 아니다. 교량·항만 등 공기를 단축할 수 있거나 중단이 불가능한 사업에 국채를 쓰면 국가 부채를 줄일 수 있다.

조화롭게 재원을 충당할 수는 없을까요?

정부가 '돈 있는 사람들의 탈세를 철저히 응징하겠다'고 선언하면 박수를 받긴 할 것이다. 그렇다고 공권력을 남용하는 건 좋지 않다. 경제가 활력을 잃지 않도록 하는 게 우선이다. 세무 조사가 공정하다고 여겨지지 않고 예측 가능성도 없으면 기업 활동이 위축될 것이다.

후배 공직자들에게 한마디 해주십시오.

산업화하는 과정에서 관료 집단이 상당히 중요한 역할을 해왔다는 것은 인정한다. 일본이 경제대국이 된 바탕에 유능한 관료 조직이 있었다는 것도 안다. 그런데 일본 정권이 교체되면서 일본 관료조직이 완전히 붕괴되다시피 해서 일본을 제대로 이끌어가지 못하는데. 우리나라도 민주화 이후 그런 조짐이 보이고 있다. 박정희 전 대통령은 부처 업무에 시시콜콜 관여하지 않았다. 관료에게 권한을 다 줬다. 예를 들어 청와대 경호실 예산을 편성할 때 경호실장이 직접 나와 설명하지 않으면 담당 부처가 거침없이 돈을 깎았다. 예전엔 관료들이 소신을 갖고 일했던 전통이 있었는데, 요즘은 그런 게 많이 흐트러졌다. 공무원 대우도 좋아진 만큼 '권력의 시녀'란 비판이 나오지 않도록 주체의식을 갖고 일해야 한다.

기업인들에게 하고 싶은 말은 무엇입니까?

우리 기업인들에게는 세계 오지를 헤집고 다니는 남다른 기업가 정신이 있다. 이를 살려나가면 얼마든지 일본을 이길 수 있고, 중국을 두려워하지 않는 나라가 될 수 있다. 돈 버는 데만 혈안이 되어선 안 된다. 사회공헌이 중요하다. '정당하게 사업하면 실패해도 실패가 아니다' 하는 정신이 있어야 한다.

마지막 질문을 드리겠습니다. 성공적인 인생을 살려면 어떻게 해야 할까요?

세상이 아무리 빨리 변해도 휘둘리지 않는 뚜렷한 가치관이 있어야 한다. 다른 사람에게 조금이라도 도움이 되는 일을 하는 인생이 중요하다. 그래야 나이 들어 외롭지 않게 인생을 마무리할 수 있다. 자신만을 생각하면 성공한 뒤에도 허탈해진다.

● 　　이명박 대통령은 '7·4·7'이라는 경제 공약을 냈다. '7퍼센트 경제 성장을 해서 국민소득을 4만 달러까지 올리고, 세계 7위 국가'가 된다는 것이다. 당시 공약을 보면서 7·4·7은 비행기 이름이지 공약이 될 수 없다고 했다. 국민들이 먹고살기 힘들기 때문에 경제가 중요한 것은 사실이다. 클린턴 전 미국 대통령도 후보 시절 "바보야, 문제는 경제란 말이야"라는 슬로건으로 대통령에 당선하기도 했다. 클린턴 대통령의 임기 마지막은 스캔들로 어려움도 있었지만, 경제위기를 넘기는 데 일조하기도 했다. 경제가 중요한 건 사실이다. 그러나 삼성의 매출액이 현재 대한민국 정부 예산에 맞먹는 수준에 이른다. 이미 기업이 그만큼 커지고 중요한 역할을 하게 된 것이다. 이제는 정부의 지도자들이 경제성장을 좌지우지하던 시대는 끝났다. 정부가 할 수 있는 본연의 일을 해야 한다. 예를 들어 권력이 투명하고 공정하게 움직여야 기업도 투명하게 움직일 수 있다. 국제적 회계기준, 투명사회를 만들면 주식은 2~3배 오를 것이다. 삼성전자가 미국에 있었다면 주식 가격은 훨씬 더 높았을 것이다.

대통령은 권력을 행사하는 것보다는 나라를 업그레이드하는 틀을 만드는 데 힘써야 한다. 권력 기관을 통해 국가를 통치하기보다는 권력 기구를 국제 기준에 맞는 정상적인 조직으로 개혁해야 한다. 그러기 위해선 대통령의 결단이 필요하다. 대통령이 되면 국정원장의 보고도 받고 싶고, 국세청을 이용해 문제가 되는 기업에 세무 조사도 하고 싶고, 검찰을 이용해 반대자를 탄압하고 싶기도 할 것이다. 그런 유혹을 뿌리칠 때 나라가 바로 선다.

미국을 보면 공화당을 지원하는 기업가가 있고 민주당을 지원하는 기업가가 있다. 공개적으로 지지하고 지원하지만, 정권이 바뀌었다고 이들 기업이 모든 권력 기관으로부터 조사를 받거나 탄압받는 일은 없다. 세계 어디에 내놓아도 떳떳하고 튼튼하고 합리적인 권력 기관을 만들어냈을 때, 대통령은 새로운 역사의 지평을 열 수 있을 것이다. 대통령이 경제에 기여하는 가장 확실한 방법은 권력 기관을 정상적으로 작동시켜 공정사회, 투명사회를 만드는 일이다.

3

노사 관계

국민 통합은 어떻게 이루어야 하는가?

통합은 머리로
하는 것이 아니다.
정부는 국민의
절반 이상이
노동자임을
명심해야 한다.

남재희

1934년에 태어나 서울대학교 법학과를 졸업했다. 《한국일보》 기자로 사회에 첫발을 디딘 뒤 《조선일보》
논설위원, 《서울신문》 편집국장 등 20여 년간 언론인 생활을 했다. 10~13대 국회의원 시절 민정당 초
대 정책위 의장과 국회 윤리위원회 위원장을 역임했고, 김영삼 정부에서 노동부 장관을 지냈다. 극우와
극좌를 모두 배척하고 중도노선을 추구하며 '합리적 보수'를 표방해왔다. 서재에 3만 권의 장서를 보유
한 독서광으로 좌우를 넘나드는 폭넓은 교우관계와 두주불사의 술 실력으로도 유명하다.

통합은
말이 아니라 실천이다

●   "의식은 야野에 있으나 / 현실은 여與에 있었다 / 꿈은 진보에 있었으나 / 체질은 보수에 있었다." 남재희 전 노동부 장관에 대해 시인 고은은 〈만인보〉에 이렇게 썼다. 남재희 전 장관은 민정당과 김영삼 정부에 몸담았으나 우리 사회 보수층의 문제점을 거침없이 비판하고, 진보와의 공생을 고민해왔다. 국정원 댓글 의혹 사건 국정조사를 놓고 여야가 대치한 끝에 야당이 거리로 뛰쳐나간 직후 그를 만났다. 20년은 언론인, 20년은 정치인, 20년은 '정치 관찰자'로 60년간 한국 정치를 살펴온 그에게 국민 통합의 비책을 물었다. "빈부격차부터 해결해야지" 하며 말문을 연 그는 비례대표 의원 확대와 대북정책 전환 같은 아이디어를 쏟아냈다.

신분화·봉건화 시대

현재 우리나라에는 많은 문제가 산적해 있습니다. 그중 가장 중요한 문제는 무엇일까요?

빈부 문제다. 물론 이건 우리만이 아니라 전 세계적인 문제다. 프란체스코 교황도 끊임없이 빈곤의 문제를 언급하고 있다. 우리는 빈부의 문제가 봉건화되어 있다. 부잣집 아이들이 일류 학교에 간다. 서울대·연세대·고려대에 들어가는 학생 중엔 강남구 출신이 압도적으로 많다. 부잣집 아이들이 출세한다는 통계도 많이 있다. 경제적 부와 사회적 지위가 신분화·봉건화되고 있다는 방증이다. 전관예우도 신분화를 부채질한다.

전관예우와 신분화는 무슨 관계인가요?

'사자의 몫'이란 얘기가 있다. 당나귀, 여우, 사자가 사슴을 사냥했는데 힘센 사자가 사슴을 독식했다는 〈이솝우화〉에서 나온 말이다. 권세 있는 자가 부당하게 얻은 큰 몫을 의미한다. 이 말처럼 우리나라에선 고위 관리를 지낸 사람들이 은퇴 후 로펌에 가서 억대 연봉을 받는다. 공무원은 그 인사가 언제 장관으로 올지 모르고, 또 실제 장관으로 오니까 은퇴한 선배들의 청탁을 안 들어줄 수가 없다. 그러면 일반 서민은 뭐가 되는가? 전관예우는 이렇게 권력과 부를 자기들끼리만 누리는 거다. 정부는 전관예우를 받고 돈을 번 사람들을 다시는 고위직에 영입하지 말아야 한다. 퇴직한 고위 관리는 또 공적 기관인 은행이나 포스코, KT 등에 영입돼 천문학적인 봉급을 받는다. 서민들 한 달 수입이 100만 원에서 150만 원인데 이들은 한 달 만에 억대의 돈을 받는다. 서민들 눈이 뒤집힐 얘기다. 이제는 정부가 전관예우를 뿌리 뽑아야 한다.

교육 문제는 어떻게 해야 할까요?

교육 문제는 참 까다로운 사안이다. 점진적 개혁밖에 없다. 과격한 개혁은 위험하다. 개혁의 방향은 두 가지로 우선 대학 교육이 부담이 안 되어야 한다. 유럽은 대학 등록금이 무료라 부담이 없다. 그 대신 대학생 수도 줄이고 자격심사도 철저히 한다. 또 하나는 인문계를 없애라는 건 아니지만 독일처럼 직업교육을 강조해야 한다. 우리나라는 인문계 비율이 너무 많고 이공계 쪽이 너무 적다. 점진적으로 바꿔나가야 한다.

대통령과 원로 등은 모두 국민 통합이 필요하다고 주장합니다. 어떻게 생각하십니까?

국민 통합은 말이나 머리로 하는 것이 아니다. 물질적 기반부터 생각해야 한다. 우선 빈부 문제를 해결하는 게 중요하다. 그다음이 보육과 교육 및 사회 안전망을 확충하는 것이다. 부차적으로 지역 갈등을 해소해야 한다.

보육과 교육, 사회 안전망 확충에 필요한 재원은 어떻게 마련해야 할까요?

한마디로 세금을 올려야 한다. 우리나라는 경제협력개발기구OECD 회원국 가운데 조세 부담률이 평균보다 낮다. 특히 상류층의 부담률이 낮다. 기업 법인세도 낮다. 세금을 올리되 점진적으로 해야 한다. 증세는 많은 어려움을 수반하기 때문이다. 국민 생활에 실질적 도움이 되는 증세 프로그램을 만들어야 한다.

지구상의 모델을 연구하라

국민 통합을 위해 지구상에 실재하는 모델을 연구해야 한다고 주장하셨습니다. 어떤 의미였나요?

이상적인 통합 모델은 없다. 지구상에 존재하는 모델을 따라야 하는데, 하나를 꼽자면 유럽 모델이다. 미국은 유럽보다 상황이 나쁘다. 미국의 군사비는 다른 모든 나라의 군사비를 합친 것과 비슷하다. 아이젠하워 미국 대통령이 퇴임사에서 군산복합체의 문제점을 지적했는데 지금도 미국 군수산업체의 영향력은 막강하다. 나는 미국이 몇군데 분쟁지역을 가만히 놔두면서 군비 지출을 즐기고 있다고 본다. 해결할 수 있는데도 안 한다. 해결해버리면 군비를 삭감해야 하기 때문이다. 그런 미국을 우리 모델로 할 수는 없다. 유럽을 따라야 하는데, 남유럽 나라들은 사정이 어렵고 북유럽이 좀 낫다. 그런데 북유럽 국가들은 인구가 워낙 적어 우리 모델이 되기 어렵다. 결국 인구 수준이 비슷한 독일과 영국에서 많이 배워야 한다.

독일과 영국을 꼽는 이유를 좀 더 자세히 말씀해주십시오.

학문적으로 얘기한다면 사회민주주의 모델이다. 독일은 기민당과 사민당이 서로의 정책을 혼용하고 있다. 독일에서 '사회적 시장경제'란 말이 나왔는데, 이는 일종의 사회민주주의다. 영국도 복지와 관련한 문제에서 배울 점이 많다. 이념이나 강단이론으로 복지를 얘기하지 말고, 선진국들의 구체적인 정책을 참고해 길을 찾아야 미래로 갈 수 있다.

사회 통합을 위해 정치적 메커니즘이 필요하다고 하셨습니다. 어떤 부분에서 그렇습니까?

그 메커니즘의 첫째가 노조이고, 둘째가 비례대표제, 셋째가 결선투표제다. 노조 조직률이 최소한 20퍼센트까지는 올라가야 한다. 근로자 생활조건 개선과 노조 조직률 증가 사이엔 긴밀한 상관관계가 있다. 1930년대 루스벨트 미국 대통령이 노조를 육성해줬기 때문에 노동자의 분배 비율이 확 늘어난 것이다. 루스벨트는 임기 내내 노동부 장관직을 프랜시스 퍼킨스란 여성에게 맡겼다. 이 사람이 와그너법을 만들어 노조 육성에 힘을 실어주었다. 반면 우리는 노조를 압박하고, 노동부가 노동계에 불리한 유권해석을 하고 있다. 정부는 국민의 절반 이상이 노동자임을 명심해야 한다.

우리나라 국회도 유럽처럼 비례대표제를 채택해야 한다고 주장하셨습니다. 이건 어떤 의미입니까?

독일 국회의원은 지역구 출신이 절반, 비례대표가 절반이다. 그래서 노동자나 소수자 들의 의견이 국회에 반영될 수 있다. 우리도 비례대표 의원을 점진적으로 늘려야 한다. 지역구를 줄이기는 어려우니 국회의원 수를 늘려 비례대표를 늘리는 방안을 검토할 만하다. 베트남도 국회의원이 500명에 달한다. 국제적인 통계나 정치학자 박명림 교수의 주장을 봐도 우리는 500명이 돼야 맞다고 한다. 국회의원이 10만 명에 한 명씩 나와야 한다는 것인데, 우리 인구가 5000만 명이니 딱 맞는 수치다. 국회의원을 줄이면 오히려 국회의원이 더 특권화된다. 현재 300명에서 350명으로 늘리되 이 50석은 전부 비례대표로 해야 한다. 그러면 숨통이 트일 것이다.

대통령 선거 때 결선투표제가 필요하다고도 하셨습니다.

그러지 않아도 요즘 대선 결선투표를 해야 한다는 게 공론화되고 있다. 해야 한다. 그러면 정당 간에 협상 능력도 생긴다. 권력 정치를 규제할 실질적인 메커니즘을 작동해야지, 만날 이상만 얘기해선 안 된다.

핵 폐기와 평화 보장은 동시에 진행해야

남재희 전 장관이 지금 대통령이라면 무엇을 가장 먼저 하시겠습니까?

북한과의 관계 개선이다. 지금 정부나 국민 모두 '위대한 착각'에 빠져 있다. 박근혜 대통령이 중국에서 시진핑 국가주석을 만나고 온 뒤 '중국이 북한을 버리고 우리 편이 됐다'고 오해하게 된 거다. 중국이 북핵 문제에 대해 단호해진 것은 맞다. 베이징이 평양과 지근거리이니 굉장히 경계하는 것이다. 하지만 마오쩌둥의 아들도 한국전쟁 당시 우리나라에서 숨졌다는 것을 기억해야 한다. 일각에선 북한이 금방 없어질 것처럼 생각하는데, 중국의 경제 규모가 워낙 커 북한쯤은 동북 4성으로 여기고 얼마든지 끌어나갈 수 있다. 원조만 해주면 된다. 결국 우리는 북한이 망하지 않는다는 전제 아래 관계를 개선해야 한다.

북한과의 관계를 개선할 핵심 방안은 무엇이 있습니까?

북한 핵 폐기와 평화협정을 동시에 체결해야 한다. 이명박 전 대통령은 북한이 핵을 없애면 대화를 하겠다고 했는데, 그건 말이 안 된다. 핵 폐기와 대화는 동시에 해야 한다. 총 든 사람에게 '총 치우면 돈 주겠다'고 하면 협상이 성립되겠는가? 핵 폐기와 평화 보장이 동시에 진행되며 상호 신뢰가 축적돼야 한다. 이명박 정부가 지난 5년을 허송세월했다. 북한이 무너지지 않는다는 인식을 하고, 관계 개선을 추진해나가야 한다. 그 과정에서도 인도적 지원을 지속하면서 신뢰를 쌓아야 한다.

박근혜 정부가 전시작전권 환수를 또다시 연기하려는 움직임을 보이고 있습니다. 어떻게 보십니까?

전시작전권은 환수해야 한다. 우리가 전시작전권을 갖지 못한다는 건 말도 안 된다. 우리 군사비는 북한의 33배다. 북한과 예산 구조가 다르다고는 해도 33배면 엄청난 것이다. 정전 협정을 맺은 지 60년이 되도록 작전능력을 못 가졌다면, 우리 군의 지도부는 모두 사표를 내야 한다. 신라시대 나당 연합군과 임진왜란 당시 다른 나라 군대에 작전지휘권을 넘겼던 역사를 되새겨 교훈을 얻어야 한다.

남북관계 개선 문제 다음에는 어떤 문제를 해결해야 할까요?

경제다. 우리나라에 나름대로 경제 전문가가 많지만 뾰족한 수가 없다. 결국은 국제적 합의를 통해 대책을 만들어야 한다. '창조경제'는 정부 내에서도 뭔지 모르겠다는 얘기가 나올 만큼 뜬구름 잡는 얘기다. 그래도 이해한다. 왜냐하면 정책이란 게 애매한 내용이라도 일단 던져놓아야 관료들이 노력을 하기 때문이다. 시진핑 주석이 자기 시대의 당면과제를 '위대한 중국인이 되자'는 것으로 규정했다. 그렇게 화두를 던져야 국민들이 생각을 하게 되고, 이게 몇 년 지나면 알맹이가 생긴다. 새마을운동도 일제 시대 일본 총독이 '아다라시 무라 스쿠리'란 이름으로 이미 했던 것이다. 추상적인 명제였는데 세월이 지나다 보니까 콘텐츠가 붙은 거다. '창조경제'를 박절하게 볼 필요는 없다.

세 번째 과제는 무엇입니까?

복지사회다. 의식주 다음엔 의료와 교육이다. 어떤 진보정당이 '완전 의료 보장'을 공약으로 내놨는데, 현실적으로 그건 무리다. 그래도 대폭적으로 의료 보장을 해줘야 한다. 세금으로 하는 것이다. 대학 교육도 유럽식으로 무료화해야 한다.

박근혜 대통령에게 해주고 싶은 조언이 있으십니까?

군인정치를 시정해야 한다. 청와대 경호실장에 육군 대장을 앉힌 건 조금 과하다 싶지만, 아버지와 어머니를 잃은 경험으로 볼 때 이해할 수 있다. 그러나 청와대 외교안보 책임자에 육군 대장을 앉힌 건 엄청난 실수다. 이로 인해 통일부 장관이 무력화됐다. 평시엔 절대적 안보가 아니라 상대적 안보에 만족해야 평화가 이루어진다. 그러나 군인은 절대적인 안보만을 추구한다.

프랑스의 클레망소 총리를 배워야 한다고 주장했는데, 어떤 의미입니까?

클레망소 총리가 제1차 세계대전에서 승리한 직후 "전쟁이란 너무나 중요한 문제라 군인에게만 맡겨놓을 수 없다"고 했다. 미국도 백악관 안보 책임자는 헨리 키신저와 즈비그뉴 브레진스키, 콘돌리자 라이스 등 민간 전문가가 맡아왔다. 미국 군인 가운데 가장 훌륭한 인사의 하나로 평가받은 콜린 파월 장군도 국무부 장관을 맡긴 했지만 백악관 안보 책임자는 맡지 않았다. 안보 문제는 군사 문제 말고도 국내·국제 정치 등 여러 가지 요소를 고려해야 하기 때문이다.

국민 통합을 위해 보수와 진보가 어떻게 변해야 할까요?

무엇보다 도덕성을 갖춘 진보와 사려 깊은 보수가 아쉽다. 보수는 좀 더 사려가 깊어야 하고, 진보는 도덕성을 더 갖춰야 한다.

마지막 질문을 드리겠습니다. 인생이란 무엇입니까?

20년간 백악관과 국무부를 출입한 미국의 어느 기자가 은퇴 기념 파티에서 이렇게 연설했다. "평생 권력 주변을 취재해보니 권력이란 건 양파 속 같더라. 정치인들은 권력이라는 양파 속을 모른 채 그 황홀한 외피만 보고 빠져든다. 부패하고 타락하고 신념까지 버리면서 권력 핵심에 돌진한다. 하지만 핵심에 도달하면 그 속은 공허하다. 양파 껍질을 까고 또 까다 보면 아무것도 없는 것처럼 말이다. 결국 인간적인 타락만 있었고 마지막에 도달한 건 허무다"라는 내용이었다. 인생은 이런 관점으로 살아야 한다. 권력의 끝은 공허함뿐이다. 타락하지 말고 살아야 한다.

● 　　영원한 진리는 존재하지 않는다. 인간은 그 시대를 살아가는 것이다. 진보와 보수가 많은 논쟁을 하지만 생산적인 논의는 부족하다. 살아 있는 논쟁을 하려면 이데올로기나 이론에 빠져서는 안 된다. 모든 나라마다 각 세력의 주체가 만들어낸 결과가 오늘날의 세계다. 따라서 뜬구름 잡는 얘기를 하지 말고, 지구상에 존재하는 모델을 가지고 논쟁하자는 남재희 전 장관의 말은 울림이 컸다.

　　물론 지구상에 존재하는 모델을 그대로 우리나라에 적용할 수는 없을 것이다. 남재희 전 장관도 "존재하는 모델을 가지고 논의하더라도 남북문제를 고려해서 현실적인 대안을 마련해야 한다"고 지적했다. 우리는 북한이라는 변수를 고려해야 한다. 그래야 남남 갈등을 줄이면서 정책을 추진할 수 있다. 탁견이다.

　　남재희 전 장관이 추구하는 모델은 미국이나 일본식이 아니라 유럽식 모델이다. 특히 우리나라와 인구 수준이 비슷한 독일과 영국에서 많이 배워야 한다고 했다. 사회민주주의를 실제 정치에 적용하고 있는 유럽 국가들의 모습과 운용 시스템에 대해 더 많은 연구가 필요하다.

　　또 하나 중요한 것은 국민 통합이다. 우리나라는 남북이 갈라졌을 뿐 아니라 남남 갈등이 심하다. 게다가 요즘은 극심한 빈부격차가 심각한 갈등 요소로 떠오르고 있다. 대통령부터 국민까지 많은 사람이 통합을 얘기하는데, 국민 통합은 말이나 머리로 할 수 있는 것이 아니다. 남재희 전 장관은 국민 통합을 위해선 물질적 기반부터 생각해야 한다고 말했다. 빈부 문제를 해결하는 게 중요하다는 말이다. 그 다음이 보육과 교육 및 사회 안전망을 확충하는 것이고 부차적으로 지역 갈등을 없애야 한다고 진단했다. 애매한 구호가 아니라 실질적으로 삶의 고통이 덜어진 상태에서 진정한 통합이 이루어질 수 있기 때문이다.

에이미 추아의 《제국의 미래》를 보면 중국·로마·인도·영국 모두가 훌륭한 제국을 만들었을 때는 종교, 인종을 뛰어넘어 통합했을 때였다. 로마·프랑스·스페인·인도가 종교와 인종 갈등으로 분열이 있을 때 제국은 어김없이 붕괴되었다. "정치적 관용이나 통합은 정치적 수사나 기술이 아니다. 국민 통합은 국가 발전의 핵심 전략으로 이해해야 한다"라는 말은 뼈에 사무치게 들려왔다.

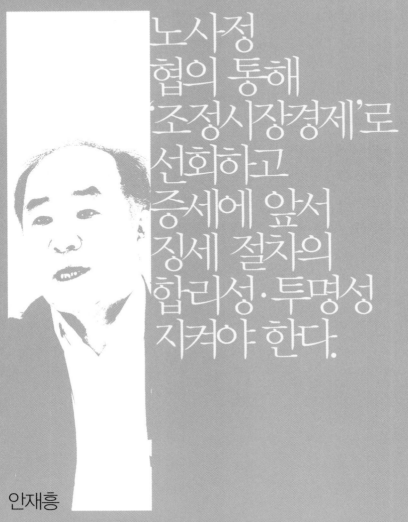

노사정
협의 통해
'조정시장경제'로
선회하고
증세에 앞서
징세 절차의
합리성·투명성
지켜야 한다.

안재흥

1956년에 태어나 서강대학교 정치외교학과를 졸업한 뒤 미국 미시간대학교에서 정치학 석·박사 학위를 받았다. 아주대학교 정치외교학과 교수로 재직하면서 아주대학교 세계학연구소 소장을 역임했고 현재 이사를 맡고 있다. 한국정치학회 편집이사를 역임한 바 있으며, 저서로 《복지자본주의 정치경제의 형성과 재편 : 서유럽 강소 복지국가의 경험과 한국의 쟁점》, 《유럽의 산업화와 노동계급》(공저) 등이 있다.

노사정위원회 위상을 높이고 조정시장경제로 선회해야 한다

● 　　남재희 전 노동부 장관은 국민 통합의 비책으로 빈부격차 축소와 교육·사회 안전망 확대를 들었다. 그 구체적인 방법론을 알아보기 위해 안재흥 아주대학교 교수를 만났다. 안재흥 교수는 스웨덴·덴마크·네덜란드 등 복지와 성장의 선순환에 성공한 유럽 강소국들의 개혁 과정을 30년간 연구해온 학자다. 그는 "유럽 강소국들은 국가가 노사협상과 기업 결정 과정에 적극 개입하는 한편 정당 연립으로 대타협을 이뤄 위기를 극복했다"며 "우리도 이 같은 '조정시장경제'를 통해 보수가 복지를, 진보가 성장을 추구하는 모델을 만들어야 한다"고 제안했다.

성장과 복지의 선순환

유럽 강소국들의 사회 통합을 30년간 연구해오셨다고 들었습니다. 주로 어떤 부분에 중점을 두셨습니까?

1983년 스웨덴을 시작으로 유럽의 복지국가들을 연구했다. 이들 국가는 1970~1980년대 '복지병' 위기를 겪다가 1990년대 노사정 협력으로 위기를 극복했다. 복지국가의 성패에 정치가 결정적 역할을 하는 걸 발견하고 유럽 각국의 정치를 연구했다.

그런 연구에 비춰볼 때 우리 정부는 어떻게 경제를 운용해야 할까요?

수출로 경제성장을 이룬 나라는 대개 개혁의 모멘텀이 외부로부터의 충격에 대항하면서 탄생한다. 이를 '공공 악재'라 한다. 우리나라는 1997년 외환위기로 김대중 정부가 처음 복지제도를 시작했다. 노동자들이 자발적으로 임금을 억제하고, 그 결과 기업이 성장하면 국가가 노동자에게 보완해주는 식이었다. 이렇게 성장과 복지가 선순환돼야 한다. 미국처럼 내수시장이 큰 나라와 수출주도형 국가는 위기를 극복하는 방식이 다를 수밖에 없다.

보육·교육 개혁은 어떻게 해야 할까요?

아이들이 가고 싶어 하는 대학은 제한돼 있는데 수요는 과잉이다. 이로 인해 과외가 생기고 부모들 허리가 휜다. 1단계 개혁은 국립대학교 등록금을 무료화해 지방에 서울대급 국립대를 20개쯤 만드는 거다. 지방의 우수한 학생들이 지방대에 가는 근거를 마련해야 한다. 2단계는 범정부적 교육개혁위원회를 만들어 시스템을 확 뜯어고치는 것이다. 부모와 아이가 모두 불행한 교육 시스템에 일대 변화가 필요하다. 소수의 상위 대학교에 들어가는 학생의 수는 고등학교 졸업생의 2퍼센트 정도이다. 70~80퍼센트의 학생과 학부모가 평생 마음에 상처를 안은 채 살아가게 된다. 이래서는 곤란하다. 대타협을 통한 교육 개혁이 절실하다. 모든 국민의 마음일 것이다.

비정규직 문제가 심각한 상황입니다. 어떻게 보십니까?

금융위기 이후 한국 비정규직 증가율과 비율이 OECD 국가 중에서 최상위에 올랐다. 서유럽의 복지국가에서는 비정규직 대부분이 4대 보험 및 공공부조에 의해 보호를 받고 있다. 우리는 비정규직 종사자가 실직했을 경우 실업보험 등 사회적 보호에서 배제되기 때문에 심각한 문제로 이어질 수 있다. 네덜란드는 제2차 세계대전 이후 여성은 가사에 종사하도록 함으로써 노동시장 참여를 제한하는 방식으로 완전 고용을 이룬 사례도 있다.

서유럽 국가는 실업자와 비정규직에 대한 사회적 보호를 어떻게 하고 있나요?

서유럽의 강소·복지 국가의 경우 실업자들은 이전 직장 급여의 80퍼센트 정도의 급여를 3년간 받는다. 세계화 이후는 실업보험에 대한 지원을 줄이고, 직업훈련을 강화해 노동시장 참여를 장려하는 방식으로 복지 개혁을 하고 있다. 실업자에 대한 사회적 보호를 강화하고 비정규직을 축소해야 노동자들의 불안감이 줄고, 산업이 요구하는 기술 연마에 주력할 수 있다. 그래야 독일과 일본처럼 산업 부문에서 좋은 일자리가 많이 생긴다.

그렇다면 비정규직 문제는 어떻게 해결해야 합니까?

정규직 노동자들이 임금을 낮춰 고용을 늘려야 한다. 스웨덴의 렌 마이드너^{Rehn-Meidner} 모델을 참고할 만하다. 노조총연맹이 먼저 연대임금제를 주장해 고임금과 저임금의 간극을 좁혔다. 노동집약산업인 섬유기업은 노동자를 줄였다. 쏟아져나온 실업자를 국가가 3년간 훈련시켜 전기·기계·자동차 등 전략 산업으로 이직시켰다. 이들 산업은 임금을 억제한 결과 이윤이 늘어 실업자들을 더 고용할 수 있었다. 이로써 스웨덴은 성장과 완전고용, 산업구조 재편이란 세 마리 토끼를 잡았다. 1960~1970년대 국민총생산의 2퍼센트를 이 같은 노동정책에 지출한 덕분이다.

노사정 협의를 통한 조정시장경제

국가가 총수요를 늘려 경제를 살리는 케인스식 정책이 아니라 정부가 공급에 관여해 문제를 푼 셈인가요?

그렇다. 제2차 세계대전 뒤 유럽 경제가 재건된 건 케인스식 정책 덕분이 아니다. 국가가 총수요 대신 공급에 개입해 기업 경쟁력을 높이고, 소비와 수출을 늘린 결과다. 박정희 대통령 시절 한국의 경제성장 모델과 비슷하다. 다만 한국은 노동억압적 정책을 쓴 반면 유럽은 노사정 대타협으로 경쟁력을 높이고 일자리를 만든 게 다르다.

노동자 스스로 임금을 낮춘다는 게 쉬운 일이 아닌데 어떻게 그게 가능했습니까?

유럽도 19세기 이래 노사 투쟁이 격렬했다. 1920년대 경제 공황으로 실업률이 70퍼센트까지 치솟자 '사회적 시각에서 임금이 결정돼야 한다'는 목소리가 늘어났다. 네덜란드에서는 노사정이 '임금은 독일과 벨기에보다 30퍼센트 낮아야 한다'고 합의하고 입법화했다. 노사가 임금을 많이 올리면 국가가 허가를 해주지 않았다. 다만 최근 경제가 살아나면서 생산성 증가분만큼은 임금을 올릴 수 있게끔 법을 바꿨다.

적정 임금 수준은 어떻게 정했습니까?

임금을 이상적인 수준으로 정한다는 건 불가능하다. 스웨덴은 수출을 주도하는 금속노조의 임금 협상 결과에 따르고, 오스트리아는 국유기업인 철강업계의 임금 협상 결과에 따라 정한다. 덴마크는 1987년 사용자연합과 노동조합총연맹이 '임금은 경쟁 국가보다 높지 않아야 한다'는 내용의 협약을 맺었다.

한국은 어떻게 해야 합니까?

신자유주의에서 노사정 협의를 통한 조정시장경제로 선회해야 한다. 후기 발전주의 국가 모델로 가야 한다. 노조의 대표성 확보가 중요하다. 네덜란드와 오스트리아에서 노조 통합은 노사정 합의에 도움이 되었다. 한국노총과 민주노총이 통합하고, 싱크탱크를 국가가 만들어줘 노동자 스스로 임금 정책을 설계할 수 있게 해야 한다.

신자유주의에 반대한다고 하셨는데, 그 이유는 무엇입니까?

경쟁과 배제를 근간으로 하는 신자유주의로는 공동 대응력을 만들

수 없기 때문이다. 노사정위원회의 위상을 높이기 위해 청와대 기구로 만드는 걸 검토해야 한다. 성장과 복지가 선순환하는 유럽의 강소국들은 노사정 협의와 입법 정치가 잘 연계돼 있다. 또 비례대표 선거제를 실시한다는 공통점이 있다. 1970년대 이념 대립 시절엔 입법 마비 상태에 빠졌지만, 1990년대 좌·우파 정당이 '정책 연합 협정'을 맺어 위기를 극복했다. 사회적 갈등이 첨예한 이슈는 노사정 협의에 먼저 맡긴 뒤 입법 과정을 진행해 갈등을 줄인 거다. 1980년대 이래 주기적으로 사회협약을 체결해온 아일랜드와 네덜란드가 대표적인 예다. 우리도 비례대표 선거제도를 독일 수준으로 확대해 약자의 목소리를 대변해줘야 한다.

유럽 강소국들은 연금 고갈 문제를 어떻게 풀었습니까?
이 문제와 관련해서는 좌·우파 정당의 견해가 일치했다. 연금 기여금은 늘리고 급여를 낮췄다. 또 은퇴 연령을 높이되 고령 은퇴자에겐 인센티브를 부여하는 한편, 조기 은퇴를 까다롭게 함으로써 연금 재정 고갈 문제를 해결하려 했다. 그러고도 부족한 부분은 정부 재정에서 충당했다.

복지 자본주의로 가려면 재원 확대가 불가피한데 어떤 해결책이 있을까요?
증세에 앞서 징세의 절차적 합리성과 투명성이 지켜져야 한다. 또 '증세된 만큼 나의 복지가 개선될 것'이란 믿음을 국민에게 주어야 한다.

서유럽 복지국가의 조세 정책은 어떻습니까?

기업과 자본에 대한 세율은 낮은 반면, 임금 징세 수준은 높다. 수출로 먹고사는 대외 의존형 경제에선 자본의 투자가 일자리 창출의 관건이라 보기 때문이다. 스웨덴은 기업 투자를 유도하는 수단으로 조세정책을 활용했다. 가속감가상각제를 이용해 기업이 사내 유보 자금을 재투자하도록 한 게 대표적이다.

정치권이 분열되면 해결책이 없다고 하셨는데 어떤 의미입니까?
유럽은 1970년대 이념 대립 시대가 오면서 노사정 합의도 깨지고, 경쟁적으로 복지 비용을 늘리다가 흔히 말하는 '복지병'이 찾아왔다. 1980년대 들어 정당정치는 사회적 갈등이 첨예한 이슈를 노사정 협의에 먼저 맡긴 후 입법 과정을 진행하면서 갈등을 줄였다. 아일랜드와 네덜란드가 1980년대 이후 주기적으로 사회협약을 체결하고 있는 것이 대표적인 예이다. 정치권이 분열되면 해결책이 없다.

한국의 보수 진영에게 한 말씀 부탁드립니다.
한국의 보수주의는 산업화의 성과만 주장하고 권위주의의 시대적 필요성만을 강조해서는 안 된다. 유럽에서 보수당의 이념적 기원은 기독교다. 유럽의 기민당은 공동체가 개인의 위험을 돌보아야 한다는 원칙을 견지했다. 그 때문에 복지 관련 분야에서 사민당과 연대할 수 있었다. 한국의 보수도 시장지상주의를 넘어 공동체를 배려하고 인본주의를 강조해야 한다.

그렇다면 한국의 진보 진영에도 한 말씀 부탁드립니다.

진보는 인본주의를 지향하면서도 현실적 대안을 모색해야 생명력이 있다. 이념이 정체될 때 생명력도 함께 소진된다. 적과 동지로 나누는 이분법에서 공존의 이념으로 선회해야 한다. 그런 만큼 이념적 노선을 중간으로 이동할 필요가 있다. 또 북한의 인권문제에 명확한 입장을 천명해야 생명력을 얻을 것이다.

● 　안재홍 교수를 만난 뒤 진보는 숫자에 더 강해져야 한다는 생각을 했다. 정책은 현실이기 때문이다. 안재홍 교수의 말대로 보수는 복지를 얘기하고 진보는 성장을 얘기해야 한다. 산업재해보험과 사회보장제도를 최초로 만든 사람은 진보주의자가 아닌 독일의 보수주의자인 비스마르크이다. 빈부격차가 확대되고 계층 갈등이 커지면 사회주의혁명이 일어날까 우려했기 때문이다. 복지의 대명사인 '사회안전망'은 보수 정치인 영국의 처칠이 상무장관 시절 만든 제도이다. 보수는 나라의 틀을 크게 보고 통합하는 능력을 갖추어야 한다.

반면 스웨덴 진보정당인 사회민주당은 노사정 대타협을 이끌어냈다. 스웨덴의 최대의 기업 가문인 발렌베리 가문이 노동 고용을 약속했기에 대타협을 이루어낼 수 있었다. 독일의 슈뢰더 총리는 노동 시장을 유연화해서 자신의 지지기반을 잃어버렸지만 오늘날 독일 경제가 유럽의 경제 질서를 주도해나가는 데 기여했다. 진보는 '일자리를 만드는 성장'을 어떻게 해야 할지 고민해야 한다. 보수는 복지를, 진보는 성장을 연구해야 한다는 말은 금과옥조 같은 말이다.

나는 보고 싶다. "국민 여러분, 복지국가를 만들어야 합니다. 그런데 복지국가를 만들려면 더 일해야 합니다. 생산성을 높여야 합니다"라고 말하는 진보주의자를 보고 싶다. "국민 여러분, 빈부격차 확대는 공동체를 재앙으로 몰고가는 것입니다. 소득이 많은 사람은 세금을 더 내야 합니다. 세금을 많이 내는 사람이 존경받는 나라를 만들 것입니다"라고 말하는 보수주의자를 보고 싶다.

4

창조경제

소프트웨어 시대, 어떻게 대비할 것인가?

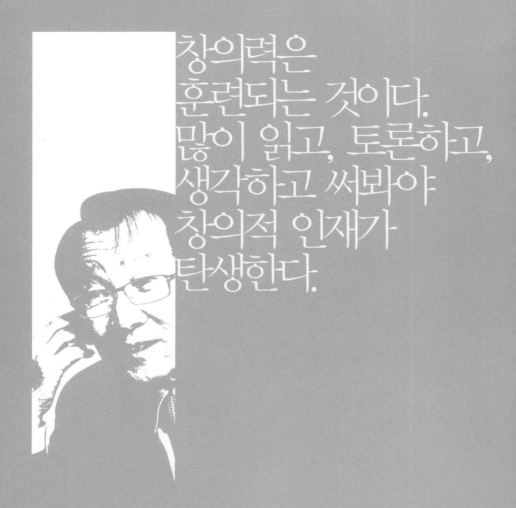

창의력은
훈련되는 것이다.
많이 읽고, 토론하고,
생각하고 써봐야
창의적 인재가
탄생한다.

김기영

1937년 서울에서 태어나 연세대학교 상학과와 동대학원 경영학과를 졸업했다. 미국 워싱턴대학교에서
경영학 석사와 박사학위를 받았다. 연세대학교와 미국 서던캘리포니아대학교, 매사추세츠공과대학교,
보스턴대학교 등에서 학생들을 가르쳤다. 1996년 연세대학교 대외부총장을 거쳐 1998년 연세대학교
첫 석좌교수에 임명됐다. 2009년 광운대학교 제8대 총장에 취임하여 입학사정관제를 도입하고 삼성전
자·LG전자 등 대기업과 일대일 맞춤형 취업 컨설팅 약정을 맺어 기업이 원하는 인재 발굴에 집중했다.
한국경영학회 회장을 역임했으며, 대한민국 학술원 회원으로 활동하고 있다. 국내 기업 발전에 기여한
공을 인정받아 황조근정훈장을 받았다.

창조경제는
소프트웨어에서 시작된다

● 　　광운대학교는 김기영 전 총장이 이끈 뒤 두드러진 약진을 보였다. 《중앙일보》의 대학 평가에서 이공계 전국 9위^{2010년}와 종합 전국 28위^{2011년, 2012년}를 차지했다. 2010년, 2011년 연속으로 재학생이 '대한민국인재상'을 타는 경사도 맞았다. 이러한 약진의 중심에는 '선택과 집중을 통한 교육혁명'을 밀어붙인 김기영 전 총장이 있었다. 2009년부터 4년간 총장으로 재임하다 물러난 그는 전체 학과 가운데 45퍼센트를 IT산업 학과로 육성해 취업률을 획기적으로 높였다. 경영학자 가운데 세 명뿐인 대한민국 학술원 회원인 그는 "대한민국의 교육열은 교육열이 아니라 입시욕이다. 학생들에게 지식이 아니라 생각하는 힘을 길러줘야 창조경제가 실현된다"고 말했다. 그는 대학 간판이 아니라 자기를 믿는 훈련을 할 때 훌륭한 인간이 된다며, 그것이 광운대학교 학생들이 약진하게 된 이유라고 말했다. 그는 창조경제도 마찬가지로 생각하는 능력을 갖춘 국민이 있을 때 실현되는 것이라고 덧붙였다.

진정한 창조경제의 의미

요즘 '창조경제'가 여기저기서 강조되고 있는데, 창조경제란 무엇입니까?

창조경제는 전문용어가 아니라서 한마디로 규정할 수 없다. 다만 지향하는 목표를 보면 세 가지다. 첫째, 경제성장을 한다. 둘째, 일자리를 만든다. 셋째, 사회복지를 추진한다. 이를 통해 행복한 사회를 만드는 것으로 창조경제를 정리하면 된다. 그러면 오해를 줄일 수 있다.

선진국을 모방해 성장하다가 한계에 다다르면 혁신을 통해 도약하는 나라가 있는가 하면 그러지 못해 쇠퇴하는 나라도 있습니다. 우리나라는 어느 쪽에 해당한다고 보십니까?

우리나라는 모방을 통해 성장해온 모델인데 1997년 외환위기를 겪으면서 크게 달라졌다. 기업이 살아남아 국제화되는 길을 배웠다. 이제는 한 발 더 나아가야 한다. 기존의 지식, 경험, 기술에서 탈출해야 미래가 있다. 그게 창조경제다.

창조경제로 나아가기 위한 구체적인 방법으로는 어떤 것이 있나요?

하드웨어, 휴먼웨어, 생산성 소프트웨어다. 우선 국가가 주도하는 하드웨어, 즉 도로망·통신시스템·기간산업 등은 선진국 수준 이상으로 과잉 투자돼 있다. 반면 휴먼웨어는 부족하다. 시간당 생산성이 OECD 국가 평균의 30퍼센트를 밑돈다. 현대자동차가 차 한 대 만드는 데 28시간 걸린다. 그러나 도요타는 22시간, 미국 앨라배마 주의 현대자동차 공장은 23시간이다. 소프트웨어도 크게 부족하다.

소프트웨어 문제를 더 말씀해주십시오.

예를 들면 서울 시내에 교통 인프라는 잘되어 있다. 일요일에는 차가 없어 거리가 한산하다. 그런데 교통신호 체계는 평일과 같다. 신호 대기로 인해 버리는 시간과 에너지가 얼마나 큰가? 바로 이런 걸 개선하는 게 소프트웨어다.

기업에서 소프트웨어를 개선할 방법은 없을까요?

삼성전자가 막대한 이익을 내지만 소프트웨어 부문은 취약하다. 기업들이 소프트웨어를 강화하려면 5만 명가량이 더 있어야 한다. 현대자동차도 마찬가지다. 내비게이션 등 차 내부에서 구동되는 소프트웨어는 거의 다 독일 것이다. 우리 기업들은 소프트웨어 투자에 사활을 걸어야 한다.

그렇다면 소프트웨어의 개선을 위해 국가가 할 일은 무엇입니까?

규제를 없애야 한다. 현대경제연구원에서 낸 연구 결과를 보면 우리 정부 규제 가운데 타파할 게 5000개에 달했다. 1960년대 수출 주도의 초기 산업화 시절에 나온 규제가 아직까지 존재하고 있다. 대대적인 수술이 필요하다.

결국 사람이 가장 중요한데, 휴먼웨어를 개선하려면 어떻게 해야 합니까?

교육혁명이 일어나야 한다. 교육 소프트웨어가 잘못돼 휴먼웨어가 발전하지 못하는 거다. 무슨 문제건 해결하려면 생각하는 힘이 필요하다. 그러나 우리나라 교육은 지식을 전달하려고만 하지, 생각하는 힘을 길러주지 못한다. 사람에게는 좌뇌와 우뇌가 있는데 우리 교육은 좌뇌 중심의 교육에 집중한다. 답이 한 개인 것을 찾는 데만 힘을 기울이는 거다. 미국 아이들은 수업 시간의 70퍼센트를 질문을 주고받는 것으로 채운다. 기억력은 타고나는 반면 창의력은 훈련되는 것이다. 많이 읽고, 토론하고, 생각하고 써봐야 창의적 인재가 탄생한다.

가정에서 아이들의 창의력을 높이려면 어떻게 해야 할까요?

유대인의 방식을 살펴보자. 소수의 유대인이 세계를 움직인다. 그들에겐 어머니가 아이와 함께 있는 게 어머니가 일터에 나가는 것과 동일한 가치를 지닌다. 미국 하와이선 부모 중 한 명은 아이가 일정한 나이가 될 때까지 같이 있도록 의무화했다. 유대인은 가족들이 저녁식사를 늘 함께한다. 이 자리에서 부모들은 아이에게 오늘 학교에서 무얼 배웠느냐고 묻지 않는다. 무슨 질문을 했느냐고 묻는다.

논술을 배제하는 입시제도가 교육을 망치고 있다고 주장했는데 어떤 의미입니까?

정부가 논술 시험을 없애는데, 그건 절대 안 된다. 영어로 논술을 쓰게 하면 영어 능력 테스트는 쉽게 할 수 있다. 중·고교 수업 현장에 가보면 아이들의 반은 자고 있다. 학원에서 선행학습을 하기 때문이다. 그러나 미국 학교에선 진도를 먼저 나가는 게 의미가 없다. 생각하고 토론하는 게 중요하기 때문이다.

그러나 논술 시험을 보면 학생들이 예문을 외워 쓰는 폐단이 있었습니다.

나는 책을 펴놓고 시험을 보는 '오픈북 테스트'를 실시해왔다. 예를 들어 기업인이 자금 500억 원을 조달하려고 하는데 어떤 방법이 있겠느냐는 식으로 문제를 낸다. 또는 성수대교의 붕괴 원인과 재발방지 대책은 무엇이냐? 지구상에 바퀴벌레가 몇 마리 있을 것으로 추정되는가? 호랑이는 왜 줄무늬이고, 표범은 점무늬인가?^{이는 영국 수학자들이 밝혔다} 이런 문제들을 낸다. 답은 다 다를 수밖에 없고, 또 달라야 한다. 세상엔 하나의 정답, 하나의 진실이 있는 게 아니다. 진실처럼 보이는 것들이 경합하는 것이다. 논술 시험은 없앨 게 아니라 진화돼야 한다.

고교 과정에서 문과와 이과로 구분하는 것을 없애야 한다는 주장이 많습니다. 어떻게 생각하십니까?

맞는 말이다. 벽을 허물고 통섭을 해야 창의성이 생긴다. 문과와 이과를 분리하는 것은 한국, 중국, 일본에만 있다.

우리나라 현행 교육법에 따르면 아무리 서울대학 교수를 했더라도 초·중·고 교사가 될 수 없다고 합니다. 어떤 해결책이 있을까요?

교원 충원 구조를 혁명적으로 바꿔야 한다. 경험이 다양한 인재가 교사가 되는 시스템을 만들어야 한다. 국내외 유수한 대학의 박사학위 소지자나 대학 교수가 초·중·고 교사를 하고, 역으로 교사들이 교수도 할 수 있도록 돼야 한다. 미국의 초·중·고 교장 중에는 박사가 많다. 우리도 장·차관이나 대기업 CEO를 역임한 인재들이 교장이 돼야 창의적인 교육이 일어난다.

일본은 가장 명문이라는 도쿄대학이 아니라 교토대학에서 노벨상 수상자가 많이 나왔습니다. 이게 어떤 의미입니까?

노벨상위원회에서 왜 교토대학이 일본 1위인 도쿄대학을 제치고 노벨상 수상자를 줄줄이 배출했는지 연구했다. 교토대학 학생들은 2학년까지 학과를 정하지 않고 역사, 철학, 수학 등 다양한 교양 과목을 이수한다. 학부 교육에서 자기를 발견하고 생각하는 훈련을 하는 거다. 여기서 발견한 자아를 바탕으로 전공을 정하고 대학원에서 집중적으로 공부한다. 이런 통섭적인 교육 시스템이 다수의 노벨상 수상자를 배출한 동력이 된 거다. 그런데 우리 학생들은 석사를 마치고 나서도 박사학위를 무슨 주제로 할 것인지 지도교수에게 물어온다. 나한테 그런 질문을 하는 제자는 혼난다.

평소 한국의 대학 교수들이 더 분발해야 한다고 주장하셨습니다. 어떤 맥락에서 하신 말씀입니까?

학생들에게 지식을 전달하는 대신 생각하는 힘을 키워주어야 한다. 미국의 대학 교수는 업적에 따라 매년 봉급이 달라진다. 그러나 우리는 호봉제다. 서울대 정교수 중 43퍼센트가 논문이 없다는 보고도 있었다. 미국은 종신교수 자격을 받아도 매년 논문심사를 받고 논문이 없으면 월급이 깎인다. 그래서 경쟁이 치열하다. 60대 초반이 되면 50~60퍼센트는 학교를 떠난다. 실적이 적으면 월급이 적어지므로 월급보다 연금 혜택이 더 커지는 순간 은퇴하는 것이다. 그러면 학교는 새 교수를 충원하기 쉬워진다.

정부, 기업 등 '집단의 창의력'은 어떻게 높일 수 있을까요?

똑똑한 사람들이 모여 있어도 정부, 기업이 무능할 수 있다. 창의적인 조직으로 재탄생해야 한다. 기존의 지식, 경험, 기술을 익히는 것은 기본이다. 둘째 단계로, 목표를 설정하고 비전을 만들어 동기를 부여해야 한다. 셋째 단계로 창의력 훈련을 하고, 마지막으로 인사와 보상 원칙을 세워 인센티브·페널티 시스템을 만들어야 한다.

창의성에서 승부하라

2000년대 중반 삼성이 소니를 앞지른 이유를 연구하셨습니다. 분석 결과는 어땠습니까?

한·일 학술원에서 공동으로 이 문제를 연구했다. 우선 삼성은 조직이 삼각편대, 다시 말해 오너와 사장, 그리고 시니어 부장 등 엘리트로 구성돼 있었다. 인재를 영입한 뒤 철저히 경쟁을 시켰다. 이런 과정에서 시니어 부장의 실천 능력이 강해졌다. 둘째, 오너와 사장으로 연결된 의사 결정구조가 신속하게 돌아갔다. 삼성은 지난 20년 동안 1조 원이 넘는 큰 프로젝트를 수행할 때 공장 건설에서 제품 생산까지 18개월을 넘은 적이 없다. 반면 소니는 이사가 마흔세 명이나 됐다. 공장 건설에서 제품 생산까지 36개월 안에 이뤄낸 적이 없다. 셋째, 소니는 기술을 중시했고 삼성은 고객이 무슨 상품을 원하는지에 초점을 뒀다.

창의성의 중요함을 보여주는 사례를 하나만 들어주십시오.

삼성에서 LCD와 LED가 결합된 텔레비전을 선보여 세계를 놀라게 했다. 소니는 LED와 OLED 기술을 보유했지만 두 가지를 결합하는 시도를 하지 못했다. 뒤늦게 공장을 만들었지만 제품을 내는 데까지 2년 넘게 걸렸다. 핀란드의 노키아는 휴대전화 시장에서 세계 최고의 자리를 차지하고 있을 때 스마트폰 제작을 건의한 인물들을 전부 내쫓았다. 이는 결국 노키아의 몰락을 초래했다.

불황에 시달리던 우리 조선업의 세계 시장 점유율이 36퍼센트로 올라섰습니다. 어떤 이유 때문일까요?

우리 조선업은 얼마 전까지 중국의 저임금 때문에 어려움을 겪었다. 그러자 발상의 전환을 시도했다. 어떻게 하면 선주들에게 비싼 배를 사게 할 수 있을지를 놓고 고민했다. 배 한 척에 탐색과 시추, 가스압축, 저장, 운반, 쇄빙 기능을 모두 갖춘 고급 선박이 해답으로 제시됐다. 한 척의 가격이 1조 원을 넘는 '융합 선박'이었다. 여기에 IT 기술을 접목해 세계 최적의 항로를 선택해 운항할 수 있게끔 설계했다. 이로 인해 전 세계 수주 물량의 80퍼센트를 한국이 차지하는 계기를 만든 것이다.

기업의 경영권이 회장에게만 집중된다는 비판이 많습니다. 이 문제에 대해 어떻게 생각하십니까?

삼성과 소니의 경우에서 보듯이 아직은 회장의 경영 능력이 필요하다. 미국도 기업이 5세대를 거친 뒤에야 전문경영인 체제로 자연스럽게 정리됐다. 우리도 시간이 필요하다. 정치를 보자. 우리는 민주주의가 본격화된 지 27년밖에 되지 않았다. 민주주의가 원숙해지려면 서양처럼 100년 정도는 걸리는 거 같다. 길게 내다봐야 한다. 나는 이병철, 정주영 회장을 가까이서 자주 보아왔다. 그분들 모두 당시엔 가장 창의적인 인물이었다. 이병철 회장은 연초에는 늘 일본에 가서 본인이 볼 책과 간부들에게 줄 책을 샀다. 정주영 회장도 직원들이 "어렵다"고 얘기하면 "해봤어?"라고 반문했다. 그만큼 창의력과 도전의식이 넘쳤다.

우리 경제에서 이제 브랜드 가치도 중요한 창조물 아닌가 싶습니다.
당연하다. 이젠 빌딩이나 자본이 아니라 사람과 브랜드의 시대다. 그래서 정부도 올림픽이나 월드컵을 통한 국가 브랜드 향상에 힘을 쏟는 것 아닌가. 특히 스포츠 선수는 국가 자원이다. 올림픽을 잘 치르면 국격이 높아지고 투자가 늘어난다. 국가 브랜드와 사람, 스포츠 산업, 관광자원의 결합을 통해 융합적 일자리가 창출된다. 창조경제의 좋은 예다.

정부와 청와대가 창의적이 되려면 어떻게 해야 합니까?
우선 부처와 과의 칸막이를 없애고 과제 중심으로 조직을 만들어야 한다. 그 뒤 과제를 수행할 수 있는 인물을 찾는 데 모든 노력을 기울여야 한다. 대선 공신들에게 보상 차원에서 자리를 준다면 창의력은 확보하기 어려울 것이다. 둘째, 정부와 청와대 조직을 백악관처럼 수평적으로 만들어야 한다. 요즘은 지휘관의 역할도 바뀌었다. 자기가 알고 있는 것을 바탕으로 끌고 가는 게 아니다. 아랫사람이 가진 새로운 것을 융합해 더 새로운 걸 만들어내야 한다.

우리나라의 대통령은 어떤 일을 우선으로 해야 할까요?

우선 5000개가 넘는 규제를 혁파하는 데 집중해야 한다. 규제 혁파는 국가 비용을 거의 들이지 않고 생산성을 높이는 길이다. 둘째, 경제민주화의 주된 동력이 공정거래위원회에 실리도록 힘을 모아줘야 한다. 경제민주화를 하겠다고 자꾸 법을 만들면 창조경제와 모순되는 길로 갈 수 있다. 산업경제는 국가가 하는 것이 아니라 기업가가 하는 것이라는 점을 유념해야 한다. 시장은 시장이지 나라가 아니다. 우리가 살려면 시장이 있어야 한다. 중국이라는 거대한 시장을 확대하는 데 모든 외교적 노력을 기울여야 할 것이다.

마지막 질문을 드리겠습니다. 인생이란 어떤 것입니까?

인생은 즐겁다. 즐거움의 원천이다. 즐거움을 유지하는 수단은 창의력을 갖고 도전하는 거다. 늙어 감을 무서워하지 말고, 낡음을 두려워해야 한다. 그래서 나는 항상 즐겁다.

●　　일본 최고의 명문 대학인 도쿄대학이 아니라 교토대학에서 노벨상 수상자가 더 많이 배출되는 이유는 뭘까? 답은 창의성에 있다. 교토대학 학생들은 2학년까지 학과를 정하지 않고 역사, 철학, 수학 등 다양한 교양과목을 이수한다. 본격적인 전공 공부를 하기 전

에 자신의 적성을 발견하고 생각하는 훈련을 하는 것이다. 이 같은 통섭적인 교육시스템이 노벨상 수상자를 배출하는 원동력이다.

한국은 자원이 없는 나라이다. 오직 인적 자원으로 살아가야 할 나라이다. 이젠 교육 혁명이 필요하다. 고등학교 때부터 문과와 이과를 나누어 기능적으로만 교육을 진행해왔다. 문과, 이과를 나누는 것은 우리나라와 일본, 중국에만 있는 제도이다. 이런 시스템에서 학생들은 창의성을 발휘하기 힘들다. 수학이 싫어서 문과를 간다는 것은 있을 수 없는 일이다. 독서량은 점점 줄어들고 있다. 체육시간이 사라지고 있다. 역사를 배우지 않는다. 교육혁명이 경제혁명을 만들어낼 수 있다. 창조경제는 창조교육에서 나온다.

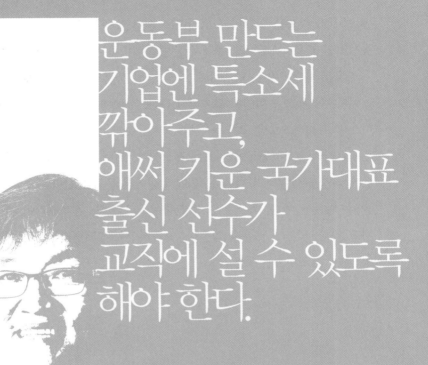

운동부 만드는
기업엔 특소세
깎아주고,
애써 키운 국가대표
출신 선수가
교직에 설 수 있도록
해야 한다.

이에리사

1954년 충남 보령에서 태어났다. 1973년 제32회 사라예보 세계탁구선수권대회 단체전에서 우승하
며 국민훈장 최고훈장인 무궁화장을 수상했다. 2005년부터 2008년까지 태릉선수촌 촌장을 역임했고,
2008년 베이징 올림픽 한국선수단 총감독을 맡았다. 2012년 총선에서 새누리당 비례대표로 국회 입성
해 19대 국회의원이 되었다.

스포츠 산업은
새로운 국가 전략이다

●   김기영 전 광운대학교 총장은 창조경제를 실현할 방안의 하나로 스포츠산업 진흥을 역설했다. 그래서 탁구 스타 출신으로 19대 국회에 입성한 새누리당 이에리사 의원을 만나 구체적인 방법론을 들어봤다. 그는 "운동부를 만드는 기업들에 특소세를 절반으로 깎아주고 평창 동계올림픽을 계기로 세계적인 스포츠용품 브랜드를 만들어야 한다"고 제언했다.

스포츠 육성과 국가 브랜드

국가 브랜드 강화를 위해 스포츠를 육성해야 한다고 하셨습니다. 어떤 관계가 있습니까?

대한민국의 스포츠 수준은 세계 5~10위권에 진입해 있다. 스포츠는 국민의 마음을 모으는 것은 물론이고, 국가 브랜드를 높이는 데도 중요한 역할을 한다. 1988년 서울 올림픽과 2002년 월드컵을 치르며 한국의 국가 브랜드는 크게 높아졌다. 훌륭한 스포츠 선수는 국가의 자산이다. 기업의 가치도 재산의 시대에서 사람과 브랜드의 시대로 변했다.

우리나라는 세계적으로 인구가 많은 편도 아니고 스포츠 인프라도 탄탄한 편이 아닌데, 국제 스포츠 대회에서 성공한 이유는 무엇입니까?

엘리트 체육 시스템이기 때문이다. 우리나라는 소년체전을 통해 인재를 조기 발굴하는 꿈나무 육성 시스템을 보유하고 있다. 꿈나무 이후에는 국가대표 후보 선수, 그다음은 국가대표 선수가 돼 국가의 지원을 받고 운동에 전념할 수 있다. 다른 나라 선수들에 비하여 탄탄한 기반을 거쳐서 올라가는 체계적인 시스템이 있는 것이다. 또 메달을 따면 국민들이 열광하고, 연금과 군 면제 등의 동기부여 시스템도 효과가 있다.

그렇다면 그런 엘리트 체육 시스템에 문제는 없을까요?

실업팀이나 직장 운동부가 부족해 최고 선수들을 제외하곤 갈 곳이 없다. 전국대회에서 우승하지 못하면 대학에 진학하지 못한다. 외국에선 선수가 시합을 하고 오면 보충수업을 해준다. 학습을 병행할 수 있어 선수 생활을 마친 뒤 다른 직업을 구할 수도 있다. 그러나 우리는 운동하는 학생들의 공부 기회가 원천 봉쇄돼 있다. 이걸 바꿔야 한다. 또 운동부를 만드는 기업에 특소세 50퍼센트를 감해줘야 한다고 본다. 재계와 협의가 필요하다.

올림픽과 세계 대회에 출전한 국가대표 선수들이 학교 교사가 돼야 한다고 주장했는데 어떤 의미입니까?

국가는 막대한 예산을 들여 국가대표 선수를 육성한다. 그런 선수들은 국가의 자랑이고 자산이다. 그런 자산의 하나인 장미란 선수를 보자. 안타깝지만 심하게 말하면 현재 실업자다. 이들이 사회에 나아가 또 다른 면에서 기여할 수 있도록 교직을 개방해야 한다. 세계 대회에서 메달을 따는 한국 선수는 1년에 100명도 안 된다. 이들을 초등학교 체육 전담 교사로 진출시키려 했는데 '교대 출신이어야 한다'며 반대하는 목소리가 컸다. 그래서 우선 시범적으로 국가대표 출신들이 2급 경기지도사나 생활체육지도사가 될 길을 열어주려고 한다. 체육 활동이 활발해지면 학교폭력 등의 문제도 해결할 수 있을 것이다.

장미란 선수 같은 이들의 처우를 어떻게 해줘야 할까요?

스포츠 스타들을 외국에 유학 보내 공부를 시켜야 한다. 국가 브랜드나 국산 스포츠 브랜드에 기여할 길을 열어줘야 한다. 1984년 LA 올림픽에서 금메달을 딴 중국의 체조 스타 리닝의 스포츠 용품 사업 진출은 좋은 사례다.

스포츠 산업은 블루오션이다

우리나라가 2018년 동계올림픽을 평창에서 개최하게 되었습니다. 동계올림픽을 잘 치르려면 어떻게 해야 할까요?

대회의 성공 여부가 곧 국력 평가의 잣대가 된다. 동계올림픽으로 성공한 도시도 있고 파산한 도시도 있다. 평창이 성공하려면 가장 먼저 좋은 선수층을 육성해야 한다. 또 겨울 종목의 인프라를 늘려야 한다. 2018년을 기점으로 겨울 스포츠에서도 선두 국가로 나아갈 수 있어야 한다.

올림픽을 마친 뒤 국가가 그 유산을 활용하는 전략이 있어야 할 텐데, 어떻게 해야 할까요?

이젠 대회만 잘 치르면 되는 시대는 끝났다. 올림픽을 마친 결과물을 미래 자산으로 만드는 국가 전략을 세워야 한다. 러시아는 소치를 유럽 최대의 휴양지로 만들려 한다. 이런 프로젝트를 연구하기 위해 대학까지 세웠다. 우리도 2018년 평창올림픽을 마친 뒤 그 유산으로 무엇을 만들지 전략을 세워야 한다.

스포츠가 나날이 산업화되고 있다는 지적이 있습니다.

스포츠는 수백조 원 규모의 거대한 시장이 되었다. 앞으로도 점점 더 커지고 고급화될 것이다. 아디다스, 나이키, 미즈노, 요넥스 등 세계적인 스포츠 브랜드는 전부 외국산이다. 한국도 세계적인 스포츠 스타를 배출했고, 제조업과 의류 디자인 강국임에도 스포츠 산업은 미약하다. 세계 대회를 유치하는 데 수천억 원, 대회를 치르는 데 수조 원을 쓴 나라다. 이만하면 스포츠 산업 진흥에 나설 조건으로는 충분하다. 이런 분야가 창조경제 아닐까 싶다.

체육부를 창설해야 한다고 주장해오셨습니다. 실현할 수 있을까요?

정부가 생활체육 예산에 들이는 돈만 2000억 원이다. 그런데 체육을 관장할 컨트롤 타워가 없다. 학교 체육은 교육부, 엘리트 체육은 문화체육관광부로 담당 부처가 나뉘어 있다. 또 실무 단체는 대한체육회, 장애인체육회, 생활체육회, 학교체육회 등 네 갈래로 나뉘어 있다. 이제는 체육부를 만들 때가 됐다. 한 걸음 더 나아가야 한다.

정부에서는 어떤 차원의 지원을 해줄 수 있을까요?

첫째, 체육인들이 다치게 되면 국가가 어떻게든 치료해주고 보장해주는 '체육인복지법'이 필요하다. 둘째, 선수들에게 장애 등 사고가 났을 때 유공자로 지정하는 '체육유공자제도 신설'이 시급하다. 셋째, 100년의 역사를 가진 체육의 유물을 모아서 보존할 수 있는 '국립체육박물관'을 지을 때가 됐고, 마지막으로 '체육 관련 공정위원회'도 만들어 체육계 비리를 근절해야 한다.

마지막 질문을 드리겠습니다. 인생이란 무엇일까요?

인생은 핑퐁이다. 주고받는 것이다. 공이 안 오면 이기는 것이 된다. 그러나 늘 주고받아야 아름다운 인생이 되는 것 아닌가? 인생도 핑퐁도 항상 파트너가 있어야 한다.

● 　　스포츠는 점점 더 거대한 산업이 되고 있다. 세계적인 대회를 치르면 수십조 원대의 돈이 움직이는 산업이 되었다. 월드컵과 올

림픽을 유치하기 위해 각 나라의 정상이 국력을 총동원해 경쟁하고 있다. 스포츠가 국가 브랜드에 큰 영향을 미치기 때문이다. 우리나라도 1988년 서울 올림픽과 2002년 월드컵을 통해 한국을 세계에 알렸다. 최근에는 김연아라는 걸출한 선수를 통해 한국의 위상을 높였다.

하지만 현실에서 우리나라 운동선수의 운명은 불안하다. 비인기 종목은 더 심하다. 스포츠의 기반이라고 할 수 있는 실업팀이 절대적으로 부족하다. 또한 세계 대회에서 최고의 성적을 거둬 국가에 큰 기여를 한 선수도 은퇴를 하고 난 뒤에 직업을 구하기가 쉽지 않다. 그들이 은퇴 후 학생들을 가르칠 수 있도록 교직을 개방할 필요가 있다. 국가가 막대한 예산을 들여 키운 세계적인 선수들이 국가에 더 기여할 수 있도록 교사 지위를 부여해야 한다. 또한 생활체육 현장에서 지도할 수 있는 길도 열어주어야 한다. 생활체육의 대중화와 훌륭한 선수 육성에 도움이 될 것이다. 우리나라는 세계적 스포츠 스타들을 키워낸 반면 세계적인 스포츠 산업은 전무한 수준이다. 아디다스, 나이키, 미즈노 같은 스포츠 브랜드가 없다. 급격히 커져가는 스포츠 산업 육성에 나서야 할 때이다.

수명이 점점 더 늘어나고 고령화 사회에 접어들었다. 이제 국민의 건강은 본인과 가정은 물론이고 국가의 의료보험 건전화 문제와도 직결된다. 스포츠를 더욱 대중화하여 어렸을 때부터 운동을 통해 건전한 신체를 형성하도록 하는 것이 중요하다. 국민의 건강을 국가의 목표로 삼아야한다. 체력이 국력이다. 국가 브랜드, 스포츠 산업, 국민의 건강이 삼박자를 이루어 스포츠 정책에 녹아나길 기대한다.

5

과학기술

한국 사회의 미래는 과학기술에 있다

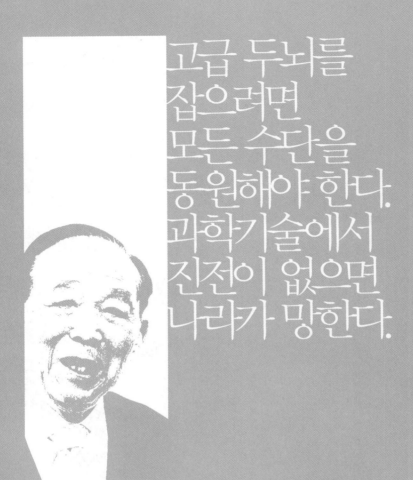

고급 두뇌를
잡으려면
모든 수단을
동원해야 한다.
과학기술에서
진전이 없으면
나라가 망한다.

김기형

1925년에 태어나 서울대학교의 전신인 경성대학교 예과와 서울대학교 화학공학과를 졸업한 뒤 미국 펜실베이니아대학교에서 공학 박사학위를 받았다. 뉴욕에서 전자업체 연구소의 책임자로 재직하던 1965년, 미국을 찾았던 박정희 전 대통령을 만났다. 이를 계기로 이듬해 경제과학심의회의 상임위원을 맡으면서 과학기술처 창설 작업을 주도했고, 1967년 초대 과학기술처 장관에 발탁됐다. 1973년부터 1979년까지 제9대 국회의원을 지내며 국회 경제과학위원회에서 활동했다. 한국과학기술진흥재단 이사장과 카이스트 이사장, 한국과학기술한림원 부원장 등을 역임했다.

미래 창조는
과학적 비전에서 시작된다

●   1967년, 박정희 대통령은 경제 개발의 핵심 수단으로 과학 기술을 지목하고 '과학기술처'를 발족시켰다. 과학기술처는 국가 차 원에서 과학기술 정책을 독자적으로 입안·시행했던 최초의 정부 조 직이었다. 과학기술처는 출범하자마자 해외에서 활약하던 우리 고급 두뇌들을 국내로 불러들여 1970년대 고도성장의 토대를 만들었다. 과학기술처가 문을 연 4월 21일을 '과학의 날'로 삼아 기념하는 이유 가 여기에 있다.

과학기술처의 산파역을 한 김기형 초대 과학기술처 장관을 만나 그 탄생 과정과 성공 요인, 그리고 현재 미래창조과학부에 대한 충고 를 들었다. 김기형 전 장관은 정부가 향후 30년간 과학기술에 대대적 투자를 재개하고, 과학기술인을 파격적으로 대우하는 것만이 살길이 라고 강조했다.

초대 과학기술처 장관

한국 경제의 미래를 전망해보면 어떤 그림이 그려집니까?

다른 건 없다. 과학기술에 성패가 달렸다. 과학기술의 발전은 지금부터 시작해도 20~30년이 걸리는 사업이다. 국가 전체가 과학기술에 전력 투구해야 미래가 있다. 국토가 좁고 인구가 많은 우리나라는 핸디캡이 있다. 하지만 국민 개개인의 실력이 뛰어나기 때문에 충분히 가능성이 있다.

박정희 대통령과 어떻게 인연을 맺게 되었습니까?

1965년 5월, 린든 존슨 미국 대통령이 박정희 대통령을 국빈 초청했다. 베트남전에 한국군을 파병한 데 감사를 표하려는 취지였다. 뉴욕에 있는 호텔에서 열린 리셉션에 갔더니, 참석한 한국 사람 가운데 내가 유일한 공학박사였다. 전자공학을 전공한 나는 당시 미국의 한 전자업체에서 일하고 있었다. 그때 박정희 대통령의 눈에 띄었나 보다. 날 보더니 "또 만납시다" 했다. 그 뒤 아무 소식이 없다가 1년 만에 연락이 왔다. 주미 한국대사를 통해 내게 "조국 건설에 참여하도록 한국에 와달라"는 전문을 보낸 것이다. 즉시 3개월 휴가를 내고 귀국했다.

청와대에 들어가서 무슨 이야기를 나누셨습니까?

박정희 대통령이 턱을 만지며 창밖을 보더니 "김 박사는 국내 사정을 잘 모를 테니 차 한 대를 내주겠다. 전국을 한 달간 돌아본 뒤 보고서를 써달라"고 했다. 그때부터 울산의 공장을 비롯해 학교와 농촌 등 나라 구석구석을 돌아다녔다. 이를 바탕으로 정책 보고서를 작성해서 제출했다.

교수직 제의를 거절하고 과학기술처 창설을 건의했다고 들었습니다. 특별한 이유가 있었습니까?

보고서를 들고 청와대에서 박정희 대통령과 독대했다. 아침 10시부터 오후 3시까지 다섯 시간 동안 국수로 점심을 때우며 설명을 이어갔다. 농촌 문제부터 시작했다. "미국의 농가는 토지가 평균 500헥타르500만 제곱미터에 달하고 기계화까지 돼 있지만, 한국은 농가 평균 토지가 0.9헥타르9000제곱미터밖에 안 된다. 그런 상황에서 식구가 열 명씩이나 되니 보릿고개가 수백 년간 반복돼온 것이다. 농촌 젊은이들에게 기술을 가르친 뒤 도시로 내보내야 한다. 미국은 공장마다 수천 명이 일한다. 일본 소니도 가동하는 공장이 열 곳이 넘는다. 우리도 할 수 있다"고 주장했다. 그러자 박 대통령은 "인하대학이 정부 것이니 인하대학 교수로 가달라"고 제안했다. 나는 거절했다.

왜 거절하셨습니까?

당시 학교에는 이렇다 할 연구시설이 없었다. 우리나라에 중요한 건 하루속히 과학기술 연구기관을 만들고 이를 위한 행정조직, 즉 과학기술처를 창설하는 것이었다. 박정희 대통령에게 이런 얘기를 했다. 그랬더니 장관급회의인 경제과학심의회의 상임위원에 임명할 테니 내일부터 출근하라고 했다.

그렇게 해서 과학기술처가 탄생한 건가요?

당시엔 장기영 경제기획원 장관 겸 부총리가 모든 걸 주도하고 있었다. 경제기획심의회의에서 나는 "과학기술처를 만들어 경제기획원과 투톱 체제로 나가야 경제를 일으킬 수 있다"고 주장했다. "여러 선진국의 과학기술 관련 부처를 연구할 필요가 있다"고도 했다. 이어 선진국의 과학기술 부처 실태를 살피기 위해 미국·영국·스웨덴·독일·프랑스·이탈리아를 방문했다. 인도에선 원자력연구소를 시찰했다. 귀국한 뒤 박정희 대통령이 주재한 회의에서 총리, 총무처 장관, 무임소 장관정무 장관과 내가 한 시간 동안 집중적으로 논의를 했다. 이를 통해 과학기술처를 만드는 정부조직법이 만들어졌다. 1967년 국회에서 이 법이 통과돼 과학기술처가 창설됐고, 내가 초대 장관이 됐다. 야당도 과학기술처 창설엔 관대한 입장을 취했다.

외국에서 살다가 장관을 하기가 쉽지 않았을 것 같은데, 어떠셨습니까?

다들 내가 장관을 할 수 있을까 의심스러워했다. 그런데 예산 문제로 이런 의문이 조기에 풀렸다. 당시 경제기획원은 정부 부처 예산 인상 폭을 전년 대비 10퍼센트 선으로 제한했다. 신설된 과학기술처는 사업 예산 배정이 사실상 불가능하다는 얘기였다. 당시 농림부 예산이 110억 원이었다. 그런데 과학기술처엔 인건비 수준인 10억 원밖에 줄 수 없다는 거였다. 밤새 고민하다 새벽 4시에 '작전을 하자'고 결단했다. 오전 10시에 대통령이 참석한 가운데 예산안 회의가 열렸다. 마흔 살의 초년병 장관인 내가 손을 번쩍 들었다. 다들 의아한 눈초리로 날 쳐다봤다. 총무처 장관이 내 옆구리를 찌르며 "앉으라"고 했다. 하지만 나는 버텼다.

관료사회에 물들지 않은 참신한 행동이었네요. 많이 긴장하셨나요?

박정희 대통령이 눈을 깜박이더니 내게 발언 기회를 줬다. 나는 "새로 생긴 부처 예산을 전년도 기준으로 편성하는 건 부당하다"고 일갈하면서 재심의를 요청했다. 다른 장관들이 불안한 눈빛으로 날 쳐다봤다. 회의실엔 긴장감이 가득했다. 장관이 대통령 앞에서 대놓고 예산안에 반발하는 건 처음이란 얘기도 나왔다. 하지만 대통령은 회의 말미에 "과학기술처 예산을 재편성하라"고 지시한 뒤 서재로 들어갔다. 총리가 내게 "축하하네. 오늘은 과학의 날일세"라고 말했다. 정부 돌아가는 사정을 모르고 용기를 내 발언한 게 과학의 길을 연 거다. 그 뒤부터 과학 관련 예산은 내가 달라는 대로 다 나왔다.

KIST, 한국 과학기술의 메카

장관을 지내며 가장 보람 있었던 일은 무엇이었습니까?

3년 8개월 만에 과학기술 개발의 모태인 한국과학기술연구원KIST을 세운 것이다. 또 영국에서 100만 파운드를 들여와 울산대학교를 세우고, 뉴질랜드에서 목축업에 필요한 자금을 끌어들인 일도 기억에 남는다. 당시 내가 도와달라고 하면 거절하는 사람이 없었다. KIST는 내가 1971년 장관을 그만둘 때 만든 마지막 작품이다. 미국에서 600만 달러를 들여와 세웠다.

KIST가 이룬 성과를 구체적으로 얘기해주십시오.

포스코당시 포항제철의 기초 설계를 KIST가 했다. 뿐만 아니라 반도체도 KIST에서 시작했다. 처음에는 메모리 칩 원형을 만들어 삼성에 파는 식으로 했다. 냉장고에 들어가는 냉매인 프레온도 KIST의 작품이다. 개발안을 만들어 정부에서 보조금을 받은 뒤 공장을 지었다. KIST가 우리 경제의 핵심인 제철업·컴퓨터·가전제조업 탄생에 큰 기여를 한 셈이다. KIST가 이런 성과를 거둔 데는 내 후임인 최형섭 전 장관의 역할도 컸다.

포스코가 우리 농민에게 진 빚이 많다며 갚아야 한다고 주장하셨는데, 어떤 의미입니까?

박정희 대통령이 포스코를 세우기 위해 애를 많이 썼다. 오랫동안 지지부진하다가 1969년 김학렬 씨가 부총리를 맡은 뒤 비로소 성사됐다. 포스코 건설을 위해 프랑스에 돈을 빌리려 했지만 실패했다. 결국 박정희 대통령이 농어촌에 보낼 3700만 달러를 포항제철로 보냈다. 기술은 일본에서 가져왔고, 땅은 군부대 부지를 이용했다. 어렵게 포항제철을 만들었고 이로 인해 1000배의 이득을 냈다. 그러니 포스코는 농민들에게 빚을 진 것이다. 앞으로 농어촌 장학금을 조성하는 등의 방법으로 빚을 갚아야 한다.

삼성이 '기술의 삼성'으로 자리매김한 것도 KIST 덕분이라고 하는데요. 무슨 일이 있었던 겁니까?

내가 KIST를 세웠을 무렵 이병철 삼성 회장이 자주 부탁했던 말이 있다. "좋은 인재를 보내달라"는 것이었다. KIST 출신 가운데 4분의 1이 삼성에 발탁됐을 것이다. 삼성의 성장엔 정부의 지원도 주효했다. 1969년 전자공업진흥법을 만들어 전자산업에 투자하는 기업엔 특혜를 준 것이다. 삼성이 지금의 수원 공장을 지은 건 당시 정부가 40만 평을 평당 300원에 사도록 배려했기 때문이다. 이병철 회장의 결단력도 한몫했다. 주위의 반대를 무릅쓰고 반도체를 하겠다고 결정한 게 대표적 사례다.

과학기술후원회를 만들면서 박정희 대통령의 정적인 윤보선 전 대통령의 사촌동생 윤일선 씨를 회장으로 추천하셨습니다.

과학기술 발전엔 민간의 역할이 절대적으로 중요하다. 그래서 과학기술후원회를 만들었다. 대통령 친서를 받아 후원금을 걷었는데, 한 달에 5000만 원씩 들어왔다. 결국 1년 만에 6억 원이라는 당시로선 거금을 거둬 후원회에 썼다. 윤일선 씨를 후원회장으로 추천한 이유는 정부조직법을 개정해 과학기술처를 만드는 과정에서 원자력원_{1959~1967년 원자력 정책을 담당했던 정부기관}이 원자력청으로 바뀌는 바람에 원자력원장이던 윤일선 씨가 실직했기 때문이다. 가슴이 아팠다. 그래서 박정희 대통령에게 윤일선 씨를 후원회장에 앉혀도 좋겠느냐고 물으니 곧바로 "괜찮다"는 답이 돌아왔다.

국내에선 괜찮은 기술을 개발해도 투자를 유치하기가 너무 어렵다고 합니다. 어떻게 풀어나가야 할까요?

한국에 실리콘밸리 시스템을 도입해야 한다. 미국의 실리콘밸리는 사업가가 실패해도 밀어주는 시스템이다. 실리콘밸리에 가보면 1킬로미터마다 '엔젤' 투자 업체들이 깔려 있다. 한 집 들러 안 되면 다른 집에 들러 신기술을 설명하면 투자를 따낼 수 있다. 반면 한국은 사업가가 한 번 실패하면 영영 기회를 잡을 수 없다. 그러니 대기업 협력업체만 살아남는 거다.

학생들이 이공계를 기피하는 경향이 심해지고 있는데, 어떤 대책이 있을까요?

이공계 기피 현상이 이렇게까지 심해진 것은 전적으로 정부 책임이다. 이공계를 활성화하는 길은 간단하다. '과학기술을 전공해도 늙어 죽을 때까지 살 수 있다'는 걸 보여주면 된다. 젊은이들에게 꿈을 가지라고만 얘기해서는 답을 찾을 수 없다. 과거엔 과학자들에게 고급 공무원 봉급의 3.5배에 달하는 돈을 줬다. 집도 제공했다. 고급 두뇌를 유치하기 위해서였다. KIST를 설립했을 때도 마찬가지다. KIST 학원생들에게 등록금과 기숙사를 제공하고 병역 문제까지 해결해줬다. 그렇게 했기 때문에 10년 만에 세계적인 학자들이 나올 수 있었던 것이다. 고급 두뇌를 잡으려면 모든 수단을 동원해야 한다. 과학기술에서 진전이 없으면 나라가 망한다.

우리 기업들은 외국의 고급 인재 유치를 위해 무엇을 해야 할까요?

이제 우리 기업의 월급 수준은 외국 과학자도 고용할 정도가 됐다. 삼성과 현대 등은 이미 외국 두뇌를 많이 확보하고 있다. 국가가 나서서 전 세계 인재를 끌어모아야 한다. 그러려면 과감한 전략이 필요하다.

지금 한국이 안고 있는 문제를 한마디로 어떻게 요약할 수 있을까요?

광범위하고 장기적인 비전을 제시하는 사람이 없다는 것이다. 비전은 아이디어와 다르다. 비전은 경영학적·경제학적으로 종합적인 체계가 있어야 하고 과학적인 투시력이 있어야 한다.

그렇다면 어떤 비전을 가져야 합니까?

과학기술은 20년 앞을 내다봐야 한다. 그러나 나라의 비전은 50년 앞을 봐야 한다. 우리가 가져야 할 나라의 비전은 바로 통일이다. 통일을 실행할 구체적인 구상이 없는 게 문제다. 무엇보다 나라를 과학기술 강국으로 만들어야 한다. 이를 바탕으로 미국과 중국, 일본과 러시아를 종횡으로 연결해 우리 입지를 확보해야 한다. 이는 과학기술에 바탕한 경제력이 있어야만 가능하다.

남북통일 구상은 어떻게 해야 합니까?

우선 미국과 중국을 파이프라인처럼 연결할 수 있도록 한국이 국력을 키워야 한다. 국력을 키우려면 과학기술을 집중 육성해 경제력을 갖춰야 한다. 둘째, 러시아를 촉매로 활용해야 한다. 석유·천연가스 등 러시아 자원이 한국과 만나면 세계로 나갈 수 있다. 그 역할을 부산이 할 수 있다. 러시아의 남하정책을 경제적 효과로 이어가야 한다. 셋째, 요즘 젊은이들이 일본어를 못하는데 걱정이다. 일본은 여전히 중요하다. 넷째, 지도자가 통일의 비전을 가져야 한다. 통일을 이루려면 지략을 가지고 강단 있게 일하는 사람이 필요하다.

마지막 질문을 드리겠습니다. 인생이란 무엇인가요?

인생은 '나그네길'이라 했다. 가수들은 '어디서 와서 어디로 가느냐' 하고 노래한다. 하지만 나는 과학자다. 엔트로피의 법칙에 따르면 생물은 반드시 죽는다. 영원한 것은 없다. 태양도 없어진다. 결국 새로운 태양이 생길 것이다. 이런 전제 아래 인생을 생각해보면 인생은 성실해야 한다는 결론에 이른다. '성誠정성'만 있어선 안 되고, '실實참될'이 있어야 한다. 나는 '실'이 모자랐다. 행복도 다 성과 실에서 나오는 거다. 그러나 성실만 갖고는 안 된다. 직업을 잘 택해야 한다. 인간의 운명은 직업에 달려 있다. 성실과 직업을 어떻게 연결하느냐가 중요하다. 그다음으로 재치가 있어야 하고 끈기와 집념도 있어야 한다. 이병철 회장이 전자산업에 뛰어들 때 일가친척을 불러 "도장을 전부 가져오라"고 했다. 전자산업에 운명을 건 끝에 성공한 거다. '이거다' 싶을 땐 모든 걸 걸고 도전하며 사는 게 인생이다.

● 　　김기형 장관과 대화를 하면서 내내 '인재를 발탁하는 방법'에 대해 고민했다. 김기형 장관이 임명된 과정은 쉽게 말해 정상적인 과정이 아니었다. 국내에서 경력을 쌓은 교수도 아니고 시험을 통해 관료의 길을 걷지도 않았다. 우연한 기회에 발탁되어 파격적으로 장관에 임명된 것이다. 중요한 점은 재능과 실력을 믿고 정부 요직을 맡겼다는 것이다. 이런 점에서 김기형 장관의 케이스는 참조할 만하다.

　물론 김기형 장관도 일정한 테스트를 거친 셈이기는 하다. 박정희 대통령은 그를 한국에 불러 몇 달 동안 전국을 돌아다니며 보고서를 제출하게 했다. 김기형 장관은 민생현장을 방문해 문제점을 파악하고 해결 방법을 연구했다. 그는 농촌 문제부터 대규모 공장, 과학기술 연구기구와 관련 행정 부서의 필요성 등을 역설했다. 젊은 연구자의 치밀한 보고서와 뛰어난 식견을 보고 큰 임무를 맡긴 것이다.

중국은 과장, 국장, 차관, 장관이 되기 전 승진 대상자들을 교육시키고 경쟁시킨 다음 일부를 발탁한다. 조선시대에는 임금이 책문, 즉 정국 해결책을 직접 물어 인재를 발탁했다. 적어도 1급 정도의 인사들을 발탁할 경우는 사업계획서를 바탕으로 인재를 등용할 필요가 있다.

또한 국가적으로 가장 중요한 인재는 과학기술 인재이다. 과거처럼 과학자들에 대한 대대적인 인센티브 시스템이 필요하다. 과학기술자 양성 계획을 세우고 우수한 과학기술을 공부하는 학생들에게 학비 면제, 병역 혜택, 기술고시의 대폭 확대, 국비 유학 지원, 취업 알선 등 국가적 혜택을 주는 것도 고려해보아야 한다.

과학기술이 경제를 이끈다. 기술이 세상을 바꾼다.

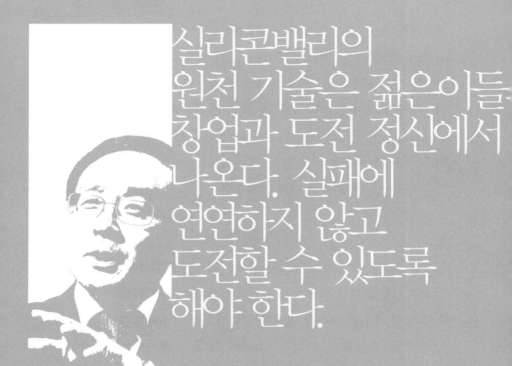

실리콘밸리의
원천 기술은 젊은이들
창업과 도전 정신에서
나온다. 실패에
연연하지 않고
도전할 수 있도록
해야 한다.

오세정

1953년 서울에서 태어나 서울대학교 물리학과를 졸업하고 미국 스탠퍼드대학교 대학원에서 물리학 박
사학위를 받았다. 서울대학교 물리천문학부 교수를 거쳐 자연과학대 학장을 지냈다. 1988년 '전이원소
화합물의 전자구조에 관한 연구'로 한국과학상을 받았다. 교육과학기술부의 BK21 사업기획단 기획위원
장과 한국과학재단 이사, 한국연구재단 이사장을 역임했다. 현재 기초과학연구원 원장으로 재직 중이다.

과학기술에 대한
정부의 리더십이 필요하다

●   김기형 전 장관은 우리 경제를 부흥하기 위해 '한국판 실리콘밸리'를 만들어야 한다고 제언했다. 그 방법론을 듣기 위해 '성실 실패제' 도입을 역설해온 오세정 기초과학연구원장을 만났다.

오 원장은 "미국 실리콘밸리엔 실패한 벤처 기업가가 재기할 수 있는 '벤처 생태계'가 조성돼 있다"며 "한국도 벤처 창업가들이 실패해도 노력했다면 결과를 인정해주는 '성실 실패제'를 도입해야 창의적인 발상을 시도할 수 있다"고 주장했다. 현재 연구단장 50명에게 각각 100억여 원씩 지원하고 있는 기초과학연구원은 오 원장의 이런 철학에 따라 연구자들이 실패할 경우에도 사업의 연속성을 보장해주고 있다.

과학기술 시스템을 위한 리더십이 필요하다

지금까지 많은 원로들이 과학기술의 중요성을 강조했습니다. 과학과 관련이 없는 행정 관료 출신 원로도 그렇게 강조하더군요. 과학기술이 가지는 의미는 뭡니까?

인류 발전의 역사를 살펴보자. 인류의 역사를 바꿔온 큰 축은 기술과 의식이다. 기술의 변화와 발전에 따라 사회가 바뀐다. 인터넷이 발전하면서 경제 시스템까지 바뀐 게 대표적인 사례다.

현재 우리나라의 과학기술 수준은 어느 정도입니까?

우리나라가 세계적으로 특별히 뒤떨어지는 과학기술 분야는 이젠 없다. 문제는 추격형을 벗어나 선도형으로 가야 한다는 것이다. 휴대전화나 반도체는 우리가 먼저 만든 게 아니다. 그저 잘 좇아간 거다. 이제는 남이 못하는 것을 해야 한다. 독일이 수많은 '히든 챔피언^{세계적 경쟁력을 갖춘 중소 제조업체}'을 보유한 이유는 이들 업체가 남보다 한 발 앞서 있다는 점 때문이다.

역사상 중국은 종이와 나침반 등 첨단 기술을 선도했지만, 산업혁명은 영국에서 일어났습니다. 어떤 이유 때문입니까?

1421년 이후 명나라는 정화를 통해 세계 원정을 실시했다. 서아시아를 지나 아프리카까지 갔다고 한다. 그때 거기서 멈추지 않고 더 나아갔으면 서양보다 더 뻗어나갈 수 있었을 것이다. 하지만 중국은 사회 시스템이 부족했다. 우리도 과학기술은 있지만 벤처·기술·금융·시스템이 부족하다. 이는 결국 리더십의 문제다.

존 F. 케네디의 '달 착륙 프로젝트'처럼 국가의 역할이 필요한 시점이라고 이해해도 될까요?

케네디는 과학기술에 대한 투자에 구체적인 비전을 가졌고, 이를 바탕으로 국민을 설득하는 데 성공했다. 우리도 케네디 같은 리더십이 필요하다. 국가는 민간이 하지 못하는 위험도가 높은 기술 투자에 나서야 한다. 그 가운데 기초과학에 대한 투자가 가장 중요하다. 연구자들을 믿고 자율성을 줘야 최고가 나온다. 미국에선 기술 투자 심사는 까다롭게 하지만 결과 보고서는 받지 않는다. 신뢰에 따른 자율성이 있었기 때문에 가능한 것이다.

구글이나 마이크로소프트처럼 단기간에 세계적인 기업이 나온 이유가 그 때문입니까?

그렇다. 가능성 있는 기업을 세계적으로 띄우는 건 미국과 이스라엘이 특히 잘하는 일이다. 미국은 특히 실리콘밸리의 생태계가 잘 구축되어 있다. 기술 개발자와 대기업을 연결해 대형 히트작으로 만들어내는 채널과 사람들이 많다. 우리 정부도 그런 역할을 해야 한다.

한국의 실리콘밸리를 위해

김기형 전 장관은 우리도 실리콘밸리를 만들어야 한다고 했습니다. 실리콘밸리의 생태계는 구체적으로 어떤 건가요?

미래창조과학부 장관 후보자였던 재미동포 김종훈 씨는 기술을 개발해 10억 달러에 팔았다. 미국 대기업에서 그의 기술을 인정하고 산

것이다. 실리콘밸리의 원천 기술은 이처럼 젊은이들의 창업과 도전 정신에서 나온다. 다국적 기업들도 자신들의 연구소 대신 벤처에서 나온 기술을 사는 게 효율적이라고 본다. 그런 면에서 중소기업이 중요하다. 젊은이들이 자꾸 대기업에만 가려 하니 역동성이 떨어지는 것이다. 게다가 우리는 기술 거래와 가치 거래가 부족하고, 시장도 부족하다.

그런 문제점을 어떻게 보완할 수 있습니까?

실패를 경험한 사람들이 기술거래나 금융을 하는 시스템을 만들어야 한다. 이공계에 진학해서 창업할 경우 대기업 상무까지 올라가는 것보다 더 성공하는 사례가 많이 나와야 한다. 김대중 대통령 시절 정보기술 붐을 일으켜 젊은이들한테 가능성을 준 건 엄청난 조치였다.

대덕연구단지를 실리콘밸리처럼 만드는 국가 프로젝트가 필요한 것 아닌가 하는 지적도 있습니다.

그것이 현실적으로 가능한 프로젝트다. 대덕연구단지엔 국립연구소가 스무 개가 넘게 있고, 한국과학기술원KAIST도 있다. 그런데도 제대로 된 성과물이 나오지 못하고 있다. 그래서 나는 '스탠퍼드식' 해법을 제안해왔다. 스탠퍼드대학교는 실리콘밸리에서 성공한 이들을 불러 학생들에게 그들의 경험담을 들려주도록 한다. 이를 듣고 학생들은 창업에 도전한다. KAIST가 스탠퍼드 역할을 해줘야 한다.

증권시장에 벤처를 지원하는 '제3거래소'를 신설해야 한다는 주장도 있습니다.

그럴 필요가 있다. 지금은 신생 기업이 코스닥에 등록하기가 너무 어렵다. 국가가 아니라 시장에서 고위험·고수익 투자 시스템을 만들어야 한다. 제3거래소를 만들어 기술 거래를 활성화할 필요가 있다.

과거엔 전자공학과에 우수한 인재가 몰려 IT 강국이 되었습니다. 지금은 전혀 그렇지 않은 것 같은데요. 어떻게 보십니까?

좋은 기술만 확보하면 1조 원도 벌 수 있다는 풍토가 정착되어야 한다. 그런 사례가 자꾸 늘어나면 이공계는 자연히 살아날 것이다. 또 법대와 의대의 제도적 기득권이 없어져야 한다. 그래야 이공계도 평등한 기회를 가질 수 있다.

독일의 경우 드레스덴대학이 산학협력을 시작한 뒤 과학기술이 많이 발달했습니다.

교수들이 인재를 키우지 않고 자신과 똑같은 사람만 양산하는 게 문제다. '논문은 이렇게 써라' 하고 지정해주는 게 대표적이다. 교수들은 학생들이 아이디어를 내면 '불가능하다'는 것만 가르친다. 학생들이 가능한 걸 얘기할 수 있는 채널이 없다. 지금까지 우리 교육은 산업화에 필요한 인재를 키우는 데는 효율적이었다. 그러나 이제는 바뀌어야 한다.

기업들이 새로운 도전을 하려면 정부의 연구개발 예산에 대한 사용과 평가도 달라져야 한다는 지적이 있습니다.

우리가 노벨상을 타지 못하는 이유는 새로운 분야를 개척하는 사람을 잘 지원해주지 않기 때문이다. 미국은 연구자들을 믿어준다. 실수를 하거나 결과가 안 나오더라도 성실한 자료가 있으면 믿어준다. 반면 우리나라는 반드시 결과가 나와야 한다. 과정은 아무도 신경 쓰지 않는다. 교수들에겐 매년 논문을 몇 편씩 써내라고 강요한다. 그래서 우리는 성공률이 90퍼센트에 달하지만, 선진국은 40퍼센트 수준이다. 하지만 구체적인 내용을 보면 누가 앞서 있는가? 이런 패러다임은 국가가 바꾸어야 한다.

신성장동력 전략이 나라마다 거의 같습니다. 우리나라가 차별성을 갖추려면 어떻게 해야 할까요?

수명 100세 시대가 되면서 바이오 산업이 중요해졌다. 미국이 여기에 엄청난 투자를 하고 있다. 바이오 분야에서 우리가 잘할 수 있는 건 우선 재료 산업이다. 제조업이 강하기 때문에 반도체 나노 산업에도 경쟁력이 있다. 둘째, 담수화 산업도 해볼 만한 분야다.

기초과학연구원의 미래가 중요하겠군요?

우리는 기초 분야가 부족해서 선도하지 못하고 있는데, 기초과학연구원은 기초 분야에 주력하고 실패에 신경 쓰지 말고 남이 안 하는 것에 도전하려고 한다. 정부가 KIST와 KAIST를 만들어 성공했듯이 기초과학연구원이 새로운 시대를 열기 위해 노력할 것이다. 그래서 정부의 평가 지표에서 특별법을 만들어 평가를 개선하려 했다. 세금이 들어가니까 평가할 수밖에 없다는 기획재정부의 입장은 이해한다. 그러나 과감하고 새로운 도전을 위해 특별법의 취지와 지위에 맞는 변화가 이루어졌으면 한다.

미래창조과학부 출범 이후 기초과학연구원의 방향에 어떤 변화가 있습니까?
기본적으로 방향은 맞다. 그런데 미래창조과학부가 기대도 크고 일
자리까지 만들어야 하니 굉장히 부담될 것이다. 장기적 안목을 가지
고 하는 게 중요하다. 생태계를 만들어야 한다. 모든 게 시간이 필요
하다. 시작하고 효과가 있을 때까지 국민과 정부, 국회가 기다려주었
으면 좋겠다.

●   케네디 대통령은 국회에서 연설했다. "나는 달에 가고 싶
다." 케네디의 위대한 계획의 결과로 암스트롱은 인류 최초로 달을
밟았다. 오세정 원장과 대화를 나누는 동안 미국의 케네디 대통령이
떠올랐다. 더 정확하게는 과학기술에 대한 그의 리더십이 떠올랐다.
  스탈린은 과학자 30만 명 양성 계획을 세우고 지원했다. 그 결과
미국보다 먼저 우주에 인공위성을 날려 보냈다. 우주 경쟁을 선점한
것이다. 소련의 인공위성 발사를 보고 깜짝 놀란 미국은 커다란 위기
의식에 빠졌다. 인공위성에 대한 충격은 핵무기에 대한 공포로 이어
졌다. 당시는 냉전이 극심하던 때였다. 케네디 대통령은 미국항공우
주국에 막대한 투자를 한다. 목표는 하나였다. 소련이 무인 우주선을
쏘아올렸다면 미국은 달에 사람을 보내는 것이었다.
  그것은 쉬운 일이 아니었다. 10년 동안 천문학적인 예산을 쏟아부
어야 가능한 일이었다. 케네디 대통령은 달 착륙 프로젝트를 수행하

기로 결심하고 과학교육을 강화했다. 그리고 의회에서 '나는 달에 가고 싶습니다'라는 연설을 한다. 그렇게 국회와 국민을 상대로 '달 착륙'이라는 프로젝트를 설득했다. 이후 미국은 대대적인 예산을 들여 과학기술을 장려하고, 그 결과 8년 만에 인류 최초로 달에 사람을 보냈다.

미국은 이미 제2차 세계대전 당시 전 세계의 과학자를 불러모아 원자폭탄을 만든 맨해튼 프로젝트를 수행한 경험이 있다. 그때의 경험이 인류에게 가장 위험한 무기를 안겨준 것이었다면, 달 탐사 프로젝트는 그와 목적이 달랐다. 미국은 다시 전 세계의 과학자를 불러모았다. 달 탐사 프로젝트는 단순히 사람을 달에 보낸 것에 그치지 않았다. 수많은 관련 기술을 남겼다. 그때 개발한 무선통신 기술은 훗날 인터넷으로 이어졌다. 우주 식량, 화장실 처리 기술, 방열 신소재, 위치를 추적하는 GPS 등 첨단 기술이 미국의 차지가 되었다.

20세기 후반 미국의 과학 전통은 실리콘밸리로 이어졌다. 전 세계에서 가장 뛰어난 기술자와 프로그래머가 모여 있는 그곳에서 미국의 경제는 부흥하고 있다. 실패에 대한 책임보다는 상상력과 과정을 중요시하는 분위기에서 젊은 연구자들은 자신의 역량을 마음껏 뽐내고 있다.

우리나라에도 대덕연구단지 같은 훌륭한 자원이 있다. 그것을 미국의 실리콘밸리처럼 개발하는 전략을 세워야 한다. 예를 들어 펀드를 모집하여 벤처기업을 육성할 수 있는 자금을 만들고 그 벤처기업이 성공하면 다시 기부하여 수익 배당을 할 수 있는 선순환구조의 기부문화제도를 만들어야 한다. 기술과 금융을 그런 식으로 결합하여 젊은이들에게 기회가 갈 수 있도록 해야 한다. 과학기술의 역사를 다시 쓰는 지도자를 기대해본다.

3

권오규　　문형표　　양재모　　차흥봉

복지의 미래를
묻다

김장환 김종서 김성수 류시문

1

복지정책

한국 사회, 성장이냐 복지냐?

재정 건전화를 위해
증세가 불가피하다.
정권을 잃을 각오로
증세를 해야 한다.

권오규

1952년에 태어나 서울대학교 경제학과를 졸업했다. 1974년 15회 행정고시에 합격한 뒤 재정경제부 경제정책국장과 차관보·조달청장을 지냈다. 노무현 정부에서 청와대 경제수석과 정책실장을 거쳐 2006년 7월부터 20개월 동안 재경부 장관 겸 부총리를 역임했다.

성장을 향한
족집게 복지가 필요하다

●   지금 우리나라 경제는 어떤 상황에 처해 있을까? 최근 몇 년 사이 경제 성장 못지않게 복지에 대한 요구도 강해졌다. 누군가는 아직 시기상조라 하고 누군가는 더는 미룰 수 없는 시대적 과제라고 한다. 작금의 우리나라 경제 성장과 복지의 관계를 알기 위해 권오규 전 경제부총리를 찾았다. 권오규 전 부총리는 "한국 경제가 저성장 질곡에 빠져 중소득 국가로 주저앉을 가능성이 있다"고 경고했다. "미국을 제외한 유럽·일본 경제가 모두 하락 국면이어서 성장률 5퍼센트로도 부족한 우리 경제가 2퍼센트대 성장률을 헤매는 위기상황"이라는 것이다. 그 대책으로 그는 "정부 규제를 완화해 잉여자본을 끌어내고, 이민청을 신설해 성장 동력을 끌어올려야 한다"고 말했다. 또 국민들 사이에 팽배한 반기업정서를 해소하기 위해 대기업들의 부당한 관행을 없애고, 복지 지출을 늘리되 부가세 등을 올려 재정 건전화를 병행해야 한다고 힘주어 말했다.

경제 성장률을 높이기 위한 플러스 알파

세계 경제를 어떻게 전망하십니까?

미국이 경기 회복세를 보이고 있지만 전반적으로 어렵다. 앞으로 멕시코·인도네시아·한국·터키 등 네 나라가 중요하고 베트남·캄보디아·파키스탄·필리핀·이란·방글라데시·이집트 등이 당분간 상승 국면을 이끌 것이다. 미국 경제는 금융위기 이후 월 450억 달러 수준의 양적완화정책을 펼쳐왔다. 첨단산업의 경쟁력이 강하고, 전 세계 인재들을 끌어모아 인구 구성이 젊은 게 강점이다.

일본은 이른바 '아베 정책', 즉 재정 확대와 개방을 통한 구조 개혁을 내걸고 있는데 어떻게 전망하십니까?

일본에서 펼치는 아베노믹스의 전망은 불확실하다. 첫째, 돈을 풀어서 엔저를 만들고 그 효과로 증시가 올라가고 부동산이 일부 상승하고 있다. 엔화의 가치를 떨어뜨리는 것은 수출을 늘리려고 하는 것인데 일본의 수출 비중은 14퍼센트뿐이고, 오히려 수입 물가가 올라 무역수지 적자가 기하급수적으로 늘고 있다. 생활물가가 올라서 소비 진작 가능성도 줄어들고 있다. 물가 상승 2퍼센트는 국채 금리가 1퍼센트 플러스되는 것이고, 국채 가격의 폭락을 의미한다. 둘째, GDP의 240퍼센트가 국가 부채인데 재정을 더 푼다는 것은 일본 국채 신뢰도의 하락을 가져올 뿐이다. 만약 미국이 금리를 올리게 되면 일본 자본이 가장 먼저 미국으로 빨려들어갈 가능성이 높다. 일본이 개방을 통한 구조 개혁을 위해 환태평양경제동반자협력체제^{TPP} 가입을 추진하고 있다. 그런데 일본은 농업 때문에 한국과도 FTA를 못하고 있다. 일본에서 농업 단체는 강력한 압력단체다. 우리하고도 못하는데 오스트레일리아·칠레·미국·뉴질랜드는 농업이 강해서 이들과 실질적으로 경제 개방을 할 수 없을 것이다.

한국 경제에 대해 정점에 왔다는 설과 더 성장할 것이라는 설이 맞서고 있습니다. 어떻게 보십니까?

한국 경제는 2016년부터 노동 인구가 감소하고 부양 인구가 늘어나는 상황에 직면할 것이다. 인구 보너스 기간도 곧 끝난다. 2퍼센트대의 성장률은 경제위기라고 봐야 한다. 2만 달러에서 3만 달러까지 가는 데는 10년이 더 걸릴 수 있다. 지금 현재 싱가포르가 8만 달러, 일본이 4만 달러이다. 이 정도면 심각한 상황이다. 우리가 중소득 국가로 주저앉을 가능성도 있다. 성장을 말하면 구닥다리처럼 여기는 풍조는 빨리 사라져야 한다. 2016년 고령화사회로 진입하면 성장률은 더 떨어지고, 사회적 비용은 급증할 것이다. 지금 5퍼센트 성장을 한들 미래를 예측하기 어렵다.

성장률을 높이려면 '자본+노동+α'가 있어야 한다고 합니다. 자본 투자를 획기적으로 늘릴 방안으로는 무엇이 있을까요?

국내에 잉여자본이 많다. 현재 자본투자율이 20퍼센트 안팎인데 1970년대에는 30퍼센트 정도였다. 자본투자율을 다시 올리려면 규제 완화가 필요하다. 우리나라는 국토의 85퍼센트가 산지이다. 그런데 그나마도 현재 5퍼센트만 활용하고 있다. 국토 이용률을 높여야 한다. 수도권 규제를 완화하고 두 곳의 한강 수계와 관련된 규제를 완화해야 한다. 한류, 해양 레저, 유통, 학교, 병원, 물류 산업, 공항, 보안, 법률 등 고부가가치 서비스 신흥 산업에 자본이 흘러가도록 물꼬를 터야 한다.

미국은 서부개척 시대를 열 때 3000만 명의 대량 이민을 받아들였습니다. 그러면서 일대 경제 도약을 이룰 수 있었는데요, 대대적인 이민을 받으려면 국가 전략의 일대 전환도 필요하지 않을까요? 또한 북한의 노동력에 관심을 가져야 하지 않을까요?

동남아시아에서 산업연수원으로 와서 일하는 사람들은 삶을 개척하려는 에너지가 강한 사람들이다. 그들을 적극적으로 대한민국 국민으로 만들고 힘을 모아야 한다. 또한 다문화 가정에 대해서도 격려하고 장려하는 정책이 있어야 한다. 그 가정과 자녀들이 잘되는 것이 중요하다.

출산율이 갈수록 저하되는 바람에 노동 투입량을 늘리는 게 쉽지는 않을 것 같습니다.

이민청을 만들어야 한다. 외국인 노동자 없이는 우리나라의 성장력을 끌어올릴 수 없다. 미국은 이민의 나라다. 독일은 8000만 인구 중 950만 명, 프랑스는 6000만 중 650만 명, 스웨덴은 950만 중 400만 명이 외국인 노동자다. OECD 평균 외국인 비율은 11~12퍼센트이다. 이 수치를 우리나라에 적용하면 우리나라는 외국인이 600만 명 정도가 되어야 한다. 지금 150만 명이니 450만 명이 더 들어와야 한다. 한 해 35만 명이 유입되면 연간 7.5퍼센트의 성장률을 만들어 낼 수 있다. 7.5퍼센트 성장률은 물가를 2.5퍼센트, 환율을 2퍼센트로 잡으면 실질성장률 7.5퍼센트, 경상성장률은 14퍼센트까지 내다볼 수 있다. 6년 만에 두 배로 소득이 올라가는 것이고 12년 만에 다시 두 배가 되는 것이므로 12년 후에 8만 달러까지 가는 것을 말한다. 그럴 경우 2025년께 국민소득이 8만 달러에 이를 수 있고, 남북통일에도 대비할 수 있다. 통일이 되면 기폭제가 돼서 일대 도약의 길을 갈 텐데 8만 달러 정도가 되어야 북한을 끌어안고 살아갈 여력이 생긴다.

복지와 증세의 공존

복지와 재정 건전화는 어떻게 봐야 합니까?

현재 우리나라는 GDP 대비 복지 지출 비중이 7.5퍼센트인데, 이것은 무척 미약한 수준이다. 몇 가지 원인이 있다. 첫째 OECD 평균 세 배에 이르는 과도한 국방비 지출이다. 둘째, 선진국은 지금까지 이르기 위한 인프라를 구축하는 데 적어도 100~200년이 걸렸는데, 우리는 시간이 부족해 두 배의 노력을 기울여야 한다. 따라서 경제민주화를 해야 한다. 일감 몰아주기, 꺾기 관행 등이 사라져야 한다. 그래야 국민들이 대기업을 용납하고, 반기업정서가 사라진다. 복지제도의 틀을 다시 짜야 하는데 보편적 복지란 말을 없애고 '족집게 복지'란 말을 만들어야 한다. 현재 재정 위험성이 크다. GDP 대비 중앙정부 부채 비율이 36퍼센트라고 하나 각종 연금과 21개 공기업 부채, 지방정부 부채를 합치면 총 1273조 원이나 된다. 거기에 가계부채가 1000조 원이다. 이는 보통 심각한 상황이 아니다. 이명박 정권 말에 LH공사의 부채가 138조 원으로 발표되었는데, 5년 전에는 66조 원이었다. 가스공사는 8조 원에서 32조 원으로, 수자원공사는 1조 6000억 원에서 14조 원으로 각각 늘었다. 4대강 사업과 보금자리주택 사업에 투자하고, 저축은행 부실을 막으면서 공공요금만 늘리는 바람에 이렇게 된 거다.

그렇다면 재정 건전화 대책은 무엇이 있을까요?

첫째, 족집게 복지와 함께 증세가 필요하다. 증세는 이제 피할 수 없다. 부가세를 인상해야 한다. OECD 국가들도 고민 끝에 부가세를 인상한 것이다. 둘째로는 환경세를 매기는 것이다. 셋째는 담배·주류의 세금을 더 올려야 한다. 경기가 나빠져 세금이 안 걷힌다. 이미 신용카드와 현금영수증을 쓰기 때문에 80퍼센트 이상 세원이 노출됐다. 세제 개혁을 해야지, 대대적인 세무조사를 하는 건 경제를 더 어렵게 만든다.

국민들의 노후 자금인 연금이 위기에 처해 있는데 어떤 대책이 있을까요?

연금 개혁과 보건의료 개혁을 해야 한다. 연금 개혁의 핵심은 확정 급부형에서 확정 갹출형으로 바꾸는 것이다. 지금까지는 걷는 돈은 늘리고 개시연령은 뒤로 해서 위기 폭발 시한을 뒤로 미루어둔 것이다. 2040년을 2060년으로 늘린 임시방편에 불과하다. 현재 비교적 적은 돈으로 수준 높은 의료 서비스를 받지만, 기본적으로 의사가 너무 부족하다. 그러니 당분간은 보건소를 늘려서 저소득층을 배려해야 한다. 일반 서비스를 늘리는 것은 천천히 해나가야 한다.

역대 정부가 펼친 경제 정책의 공과는 무엇입니까?

김대중 정부에선 구조 개혁과 사회안전망의 기틀을 마련했다. 그러나 노동 개혁이 부족했다. 노무현 정부 시절엔 미국, 유럽연합과의 자유무역협정 추진 등 국가 발전 전략의 큰 틀을 마련했다. 그러나 노동 개혁이 미진해 비정규직 등이 양산됐다. 이명박 정부는 토목공사에 집중한 데다 금융에 대한 몰이해 등으로 성장률이 둔화되고 국가 부채가 급증했다.

한국 경제를 보면 1960년대 베트남전쟁 특수, 1970년대 중동 특수, 1980년대 플라자합의 등 고비마다 경제 특수가 있었습니다. 마찬가지로 일반적인 성장 노력 이외에 남북경제 협력 등을 통한 추가 성장 돌파구가 필요한 것 아닌가요?

통일을 염두에 둬야 한다. 북한을 생각하면 화가 난다. 그러나 통일 비전을 지켜나가야 한다. 통일은 우리의 경제 성장에 기폭제가 될 것이다. 정경분리 원칙이 반드시 필요하다. 개성공단도 마찬가지다. 인도적 차원의 대북 지원을 해야 한다. 독일 통일의 사례를 보면 주변국과의 전략적 경제협력 계획이 필요하다. 첫째, 중국은 달러화 중심의 기축통화체제의 변화를 꾀할 것이다. 무역 결제 대금 중 위안화 결제 부분은 2퍼센트에 불과하다. 유로본드euro-bond가 있는 것처럼 아시아본드 시장을 만들 때가 왔다. 둘째, 러시아는 에너지 시장 확대를 꾀하고 있다. 한·중·일이 원전 건설 대신 천연가스 발전을 늘릴 경우 북한을 관통하는 가스관 사업을 추진할 것이고, 이는 좋은 협력 기회가 될 거다.

원전 문제는 어떻게 해야 할까요?

OECD에 원전 관련 기구가 두 개 있다. 하나는 국제원자력기구IAEA 이고, 다른 하나는 원전의 평화적 이용을 다루는 원자력에너지기구NEA이다. 우리나라가 원자력발전소를 포기하지 않을 거라면, 이런 국제기구에 안전성 평가를 맡겨서 공신력을 높여야 한다.

한·일 경제협력이 중요하다는 것은 누구나 알지만, 관계를 경색시키는 요인이 너무도 많습니다. 어떻게 해결해야 할까요?

정경분리 원칙이 필요하다. 도호쿠 대지진 위기 당시 일본 기업이 KT에 클라우딩 시스템을 맡긴 적이 있다. 지진에 대한 일본인의 위기의식을 이해할 필요가 있다. 일본 지바현은 부품·소재 산업이 강한 곳인데, 부산에 일본 전용 산업단지를 만들고 한일 해저터널을 건설해 심리적 공간을 줄일 필요가 있다. 우리나라에 신공항을 만들 요인도 커진다. 우리 기술을 한 단계 도약시킬 협력 관계를 고민할 필요가 있다.

동북아평화개발은행에 관한 논의를 할 때가 아닌가요?

6자회담 당사국이 동북아시아 개발은행을 만들 때가 왔다. 지금까지 자본은 누가 대고, 수익성은 얼마나 날지에 대해 이런저런 고민만 하고 있었는데, 지금은 일단 추진해야 한다. 북한의 핵 사태 이후 광역두만개발계획GTI에서 탈퇴했는데 북한을 제외한 한국·중국·러시아·몽골의 개발기관이 MOU를 맺었다. 한반도 주변 국가의 평화적 발전을 위해서는 평화개발은행을 만들어서 운영할 필요가 있다.

그렇다면 우리 정부는 어떤 부분에 중점을 두어야 할까요?

첫째, 구조 개혁에 집중해야 한다. 건설·조선·해운 분야의 부실을 조기에 과감하게 처리해야 한다. 둘째, 재정 건전화를 위한 증세가 불가피하다. 독일의 슈뢰더 전 총리는 사민당임에도 노동유연성을 꾀했다. 물론 그러다 정권을 잃었지만 그랬기에 오늘날 독일 경제가 튼튼해졌다. 정권을 잃을 각오로 증세를 해야 한다. 셋째, 교육 문제에 집중적인 노력을 기울여야 한다. 프랑스의 교육제도로부터 배울 점이 많다. 그랑제콜이라는 엘리트 교육 시스템을 보자. 교육 내용의 90퍼센트가 수학·물리·화학으로 이루어져 있다. 학생의 90퍼센트가 이공계를 전공한다. 이런 교육 제도 위에서 프랑스는 글로벌 경쟁력을 갖추었다.

● 한국 경제는 이미 정점에 오른 것인가, 더 성장할 여지가 있는 것인가? 누군가는 한정된 지하자원과 줄어드는 출산율 때문에 성장의 정점에 이르렀다고 한다. 반면 누군가는 유럽의 강소국처럼 인구 구성과 무관하게 더 성장할 여지가 충분히 있다고 한다.

권오규 전 부총리는 오랫동안 한국 경제와 세계 경제에 대해 연구하고, 정부에서 경제 실무를 집행해온 경제통이다. 그와 이야기를 나누면서, 한국 경제의 미래에 대한 우려의 목소리와 함께 희망을 발견할 수 있었다. 그 역시 가장 심각한 경제성장 저해 요인으로 저출산과 고령화를 꼽았다.

그는 우리나라의 인구 보너스 기간이 끝나는 2016년을 기점으로 고령화 사회에 접어들게 된다고 했다. '인구 보너스 효과'란 전체 인구에서 차지하는 생산연령 인구$^{15~64세}$의 비중이 증가하여 노동력과 소비가 늘면서 경제성장을 이끄는 것을 말한다. 즉 2016년이면 생산연령의 인구보다 비생산연령의 인구가 많아지면서 경제성장에 한계가 올 수 있다는 것이다.

이러한 위기에서 탈출하는 방법, 즉 플러스 알파의 요인으로 권오규 전 장관은 외국 이민자를 적극 수용하자고 이야기했다. OECD 국가의 이민자 비율은 평균 11~12퍼센트이다. 그러려면 우리나라에는 600만 명 정도의 이민자가 있어야 한다. 외국 노동력 없이 성장력을 끌어올릴 수 없다. 따라서 그는 이민청을 설치해 성장률을 높일 것을 제안했다.

하지만 이민자만으로는 한계가 있을 것이다. 북한의 노동력 활용 방안을 찾아야 한다. 개성공단 노동자들의 임금은 월 100달러 수준이다. 중국도 인건비 비중이 높아지자 동북 3성 지역에서 북한 노동력을 활용하는 비율이 높아지고 있다. '경제의 눈'으로 북한과의 노동력 협력 방안을 찾아야 한다.

그는 현재 우리나라의 재정 건전성이 악화되었다고 보고, 보편적 복지가 아닌 족집게 복지를 이야기했다. 아울러 증세의 불가피성도 강조했다. 증세에 앞서 복지 재원이 지방자치단체에서 정확히 쓰이는지 국가 점검 체계를 마련해서 낭비되는 돈이 없어야 한다.

또 한편, 증세에 대한 저항감이 있는 만큼, 증세로 확보된 예산은 자녀보육·교육·극빈층 복지 재원으로 한정할 필요가 있다. 미국에는 재산세가 교육 재원으로 편입된다. 재산을 많이 가진 사람은 교육에 기여를 많이 하게 되는 셈이다.

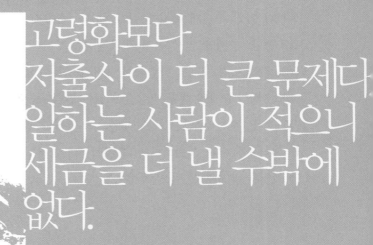

고령화보다
저출산이 더 큰 문제다.
일하는 사람이 적으니
세금을 더 낼 수밖에
없다.

문형표

1956년에 태어나 연세대학교 경제학과를 졸업하고, 미국 펜실베이니아대학교에서 경제학 박사학위를 받았다. 자타가 공인하는 국민연금 전문가다. 1998년 대통령 비서실 사회복지행정관으로 일했고, 이후 미국 캘리포니아대학교 버클리캠퍼스와 사우스캘리포니아대학교 객원연구원을 거쳐 2013년부터 한국 개발연구원에서 민생경제와 사회복지 등에 관한 연구를 지휘했다. 국민연금제도발전위원장을 맡아 국민 연금 개혁 방안을 고민해오다 2013년 12월 제51대 보건복지부 장관으로 임명되었다.

연금은 가장 확실한
사회안전망이다

●　　　문형표 보건복지부 장관은 자타가 공인하는 국민연금 전문 가다. 오랫동안 정부에서 사회복지와 연금 관련 업무를 했고, 한국개 발연구원 등에서도 국민연금 및 사회개발에 관한 연구를 총괄했다. 문형표 장관과 인터뷰를 할 당시는 국민연금제도발전위원장으로 있 었다. 인터뷰를 하고 얼마 지나지 않아 그는 제51대 보건복지부 장관 으로 입각했다. 따라서 인터뷰는 국민연금과 관련된 내용이 많다. 그 는 "후세대를 위해서는 지금 세대가 연금을 좀 더 많이 내는 방안을 진지하게 고민해야 할 때"라고 소신을 밝혔다.

국민연금의 세 가지 문제

국민연금이 안고 있는 근본 문제는 무엇이라고 보십니까?

크게 볼 때 재정 안정성, 형평성, 적정성의 문제가 있다. 재정 안정성 은 돈에 관한 문제이자 기술적인 문제다. 얼마 전 제3차 재정 계산을 했는데, 장차 기금 고갈에 어떻게 대처할 것이냐가 관건이다. 형평성 문제는 연금 사각지대와 관련한 문제다. 현재의 연금 체계로 해결하지 못하는 부분들이 있는데, 그에 관한 것이다.

그러면 지금은 어떤 문제를 핵심 쟁점에 두고 계십니까?
"얼마 전 '3차 국민연금 재정계산'*을 했는데, 지난번과 마찬가지로 2044년에 연금이 적자로 돌아서는 것으로 나왔다. 그리고 나서 2060년이면 기금이 고갈된다. 지금은 이것을 어떻게 할 것이냐가 재정 안정화의 가장 큰 문제다. 지금 같은 방식이 유지되면 나중엔 국민연금 보험료를 월 기준 소득의 23퍼센트까지 올려야 한다. 우리 세대는 9퍼센트를 내지만 자식 세대는 23퍼센트를 내야 한다는 뜻이다. 지금 세대가 받을 걸 계산해보면 15퍼센트를 내면 균형이 맞는다. 둘 중 하나를 선택해야 한다. 우린 9퍼센트를 내고 자식들에게 23퍼센트를 내도록 하느냐, 아니면 일괄적으로 15퍼센트씩 낼 것이냐이다. 문제는 후자는 정치적으로 쉽지 않은 선택이라는 것이다.

전문가들은 어떻게 보고 있습니까?
국민연금제도발전위원회에서도 의견이 6 대 7로 엇갈려 결국 답을 이끌어내지는 못했다. 한쪽에서는 후세대를 생각하면 일괄 15퍼센트

• 장기적인 국민연금재정의 균형 유지를 위해 5년마다 재정수지에 관한 계산을 실시하고, 국민연금의 재정전망과 연금보험료의 조정 및 국민연금의 운용에 관한 계획 등을 포함한 국민연금운영 전반에 관한 계획을 수립한다.

로 가는 것이 맞다고 주장하고, 다른 쪽에서는 부과방식으로 전환을 하라고 주장한다. 후자를 주장하는 분들은 국민연금 기금이 많이 쌓여 있기 때문에 앞으로 더 쌓을 필요가 없다고 한다. 안타까운 건 재정을 적립방식으로 갈 것인지 부과방식으로 갈 것인지에 대한 사회적 합의가 전혀 이뤄지지 않고 있다는 거다. 나는 경제학자라서 그런지 몰라도 각 세대의 복지는 각자가 책임져야 한다고 생각한다. 선진국도 그런 추세이다. 예전엔 경제도 빠르게 발전했고 고령화시대도 아니었기 때문에, 적립금으로 복지사업을 해나가는 게 합당한 측면이 있었다. 대공황 때는 어려운 사람들에게 적립금을 나눠주기도 했다. 하지만 이제 시대가 변했다. 미국을 비롯한 유럽 대부분 나라 또한 1990년대 이후 고령화와 저출산 문제로 인해 적립방식으로 돌아서고 있다. 우리나라는 사실 고령화보다 저출산이 더 문제다. 2060년이면 생산 가능 인구가 40퍼센트나 줄어들어 연금도 계속 올라가고 건강보험료도 두 배 이상 치솟게 될 것이다. 일하는 사람이 적으니 세금도 더 많이 낼 수밖에 없게 될 것이다.

연금제도는 꼭 필요한 것 아닌가요?
복지 측면에서 본다면 연금은 다른 무엇보다 중요하다. 이것을 민간에 맡기면 있는 사람들이야 괜찮겠지만 없는 서민들은 어쩔 도리가 없다. 사회가 안정적으로 유지되려면 성공한 사람도 존경받고 서민들도 안정적인 삶을 살 수 있어야 한다. 국민연금이 안정적으로 운용돼야 하는 이유가 여기에 있다.

현세대인가, 후세대인가?

보수를 지향하든 진보를 지향하든 연금제도는 도입해야만 하는 것이고, 후세
대에게 부담을 전가해서는 안 된다는 얘기로 들어도 되겠습니까?

맞다. 지금 시스템을 유지해야 한다는 사람들은 후세대가 지금 우리
보다 잘살 것이라고 주장한다. 지금 세대는 샌드위치 세대라 부모를
모시면서도 자식들에게 무언가를 기대하지도 못하는 만큼 후세대에
소득 이전을 하는 게 정당하다는 얘기다. 문제는 지금처럼 9퍼센트를
내면 가난한 사람은 물론이고 부자도 낸 것보다 더 많이 받아간다는
점이다. 이대로 가다가 23퍼센트가 되면 어느 누구도 자신이 낸 것보
다 적게 받아갈 수밖에 없게 된다.

저출산과 고령화가 진행돼 생산 가능 인구가 줄면, 경제성장도 둔화될 수밖
에 없을 텐데, 후세대가 더 잘살 거라고 보는 근거는 무엇인가요?

과거의 고도 성장 신화가 앞으로도 계속될 것이라고 보기 때문이다.
그런 점에서 기금이 400조 원이나 쌓여 있는 것도 쓸데없는 일이라
고들 한다. 연금 부채는 400조 원 이상 쌓여 있기 때문에 나중에 돌
려줄 돈의 현재 가치를 보면 눈에 보이지 않는 연금 부채가 쌓여 있
는 셈이다. 따라서 이 돈은 작다고 봐야 한다. 거시경제의 시각에서
는 400조 원이 감당이 안 된다고 보는 것인데, 그렇다면 200조 원은
안 되고 400조 원은 괜찮다는 것인가? 그렇게 말하면 800조 원은 어
떤가? 과연 기준을 어디에 잡을 수 있겠느냐는 말이다. 지금은 고령
화사회다. 이제라도 어떤 그림을 그릴지 고민해 합의해야 한다.

국민연금과 공무원연금의 형평성 문제를 지적하는 사람들이 많습니다. 어떻게 해결해야 할까요?

일반인 연금체계는 세 개로 나뉘어 있는데 공무원은 하나로 통합돼 있다. 미국과 일본은 공무원연금도 세 개로 나눠 기본은 국민연금과 통합하고, 나머지는 민간에 상응하는 모양새를 만들어주고 있다. 결국 공무원연금을 국민연금으로 통합하는 방안을 하나의 해결책으로 제시할 수 있을 것이다. 형평성 확보를 위해 연금 개혁 방안을 본격적으로 논의할 때가 됐다.

4대 보험료가 기업에 부담을 준다고 하는 지적도 많습니다.

기업들은 국민연금에 4.5퍼센트, 건강보험에 2.5~3퍼센트, 실업보험에 1.5퍼센트 등 9퍼센트가량을 내줘야 한다. 여기에 퇴직연금 8.3퍼센트를 더하면 16~17퍼센트를 내야 한다. 사정이 이러니 결국 기업은 고용을 줄이게 된다. 특히 하위계층 근로자들의 고용이 줄어들 수밖에 없다. 그래서 영국도 이 비율을 좀 낮추려 하고 있고, 우리나라도 10인 이하 사업장의 월급 130만 원 이하 근로자들에게는 보험료 절반을 국가에서 내주고 있다. 하지만 이것도 한계가 뚜렷하다. 건강보험 때문이다. 건강보험은 자기가 근로자라는 것만 감추면 건강보험을 내고 있는 친척의 피부양자로 무임승차할 수 있다. 한국개발연구원의 조사에 따르면 그런 근로자가 500만 명이 넘는다. 이 같은 보험료 누수 현상은 연금에도 영향을 준다. 연금에 빨리 가입하라고 하면 근로자라는 걸 밝혀야 하니 국민연금에서 도망가는 것이다. 결국 건강보험 문제가 다른 보험이나 국민연금의 사각지대를 줄이지 못하는 가장 중요한 원인이 되고 있다.

누구나 국민연금에 가입할 수 있는데 인구의 40퍼센트나 가입하지 않아 세금을 안 내는 게 문제란 말인가요?

조세 관료들은 비과세를 줄여 적게라도 세금을 내게 해야 한다고 주장한다. 하지만 소득 조사를 하고 싶어도 자영업자들의 소득을 정확하게 파악하기가 어렵다는 것이 문제다. 이걸 국세청에서 해야 하는데, 하위 40퍼센트에 대해서는 자료가 불충분하다. 국세청이 세심하게 잡아주면 다른 연금에서도 그 자료를 갖다 쓸 수 있다는 점에서 아쉬움이 많다.

결국 적게 내고 많이 받는 게 문제란 얘긴데, 국민연금을 15퍼센트 내라고 하면 과하다고 느낄 사람이 많을 것입니다. 따라서 국민 부담을 9퍼센트에서 3퍼센트 더 올려 12퍼센트로 맞추고 나머지 3퍼센트는 세금에서 공제해주는 방안을 생각할 수는 없을까요?

좋은 대안이라고 생각한다. 이를 위해서는 세 가지를 하면 된다. 첫째 보험료를 점진적으로 최대 13퍼센트까지 올리고, 둘째 출산율을 통계청 예상대로 2060년까지 1.79로 높이고, 셋째 연금 개시 연령을 67세로 늦추면 된다. 특히 개인 부담을 줄여주기 위해 13퍼센트 중 1~2퍼센트는 부가세 재원을 활용해 해결하는 방안도 검토할 필요가 있다.

국민연금의 주식 투자에 대해서도 찬반양론이 있습니다. 어떻게 해결할까요?

국민연금 적립금으로 주식 투자를 하는 것이 옳다고 본다. 지금처럼 채권에만 넣어서는 수익이 나지 않는다. 주식 투자를 하면 주식시장을 교란시키지 않겠느냐는 우려도 있는데, 주식 투자 방법은 두 가지가 있다. 액티브^{active} 투자와 패시브^{passive} 투자가 그것이다. 패시브 투자는 시장 인덱스 펀드를 만드는 것으로, 인덱스에 따라 장기적으로 운용하면 교란 효과는 거의 없다. 그런데 우리는 '올 오어 낫싱^{all or nothing}' 논란으로만 흐르고 있는 게 문제다. 채권도 해외 투자가 불가피하다. 대부분의 나라가 50퍼센트가량 해외 투자를 하고 있다. 네덜란드의 경우 80퍼센트를 넘기도 한다. 개인적으로는 주식투자를 하느냐 마느냐가 아니라 어떻게 할 것이냐를 놓고 논의해야 한다고 생각한다.

국민연금에 대한 개인적인 철학을 말씀해주십시오.

국민 1인 1연금 제도로 가야 한다고 믿는다. 지금 국민연금 가입률은 60퍼센트 정도인데 언젠가는 90퍼센트 이상이 되어야 한다고 가정하고 있다. 전업주부까지 다 가입해야 한다. 국민연금이 많이 깎였기 때문에 앞으로는 부부가 한 사람의 연금만으로는 살 수 없다. 지금은 전업주부들이 소득이 없다는 이유로 연금에 가입해도 세제 혜택을 못 받는데, 이를 바꿔야 한다. 우리 사회가 보다 성숙해지려면 세대 간 영향평가가 실시돼야 한다. 그리고 그런 장치들을 통해 포퓰리즘을 극복해야 한다.

● 　　국민연금 개혁은 시대적 과제다. 그러나 고양이 목에 방울 달기처럼 누구도 쉽게 접근하지 못하고 있다. 국민연금 체계를 개혁하려고 했다간 자칫 정권을 내놓아야 할지도 모른다. 개혁 방안은 기본적으로 연금을 더 내야 하고, 연금 받는 시기를 더 늦추는 식으로 진행될 수밖에 없다. 또 노후에도 안정된 생활을 할 수 있도록 적정 규모가 돼야 하고, 전 국민이 혜택을 받을 수 있도록 해야 한다.

문제는 그러기 위해선 연금을 더 내야 한다는 것이다. 이것을 어떻게 설득할 수 있을 것인가? 누군가는 더 많이 내고 덜 받으라고 설득하고, 양보를 받아내야 할 것이다. 국민의 노후가 안정되려면 누군가의 부담이 높아져야 한다. 또 국가 지원도 늘려야 하는데, 국가의 지불 능력은 어떻게 확보할 수 있을 것인가?

국민연금 개혁은 시대적 과제다. 피한다고 피할 수 있는 것이 아니다. 따라서 정권을 내놓을 각오를 하고 추진해야 한다. 여야가 함께 국민을 설득하고, 표를 잃을 각오를 함께 나누어야만 연금 개혁이 가능하다. 한편으로는 연금 수익을 늘려야 한다.

싱가포르에는 테마섹홀딩스Temasek Holdings라는 투자회사가 있다. 싱가포르 재정부가 100퍼센트 지분을 소유하고 있는 회사다. 테마섹홀딩스는 국가 예산과 연금 등을 활용해서 공격적인 투자로 수익을 내고 있다. 우리나라의 파이낸셜 빌딩에도 투자를 해서 많은 이익을 내고 있다고 한다. 국민연금을 이용한 투자는 어쩔 수 없는 선택이다. 다만 안정적인 투자를 바탕으로 국민의 부담을 줄이고 국민연금에 대한 수익을 늘릴 수 있도록 최고의 투자전문가와 세계적인 투자전문기관의 도움을 받아 국부를 계속 늘려가야 할 것이다.

2

의료복지

한국 사회에 맞는 복지 시스템을 묻다

소의는 병을 고치고,
중의는 사람을 고치며,
대의는 나라를
고친다.

양재모

1919년 경북 상주에서 태어났다. 연희전문학교 세브란스 의대를 졸업하고 미국 미시간대학교 보건대학원과 연세대학교 대학원을 나왔다. 연세대학교 의과대학 교수와 학장, 의료원 원장을 역임했다. 1960년 인구보건복지협회를 설립하고 1960~1970년대 가족계획운동을 지휘했다. 보건소 설립과 전 국민을 대상으로 한 의료보장제도 도입에도 주도적 역할을 했다. 현재 연세대학교 의과대학 명예교수와 성심의료재단 이사로 재직 중이다.

의료는 복지의 기본이다

의사가 사람을 고치는 것은 당연한 일이다. 하지만 국내 예방의학의 태두인 양재모 성심의료재단 이사는 전혀 다른 길을 걸어왔다. 대학 갈 돈이 없어 금융조합 서기로 3년간 일한 뒤 학자금을 모아 의대에 들어간 그는 돈과 명예가 보장되는 개업의를 포기하고 보건소 설립과 가족계획운동을 주도했다. 특히 5·16 군사쿠데타 하루 전인 1961년 5월 15일 '모든 국민이 의료서비스를 받을 수 있는 사회보장제도를 도입하자'는 요지의 보고서를 정부에 제출했다. 그리하여 미국도 이루지 못했던 전 국민 의료보험제도가 1980년대 말 이 땅에 실현되는 데 선구적인 역할을 했다. 최고 수재들이 의대로 몰리는 현실에서 양재모 이사를 만나 진정한 의사의 도道에 대해 물었다. 아흔을 훨씬 넘긴 그는 믿어지지 않을 만큼 정정했고, 목소리엔 생기가 가득했다.

대의를 향한 길

의사로서 철학이 있다면 어떤 것입니까?

소의는 치병治病만 하고, 중의는 치인治人을 하며, 대의는 치국治國을 한다. 나는 대의의 길을 가고 싶었다. 사람을 치유하는 의료 분야는 나라의 복지에서 가장 중요한 부분이다.

고교 졸업 직후 전라남도 여수시에 위치한 '소라금융조합'에 근무하셨더군요. 의사의 길과는 어울리지 않아 보이는 곳입니다. 어떤 사연이라도 있었나요?

휘문고보를 졸업한 뒤 대학에 꼭 가고 싶었다. 그러나 두 가지 할 일이 있었다. 고등학교를 졸업할 당시 키가 145센티미터밖에 되지 않아 학교 수위가 나를 '참새'라고 놀릴 정도였다. 키도 커야 했고, 건강도 키워야 했다. 또 하나는 학비를 스스로 마련하는 것이었다. 워낙 집이 가난했기 때문이다. 그래서 금융조합에 취직한 것이다.

참새란 별명은 극복하셨나요?

금융조합에 오자마자 매년 10센티미터씩 키가 컸다. 3년 뒤엔 176센티미터가 됐다. 조합이 있던 곳이 전남 여수시 소라면이다. 그곳에서 많이 먹었던 꼬막이나 조갯국에 성장 호르몬이 들어 있어 키가 컸는지 모르겠다. 아무튼 키가 커지자 사위 삼겠다는 지방 유지들이 나타나기 시작했다.

금융조합에서 나온 뒤 연희전문학교에 들어가셨습니다.

내가 1944년 연희전문학교에 입학했을 때 세브란스 의학전문학교의 정원은 100명이었다. 그런데 그때는 154명을 뽑았다. 우리나라 젊은 이들이 일제의 징용·징병에 끌려가지 않도록 학교 측이 정원을 대폭 늘린 거다. 일제의 전쟁터에서 총알받이가 되지 않으려면 이공계 대학생이 되는 길밖에 없었다. 당시 연희전문학교 이영준 교장은 대학 정원을 늘린 일로 총독부에 시말서를 써야 했다.

학교생활은 어떠셨습니까?

당시 학교는 서울역 앞에 있었다. 그곳엔 일제의 옥고에 시달려 빈사 직전에 있던 애국지사와 징용에 끌려가 혹사당한 끝에 돌아온 동포들이 헤아릴 수 없을 정도로 많았다. 몰골이 참으로 비참했다. 학생회 간부들과 의논한 끝에 그들을 강의실에 재우고 이가 우글대는 옷을 벗겨 소독해주며 구호 활동을 시작했다.

해방 후 미국과 소련의 신탁통치 움직임에 맞서 반탁운동을 벌이다 옥고를 치르기도 하셨습니다.

나는 신탁통치도, 공산화도 다 반대했다. 35년간 일제의 억압에 시달린 나라를 또다시 다른 나라의 손에 맡기는 걸 찬성할 수 없었다. 신탁통치를 반대하는 연합학생운동 본부를 세브란스에 설치했다. 보성전문학교에서는 신민당 대표를 지낸 이철승 전 의원, 경성제국대학 문리대에선 5공 시절 국회의장을 지낸 채문식 씨 등이 참여했다. 이 일로 인해 서대문경찰서 유치장에서 두 달 동안 갇혀 있다 풀려났다.

세브란스에서 학생회장을 지내시기도 했습니다.

사실 만장일치로 추대됐다. 내 나이가 급우들보다 서너 살 많은 점, 일본 글자만 알던 급우들에게 한글을 가르쳐준 점, 반탁운동을 하다 유치장에 다녀온 점 때문에 그런 게 아닌가 싶다.

졸업 후 의원을 개업하지 않고 학교에 남으신 이유는 무엇입니까?

어려운 집안에서 태어나 어렵게 학교를 다녔다. 주변에선 '의대를 졸업하면 빨리 돈을 벌어 형님들을 도와줘야 한다'고 충고했다. 그러나 나는 형님과 가족보다는 나라의 가난한 농민들을 돕고 싶었다. 내 양심상 개업의가 되는 걸 허락하지 않았던 측면도 있다.

농민들을 돕겠다는 뜻은 어떻게 품게 되셨나요?

전라남도의 금융조합에서 일하며 가난에 몸부림치는 농민들을 직접 목격했다. 개업해서 의사가 된들 환자를 몇 명이나 치료할 수 있을까 하는 의문이 들었다. 결국 의료보장제도를 도입해 모든 국민이 혜택을 받게 해주는 게 시급하다고 생각했다.

개업의가 되는 걸 양심이 허락하지 않았다는 건 무슨 뜻입니까?

의대 졸업을 앞둔 4학년 때 무의촌 진료를 나갔는데 불임을 호소하는 두 여인을 만났다. 그러나 그들에게 아무 도움을 줄 수 없었다. 그런 나 자신을 돌아보니 개업의가 돼 환자를 돌본다는 건 어불성설이란 생각이 들었다. 그래서 졸업 후 학교의 위생학교실에 남아 유행성뇌염 역학조사를 하며 학문에 몰두했다.

한국전쟁 당시 국제연합 주한민사처에서 근무하셨더군요. 이 경험이 인생을 바꿨다고 하셨는데, 어떤 일이 있었습니까?

한국전쟁 당시 충북도청에 유엔 원조기관이 세워졌다. 위생학을 전공한 미국인 의사와 함께 일했다. 거기서 전쟁으로 인한 기근 속에 전염병까지 도는 참상을 목격했다. 괴산의 산골마을 주민 전원이 발진티푸스에 감염됐던 거다. 지프를 타고 현장에 갔다. 환자의 집에 들어서니 클로로칼키^{수인성 전염병을 예방하기 위해 우물 등을 소독할 때 쓰는 고체 염소} 냄새가 코를 찔렀다. 의료 지식이 없는 면사무소 직원들이 환자 몸에 클로로칼키를 마구 뿌린 것이다. 증상이 악화돼 죽어가는 환자들을 보며 지방마다 의료 지식을 갖춘 위생요원과 보건소가 꼭 있어야 한다는 생각을 갖게 됐다.

그래서 본인 개업보다는 서민 병원인 보건소 만들기를 시작하신 거군요?

그렇다. 그리고 얼마 지나지 않아 미시간대학교 보건대학원에 유학을 갔다. 석 달 간 미국 전역의 보건기관들을 돌아보면서 의사들이 질병관리와 공중보건에 큰 역할을 하고 있음을 알게 됐다. 1955년 귀국해 세브란스로 돌아온 나는 이듬해 경기도 고양에 국내 최초로 대학 부속 보건소를 열고 의대 4년생들을 2주간 파견해 실습을 시켰다. 이어 1972년 서울시와 공동으로 서울 연희동에 도시형 보건소를 세웠다. 이를 기점으로 전국에 보건소가 설치되기 시작했다. 참으로 감격적인 순간이었다.

국가적 의료 체계를 세우다

'둘만 낳아 잘 기르자'란 가족계획운동을 벌인 계기는 무엇인가요?

1959년 세계보건기구WHO의 특별연구원 자격으로 세 달 동안 유럽의 의료보장제도를 시찰할 기회가 있었다. 의료보험제도가 도입되려면 임금 생활자가 전 국민의 50퍼센트는 돼야 한다는 걸 그때 경험으로 알게 됐다. 우리가 임금 생활자를 늘리고 빈곤에서 벗어나려면 아이를 많이 낳으면 안 되었다. 그래서 영국 런던에 있던 국제가족계획연맹IPPF을 시찰하고 방명록에 주소를 남겼다. 그러자 얼마 뒤 IPPF에서 "1년에 3000달러씩 지원할 테니 한국에 가족계획협회를 만들어달라"고 제의해왔다. 1961년 9월의 일이다. 이 일을 계기로 가족계획사업에 30년을 바쳤다.

가족계획사업은 어디서부터 시작하셨습니까?

이 사업도 고양군현재 경기도 고양시에서 시작했다. 마을마다 어머니회를 만들어 "아이를 낳는 것보다 잘 기르는 게 중요하다"고 가르쳤다. 새마을지도자 부녀회도 '가족계획 어머니회'가 모태다. 새마을운동의 효시가 가족계획운동인 셈이다.

1960년대 중반 김학렬 부총리가 국회에서 콘돔을 들어 보이며 가족계획을 하자고 야당을 설득했다는 얘기도 전해집니다.

당시는 나라 전체에서 가족계획에 대한 이해가 부족했다. 그래서 야당 의원들이 가족계획 예산을 삭감하려 했다. 그러자 김학렬 부총리

가 그런 고육책까지 쓰며 야당을 설득한 끝에 예산안이 통과된 것이
다. 우여곡절 끝에 가족계획운동은 세계적인 성공을 거뒀다.

정부 예산도 예산이지만 국제사회로부터 기금 지원을 많이 받아오셨다는데, 어느 정도였습니까?

랜드로버 지프 200대를 비롯해 1억 달러, 우리 돈으로 1200억 원을
유치했다. 기부자 중엔 미국의 거부 록펠러 3세도 있었다. 그를 직접
만나 설득한 끝에 록펠러재단에서 지원을 받았다. 거절당하는 경우
도 있었지만 실패를 두려워하지 않고 열심히 설명하러 다녔다.

의료보험제도는 어떻게 만들어졌나요?

1963년에 의료보험법이 제정됐지만 조직도 제대로 갖춰지지 않았고
예산도 턱없이 부족해 10년이 넘도록 집행되지 못했다. 결국 강화군
보건소에서 함께 일했던 김일순 교수 등과 손잡고 1977년 경제기획
원과 보건사회부 주도로 의료보험제도의 기틀을 만들었다. 의료보험
은 보수주의자인 독일의 철혈재상 비스마르크가 처음 만든 거다. 공
산주의 혁명을 막기 위해서였다. 역설적이지만 그런 게 복지다.

복지정책과 사회문제에 관심이 많으셨는데 어째서 정치에는 뛰어들지 않으셨습니까?

관직을 하기는 했다. 보건사회부 장관 비서관을 지냈고, 5·16 군사쿠
데타 직후에는 국가재건최고회의에서 보건 담당으로도 일했다. 심지
어 윤보선 전 대통령과는 사돈지간이다. 정치를 하겠다고 마음먹었

으면 쉽게 할 수 있었을 것이다. 그러나 정치를 내가 할 일로 생각해본 적이 한 번도 없다. 관직에 있을 때도 늘 학교로 돌아가고 싶은 심정이었다.

휘문고보의 은혜를 언급하시는 이유가 특별히 있으신가요?

휘문고보의 박술음 선생님께서 도서관장을 하실 때 4학년인 나에게 사서 일을 맡겨주셔서 등록금을 면제받을 수 있도록 해주셨다. 내 뒤는 훗날 고고학자로 성공한 손보기 교수가 이어갔다. 가정교사 자리도 소개해주셔서 용돈을 마련할 수 있었고 모교에서 영어와 물리를 가르칠 수 있는 교사 자리도 마련해주셨다. 1학년 담임이셨던 정지용 선생님, 미술의 장발 선생님, 시조에 조예가 깊었던 이병기 선생님에게 배울 수 있었던 것은 큰 행운이었다.

장모와 부인에게 감사한다는 말도 자주 해오셨는데요.

워낙 가난했기에 집이 없었다. 그래서 처가살이를 했는데 장모가 아이들을 전부 키워줬다. 소아과 의사였던 아내가 도움을 줬기에 의료사회운동에 전념할 수 있었다. 장모는 치매에 걸리지 않기 위해 고스톱을 했다. 그래서 장모와 나, 아내가 자주 함께 고스톱을 쳤다.

요즘의 의료체제에서 고쳐야 할 점은 무엇이라고 보십니까?

영국처럼 주치의, 즉 개인마다 전담 의사를 두는 시스템이 필요하다. 주치의에게 1차 진료를 받은 뒤 전문의가 진료하는 병원을 찾아가게 해야 한다. 주치의가 지역 주민을 책임질 수 있어야 의료체계가 효율적으로 운영된다.

평소 사랑이 중요하다고 역설해오셨는데, 어떤 의미입니까?

1950년대 미시간대학교에서 공부할 때 오스트리아 출신 정신과 의사가 실험 결과를 발표했다. 고아원에서 갓난아기들을 두 집단으로 나눠 한 집단은 계속 같은 보모가 돌보게 하고, 다른 집단은 석 달마다 다른 보모가 돌보게 한 실험이었다. 1년 뒤 보모가 바뀌지 않은 아이들은 발육 상태가 좋았지만 보모가 바뀐 아이들은 발육이 지연된 것으로 나타났다. 큰 충격을 받았다. 사랑의 중요성을 실감했다. 사람은 빵만으로는 살 수 없다. 인생을 살면서 가장 깊이 파고드는 말이다.

이야기를 나눠보니 의사보다는 의료복지 운동을 해온 사회운동가의 느낌이 강한 것 같습니다.

히포크라테스 선서를 한 의대생이라고 해서 반드시 의사가 되어야 하는 것은 아니다. 다양한 길을 갈 수 있다. 슈바이처는 의료가 만인에게 제공되어야 한다는 신념 아래 아프리카에서 사회운동을 했다. 영국에서 간호사란 직업의 기틀을 세운 나이팅게일은 아군과 적군을 떠나 모든 이의 생명이 소중하다는 걸 행동으로 보여줬다. 나 역시 어렵고 힘든 이들이 의료 혜택을 받도록 해주는 게 의무라는 생각에서 사회운동을 한 셈이다. 내가 개업의로 살았다면 병원을 한 개 세웠겠지만, 보건소 설립 운동을 한 결과 병원을 1500개나 개업한 셈이 됐다.

아흔넷이라는 연세가 믿기지 않을 정도로 정정하십니다. 건강 비결이 있으십니까?

특별한 건강 비결은 없다. 밥을 적게 먹는 정도다. 그리고 아침에는 집에서 자전거를 타고, 저녁에는 옻을 두 개 나란히 놓고 그 위에 올라서서 중심을 잡는다. 그러면 지압도 되고 운동도 된다.

마지막 질문을 드리겠습니다. 인생이란 무엇인가요?

사랑이다. 아이건 어른이건 누군가에게 사랑을 주는 사람이 돼야 하고, 또 동시에 사랑을 받는 사람이 돼야 한다. 나는 가족과 주변에 진 사랑의 빚을 어렵고 힘든 이웃들을 도와주는 것으로 갚으면서 열심히 살았다고 생각한다.

●   소의는 병을 고치고, 중의는 사람을 고치며, 대의는 나라를 고친다. 양재모 이사는 그 시절 누구보다 어렵게 살았다. 고등학교를 졸업하고 공부를 하고 싶었으나 등록금이 없었다. 3년간 일을 하고 돈을 모아 의과대학에 들어갔다. 대개의 경우 졸업을 하면 개업의가 되는데 양재모 이사는 달랐다. 그는 나라의 병을 고치는 대의가 되고 싶었다. 부와 명예를 포기하고 가난하고 어려운 사람을 돕기 위해 보건소 사업을 펼쳤다.

그가 펼친 보건소 사업과 의료보험제도 도입은 마음만으로는 할 수 없는 일이다. 정확하고 치밀한 조사뿐만 아니라 누구보다 빠르게 움직이는 행동력과 사명감도 필요하다. 커다란 수익을 가져다주지도 않는 이런 사업을 하려면 무엇보다 사명감이 필요하다. 가난한 국민을 질병으로부터 벗어나게 해야겠다는 사명감이 그를 이렇게 이끈 것이다. 그의 모습은 의사가 아니라 사회운동가와도 같았다. 대학교에 다닐 때 신탁통치를 반대해 옥고를 치르기도 했고, 결국 학생회장이 되기도 했다. 학생회장으로 있을 때는 서울역 주변의 노숙자와 노동자 들을 위한 의료 봉사를 하기도 했다. 거대한 강도 시작은 작은 샘에서 출발한다. 더불어 함께 사는 공동체를 더욱 아름답고 단단하게 하는 수많은 노력들이 일어나길 기원한다.

인생에서 가장 중요한 것을 사랑이라고 말하는 그의 모습에서, 나라를 고치는 대의의 모습을 보았다. 국민의 아픈 마음을 치유하고 나라를 고칠 대의를 기다린다.

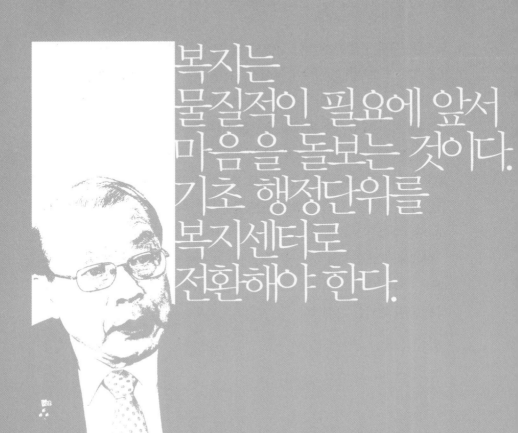

복지는
물질적인 필요에 앞서
마음을 돌보는 것이다.
기초 행정단위를
복지센터로
전환해야 한다.

차흥봉

1942년 경북 의성에서 태어나 서울대학교 사회학과를 졸업하고 중앙대학교에서 사회복지학 박사학위를
받았다. 보건사회부 보험제도 과장과 한림대 사회복지학과 교수를 거쳐 1999년 국민연금공단 이사장,
1999~2000년 보건복지부 장관을 각각 지냈다. 한국노년학회 회장과 한국사회복지학회 회장을 역임했
고, 2011년부터 사회복지협의회 회장으로 재직하고 있다.

복지는 가장 중요한
사회안전망이다

●   양재모 성심의료재단 이사는 "복지 정책에서 가장 중요한 것이 의료복지"라고 강조했다. 이에 따라 40년 넘게 보건복지 일선에서 실무를 맡아온 차흥봉 사회복지협의회 회장을 만나 의료복지의 구체적인 방법론을 들어봤다. 1971년 청와대 복지담당 비서관으로 공직을 시작한 차흥봉 회장은 보건복지부 장관과 국민연금관리공단 이사장을 지내며 의약 분업과 건강보험 통폐합 등 굵직한 보건 이슈들을 처리했다.

의료보험 40년

우리나라의 복지제도는 현재 어느 정도에 이릅니까? 또 앞으로 나아가야 할 방향에 대해서도 말씀해주십시오.

복지는 7부 능선에 도달했다. 35년간 압축 성장을 했듯이 복지도 제도·시설·인력에서 압축적으로 늘어났다. 하지만 외형적인 틀을 갖춘 데 반해 내실은 부족하다. 속도, 내용, 강도를 조절하면서 10부 능선을 향해 가되, 지향성을 바르게 가지고 가야 한다. 자유와 평등의 가치가 조화되어야 한다. 자유는 개인의 책임을, 평등은 골고루 잘사는 것인데, 논쟁보다는 바람직한 접합점을 찾아야 한다.

보수는 복지를, 진보는 성장을 가치 있게 연구하고 추진하는 것이 접합점인 것 같다는 생각이 듭니다.

좋은 이야기이다. 보수가 개인의 책임만을 강조하면 빈부격차가 심해지고, 사회가 불안해진다. 진보의 나누어 주기 복지는 경제성장에 걸림돌이 될 수 있다. 성장과 복지의 균형발전이 중요하다.

복지에서는 특히 건강보험이 중요하다고 봅니다.

우리나라 의료보험제도는 북한과의 경쟁으로 인해 탄생했다. 1963년 의료보험법이 통과됐지만 시행되지 못했다. 그런데 1972년 서울에서 남북적십자회담이 열렸을 때 북한 측이 "우리는 돈이 없어도 병원에 갈 수 있으나 남측은 돈이 없으면 못 간다"고 주장했다. 전 국민이 지켜보는 방송에서 말이다. 우리 정부가 자극을 받은 건 당연하다.

그래서 어떻게 됐습니까?

그 직후 박정희 대통령이 신현확 보건사회부 장관에게 "전 국민 의료보장제도를 연구하라"고 직접 지시했다. 경제 부처들은 오일쇼크와 경기 침체를 이유로 반대했지만 박정희 대통령은 강하게 밀어붙였다. 당시 신현확 장관실에는 외국의 건강보험 자료들이 산더미처럼 쌓여 있었다.

김종인 전 청와대 수석 등 유럽 유학파 인사들이 미국식이 아니라 유럽식 보험제도를 주장했다고 들었습니다.

미국의 건강보험은 실패한 정책이었기 때문이다. 그래서 정부는 유럽식 가운데 중간형인 가입형 보험제도를 채택했다. 독일·프랑스·네덜란드·일본의 사례를 참고했다. 정부 예산으로 비용을 대는 영국의 좌파식 제도는 제외했다. 1973년 보건사회부 국민연금국에서 연구를 시작한 끝에 4년 만인 1977년 한국형 건강보험제도가 시작됐다.

의료보험제도가 시행된 지 40년이 되어가는 현 시점에서 어떻게 개선해야 할까요?

보장성이 확대돼야 한다. OECD 회원국들의 평균 보장률이 80퍼센트 수준인데 우리는 65퍼센트 수준이다. 보험 혜택이 없는 분야를 줄여나가야 한다. 또 국민 개인의 보험료 부담률이 35퍼센트선인데 이를 20퍼센트까지 줄여야 한다. 이와 함께 보험료를 올려야 한다. 월급 가운데 보험료 부담률이 6.5퍼센트이지만 9퍼센트까지 올려야 한다. 마지막으로 현재 5~6퍼센트 수준인 정부의 지원 비율을 높여야 한다. 저소득층과 농민들을 위해서다.

소득만큼 보험료가 부과돼야 한다는 차원에서 지역건강보험료 운영을 어떻게 해야 할지가 문제인 것 같습니다.

능력대로 부과하는 게 원칙이다. 소득을 기준으로 단일 부과 체계를 확립해야 한다. 문제는 봉급 생활자는 소득을 분명하게 파악할 수 있는데 지역 가입자는 파악이 어렵다는 거다. 현재는 재산과 자동차, 그 밖의 경제 능력을 합산해 소득을 결정한다. 국세청이 더 노력해야 한다.

의료산업은 미래 산업이라고 합니다. 어떤 대비를 해야 할까요?

노인 친화 의료산업을 개발해야 한다. 전 세계에 60세 이상 인구가 현재는 8억 명이지만 2050년에 이르면 20억 명이 된다. 수명 100세 시대에는 노인들의 의료 수요가 폭증할 것이다. 서울에 월드 에이징 센터를 세워 대비해야 한다.

영리 의료법인을 도입하자는 주장은 어떻게 보십니까?

일각에서 외국인 환자 유치 확대를 위해 영리법인 도입을 주장하지만, 신중해야 한다. 현재 보험체계를 무너뜨려선 안 되기 때문이다. 다만 성형외과처럼 보험 대상이 아니거나, 막대한 투자가 필요한 첨단의학 분야엔 영리법인 도입을 검토할 만하다.

우리 제약회사들이 신약 개발에 뒤처지는 이유는 무엇일까요?

미국이나 유럽의 다국적 제약회사는 규모가 워낙 크다. 우리 업체의 100배 크기다. 그 회사들은 신약 하나를 새로 만드는 데 수조 원을 투입한다. 영세한 우리 업체로선 경쟁력이 떨어질 수밖에 없다. 또 우리 국민이 머리가 좋다고는 하나 기초과학 수준이 떨어지는 것도 큰 요인이다.

그렇다면 상대적으로 투자비용이 적게 들어가는 의료기기 분야는 어떨까요?

이 분야는 성공 가능성이 높다. 정보통신 기술이 발달돼 있기 때문이다. 이를 통해 원격 진료나 로봇을 활용한 치료 기술에서 성공작을 낼 수 있다고 본다.

주변의 이야기를 들어보면, 같은 검사를 병원마다 하니 아깝다고들 합니다. A병원에서 한 검사 결과를 B병원에서도 쓸 수 있기를 바라는 겁니다. 어떻게 생각하십니까?

병원에 갈 때마다 똑같은 검사를 반복하면 돈이 많이 들 뿐 아니라 환자에게도 힘든 일이 된다. 병원끼리 검사 결과를 공유하는 시스템이 필요하긴 하다. 그런데 병원으로서는 그렇게 해서는 수지가 맞지 않으니 굳이 할 이유가 없는 것이다. 검사 결과를 공유해도 병원마다 이익이 돌아갈 수 있는 시스템을 만들어야 한다.

한국은 양·한의사 간에 협진이 안 되는 유일한 나라라고 합니다.

가장 해결하기 어려운 문제가 그것이다. 서양 의료가 도입된 이래 130년 동안 세 가지 과제가 있었다. 건강보험 도입과 의약분업 그리고 양·한방 통합이다. 앞의 두 문제는 해결됐다. 그러나 양·한방 통합은 요원하다. 의대에서 양·한의학을 같이 배우는 일본이나 의대에 진학한 뒤 양·한의학을 선택할 수 있는 중국의 예를 참고할 필요가 있다.

체감 복지 수준을 높여라

현행 국민연금의 문제점은 무엇이라고 보십니까?

연금 사각지대가 문제다. 국민연금엔 현재 약 2000만 가구가 가입해 있다. 돈을 못 내 연금의 혜택을 받지 못하는 이가 500만 명에 달한다. 또 65세 이상 국민 가운데 30퍼센트만 국민연금 혜택을 받고 있다. 노인 400만 명이 혜택을 받지 못하는 거다. 또 국민연금은 시작한 지 25년밖에 안 돼 축적된 기금이 적고, 받는 돈도 너무 적다. 국민연금만으로 노후생활이 가능해지도록 진화해야 한다. 이를 위해 국회에 국민연금위원회를 만들고 여야가 합의를 이뤄 민생의 백년대계를 세워야 한다.

65세 이상 노인 전원에게 기초연금으로 20만 원을 지급하려다 재정 부족으로 제동이 걸렸습니다. 어떻게 보십니까?

기초연금은 정부 재정으로 하는 것이다. 엄격한 의미에서 연금이 아니라 노령수당으로 봐야 한다. 2050년이 되면 65세 이상 인구가 1800만 명에 달하게 된다. 이들에게 정부 재정으로 기초연금을 줄수 있을지 심각하게 고민해야 한다.

자식을 키우느라 노후 대비를 하지 못한 노인들을 국가가 도와야 하지 않습니까?

맞다. 따라서 한시적으로 기초연금 일몰제도를 도입하되 지금의 노인들만을 대상으로 운영해야 한다. 당장 형편이 어려운 노인이나 농민에겐 기초연금을 지급하는 게 맞다. 그러나 미래에 노인이 될 사람들은 국민연금에서 해결하도록 해야 한다.

국민연금이 적으니 직장에서 은퇴하면 다들 자영업을 하다 망하곤 하는 것 같습니다.

의무교육 제도를 만들어 직장인들이 은퇴 후 어떻게 살지 가르쳐야 한다. 정부와 기업이 참여해 미국의 은퇴자협회 같은 재단을 만들어야 한다. 은퇴한 이들이 기업, 학교 등 전문적인 지식과 능력이 필요한 곳에 지원하면서 본인도 기회를 가지고, 국가로도 도움 되는 시스템을 만들어야 한다. 또 정부와 기업 합작으로 미국의 은퇴자협회 AARP* 같은 수익형 재단을 세워 조기 퇴직한 엘리트들이 국가에 기여할 수 있는 길을 열어줘야 한다.

복지국가가 되려면 정부의 복지전달 체계도 변해야 한다고 주장하셨는데, 어떤 의미였습니까?

복지 업무가 중앙에서 지방 정부로 넘어가고 있다. 복지는 국민의 물적인 필요에 앞서 그들의 마음을 돌보는 것이다. 그런데 지방 공무원들은 복지에 대한 전문성이 부족하다. 지방자치단체 업무의 50퍼센트 이상이 복지 분야인데, 시스템이 제대로 안 잡혀 있다. 그러다 보니 자연히 국민들의 체감 복지 수준이 낮을 수밖에 없고, 복지 사각

• 미국은퇴자협회는 1947년 은퇴 교사들의 작은 모임으로 시작하였고 회원수는 3500만 명이 넘는다. 1년 예산이 6억 달러이며 노년의 삶의 질 향상을 목표로 하고 있는 단체이다.

지대나 중복 지원 등 비효율이 이어지는 것이다.

이런 문제를 해결하려면 어떻게 해야 할까요?

우선 1만 2000명 수준인 사회복지사와 전담 공무원을 대폭 늘려야 한다. 보건소도 더 늘려야 한다. 또 지방 공무원에게 사회복지 교육을 시키고 구·군청의 복지 전달 조직을 늘려야 한다. 이와 함께 읍·면·동을 복지 전달 위주의 행정체제로 재편해야 한다. 주민센터도 복지센터로 전환해야 한다. 또 시·군·구별로 사회복지협의회를 만들어야 한다.

●   복지 정책에 이르는 5가지 기본이 무엇인지 생각해본다.

첫째, 독일에서는 보수주의자 비스마르크에 의해 산업재해보험 등 복지제도가 도입되었다. 왜? 열악한 노동 환경을 해소하지 않으면 공산주의혁명이 일어날 것을 우려했기 때문이다. 역사를 살펴보면 로마제국을 필두로 빈부격차가 극심할 때 정치 변동이 일어났다.

둘째, 1930년대 스웨덴의 사회 민주주의 세력에 의해 노사정 대타협이 일어났다. 정부와 기업이 기금을 조성하여 노동자가 실직할 경우 최소한의 생활을 보장하고, 취업을 위한 재교육을 실시하여 재취업할 수 있는 제도를 만들었다. 대신 기업은 신사업으로 업종을 전환하는 경우 노동자를 해고할 수 있게 하였다.

셋째, 20세기 포드 자동차는 '일자리 = 복지 = 소비'라는 선순환 구조를 만들었다. 양질의 노동력을 확보하기 위해 높은 임금을 주었다.

재계에선 불만이 높았다. 그런데 높은 임금이 마이카 시대를 여는 데 기여했다.

넷째, 독일 사회민주당의 슈뢰더 총리는 노동유연성을 확대하는 개혁을 했고 정권을 잃었다. 그러나 그때의 노동유연성 확대 조치로 생산성이 증대되었다. 메르켈 총리가 그 과실을 누리고 있다.

다섯째, 영국 보수당의 처칠은 2차 세계대전을 승리로 이끌었다. 그러나 전쟁 후 고아, 미망인 등이 많아 불안했던 영국 사회에 노동당이 제시한 "요람에서 무덤까지"라는 복지 구호는 처칠에게 선거에서 패배를 안겨주었다. 결국 역사는 성장 없는 복지, 복지 없는 성장은 모두 한계가 있다는 것을 보여준다. 복지는 보수·진보가 모두 추구해야 할 가치이다.

3

—

종교
한국 사회에 종교는 어떤 의미인가?

종고가
부패하고 분열하면
나라가 어지러워진다.
종고는 사회적
자산이다.

김장환

1934년 경기도 수원에서 태어났다. 미국 밥존스신학대학교를 졸업한 뒤 같은 학교에서 석사학위를 땄
다. 미국 단테 제일침례교회에서 목사 안수를 받은 뒤 수원중앙침례교회 목사를 지냈으며, 1973년 여의
도에서 열린 한국 빌리 그레이엄 전도대회를 통역해 이름을 알렸다. 극동방송 사장과 아시아침례교연맹
회장을 역임했고, 2000년부터 5년간 침례교세계연맹 총회장을 지냈다. 현재 국제YFC 부이사장과 명지
학원 명예이사장을 맡고 있으며 국제구호단체인 컴패션 이사장과 기아대책의 이사로 있다.

종교가 성숙해야
나라가 산다

●　　　개신교계 원로 김장환 목사는 남다른 기록이 많다. 40년 전인 1973년 5월 서울 여의도에서 닷새 동안 320만 명이 모여 세계 최대의 집회로 기록된 빌리 그레이엄 목사 전도대회에서 통역을 맡았다. 또 박정희·전두환·김영삼·김대중·노무현·이명박 전 대통령과 두루 친해 이들을 수시로 독대했다. 동양인으로는 처음 침례교세계연맹BWA 총회장을 맡아 전 세계 1억 5000만 명 침례교인을 이끌었다. 165센티미터 단구의 그가 뿜어내는 열정의 리더십이 세인들을 감동시킨 결과다. 그는 세계 어디를 가든 늘 새벽 4시에 일어나 기도로 일과를 시작한다. 보수 기독교 교단의 원로지만 여당이 먼저 야당에 손을 내밀어야 한다고 주문하고, 북한을 열린 마음으로 도와야 한다고 주장한다. 또 미국 개신교계와 정계에 폭넓은 네트워크를 갖고 있어 한·미 관계가 껄끄러울 때 양국 간 채널 역할도 해왔다. 두 아들에게 자신이 몸담아온 수원중앙침례교회를 물려주지 않고 개척교회 목사로 독립시킨 김장환 목사를 만나 한국 종교가 나아갈 길을 물었다.

목회자의 길을 걷다

고령임에도 무척 건강해 보이십니다. 특별한 비결이라도 있으십니까?

특별한 것은 없다. 대추와 홍삼을 푹 달여 냉장고에 넣어두고 매일 아침 공복 상태에서 한 컵씩 먹는 정도다.

한국전쟁 당시 미군 부대에서 하우스 보이^{심부름 소년}로 지내다 미국 유학을 떠났다고 들었습니다. 어떤 계기가 있었습니까?

당시 칼 파워즈란 미군 상사가 유학의 길을 열어주었다. 내 어머니는 유학길에 오른 내게 부적 두 장을 주셨다. 그러면서 "고향 생각에 병이 나면 물에 달여 먹으라"며 주머니에 흙도 담아주셨다. 열일곱 살 때 부산항에서 미국행 배에 올랐다. 공부를 열심히 해서 농림부 장관이 돼 대한민국을 가난에서 벗어나게 하고 싶다는 꿈이 있었다. 그러나 미국에서 예수를 만나고 신앙이 깊어지면서 성직자의 길을 택했다. 신학을 공부하기로 방향을 바꾼 것이다.

1960년대 초 귀국해 목회 활동을 시작하셨는데, 당시 힘든 점은 없었나요?

조용기 목사가 "서울에서 개척교회를 하자"고 했는데, 나는 고향을 지킨다는 마음에 수원에서 목회를 시작했다. 스물다섯 살 때였다. 당시 우리나라 국민소득이 68달러였다. 교회를 짓는다는 것 자체가 어려운 일이었다. 처음 시작할 때는 교인이 열두 명이었다. 그들이 시계나 패물을 판 돈으로 벽돌을 구해 교회를 지었다. 그때만 생각하면 지금도 가슴이 뭉클해진다.

평소 소외된 이웃을 도와야 한다고 강조해오셨습니다. 이웃을 도운 일 가운데 가장 기억에 남는 일은 무엇입니까?

내전으로 고통받는 시리아 난민을 도운 일이다. 난민의 70퍼센트가 부녀자와 아이들이었다. 유엔에서 천막을 줬지만 비바람이 불면 날아가니 컨테이너하우스가 필요하다고 했다. 컨테이너 한 개에 열여덟 가구가 살기도 했다. 극동방송에서 컨테이너 100개 확보를 목표로 돕기 운동을 시작했는데, 400개를 구할 수 있는 돈이 모였다. 거기에다 SK 최태원 회장이 1000개를 쾌척했고 정부도 300개를 보태줘 모두 1700개를 시리아에 보냈다. 태극기가 부착된 컨테이너를 전달하면서 한국전쟁 당시 어려웠던 우리 모습이 떠올랐다. 모금된 돈이 남아 학교에 못 가는 시리아 아이들을 위한 축구장을 다섯 개 세우고 코치도 구해줬다. 그 아이들이 월드컵에 출전하는 날을 기대해본다.

목회자로서 큰 성공을 거두신 것 같습니다.

사명을 받았기에 정열적으로, 부지런히 일했다. 무엇보다도 한국인은 정이 많다. 성도들의 뒷받침이 가장 큰 힘이 되었다.

40년 전 빌리 그레이엄 목사의 방한이 목사로서 성장하는 데 큰 기회가 된 것은 아닌가요?

인생이라는 게 그렇듯 열심히 하다 보니 기회라는 게 왔다. 1973년 그레이엄 목사 부흥회가 여의도에서 열렸는데 100만 명이 운집했다. 영락교회 한경직 목사가 그레이엄 목사를 초청했는데, 내가 통역을 맡게 됐다. 이 부흥회는 미국 전역에 수차례 방영됐다. 이런 경력 덕분에 2000년대 초 침례교세계연맹 총회장을 맡으면서 세계적으로 인정을 받고 활동 공간도 커졌다.

침례교세계연맹 총회장을 지낼 때 기억에 남는 일이 있으면 말씀해주십시오.
동유럽 각국의 정상들과 쿠바의 카스트로를 만난 것이다. 카스트로와는 2시간 20분 동안 만났다. 교황의 초청도 받았다. 1977년 66만 달러의 부채를 안은 극동방송을 인수해 부흥에 힘쓴 결과 30여 년 만에 유수의 종교방송으로 자리 잡게 한 것도 기억에 남는 일이다. 방송사 사옥을 재건축하는 데 6만 4000명의 성도와 교회 수십 곳이 힘을 보태줬다.

한국 종교의 장점은 무엇입니까?
약간의 갈등은 있지만 종교 간 분쟁이 거의 없다는 점이다. 이집트나 터키는 이슬람과 기독교의 갈등으로 국가적 위기를 겪어왔다. 그러나 우리나라는 불교가 크리스마스 행사에 참여하고, 교회가 사월초파일 행사에 참가하고 있다. 또 모든 종교가 북한 어린이와 소외 계층을 돕고, 양로원과 어린이집을 운영하고 있다. 이는 높이 평가돼야 한다. 종교가 성숙한 나라가 성공한다. 종교가 부패하고 분열하면 나라가 어지러워진다. 종교는 사회적 자산이다.

기독교인으로서 집안 제사 문제는 어떻게 해결하셨습니까?
아버지 제사 때 "추모 예배를 드리자"고 형님들에게 제안했다. 마음에 안 들면 다시 제사를 지내자고 했다. 형들이 받아줘서 제삿날 저녁 7시에 예배를 드리고, 조카가 추도사를 읽었다. 숙연한 분위기였다. 끝난 뒤 "추모 예배가 어떠셨느냐"고 물으니 다들 좋았다고 했다. 어머니가 별세했을 때는 집 대신 수원 기독교회관에서 장례식을 치렀다. 당시로선 파격이었다. 형제들은 회관에서 장례식을 치르되 상복을 입게 해주면 된다고 했다. 그래서 나까지 가족 전원이 상복을 입고 장례를 치렀다. 그러면서 장례식장에 늘 돌기 마련인 술을 내놓지 않았다. 자연 조문객들끼리 싸움하는 불상사가 없었다. 이렇게 가족들 간에 서로 하나씩 양보하면서 변화를 이뤄냈다. 이런 지혜가 필요하다.

우리 종교가 극복해야 할 점으로는 무엇이 있을까요?

종교 지도자들의 자질을 높여야 한다. 좋은 정치 지도자가 나와야 국민이 행복해지듯 좋은 종교 지도자가 나와야 신도들이 인격적으로 성숙해진다. 개신교단이 서로 뭉치지 못하고 갈등을 반복하는 것에 대해 마음 아프게 생각한다.

좋은 종교 지도자가 나오려면 그런 지도자를 교육하는 시스템이 중요하지 않을까요?

무인가 교육시설들이 문제다. 정부가 지나치게 간섭하는 건 문제지만, 적절한 통제 기능은 필요하다. 정부는 교육시설들에 경제적 지원을 하고 교수진 대우에도 신경을 써 훌륭한 종교 지도자가 나올 토양을 만들어야 한다.

요즘 교회 대형화를 비판하는 목소리가 높습니다.

큰 교회나 사찰들은 사실 큰일을 많이 한다. 다만 농어촌의 작은 교회를 잘 돌보지 않는다는 비판을 받고 있는 건 잘 안다.

대형 교회에서 개척교회를 지원해줘야 하는 것 아닌가요?

그래야 한다. 우리도 노력하고 있다. 그러나 교회들이 개별적으로 지원하는 대신 연합해 도와주면 훨씬 효율적일 텐데 그러지 못해 아쉽다. 다만 이런 일이 이뤄지려면 시간이 필요하다. 과거 자동차가 드물 땐 자신의 차를 남에게 빌려주지 않으려 했지만 요즘은 달라진 것처럼 말이다.

대형 교회의 목사직이 자식으로 세습되는 것도 논란입니다.

기본적으로 개별 교회가 결정할 문제다. 외부에서 이렇다 저렇다 참견하긴 어렵다. 나는 아들이 둘 있는데 둘 다 목사다. 나보다 공부를 많이 했다. 나는 수원의 한 교회에서 목회를 45년 했다. 당연히 성도들은 내 아들이 교회를 승계할 것으로 예상했지만 나도, 아들들도 승계를 원치 않았다. 한 아이는 수원에서, 다른 아이는 대전에서 각각 교회를 세워 자립했다.

교회 승계 문제의 지혜로운 해법은 무엇일까요?

개별 교회가 결정할 문제다. 다만 아버지 목사의 지혜가 있었기에 교회가 성장했을 것이다. 교회가 자식 승계를 원한다 해도 아버지가 은퇴한 뒤 일정 기간이 지난 후 승계가 이뤄지는 게 맞지 않을까 싶다.

네 이웃을 사랑하라

목회 활동을 하면서 월급을 한곳에서만 받는 원칙을 세우셨다고 들었습니다. 어떤 이유에서였습니까?

1966년 수원중앙침례교회 담임목사로 부임했지만, 사례비는 14년 뒤인 1980년부터 받기 시작했다. 극동방송 사장으로도 일했지만 방송사에서 월급을 받은 적이 없다. 부흥회 등에서 받은 사례비도 모두 극동방송에 보냈다. 그 철칙은 두 아들에게도 이어지고 있다. 두 아들도 집회에서 받은 사례비를 선교헌금으로 쓴다. 내 아내도 1979년부터 지금까지 중앙기독유치원장으로 일해 왔지만 월급을 받지 않았다. 누군가를 돕고 살아야 한다는 생각에서였다.

빌리 그레이엄 목사는 정치에 대한 올바른 처신으로 존경을 받았습니다.

그레이엄 목사는 올해 아흔다섯이시다. 정치에 참여해달라는 유혹을 수도 없이 받았지만 목사의 본분을 지켰다. 리처드 닉슨 대통령 하야 이후 공화당이 '대통령 후보로 나서달라'고 여러 번 요청했지만 그는 뿌리쳤다. 나는 그의 집에서 자기도 했고, 1973년 한국에 왔을 때는 3주간 함께 지내기도 했다. 트루먼부터 오바마까지 역대 미국 대통령들이 그의 기도를 받기를 원했다. 오바마는 대통령 당선 뒤 그의 집에까지 가서 기도를 받았다. 그런데도 그레이엄 목사는 겸손하며, 주변의 모든 사람을 격의 없이 대한다.

선생님도 정치 참여 권유를 받은 적이 있지는 않습니까?

전두환 정부 시절 이종찬 민정당 원내총무가 수원에서 출마해달라고 권유했다. 당장 거절하긴 뭣해서 사흘 동안 기도할 시간을 달라고 한 뒤 편지를 보냈다. "나도 젊은 시절 미국에 유학할 때는 정치할 뜻이 있었으나 그 뒤 성직자의 길을 가겠다고 마음을 바꿨다. 성직자로서 나라가 잘되도록 돕겠다"며 거절하는 내용이었다.

역대 대통령 모두와 가깝게 지내셨다고 들었습니다.

'정치 목사'라는 소리도 들었다. 성직자의 길을 걸으면서 역대 대통령을 모두 기도와 전도의 대상으로 생각했고, 이를 실천해왔다. 2006년 반기문 외교부 장관이 국제연합 사무총장 선거에 나섰을 때 노무현 대통령이 외국을 순방하며 득표 활동을 했다. 그때 노무현 대통령을 만나 기도를 해줬다. 대통령을 전도하면 장관도 전도하기 쉽지 않나? 성경에도 "권력 잡은 자를 위해 기도하라"는 구절이 있다.

우리나라는 정치적 분열이 워낙 심해 국민이 둘로 갈라져 있습니다. 어떤 지혜가 필요할까요?

성경에 "남을 나보다 낮게 여기고, 원수를 사랑하고, 원수를 위해 기도하라"는 말이 있다. 서로 노력해야 한다. 우리나라는 지연과 학연, 남북과 동서 간에 갈등이 심하다. 한 세대는 더 지나야 해결될 것 같다. 우리 국민 한 명이 일본인 한 명과 붙으면 쉽게 이긴다. 그러나 국민끼리 붙으면 일본에 진다. 분열 때문이다. 내가 제사 문제에 부닥치자 형제들과 하나씩 주고받으며 해결해나갔듯이 정치도 여당과 야당이 서로 주고받으며 공존해야 한다.

남북문제는 어떻게 풀어야 합니까?

정부가 대북 접촉에 대해 통제가 심한데, 민간 종교단체들에 역할을 줘야 한다. 한국은 세계 12위의 경제대국이다. 북한을 자신 있게 대해야 한다. 북한이 핵을 포기하도록 지난 20년 동안 정부가 노력했지만 변화된 게 없다. 결국 민간을 통해 북한 개방의 물꼬를 터야 한다. 그러면 남북관계도 풀릴 것이다.

북한의 식량난에 대해서는 어떻게 보십니까?

우리도 과거 라면으로 끼니를 때우며 힘든 시기를 극복했다. 식량 문제는 인도적 입장에서 자신감 있게 지원해야 한다. 국내 비료 업체에 비료를 생산하고 남은 재료가 3200톤이나 있다고 한다. 이걸 보관하는 비용만 1년에 100억 원이 든다고 한다. 재료에 비료 성분이 남아 있어 북한의 농토에 뿌리면 수확이 크게 늘어날 수 있다. 우리 정부가 허가하면 운반 비용은 종교단체에서 댈 수 있다.

바람직한 신앙 생활의 길은 무엇입니까?

"네 이웃을 내 몸과 같이 사랑하라"란 가르침이 중요하다. 얼마 전 병원에 갔다. 아주머니 한 분이 아이를 안고 복도에서 왔다 갔다 하고 있었다. 사연을 물어보니 "불광동 버스터미널 휴지통에 버려진 아이를 구해 왔다"고 했다. 이 아주머니처럼 우리는 서로 사랑해야 한다.

마지막 질문을 드리겠습니다. 인생이란 무엇입니까?

오늘 있다가 내일 없어지는, 안개와도 같은 것이다. 천년만년 살 것 같지만 인생은 잠깐이다. 어린아이가 무지개를 쫓는 것과 같은 거다. 그런 만큼 하루하루를 멋지게 살아야 한다. 다들 내일과 미래를 얘기하는데, 내일은 약속을 받지 못한 것이고, 어제는 이미 지나간 것이다. 오늘 하루를 열심히 사는 게 중요하다.

●   김장환 목사는 한국전쟁 당시 미군에서 하우스 보이로 있다가 유학을 떠나게 되었다. 당시 미군 부대에서 이런저런 심부름을 하며 심부름값으로 껌이나 초콜릿, 소액의 돈을 받는 아이들이 있었는데, 그 아이들을 하우스 보이라고 한다. 당시 칼 파워즈라는 미군 상사가 유학을 도와주었다고 한다. 이 인연 덕에 현재의 김장환 목사가 있는 것이다.

김장환 목사는 진보와 보수를 뛰어넘어 역대 모든 대통령을 위해 기도하고, 그들을 전도하려고 노력하고 친분을 유지했다. 그 비결은 무엇인가? 나는 유연성이라고 본다. 기독교 교인들 중에 제사를 지내는 문제로 집안의 갈등과 분쟁이 생기는 것을 볼 수 있다. 김장환 목사는 부친의 제사를 올리는 대신 형제와 함께 엄숙한 분위기에서 추도 예배를 하고, 모친의 장례 때는 장례식에 형제들에게 상복을 양보한 대신 술을 내놓지 않아 장례식의 예를 다하였다. 이러한 유연한 태도가 있었기에 그는 누구와도 스스럼없이 만날 수 있는 목회자가 되었을 것이다.

"사람이 만나면 역사가 이루어지고 하나님을 만나면 기적이 이루어진다"는 말이 있다. 하나님을 만나면 기적이 이루어지는지는 알 수 없지만, 사람과 사람이 만나면 역사가 이루어지는 것은 틀림없다.

인생에는 피할 수 없는 세 가지가 있다. 태어나고, 죽고, 누군가를 만나고 헤어지는 것이다. 인생은 인연으로 사는 것이란 생각을 거듭하게 되었다. 칼 파워즈 상사와 김장환 목사와의 인연이 역사를 만든 셈이다.

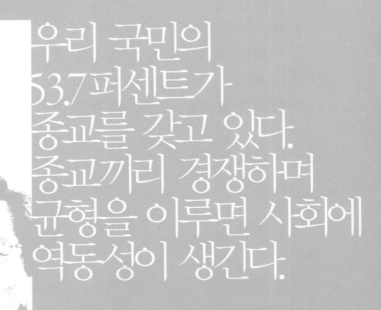

우리 국민의
53.7퍼센트가
종교를 갖고 있다.
종교끼리 경쟁하며
균형을 이루면 사회에
역동성이 생긴다.

김종서

1952년 서울에서 태어나 서울대학교 종교학과를 졸업했다. 그 뒤 캘리포니아주립대학교 산타바버라캠
퍼스에서 석사학위와 박사학위를 취득했다. 한국정신문화연구원 교수를 거쳐 서울대학교 중앙도서관
관장, 한국종교학회 회장을 지냈다. 현재 서울대학교 종교학과 교수로 있으면서 서울대학교 출판문화원
원장과 한국종교학회 이사를 맡고 있다.

정권의 비호를 받은 종교는
반드시 망한다

●　　　김장환 목사는 "종교는 사회적 자산이다. 종교가 건강해야 나라가 건강해진다"고 강조했다. 이에 김종서 서울대학교 종교학과 교수를 만나 '건강한 종교'를 실현하기 위한 방법론을 들어봤다. 종교 사회학의 권위자인 김종서 교수는 종교 간의 벽을 허물기 위한 국제 포럼 '세계종교간대화'에 여러 차례 한국을 대표해 발표자로 나섰다. 이를 통해 종교와 국가·사회 간의 건전한 관계를 위한 방안들을 제시해왔다.

한국 종교의 순기능

인간에게 종교란 무엇입니까?

종교에는 나름대로의 순기능이 있다. 능력과 재산이 많다 한들 산다는 건 힘든 거다. 불안하고, 걱정이 많다. 그러나 교회나 사찰을 열심히 다니며 신앙 생활을 하면 정신적인 힘이 생긴다. 또 종교는 기본적으로 공동체를 중시한다. 인간은 혼자 있으면 힘들고 외롭기 마련인데, 종교는 그런 허전함과 불안함을 달래준다.

쉬운 말로 하느님, 부처님을 '빽'으로 삼아 당당하게 살아갈 수 있다는 말로 이해해도 될까요?
그렇다. 어렵고 힘들 때 버팀목이 되는 측면이 있다.

한국 종교의 현실은 어떤 상황이라고 보십니까?
세계에서 유일하게 동서양 종교가 비슷한 규모로 공존하고 있다. 불교도가 1032만 명, 기독교도가 816만 명, 가톨릭교도가 595만 명 선이다. 우리 국민의 53.7퍼센트가 종교를 갖고 있다. 일본은 20~30퍼센트, 중국은 8~15퍼센트 선이다. 종교끼리 경쟁하며 균형을 이루면 사회에 역동성이 생긴다. 종교를 사회적 자본으로 인식해야 하는 이유다.

종교가 우리 사회에 미친 순기능은 무엇입니까?
한국 사회는 빠르게 발전해왔다. 다들 열심히 일했기 때문이다. 그러나 늘 힘겹고 불안한 가운데 살아왔다. 그럴 때 마음을 기댈 수 있는 곳이 종교였다. 1938년과 2005년을 비교하면 인구는 1370만 명에서 4700만 명으로 3.4배 늘었지만 종교를 가진 이는 71만 명에서 2497만 명으로 35배나 급증했다.

종교가 정신적인 역할을 하는 이유는 무엇일까요?

성당, 교회, 사찰 등을 열심히 다니면서 신앙생활을 하다 보면 삶에 대한 기본적 태도를 갖출 수 있게 된다. 교리를 공부하고, 계율을 지키려 노력하고, 고해성사를 하고, 하심下心을 가지려 노력하다 보면 정신적인 힘이 생긴다. 또한 종교는 기본적으로 공동체를 중요시한다. 인간은 혼자 있을 때 힘들고 외로운 존재다. 종교를 국민적이고 사회적인 자본으로 이해해야 한다.

스웨덴에선 금주 운동부터 노동당 창당까지 종교가 크게 기여하였고, 미국은 대각성 운동 등 종교가 사회 진화에 기여했다고 합니다.

스웨덴 노동자들은 산업혁명 당시 삶이 힘들어 술을 많이 마셨다. 이게 그들의 삶을 황폐하게 했다. 이때 기독교가 금주 운동을 개시했고, 나아가 노동조합 결성과 노동당 창당도 주도했다. 우리도 일제시대 기독교인인 조만식 선생이 민족자본 형성 운동을 이끌었고, 평양 신학교가 시작한 학교 만들기, 세브란스를 필두로 의료기관을 세우는 등 근대화에 많은 영향을 주었다. 최근엔 가톨릭의 '내 탓이오' 운동이 우리 사회 개선에 많은 기여를 했다고 본다.

종교의 권력화, 권력의 종교화

종교 시설이 대형화되고 있다는 지적이 있습니다. 이와 같은 '규모의 종교'가 미국·유럽의 종교와는 어떤 차이가 있습니까?

미국도 교회가 대형화되고 있고, 조그만 교회가 무너지고 있다. 반면 유럽은 기독교가 동양의 유교와 비슷하게 되어 있다. 제네바에 있는 칼뱅 교회에 가보면 텅텅 비어 있다. 그렇다고 해서 유럽인이 종교를 안 믿는가 하면 절대 아니다. 일부 국가에서는 목회자들의 설교가 너무 고차원적이고 어려워 신도가 적은 경우도 있다. 미국과 유럽은 아주 다르다. 예를 들어 교황이 유럽에 오면 스위스는 길에 눈을 치우는 등 예의를 다한다. 반면 미국은 교황이 오면 티셔츠를 판다든지 하면서 기금을 모은다. 미국은 고차원적인 측면은 없다. 이를 물질적 기독교라 칭한다.

특히 교회 대형화 논란이 거센데, 교회의 대형화에 어떤 문제가 있습니까?
교회가 대형화된다고 해서 모두 나쁜 것은 아니다. 나름대로의 장점도 있다. 미국의 경우, 대형 교회는 목사의 설교를 준비하는 팀이 예일대학교 같은 명문대 출신들이다. 그래서 설교의 질이 높다. 반면에 대형화의 결과, 하느님에게 기도하는 게 아니라 예배를 중계하는 텔레비전 화면에 대고 기도하게 됐다는 비판도 나온다. 무엇보다 목회자가 신도 개개인의 삶에 직접 들어가지 못하게 되는 현실이 가장 큰 문제다.

교회나 그 밖의 종교 시설을 자식에게 물려주는 현상은 어떻게 봐야 합니까?
미국의 감리교나 장로교에서 그런 부자승계는 불가능하다. 목사가 70세를 넘겨 정년에 이르면 자신이 맡았던 교회에 나가지 않는 게 전통처럼 돼 있다. 후임자를 위한 배려. 우리나라의 경우 교회를 자식에게 물려줄 수도 있다. 그러나 목사는 기댈 곳 없는 광야에서 부름받은 이들이 목회를 하는 자리이다. 그래야 신도를 설득할 수 있는 카리스마가 나온다. 재산을 물려줄 순 있어도 카리스마를 물려주는 건 쉬운 일이 아니다.

대형 교회가 개척교회를 지원해주는 제도나 은퇴한 목회자들을 지원해주는 제도가 필요하지 않을까요?

그렇다. 천주교는 성당의 규모가 어느 수준 이상을 넘어서면 나눈다. 그러나 기독교는 개교회주의이기 때문에 교회가 커지는 것이 성공의 지표처럼 보이는 측면도 있다. 개교회주의가 교회 성장에 기여한 측면이 있다. 미국은 은퇴 목회자에 대한 지원체계가 잘 정비되어 있지만 우리는 그렇지 못하다. 그래도 천주교는 비교적 잘 정비되어 있는 편이다. 개척 활동을 하는 어려운 목회자들에 대한 지원, 은퇴 후의 지원도 필요하다. 대형 교회 목회자와 개척교회 목회자의 은퇴 후 삶의 격차가 큰 게 현실이다.

훌륭한 종교 지도자를 배출하는 교육 시스템이 필요하다는 지적도 있습니다.

미국에서는 목회자가 되려면 일반 대학을 나온 뒤 신학대학원에서 석사를 마쳐야 한다. 우리의 경우 교육부 인가를 받은 종교 교육 시설들은 학생들을 엄격히 교육하려 노력한다. 과거보다 훨씬 나아졌다. 문제는 무인가 학교들이다. 이들 학교에 정제된 교육 시스템을 도입하는 게 시급하다.

종교와 정치의 함수는 어떻게 풀어야 하는지요?

미국의 토머스 제퍼슨 대통령 이야기가 있다. 제퍼슨 대통령은 교회를 열심히 나갔다. 이때 왜 교회에 열심히 나가는지 묻자 제퍼슨은 "교회에 나가야 정치가 되는 거네"라고 했다고 한다. 이처럼 종교의 정치에 대한 영향력이 점점 더 커지고 있다. 주말에 지역구 안의 큰 교회를 여러 곳 다니는 정치인들을 본 적이 있었다. 서로 절제해야 할 것이다.

정권의 비호를 받은 종교는 반드시 망한다고 주장하셨습니다. 어떤 맥락에서 하신 말씀이십니까?

당나라 시절 왕조의 비호를 받은 불교 화엄종이 그랬다. 반면 권력과 거리를 두고 자급자족했던 선종은 살아남았다. 고려 말 불교도 권력과 너무 밀착한 나머지 무너지고 말았다. 유럽도 교황권이 지나치게 커지면서 위기를 맞았다. 종교가 권력에 기대 세력을 확장하면 신도의 어려움을 해결해주는 원래의 기능은 잃고 권력투쟁에 휘말려 희생되고 만다.

지금 유럽에선 정치와 종교의 관계가 어떻습니까?

독일엔 국교가 있다. 종교세도 낸다. 기민당처럼 종교를 이름에 넣은 정당도 있다. 그러나 독일인들은 기독교가 정치화하는 데 강력히 반대한다. 건전한 정당정치를 추구할 뿐이다.

종교의 탈정치화라는 측면에서 미국의 빌리 그레이엄 목사가 존경을 받고 있습니다. 어떤 비결이 있었습니까?

그가 하는 설교엔 대단한 힘이 있었다. 방송으로 중계된 그의 부흥회는 큰 반향을 일으켰다. 미국의 대통령들에게도 영향력을 미쳤다. 그러나 그는 절제했다. 종교적 순수성을 잃지 않으려고 노력했다. 역사적으로 보면 본연에 충실한 종교가 오래간다.

석가모니와 예수, 공자의 말씀이 수천 년간 힘을 잃지 않는 이유는 무엇이라고 보십니까?

쉬운 말로 교리를 전파했다. 또 말에 그치지 않고 실천을 한 점, 시류나 유행을 따르는 대신 인간 삶의 근본에 천착한 사상을 내놓은 것도 공통점이다.

기독교와 불교, 이슬람교를 각각 평가해주십시오.

기독교는 윤리성이 강하다. 하늘로부터 부름을 받고, 인간이 지켜야 할 도리를 밝혔다. 불교는 석가가 왕자의 지위를 버리고 수행의 모범을 보인 점이 핵심이다. 이슬람은 사막처럼 척박한 곳에서 나온 종교이다보니 공동체 정신이 강한 게 특징이다. 이슬람 국가에서 공산주의가 힘을 쓰지 못하는 것도 특징의 하나다.

우리나라 종교들의 향후 교세는 어떻게 될 것이라 보십니까?

불교는 현재 신도 수가 가장 많지만 젊은 신도가 적은 게 문제다. 개신교는 1995년 이후 성장률이 마이너스다. 반면 가톨릭은 1995년부터 2005년까지 10년 동안 74퍼센트의 성장률을 보였다. 조심스러운 전망이지만 2015년이 되면 가톨릭이 개신교를 앞지를 가능성도 있다.

가톨릭 신도가 늘어나는 이유는 무엇입니까?

고 김수환 추기경 등 가톨릭 사제들이 민주화 운동에 기여한 사실이 부각되면서 '정의의 종교'란 인식이 생겼다. 조선 후기 가톨릭이 전래될 때 박해를 피하기 위해 우리 전통에 적응한 점도 작용한 듯하다. 제사에 대한 융통성 있는 태도 같은 게 그 예다. 또한 사망시 가톨릭 특유의 따뜻한 장례 전통 등이 있어서인지 몰라도 연로하신 분들의 가톨릭 귀의가 늘고 있다.

바람직한 종교 생활을 하려면 어떻게 해야 합니까?

아버지는 불교를 믿으셨고, 어머님은 기독교를 믿으셨다. 어린 시절 아버님이 천수경을 독경하는 소리를 하도 많이 들어서 무슨 뜻인지도 모르고 외울 수 있었다. 하지만 아버지께서는 내게 '교회에 나가 좋은 말씀을 들어보라'고 권하셨다. 하나의 종교에 빠지는 대신 다른 종교를 접해보고 자신에게 맞는 건전한 신앙 생활을 하는 게 중요하다.

정부의 종교 정책은 어때야 합니까?

국가가 종교에 깊이 관여하는 건 바람직하지 않다. 건강한 종교를 지원하되 특정 종교에 편향되지 말아야 한다. 또 국민들이 어려서부터 여러 종교를 비교하며 이해하게끔 교육해야 한다.

마지막 질문을 드리겠습니다. 인생이란 무엇입니까?

어려운 질문이다. 고생도 많았고 어렵게 살았다. 종교 연구에 40년을 보냈다. 그래도 나만의 길이 있었다는 것이 의미 있었다.

● 　　인간이 만든 네 가지 발명품으로 흔히 화폐, 투표, 시험, 그리고 종교를 꼽는다. 종교는 왜 탄생하게 되었을까? 진화심리학자들은 인간이 불안한 생존환경 속에서 나름의 인과관계와 논리체계를 구축하기 위해 진화적으로 '믿음의 엔진'을 만들었고, 거기서 체계적인 믿음이 탄생했다고 본다. 즉 인간에게 고난이 있고, 무엇보다 죽음을 지각했기 때문에 종교가 탄생했을 것이다.

우리나라는 전 세계적으로 유례가 없을 정도로 종교적 열정이 강한 나라이다. 전 국민의 절반 이상이 종교를 가지고 있고, 기독교는 세계에서 가장 빠른 속도로 전파되었다. 우리나라 사람들의 종교성 자체는 이미 세계적인 수준이다. 최근에는 교회의 대형화가 급속하게 이루어지고 있다. 어느 나라에서도 보기 힘들 정도의 크고 화려한 교회가 속속 늘어나고 있다. 대형 교회를 짓느라고 목사님도 신도들도 바쁘다. 큰 절을 짓느라고 스님도 신도들도 바쁘다. 하나님의 말씀, 부처님의 말씀은 때와 장소를 가리지 않을 텐데, 더 크고 화려한 성전을 짓느라 다들 바쁘다. 과연 그 속에서 하나님, 부처님의 말씀은 진심으로 전달되고 있는 것일까?

한편으로는 종교가 있기 때문에 사회가 이만큼 유지되는 것이라는 이야기도 있다. 그 말도 맞는 말이다. 식민지, 전쟁, 고통스러운 산업화 과정을 거치면서 종교라도 없었으면 기댈 곳 없는 서민들의 삶은 더욱 고달파졌을 것이다. 국민에게 삶의 위로를 주고, 미래에 대한 희망을 준 것이 우리나라 종교의 순기능이었다.

이제 종교는 어떤 역할을 해야 할까? 개인적으로 수많은 종교 시설이 어려운 이웃을 돌보는 복지의 최첨단 기지가 되어야 한다고 생각한다. 교회, 성당, 사찰 등에서 어려운 이웃을 지원하는 사례도 많다. 지역아동센터, 노인학교 등 복지시설을 공식적으로 지원하는 시스템을 만들어야 한다.

교회가 치킨 집보다 많아졌다고 한다. 예수님도 부처님도 마호메트도 '약자에 대한 사랑'이 근본정신이다. 종교시설이 늘어나는 만큼 국민의 행복도 늘어나길 고대해본다.

4

공생

더불어 사는 한국 사회를 꿈꾸다

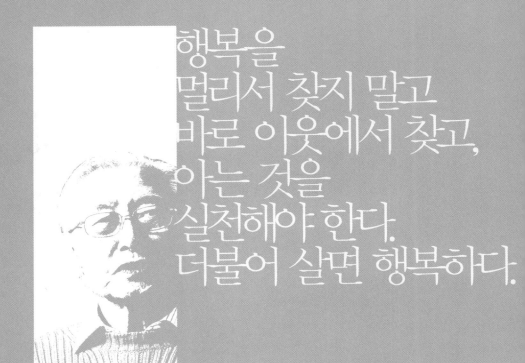

행복을
멀리서 찾지 말고
바로 이웃에서 찾고,
아는 것을
실천해야 한다.
더불어 살면 행복하다.

김성수

1930년 경기도 강화에서 태어나 단국대학교 정치학과를 졸업한 뒤 연세대학교 신학과를 수료해 성공회
사제 서품을 받았다. 성공회대의 전신인 성미가엘신학원에서 신학 석사학위를 취득했으며 세례명은 '시
몬'이다. 대한민국 최초의 정신지체장애인 특수학교 성베드로학교를 설립했고, 2000년 정신지체장애인
직업 재활시설인 '우리마을'을 설립해 촌장을 맡고 있다. 대한성공회 초대 관구장과 한국기독교교회협의
회 의장, '바른 언론을 위한 시민연합' 공동대표를 역임했다. 공동체의식개혁국민운동협의회 원로위원,
유니세프 한국위원회 이사를 맡고 있으며 '사랑의 친구들' 회장과 푸르메재단 이사장을 겸임하고 있다.

토끼를 깨우지 않은 거북이는 반칙이다

● 　　우리나라 성공회 신자는 10만 명이 채 안 된다. 하지만 김성수 성공회 대주교가 우리 사회에서 차지하는 위상은 높다. 서른넷 늦깎이로 신부의 길에 들어선 그는 1970년대 우리나라 최초의 지적장애인 특수학교인 성베드로학교를 세워 10년 넘게 교장으로 일했다. 1987년에는 성공회 서울교구장으로 '4·13 호헌 철폐를 위한 미사'를 집전해 6·10 항쟁의 서막을 열기도 했다. 2000년엔 부친에게 물려받은 인천시 강화도 온수리의 대지 9919제곱미터^{3000평}를 쾌척해 정신지체장애인 직업 재활시설인 '우리마을'을 설립했다.

성공회대 총장에서 은퇴한 2005년 이래 '우리마을'에서 할아버지 촌장으로 장애우 50여 명과 살고 있는 김성수 대주교를 만났다. 이웃 사랑을 온몸으로 실천해온 김 대주교의 삶 속에서 용기와 희망의 씨앗을 찾기 위함이었다.

신학생의 길을 걷다

성직자의 길을 가게 된 계기는 무엇이었습니까?

대학을 마친 뒤 다니던 회사가 수원으로 이전했다. 그곳에서 성공회가 운영하는 베드로고아원에 방을 얻어 회사를 다녔다. 어려운 환경에 있는 아이들을 좋아했다. 고아원에서 밥을 해주던 아주머니들이 그 모습을 보고 내게 신부가 되는 것은 어떻겠느냐고 권했다. 내 갈 길을 깨닫는 계기가 됐다. 운명이 아니었나 생각한다.

인간은 사명을 갖고 태어난다는 말이 맞는 것 같습니다.

인간은 줄을 하나씩 갖고 태어난다. 어떤 줄을 잡느냐도 중요하고, 줄을 잡은 뒤 어떻게 사느냐도 중요하다.

줄은 어디 있고, 사명은 어떻게 발견하는 것입니까?

나처럼 고아원에서 밥하는 아주머니의 말을 듣고 인생의 전기가 생기기도 한다. 남의 말을 잘 들어야 한다. 또 스스로 개척해서 깨닫기도 한다. 결국 자신이 무슨 존재인지 깨달아야 한다. 자신의 가능성도, 시간의 유한성도 깨닫는 게 중요하다. 자기를 깨닫는 시간에 푹 빠져보면 알게 된다.

신학교 다니던 시절 기억나는 일화가 있으면 말씀해주십시오.

서른 살에 신학생이 되니 어린 동기들에 비해 성적이 많이 나빴다. 미국인 신부가 구약을 가르쳤는데 내 시험 답안지를 보더니 점수는 안 주고 '마이동풍馬耳東風'이라는 평을 남겼다. 하지만 많은 것을 배운 시기였다.

주로 어떤 것을 배웠습니까?

1965년 태백시에 예수회 수도원을 지어 빈부격차 없는 신앙공동체를 만들었던 대천덕 신부가 스승 가운데 한 사람이었다. 그는 늘 "공부도 좋지만 실용적인 지식이 중요하다"고 강조했다. 한국이 농업국인데, 화학비료 같은 서양 물건만 좋아하지 말고 동양적인 것을 찾아야 한다고 충고했다. 그러면서 땅을 풍요롭게 하는 지렁이를 기르고, 돼지를 키운 뒤 그 배설물을 거름 삼아 수박을 재배하는 것을 가르쳤다.

그래서 수박과 지렁이를 팔았습니까?

서울 남산에 외국인들이 많이 살았다. 그곳을 찾아가 직접 농사지은 수박을 팔았다. 익지도 않은 수박을 판다고 꾸중을 들은 적도 있다. 낚시하는 사람들을 위해 지렁이를 팔러 가기도 했다. 하지만 지렁이를 직접 만질 수는 없었다.

신부 생활을 하며 감동을 받은 일화가 있으면 말씀해주십시오.

신부로서 살아간다는 것은 하루하루 감동적인 일의 연속이다. 감동이 없으면 신부로 살아갈 수 없다. 신부에겐 가족이 없다. 가난한 이가 죽으면 망자를 애도하고, 수녀와 함께 입관을 한다. 불쌍한 마음이 물밀 듯 밀려올 때가 한두 번이 아니었다.

일자리 공동체 '우리마을'

인간은 태어날 때부터 불평등한 것 같습니다.

그것이 인생의 모순이자 묘미다. 태어날 땐 가난하게 태어났지만 결과는 모르는 것이다. 김대중 전 대통령을 보면 낙도 출신의 가난한 소년이 나라의 지도자가 된 대표적인 경우 아닌가? 그는 두 번이나 죽음 직전까지 갔다. 그러나 승리했다. 인생은 마지막 순간에 어떻게 되느냐가 중요하다.

40년 전 우리나라 최초의 지적장애인 특수학교를 세우셨습니다. 어떤 계기가 있었습니까?

나를 신부의 길로 들어서게 한 수원의 고아원은 원아들이 성장하면서 문을 닫았다. 원아들이 졸지에 갈 곳을 잃었다. 그래서 고아와 장애인을 위한 목회를 연구했다. 캐나다와 미국, 일본에 연수를 다녀왔다. 이를 바탕으로 지적장애인을 위한 중학교와 고등학교를 설립하게 됐다.

지적장애인 학생들은 학업을 마쳐도 졸업식장에 나타나지 않았다고 하던데, 무슨 일이었습니까?

그들이 졸업식에 오지 않은 이유는 학교를 떠나면 갈 곳이 없고, 학교로 돌아올 수도 없다는 걸 알기 때문이었다. 장애 학생의 부모들은 "우리 아이가 졸업하면 어디로 가야 하느냐"며 울면서 하소연을 했다. 궁리 끝에 그들이 자립해 살 수 있도록 일자리 공동체를 세우자고 제안했다. 그러자 부모들은 내가 땅만 내면 돈을 대겠다고 했다. 하지만 그럴 만한 돈이 있는 학부모는 거의 없었다. 막막했다.

그때 구세주가 손학규 당시 보건복지부 장관이었다고 들었습니다.

교육부를 찾아가 지원을 요청했지만 들은 척도 안 했다. 혹시나 하는 마음에 손학규 보건복지부 장관실로 찾아갔다. "장애인들을 위한 일자리가 필요하다. 내 선친이 갖고 있던 강화도 땅을 내놓겠다"며 도움을 호소했다. 손학규 당시 장관은 '의미 있는 일'이라며 20억 원을 지원해주었다.

손학규 전 장관은 그 뒤 자주 만나셨습니까?

우리마을에 행사가 있을 때마다 찾아왔다. 그래서 손학규 전 장관에게 '이곳이 당신 집'이라고 했다. 그가 지난해 대선 때 내놓은 '저녁이 있는 삶'이란 슬로건이 참 좋았다. 그는 참 신사인데 뜻대로만은 안 되는 것을 보니 정치는 역시 어려운 일인가 보다.

그 일자리 공동체를 '우리마을'이라 이름 붙이셨는데요, 우리마을에선 주로 무슨 사업을 했습니까?

나도 처음엔 갈팡질팡해서 수업료를 많이 치렀다. 나와 장애우들이 자립해 일자리를 만들어서 먹고살아야 했다. 상추 수경재배에 뛰어들었고 고추와 버섯도 길렀다. 닭도 키워보았지만 다 잘되지 않았다. '세상에 쉬운 일은 하나도 없다'는 걸 깨달았다. 그러다가 콩나물 공장을 시작했다.

콩나물 공장은 잘됐습니까?

콩나물은 쉽게 상하지 않아 장애인들이 잘할 수 있는 품목이었다. 정부는 장애인에게 보조금을 주는 대신 일자리를 줘야 한다. 그게 진정한 민주주의 국가다. 지금은 장애인 42명이 공동체에서 기숙한다. 출퇴근하는 사람을 합하면 60명이 함께 지내는 보금자리가 됐다.

콩나물 사업이 잘되면서 공장을 증설해야 한다는 이야기도 있었다면서요?

다 하나님의 뜻이라고 본다. 2년 전 풀무원 사장이 찾아와 콩나물 재배법을 직접 가르쳐줬다. 그 뒤 콩나물의 품질이 월등히 좋아졌다. 풀무원을 비롯해 콩나물 판로도 점점 늘어났다. 이에 따라 공장을 넓힐 필요가 생겼다. 8000만 원에서 1억 원이면 공장을 늘려 장애인들을 더 고용할 수 있었다. 교회·성당·사찰 등 많은 종교 시설에서 소외된 이웃의 일자리, 장애인의 일자리를 만드는 일을 더 많이 했으면 한다.

스페인에선 장애인들이 복권을 팔아 수입을 얻게 합니다. 또 복권수익금 상당액을 장애인 단체에 지급하여 일자리 창출에 쓰게 한다고 합니다.

아주 좋은 제도다. 스페인은 그뿐 아니라 장애인 기업에 대해 경영 전문가들이 '사업성이 있다'고 평가하면 정부가 나서서 고용을 지원해준다. 우리도 스페인의 사례를 도입하면 좋을 것이다.

'우리마을' 팸플릿을 보니 유명한 후원자가 많습니다. 어떤 인연이 있습니까?

아이쿱이라는 생활협동조합과 풀무원이 많이 도와줬다. 또 삼성코닝에선 일주일에 하루를 구내식당에서 콩나물 먹는 날로 정하고 우리 제품을 구매해준다. 또 에버랜드도 구경시켜주고, 옷도 한 벌씩 준다. 한화 김승연 회장도 많이 도와줬다.

아이들에게 '기부 교육'을 하는 게 중요하다고 강조해오셨습니다. 특별한 이유라도 있나요?

대기업들이 큰돈을 기부하는 건 중요한 일이다. 그리고 부모가 자녀와 함께 길을 가다가 어려운 이웃에게 기부하는 것도 아름다운 일이다. 스페인의 사례 가운데 가장 중요한 건 아이들에게 기부 전용 저금통을 줘서 100원, 200원씩 모았다가 기부하게끔 가르치는 것이다. 어릴 때부터 이웃을 돕는 마음을 키워야 한다.

장애인 정책을 위해 교육부와 보건복지부를 통합해야 한다고 주장하셨습니다.

현재 정부의 장애인 사업은 보건복지부, 교육부에서 따로 한다. 부처 간 장벽을 없애야 한다. 우리 마을에 '브릿지 스쿨'이라는 것이 있다. 인천교육청에서 지적장애 학생 지원을 위해 제공하는 예산으로 운영된다. 지자체 차원에서 이런 사업을 시범적으로 해본 뒤 전국으로 확대할 필요가 있다.

장애인을 만날 때 진한 감동을 받는다고 하셨습니다. 무슨 이유입니까?

장애인들에게서 배우는 게 무척 많다. 한번은 운동회에서 달리기 시합이 있었다. 맨 앞에서 달리던 아이가 뒤를 돌아보더니 뒤에서 달려오는 아이에게 "빨리 오라"면서 기다리더라. 마지막 골인 지점에서 두 아이가 서로 등을 떠밀면서 1등을 양보하는 것도 보았다. 감동 그 자체였다. 또 한번은 어떤 아이가 달리기를 하면서 앞으로 안 가고 뒤로 달려가 엄마한테 "내가 1등을 했다"고 자랑하는 것을 보았다. 엄마 심정이 어땠겠는가? 가슴이 무너져 우는 엄마를 보고 며칠 동안 잠을 못 잔 적도 있다.

인생은 사랑을 실천하는 과정이다

'토끼와 거북이의 경주'라는 이솝우화에서 거북이가 반칙을 한 것이라고 지적하셨습니다. 어떤 맥락이었습니까?

한번은 영국을 찾은 적이 있다. 유치원에서 이 우화를 얘기해주며 "열심히 노력하는 게 중요하다"고 말했다. 그때 한 꼬마가 일어나서 "거북이가 반칙을 했다"고 말했다. 토끼가 자면 깨워서 같이 정정당당하게 경주를 해야 한다는 얘기였다. 큰 충격을 받았다. 우리는 1등 만능주의만 외치며 양보하는 법을 가르치지 않는다. 더불어 살면 행복한데 말이다.

행복한 인생이란 어디에서 오는 걸까요?

행복을 찾지 말고 내가 먼저 내 손이 필요한 곳을 찾아 나서면 문제가 해결된다. 할아버지가 병에 걸려 외롭게 침대에 누워 있었다. 그런데 강아지가 문을 열어달라고 문을 긁어댔다. 할아버지는 '외롭고 쓸모없어진 나를 강아지가 필요로 하고 있다'란 걸 알게 됐다. 그런 마음이 할아버지의 병을 낫게 했다. 행복을 멀리서 찾지 말고 바로 이웃에서 찾고, 아는 걸 실천하면 '힐링'이란 말은 쑥 들어갈 것이다. 더불어 살면 행복하다.

성경에서 어떤 구절을 가장 좋아하십니까?

주기도문을 좋아한다. 주기도문에는 '우리'라는 단어가 여섯 번이나 나온다. 자꾸 너와 나로 나누지 말아야 한다. 늘 혼자면 편하긴 하지만 둘이 함께하면 더 좋은 일, 더 큰일을 할 수 있다. 자신만이 옳다고 싸우지 말고 서로 협의하면서 시행착오를 극복하면 아름다운 결과가 나온다. 예수는 말로만 '주여, 주여' 한다고 천당 가는 게 아니라 자신의 가르침을 실천하는 게 중요하다고 말씀하셨다. 그의 가르침, 사랑을 실천해야 한다.

사랑이란 무엇입니까?

주는 것이다. 나는 너무 많은 사랑을 받고 살았다. 내가 장애우들을 위해 땅을 기증했다고 하지만 그 땅은 부모가 물려준 것에 불과하다. 내 옆 동네에 대안학교를 만든 인사는 학교가 자리를 잡자 이사장직을 포함해 모든 권리를 내놓고 떠났다. 그런데 나는 이 마을을 떠나면 늙은 나를 누가 보살펴줄까 걱정돼 떠나지 못하고 있다. 하나님을 믿고 떠나야 하는데, 그럴 용기가 없다. 고개 숙여 마을 사람들에게 말하고 싶다. '여러분 때문에 살아갑니다. 더 못난이가 되겠습니다' 하고 말이다.

우리마을의 향후 숙원은 무엇입니까?

양로원을 세우는 것이다. 이곳에 있는 사람들 가운데 가장 나이 많은 이가 54세다. 이곳도 정년이 있어 4년 뒤면 떠나야 한다. 그러나 갈 곳이 없다. 그들이 노후를 보낼 수 있는 보금자리를 마련해주고 싶다. 우리 마을 옆에 SK 프로야구 2군팀이 들어온다고 한다. 그러면 야구팬들이 많이 와 우리마을이 더 활기를 띠게 될 것이다.

콩나물국밥집을 열어야 하지 않을까요?

그래야지. 일자리를 만드는 것만큼 소중한 게 없다. 이곳에서 일하는 보조교사들은 하루에 24시간을 일한다. 2교대로 해보려고 했지만 인력 형편상 쉽지가 않다. 다들 무척 고생한다. 이 세상에서 가장 아름다운 말은 '엄마', '사랑', '봉사'일 것이다. 이들을 관통하는 것은 실천이다.

마지막 질문을 드리겠습니다. 인생이란 무엇일까요?

글쎄. 나도 아직 잘 모르겠다. 예수도 부처도 겸손한 분들이어서 인생이 뭔지 말씀하지 않았다. 한마디로 정리하기 어려운 문제다. 그저 맡은 일을 열심히 실천하면서 살 뿐이다.

● "진정한 승자는 선택의 순간 '더 큰 나'를 선택하는 것", 살아가면서 나를 가장 많이 돌아보고 생각하게 만드는 말씀이 될 것임을 듣는 순간 직감적으로 알게 되었다. 장애 아동들의 달리기 시합 이야

기를 듣고 우리는 마음의 장애인이 아닌가 생각했다. 한참 앞서나가고 있지만, 더 큰 차이로 이기기 위해 우리는 더 힘을 낸다. 거기서 뒤따라오는 친구를 기다려 1등을 양보하는 것은 아무나 할 수 있는 일이 아니다. 과연 누가 장애인인가? 어떻게든 빼앗고 이기기 위해 안간힘을 쓰는 보통의 인간사……

　김성수 대주교는 장애인 관련 사업을 하는 동안 하루하루가 감동의 연속이라고 했다. 달리기 시합을 했더니 골인지점으로 가지 않고 스탠드에 있는 엄마한테 가서 자기가 1등을 했다며 품속에 안긴 아이를 보면서 아이의 엄마도 김성수 신부도 가슴으로 울었다. 이 말을 하는 동안 김성수 신부도 눈물을 훔쳤다. 그 순간 가슴이 뭉클했다.

　토끼를 깨우지 않고 혼자 걸어간 거북이는 반칙을 한 것이다. 진정한 승자는 누구일까? 진정한 승자는 무엇일까? 결국 인생은 자신과의 승부에서 승자가 되는 것이 최종 승자가 되는 것 아닌가 싶다. 늦잠을 잘까 망설이다 등산을 시작해 정산에 올랐을 때 올라오길 잘했구나 하는 느낌. 가난한 이웃을 도울까 말까 망설이다 돕고 난 후 마음의 개운함 같은 느낌. '내가 뭐라고' 하다가도 '그래도 나만은'이라고 마음 되잡았을 때의 뿌듯함. 인생은 선택의 연속인데, 선택의 순간 '더 큰 나를 선택하는 것이 진정한 승부'라는 생각을 해본다.

자식에게
금과 은을 물려주지
못해도 정의만은
물려줄 생각이다.

류시문 ////

1948년 경북 예천에서 태어나 한국신학대학교를 졸업하고 연세대학교 행정대학원에서 석사학위를 받았다. 어릴 적 사고로 다리를 다쳤고 청력까지 약화돼 장애인이 됐지만, 한맥안전진단과 한맥도시개발 등 기업을 일궈내며 사업가로 성공했다. 한국참여자치장애인총연합회 총재, 한국사회적기업진흥원 초대 원장을 역임했다.

기부자에게
세금 혜택을 줘야 한다

김성수 대주교는 '돕고 나누며 사는 삶'의 중요성을 강조했다. 이에 따라 '노블레스 오블리주 시민실천' 대표 공동회장을 맡고 있는 류시문 한맥도시개발 회장을 만나 기부의 구체적인 방법론을 들어봤다. 1억 원 이상을 어려운 이웃에게 기부한 인사 380명이 회원으로 있는 단체를 이끌어온 그는 지금까지 30억 원을 기부했고, 아들도 1억 원을 기부했다. 그는 "사회복지사 가운데에서 청와대 복지수석을 발탁하고, 기부자들에겐 과감한 세금 혜택 조치를 해야 한다"고 제언했다.

무엇을 물려줄 것인가

부자父子가 이웃돕기에 거액을 기부하셨습니다. 집안의 전통인가요?
아들에게 유산을 물려주지 않겠다고 선언하니 어머니가 하나뿐인 손자가 걱정돼 평생 저축한 1억 원을 아들에게 줬다. 그 돈은 어머니가 손에 피가 맺히고 손톱이 빠지며 폐지를 팔아 모은 돈이다. 그러자 스물일곱 아들은 "자수성가해 가난한 사람들을 돕겠다"며 그 돈을 기부했다. 처음엔 나도 당황했다. 감동하기도 했지만 걱정도 된다.

사회적 약자를 위해 기부를 결심하게 된 동기는 무엇입니까?

일곱 살 때 마을 뒷산에서 놀다 다리를 다쳤고, 중이염까지 걸렸다. 아버지가 "너는 다리도 절고, 두 귀가 안 들려 군대도, 취업도 안 될 거다. 중학교에 보낼 수 없으니 나를 따라 농사를 짓자"고 했다. 아버지 무릎에 엎드려 "중학교에 보내달라"고 울면서 빌었다. 지금도 아버지의 충혈된 눈을 잊을 수 없다. 그때 가난과 장애를 딛고 성공해 어려운 이를 도와주는 사람이 되겠다고 결심했다.

한국신학대학을 다니셨습니다. 목회자의 길을 걸으려고 하셨나요?

중학교에 가지 못하는 대신 형이라도 고등학교에 진학하도록 돕기 위해 서울에 올라와 노점상을 하다 교통사고를 당했다. 평생 병원 신세를 지게 됐다. 인생이란 무엇이냐는 물음이 생겼다. 그래서 신학교에 들어갔다. 신학교 생활 당시 양쪽 귀의 고막이 막혀 선생님 말씀이 잘 안 들렸다. 살아갈 날들이 걱정돼 기숙사 대신 숲속에서 밤을 새웠다. 당시 이여진 학장과 신연식 교수가 나를 자주 불러 위로해줬다. "너는 마음이 착하니 꼭 성공할 것이다. 어려운 이를 도와주는 사람이 될 것"이라고 했다. 처음엔 한 귀로 듣고 흘렸지만 자꾸 반복되니 큰 힘이 됐다. 위대한 교육은 남을 인정해주고 칭찬해주는 것이다.

신학교를 졸업하신 뒤 목회 생활을 하셨습니까?

가장 어려운 곳에서 목회를 하기로 결심하고 추풍령 부근에서 전도사 생활을 시작했다. 낮에는 독거노인들과 함께 일하고, 저녁에는 아이들의 공부를 가르쳤다.

그러면 왜 목회 활동을 그만두셨습니까?

학교에서 50등 하던 아이가 나와 함께 공부하면서 성적이 5등까지 올랐다. 아이의 부모가 감사하다며 나를 집으로 초청했다. 모자를 눌러쓴 아이 아버지가 손을 내미는데 손이 오그라져 있었다. 얼굴도 마찬가지였다. 한센병 환자였던 거다. 집으로 돌아와 양치질과 비누질을 쉴 새 없이 했다. 문득 자신이 부끄러워졌다. '나는 하나님의 종이 될 만한 사람이 못 된다'고 생각했다. 그후 평신도로 사업을 해 가난한 이들을 돕겠다고 결심했다. 신문배달원, 가게 점원부터 월부 책 방문판매원까지 닥치는 대로 일을 했다. 그러다가 건물 안전진단·보수 사업을 했다. 성수대교와 삼풍백화점이 무너지면서 건물 안전 여부가 중요해졌다. 사업이 잘 풀려나갔다.

굳이 자식에게 유산을 남겨주지 않을 다른 이유라도 있나요?

자본주의는 자유경쟁 원리가 핵심이다. 그러나 공정경쟁엔 취약한 체제다. 부모가 일군 재산을 자식이 물려받기 때문이다. 이는 공정경쟁이 아니다. 축구 선수가 중앙공격수로 활약하고 있다고 해서 아들에게 그 자리를 물려줄 수는 없다. 마찬가지다. 자식에게 금과 은을 물려주지 못해도 정의만은 물려주려는 생각이다.

그러면 자식에겐 어디까지 해줘야 합니까?

공부는 시켜줘야 한다. 나는 아들 하나뿐인데, 아들이 장가를 가면 집 한 채를 사줄까 하는 고민은 있다. 그러나 내가 보유한 모든 재산은 가족이 손대지 못하도록 변호사에게 공증해 맡겨두었다.

가족의 반대가 컸을 텐데요. 어떻게 극복하셨나요?

다들 처음엔 반대했지만 내 뜻이 워낙 완강했다. 아들 친구들이 내 아들에게 "훌륭한 아버지 둔 덕에 거렁뱅이 아들이 됐다. 누가 시집 오겠냐"라고 놀린단다. 다행히 지금 아들은 유산을 물려받을 생각은 하지 않는다. 다만 내 회사 직원들과 공정하게 경쟁할 테니 회사 경영에 참여할 길은 열어달라고 한다. 생각해보자고 했다.

사회에 공헌해야 양반

'노블레스 오블리주' 실천을 강조하는 단체를 만든 이유는 무엇입니까?

우리나라는 지도층이 도덕 불감증에 걸려 있다. 자신과 가족만 잘살려고 할 뿐 사회적 가치를 창출하려는 노력은 하지 않는다. 시민이 지향해야 할 공동체 정신이 부족하다. 지도층일수록 병역과 납세, 기부를 통해 사회적 약자를 돌봐야 한다.

평소 "사회에 공헌해야 양반이 된다"고 주장하셨습니다.

조선시대엔 과거 급제를 해 벼슬을 얻어야 지도층이 됐다. 지금은 고

시에 합격하거나 의사가 돼 돈을 벌어야 지도층이 되는 것으로 안다. 그러나 미국은 사회에 얼마나 공헌했느냐가 지도층의 척도다. 기부를 통해 사회에 공헌한 사람이 양반이 되는 사회로 나아가야 한다.

기부문화가 중요한 이유는 무엇입니까?

나와 내 가족보다는 공공의 가치가 우선하는 문화를 만들어야 하기 때문이다. 그러기 위해선 교육이 중요하다. 1807년 나폴레옹에 의해 독일이 패전을 하자 피히테는 〈독일 국민에게 고함〉이라는 글을 써서 민족혼을 불러일으켰다. 64년 후 독일이 프랑스를 점령하자 빌헬름 황제는 "이번 승리는 나와 독일 군인들의 승리가 아니라 초등학교 교사의 공이다"라고 말했다. 사회적 가치가 중요하다는 것을 알리는 교육을 만들어야 한다.

기부자들에게 상당한 세금 혜택을 줘야 할 것 같습니다.

기부를 제3의 자본으로 봐야 한다. 그러려면 기부자에게 세금 혜택을 줘야 한다. 자본주의는 사유재산을 인정하는 제도를 근간으로 한다. 가진 사람들이 자발적으로 조정해 양극화를 막아야 하는 것이다. 기부가 중요한 이유다. 복지는 국가가 100퍼센트 책임질 수 없다. 민간 기부를 통해 국가의 부족한 복지 재원을 보충해야 한다.

기부 활동을 하면서 어려움은 없으셨나요?

유산 기부 운동을 하다 보면 아직은 우리 사회에 저항감이 크다는 것을 느끼게 된다. 외로울 때도 있다. 어려움을 호소하는 사람을 다 도와줄 수 없다는 것이 가슴 아프다.

교회나 사찰도 약자들을 위해 더 많은 일을 할 수 있을 것 같습니다.
요즘은 종교인들이 웅장한 건축물을 짓는 데 힘을 쏟는 것 같다. 그래서는 안 된다. 소외받는 이들을 돌보는 데 더 노력해야 한다. 예수가 다시 이 세상에 온다면 거대한 교회 건물 앞에 설 것인가? 아니면 가난한 노숙자들 앞에 서겠는가?

"곤궁한 사람은 자유인이 아니다"라고 주장하셨습니다. 어떤 의미입니까?
미국 프랭클린 루스벨트 대통령이 연두교서에서 한 얘기다. 진정한 개인의 자유는 경제적인 안정과 독립을 통해 이루어진다는 의미다.

우리나라의 대통령과 정부 책임자에게는 어떤 당부를 하고 싶으십니까?
약자를 가장 가까이서 돌보고 있는 사회복지사들 가운데서 복지수석을 임명해야 한다. 복지 예산이 늘어났다고는 하지만 정작 꼭 필요한 현장에는 쓰이지 못한다. 복지 현장을 잘 알아서 복지 전달 체계가 제대로 작동하도록 해야 한다. 정의로운 사람이 삿된 사람 위에 있어야 민심이 떠나지 않는다. 공직 사회에 주인의식을 불어넣어야 한다.

공직사회의 주인의식은 처음 듣는 이야기인 것 같습니다. 어떤 개념인가요?
사회적일자리진흥원장을 할 때 장애인을 위한 사업 계획을 낸 적이 있다. 민원처리기간 마감날 오후 5시에 담당 공무원이 보완지시를 하면서 서류를 반려했다. 내가 "진작 알려주면 고쳤을 것 아닌가" 하고 따지자 공무원이 "억울하면 판검사를 하든가, 국회의원을 하라"고 하더라. 국가 예산이 줄줄 샌다. 공직자들의 근무 기강을 다잡고 불필요한 예산을 찾으면 증세를 하지 않고도 복지 예산을 확보할 수 있다.

마지막 질문을 드리겠습니다. 인생이란 무엇입니까?
인생이란 완벽하지 않다. 상처받은 공동체에 발을 담그고 낯선 이들을 환영하며 살아야 한다. 끝이 없는 실험을 하는 게 인생이다.

● 　　류시문 회장과의 만남은 사람은 무엇으로 사는가에 대해 많은 생각을 하게 한 인터뷰였다. 그는 자식에게 유산 상속을 하지 않겠다고 했다. 재산을 물려주지 못했어도 정의를 물려주겠다고 이야기할 때는 숙연한 분위기마저 느껴졌다.

누구나 살면서 고비를 겪는다. 류시문 회장은 어릴 때 다리를 다치고 청력까지 잃었다. 철모르던 시절부터 큰 좌절을 맛본 것이다. 하지만 그는 거기서 포기하지 않았다. 아버지에게 학교에 보내달라고 울며 매달린 그는 결국 지금의 자리까지 올랐다.

드넓은 바다에도 배가 다니는 길이 있다. 하늘에도 비행기가 다니는 길이 있다. 물론 강에도 물길이 있다. 다 길이 있다. 사람의 길은 무엇인가? 나의 길은 무엇인가? 사람과 사람이라고 풀이한다. 삶을 안다는 뜻이다. 생각이 꼬리를 물고 온몸을 감싼다. 답을 잘 모르겠다. 문득, 삶의 끝에서 만나는 죽음. 묘비명에 무엇을 살다가 간 사람으로 기록되고 싶은가?

4

조정래　김석철　성백효　안병주　최재천　조완규

교육과 문화의
미래를 묻다

이기웅 황병기 이강숙 한수산 김종규 김홍남

1

교육

한국 사회 교육문제를 어떻게 풀 것인가?

답은 틀리더라도
정답을 찾기까지
'왜 그럴까' 하고
생각하는 과정이
두뇌를 발달시킨다
스스로 생각하게 하는
공부를 가르쳐야 한다.

조완규

1928년 황해도 재령에서 태어나 서울대학교 생물학과를 졸업하고 동대학원에서 석·박사 학위를 받았다. 서울대학교 생물학과 교수로 재직하며 미국 펜실베이니아대학교와 하버드대학교 등에서 교환교수를 지냈다. 제18대 서울대학교 총장(1987년~1991년)과 교육부 장관(1992년~1993년)을 지낸 교육계 원로다. 국가과학기술자문회의 위원장과 한국 생물과학협회장·한국바이오산업협회장 등을 역임했다. 교육부 장관 시절 사학비리 의혹에 휘말린 인천대를 시립화해 부실사학 구조조정의 모델을 제시했다. 국립대 법인화 등 교육계 이슈에 꾸준히 목소리를 내왔고 방송문화진흥회 이사장, 한미우호협회 수석고문 등 언론과 외교 분야에서도 활동했다.

스스로 생각하게 하는 교육이 필요하다

● 　　반세기 만에 세계 최빈국에서 10대 경제대국으로 올라선 한국을 만든 건 국민들의 교육열이다. 그러나 지금 국민들이 가장 고통스러워하는 문제는 다름 아닌 교육이다. 너도나도 교육 개혁의 필요성에는 공감하지만 학교·교원·학생의 이해관계가 난마처럼 얽힌 교육 현실에서 공허한 외침에 그치기 일쑤다. 생물학에 평생을 매진하는 한편 서울대학교 총장과 교육부 장관을 역임하며 교육 행정의 경륜을 쌓은 조완규 국제백신연구소후원회 상임고문을 만나 교육 개혁에 대한 철학을 들었다. 조완규 고문은 1987년 서울대학교 총장에 취임한 뒤론 '통치가 아닌 봉사의 자리'란 원칙 아래 업무를 봤다. "어려운 시절 개인의 희생을 감수하면서 우리를 따뜻하게 지켜주신 스승"이란 평가를 받는 이유다. 교육부 장관 시절 의욕적으로 대학수학능력시험 개혁을 추진했지만 1년 만에 무산되는 아픔을 겪기도 했다. 관직에서 물러난 뒤 어려운 나라의 어린이들에게 백신을 제공하는 국제기구에서 상임고문으로 17년간 일해온 조완규 전 장관을 만났다.

입시 학원이 되어버린 학교

국제백신연구소를 유치하는 데 앞장서고 지금도 후원회를 맡고 계십니다. 백신연구소는 무엇을 하는 곳입니까?

한 해에 다섯 살 미만 아이들 600만 명이 설사·말라리아·결핵 등으로 사망하고 있다. 그런데 세계적인 제약회사들은 가난한 아이들이 백신을 살 능력이 없으니까, 쉽게 말하면 장사가 안 되니까 약을 만들지 않는다. 그래서 유엔에서 백신연구소를 만들었다. 싱가포르, 중국 등과의 경합을 물리치고 한국에 유치하는 데 성공했다.

원래 콜레라 백신은 두 번을 맞아야 하고 비용은 5만 원 정도였다. 얼마 전에 1달러에 마시는 백신을 개발해 수많은 어린이를 구했다. 다른 무엇보다 보람 있는 일이었다. 하지만 후원금을 모금하는 데 어려움이 많다. 아직 연구소를 잘 모른다. 한국 기업은 사업과 연관성이 적다는 이유로 기부를 거의 하지 않는다. 그런데 제약업이 아니고 소프트웨어를 만드는 빌 게이츠는 1억 5000만 달러를 지원했다. 다행히 국내에서는 기아자동차가 4억 5000만 원어치 콜레라 백신을 사서 아프리카에 지원하였다.

한국은 수많은 나라에 수출을 해서 경제를 끌고 간다. 한국 기업들이 죽어가는 가난한 아이의 생명을 살리고, 국가의 품격을 위해 백신연구소를 지원해주었으면 한다. 아울러 그간 묵묵히 지원해주신 이름 없는 후원회원들에게 깊은 감사를 드리고, 더 많은 후원으로 아이들을 한 명이라도 더 살릴 수 있었으면 좋겠다.

교육부 장관을 역임하셨는데, 교육부 장관 시절 어떤 점을 느끼셨습니까?

교육은 최소한 4~5년 앞을 내다보고 계획을 짜야 한다. 노태우 대통령에게 교육부 장관직을 제의받고 처음에는 고사했는데, 일방적으로 임명했다고 발표해 어쩔 수 없이 맡게 됐다. 노태우 정부 마지막 13개월간 교육부 수장으로 일했다. 전임 장관이 확보한 예산을 쓰고, 다음 장관을 위한 예산을 짜니 임기가 끝나버렸다. 내가 내 예산을 만들어 이상을 실현할 수는 없었다. 보람이 없는 자리였다. 교육의 장래를 생각하면 교육부 장관의 임기는 정권과 같이 가야 한다.

장관 임기와 정권 임기가 같아야 하는 이유는 무엇인가요?

정권이 바뀌는 건 물론이고 장관이 한 번 바뀌어도 일선 학교는 큰 혼란에 빠진다. 또 우리나라 학교는 사람을 키우는 대신 어느 대학에 학생을 몇 명 집어넣느냐가 목표다. 이런 틀을 바꾸려면 장관이 대통령과 임기를 함께하면서 지속적이고 일관성 있게 개혁을 추진해야 한다.

영·유아 때 두뇌 발달이 집중적으로 이뤄진다고 합니다. 그런데 우리는 어린이집은 보건복지부가, 유치원은 교육부가 관장하고 있습니다. 교육 과정을 일원화해야 하는 건 아닌가요?

맞는 말이다. 교육 프로세스를 하나의 부처가 맡아서 일관성 있게 추진하는 게 맞다. 보건복지부 등 다른 부처는 시설이나 재정을 지원하고 교육 과정은 교육부가 일관성 있게 맡도록 해야 한다.

우리나라는 어린이집과 유치원 교사의 월급이 일반 교사들의 절반 수준에 불과한 실정인데요. 이들의 월급을 올려주고 신분도 공무원으로 해줘야 교육의 질을 더 높일 수 있는 것 아닐까요?

어린이집과 유치원 교사는 아이들과 잘 놀아주는 것으로 끝나선 안된다. 봉사한다는 자세로 적은 월급을 감내하는 마음으로 교육해야한다. 그러나 국가는 다르다. 국가는 보육 교사들에 대한 대우를 잘해주어야 한다. 그래야 교육의 기초가 튼튼해진다. 이들의 월급을 올려주고, 지위도 공무원 자격을 부여해 교육에 전념할 수 있도록 생활을 안정시켜줘야 한다.

여러 조사를 보면 우리나라 초·중·고생들의 지능지수가 대단히 높은 것으로 나옵니다. 실제로 그렇습니까?

그렇다. 머리는 정말 좋다. 미국 아이들과 비교하면 우리 아이들이 똑똑한 것 같다. 〈강남스타일〉을 부른 싸이를 비롯해서 우리나라 젊은이들이 세계를 제패하고 있는데, 모두 그런 뛰어난 지능이 바탕이 된 것이다.

하지만 세계적으로 성공한 한국인 중엔 정규 교육 과정에서 벗어난 사람이 더 많다는 지적도 있습니다.

당연히 그럴 수밖에 없다. 우리나라는 초등학교부터 대학 입시를 준비하는 학원이 돼버렸다. 아이들이 창의성을 계발할 여지가 없고, 창의성 있는 아이들은 학교 교육에서 뒤처지고 만다. 그런 점에서 반드시 교육을 혁신해야 한다.

획일화된 교육을 받다 보니 부모뿐 아니라 아이들도 자신에게 무슨 재능이 있는지 모르는 경우가 많은 것 같습니다.

그래서 좋은 교사와 좋은 교육 과정이 있어야 하는 것이다. 현재 교육 과정대로 하면 앞서나가는 아이들은 교육이 안 된다. 과학 선생님이라면 '왜 해가 동쪽에서 뜰까', '왜 봄이 되면 꽃이 필까', '왜 벚꽃과 살구꽃이 다르게 필까' 이런 것을 가르쳐야 한다. 아이들이 생각할 수 있는 기회를 주고 경험을 쌓게 하는 게 중요하다. 왜 봄에 꽃이 피는지 정답을 교과서에 미리 써놓고 가르치지 말라는 말이다. 그러면 아이들이 생각할 겨를이 없다. 미국의 교과서를 보면 생각하게 하는 내용이 많다. 답은 틀리더라도 정답을 찾기까지 '왜 그럴까' 하고 생각하는 과정이 두뇌를 발달시킨다.

좋은 선생님이 가장 중요하다는 얘기인데 한국에선 외국에서 박사학위를 받고 온 사람도 학교 교사가 되지 못합니다. 지금처럼 교육대학이나 사범대학 중심의 교원체제를 변화시켜야 한다는 논의가 있는데 어떻게 보십니까?

초·중·고 교사를 하는 데 박사학위가 꼭 필요한 건 아니다. 박사는 연구하는 사람이다. 또 하버드대학교 박사라고 꼭 유능한 선생님이 되는 것도 아니다. 하지만 교직 문호를 개방할 필요는 있다. 교육대학이나 사범대학 출신만 교사가 되는 건 문제가 될 수 있다. 사범대학을 없애자는 건 아니나 변화가 있어야 한다.

기회의 평준화가 필요하다

우리나라는 단 한 번의 대학수학능력시험으로 평생의 운명이 결정됩니다. 어쩌다 이렇게 됐을까요?

정말로 큰 문제다. 하필 시험을 보는 날 감기에 걸렸거나 집안에 문제가 생겨 마음을 가다듬지 못해 제 성적을 내지 못할 수도 있다. 그런데 그 결과를 평생 짊어지고 가야 한다. 그건 너무 가혹한 일이다. 그래서 교육부 장관 시절 "성적을 더 올릴 수 있다고 생각하는 사람에겐 한 번 더 기회를 줘 평균 성적을 내는 게 어떠냐"고 제안했다. 그래서 처음 대학수학능력시험 제도를 실시한 해는 여름과 겨울 두 차례 시행되었다. 그런데 시험 문제를 출제하는 선생님들이 "한 달 동안 갇혀 문제를 내는데, 시험을 두 번 실시하면 두 달을 갇혀 있어야 한다"고 불평했다. 그래서 결국 사라졌다.

미국은 대학수학능력시험^{SAT}을 아무 때나 본다고 합니다. 우리도 그렇게 바꿀 수는 없을까요?

미국에선 아이들이 가고 싶은 대학에 가려고 한 해에 몇 번이나 시험을 본다. 이건 굉장히 객관적인 시험 제도다. 이 방식으로 해야 한다. 이렇게 하면 우리가 수능을 치르기 위해 들이는 비용도 절반으로 줄어들 것이다. 교육평가원이 시험 문제를 개발하고, 이를 문제은행에 집어넣어 시험 때마다 무작위로 꺼내 출제하면 된다. 아이들이 점수를 잘못 받으면 또 보면 된다. 1년에 두 번이고, 세 번이고 기회를 줘야 한다. 고등학교 3학년만 치를 것도 아니고 1~2학년도 치를 수 있게 해야 한다. 학교를 다니지 않고 독학한 사람에게도 시험 기회를 줘야 한다. 내가 교육부 장관을 1년만 더 했어도 이 제도를 도입했을 것이다.

초·중·고 교육정책을 책임지는 교육감 선거는 어떻게 하는 게 좋겠습니까?

교육감 선거는 반대한다. 선거를 한다고 좋은 교육감이 나오는 게 아니다. 결국은 사람이 문제. 선거 대신 좋은 사람을 정부에 추천하는 방식이 좋다. 교육계에서는 누가 능력 있고 누구한테 맡기면 될지 다 안다. 국회의원은 지역구만 챙기면 되지만, 교육감은 해당 광역자치단체를 전부 돌아다녀야 한다. 그 비용이 만만치 않은데 어떻게 교육감이 감당할 수 있겠는가. 결국 돈이 없으면 할 수 없는 일이 된다. 그렇다면 정치적 입김이 들어올 수밖에 없고, 끝내 교육 현장에 정치색이 입혀지게 된다.

요즘 이공계 기피현상이 극심한데 이를 극복하려면 어떻게 해야 할까요?

오늘날 한국이 누리는 풍요는 지난 20~30년간 과학기술자들이 노력한 덕분이다. 지금 다시 부흥을 시작해도 20년, 30년이 걸릴 것이다. 과학기술을 대대적으로 장려해야 미래가 있다. 우선 아이들 때부터 과학적 소질을 발견해 키워야 한다. 그런데 학교에 들어가면 입시 위주 교육으로 일관된다. 고쳐야 한다. 둘째, 과학기술자를 우대해야 한다. 돈뿐 아니라 사회·정책적으로 우대해야 한다. 셋째, 기술고시 선발 인원을 대폭 늘리고 합격자들이 나라의 모든 분야에서 일할 수 있게 해야 한다.

프랑스의 엘리트 교육기관인 '그랑제콜'은 교과 과정의 90퍼센트가 수학·물리·화학으로 채워져 있다고 합니다.

나도 그랑제콜에 가봐서 이미 알고 있다. 그 학교 교장이 군 장성이었다. 학생들에게 거의 1년 동안 병영 교육을 시키면서 프랑스인이라는 자부심을 갖게 한다. 강한 애국심이 결국 모든 분야의 기틀이 된다. 애국심 없는 학자는 존재할 이유가 없다. 수학·물리·화학 교육은 과학적 사고를 하게 만들고, 일의 효율을 높이는 데 기여한다. 이학교를 나온 사람들이 대통령과 장관, 기업총수 등 프랑스의 중추가된다. 프랑스가 강한 나라인 이유 중 하나가 바로 이런 교육이다.

평준화 교육과 엘리트 교육에 대한 논쟁이 끊이질 않습니다. 어떻게 풀어가야 할까요?

엘리트를 만드는 교육도 있어야 하고, 사회의 평준화도 필요하다. 평준화란 것은 '기회의 평준화'를 의미하는 것이다. 가장 우수한 사람을 낮고 힘든 곳에 보내 봉사하게 하는 게 평준화다. 그러나 엘리트 교육은 꼭 필요하다.

우리나라 대학은 세계에서 가장 지능지수가 높다는 고등학생들을 뽑아놓고도 왜 세계적인 대학이 되지 못한다고 보십니까?

미국은 자율적인 분위기 아래 철저한 경쟁을 통해 대학이 살아났다. 대학의 질이 좋아지니 발전기금도 수십조 원이 들어온다. 그걸로 우수한 교수와 학생을 선발해 더 좋은 대학이 된다. 반면에 우리 대학은 역사가 짧은 와중에 그나마도 규제와 통제에 의해 운영돼왔다. 아무리 좋은 인재를 선발해 키운다 해도 이런 체제에선 능력을 발휘하지 못한 채 대학을 마친다. 참으로 안타까운 일이다.

이제는 교육이 어떻게 달라져야 합니까?

입시 교육에서 생각하는 교육으로 바뀌어야 한다. '봄에는 꽃이 핀다'를 가르치는 것이 아니라 '봄에는 왜 꽃이 피는가?'로 바뀌어야 한다. 스스로 생각하게 하는 공부를 가르쳐야 한다. 답은 틀려도 스스로 생각해서 자기 나름대로의 논리를 세우는 훈련을 시켜야 한다. 과학에 흥미를 가지게 해야 한다.

부모는 자녀에 대해 어떤 마음가짐을 가져야 할까요?

사랑으로 대하되 가르치는 데는 엄격해야 한다. 또 부모가 솔선수범해야 한다. 어른이 도덕적으로 행동하면 자녀는 자연히 따라온다.

교육계 원로로서 요즘 젊은이들에게 해주고 싶은 말은 무엇입니까?

1980년대 학생들은 반독재 민주화 운동을 벌이며 매일 시위를 했다. 그때는 나도 걱정을 무척 많이 했다. 하지만 그때 학생들은 눈이 반짝반짝했다. 그때 만난 도쿄대학 총장은 "한국 학생들의 눈을 보니 한국에 미래가 있다"고 했다. 도쿄대학 학생들은 뭘 해줘도 도무지 반응이 없어 일본의 장래가 걱정된다고 했다. 그런데 지금 우리 학생들은 졸업해서 취업할 생각에만 골몰해 있지, 나라가 어디로 갈 것인지에는 관심이 없다. 그게 걱정이다. 학생들이 비판의식을 갖춰야 한다. 젊을수록 개혁 의지가 있어야 한다.

우리나라의 대통령은 어떤 교육정책을 펴나가야 할까요?

교육의 틀을 바꾸어야 한다. 핀란드는 교육 개혁을 위해 범국가적 기구를 만들었다. 그 결과 교육 분야에서 선두를 달린다. 우리도 범정부적 기구를 만들어야 한다. 교육자뿐 아니라 기업인 등 사회 여러 분야의 사람들이 모여 어떤 교육 방향이 옳은지 지혜를 모아야 한다.

마지막 질문을 드리겠습니다. 인생이란 무엇일까요?

인생이란 사람이 태어나 자기 수명에 이를 때까지 숨 쉬고 사는 것이다. 그 과정에서 사람은 여러 경험을 하게 된다. 사회를 보는 눈이 넓어지면서 '내가 어떤 위치에 있나' 생각해보게 된다. 살아가면서 자신이 처한 상황에 만족하고 분수를 알고 그렇게 사는 거다. 그러면 마음이 편하다. 반드시 누군가와 경쟁하겠다고 벼를 필요가 없다. 자기 능력을 가지고 그 능력껏 살면 되는 것이다. 다른 사람보다 잘되려 애쓸 필요는 없다.

● 　 교육은 선진국으로 나아가는 가장 중요한 수단이다. 세계적인 나라에는 세계적인 대학과 교육기관이 있었다. 고대 그리스에는 아카데미아가 있었고, 당나라에는 대학이, 르네상스 이탈리아에는 볼로냐 대학이 있었다. 유럽의 산업혁명을 이끈 것은 유수한 명문 대학이었고, 지금도 세계 최강 미국을 이끄는 것은 미국의 대학들이다. 우리나라가 세계 속에서 지금의 위치에 오르게 된 것도 모두 부모 세대의 헌신적인 교육열 덕분이다. 하지만 지금은 부모·학생·교사 모

두 지쳐 있다. 낡은 교육을 깨야 한다.

조완규 전 교육부 장관은 서울대학교 총장으로 재직할 때 학생운동으로 제적된 학생들을 전원 복귀시켰다. 물론 결코 쉬운 일이 아니었다. 교육부의 반대가 심했다. 그는 매일 최루탄 속에서 살던 젊은이들의 눈빛이 살아 있는 것을 보았다. 당시 도쿄대학 총장이 한국 대학생의 눈빛을 보고 한국의 미래가 밝다고 했다. 과연 지금은 어떤가? 지금 대학생은 당장의 취업에 더 얽매여 있다. 이래서는 한국의 미래를 기대하기가 힘들다.

백신연구소를 이끄는 조완규 전 장관을 보면서 나이 드는 것이 문제가 아니라 낡은 것이 문제라는 생각이 들었다. 나날이 새로워지는 인간을 만드는 교육은 어떻게 가능한가? 학생들의 눈동자를 살아 있게 만드는 교육은 어떻게 가능한가? 대학에 있다 보니 스펙 쌓기에 여념 없는 대학생들을 자주 보게 된다. 안쓰럽다. 그런데 기업에 있는 사람들은 요즘 대학생을 입사시켜 일을 시켜보면 문제해결능력이 부족하다고 한다. 스스로 일을 할 줄 모른다. 어떻게 할 것인가? 교육 혁신을 위한 국민적 기구를 두어 몇 년 토론해서라도 '대전환'을 시도할 때가 되었다.

사회과 교사가
과학 쪽보다
훨씬 많은 건
'교육 마피아'가
자리 늘리려
과목 쪼갠 탓이다.

최재천

1954년 강원도 강릉에서 태어나 서울대학교 동물학과를 졸업한 뒤 펜실베이니아주립대학교에서 생태학 석사, 하버드대학교에서 생물학 박사학위를 받았다. 하버드대학교와 미시건대학교에서 학생들을 가르치다 2004년에 서울대학교 생명과학부 교수가 되었다. 이후 2006년 이화여자대학교로 옮겨 석좌교수와 통섭원 원장을 맡았다. 환경운동연합 공동대표를 지냈고, 세계적 환경운동가인 제인 구달 박사와 '생명다양성재단'을 설립했다. 《개미제국의 발견》, 《생명이 있는 것은 다 아름답다》 등 수많은 책을 펴냈다.

교육 개혁은
사회 개혁의 시작이다

● 　　조완규 전 교육부 장관은 나라의 가장 큰 과제로 교육 개혁을 제시했다. 최재천 이화여자대학교 석좌교수를 만나 구체적인 방법론을 들어봤다. 학문 간 소통을 의미하는 '통섭'이란 개념을 2005년 국내에 처음 소개해 시대의 키워드로 만든 최재천 교수는 자연과학과 인문학, 사회과학을 자유롭게 넘나들며 교육 개혁과 기초과학 육성의 중요성을 강조해왔다.

최 교수는 교육 개혁을 위해 우선 교육대학과 사범대학 출신이 독점하고 있는 우리나라 교원 충원 제도를 일반 학문 전공자와 외국 유학 경력자에게도 개방해야 한다고 제안했다. 또 사회 과목에 비해 너무 적은 자연 과목 담당 교사를 대폭 늘리고, 대학·정부가 기초 학문에 투자를 아끼지 말아야 한다고 제언했다. 영·유아 시절에 인간의 뇌가 가장 발달하므로 이 기간 중 집중적인 교육이 필요하다는, 진화생태학자로서의 견해도 내놓았다.

유아·아동기 교육의 중요성

침팬지와 인간을 비교하면서 교육의 중요성을 역설하셨습니다. 어떤 차이와
공통점이 있습니까?

생물학적으로 인간은 침팬지와 99퍼센트의 DNA를 공유하고 있다.
하지만 인간이 기어다닐 때 침팬지는 나무를 타고 다닌다. 유전자에
그런 프로그램이 입력돼 있기 때문이다. 그런데 인간은 그런 유전자
가 없다. 대신 유연한 두뇌를 갖도록 진화했다. 따라서 인간은 교육
의 영향이 굉장히 큰 동물이다. 이것이 차이다.

아프리카인과 동양인의 지능지수 차이가 크다고 하는데, 사실인가요?

한국 아이들의 지능지수는 대부분 110~130인데 아프리카에서 그런
수치가 나오는 아이는 별로 없다. 교육의 자극이 적다 보니 뇌가 개
발될 기회 자체가 적기 때문에 일어난 현상이다. 또 뇌는 영양분을
가장 많이 소비하는 기관의 하나다. 영양 부족도 원인일 수 있다.

어릴수록 교육의 자극이 중요하다고 주장하셨는데, 어떤 의미였습니까?

인간은 영·유아기와 아동기에 지능이 급격하게 발달한다. 우리나라
어머니들이 애쓰는 태교도 전혀 근거가 없는 이야기는 아니다. 태어
난 뒤 3년 동안 뇌세포들의 연결고리가 가장 활발하게 이어진다. 이
때 어떤 자극을 주느냐가 중요하다. 따라서 유럽에선 보육원과 유치
원 시절에 최고 수준의 교육을 받도록 지원한다. 우리도 본받아야 한
다. 보육원과 유치원 교사를 교육 공무원으로 대우해야 한다.

실례지만, 선생님의 자녀도 그렇게 키우셨습니까?

나는 미국에 유학하던 시절 아이를 낳았다. 이웃의 미국 할머니가 아이에게 《뉴욕타임스》 기사를 소리 내어 읽어주면서 '아이가 다 알아듣는다'고 하더라. 그 뒤로 아이가 눈 뜨고 있는 시간에는 무조건 책을 읽어줬다. 심지어는 내 논문까지 읽어줬다. 그래선지 아이가 대학생이 되기 전에 책을 5000권은 읽은 것 같다.

교사 충원 구조에도 문제가 있지 않나요?

우리는 하버드대학교에서 박사학위를 받아도 초·중·고 교사가 될수 없다. 심한 표현으로 우리 교육계엔 '교육 마피아'란 말도 있다. 특정 학맥이 대한민국 교육 전체에 너무 큰 영향력을 행사하는 게 문제다. 이젠 아이들 수가 줄어들기 때문에 교육대학이나 사범대학을 졸업한다고 해서 모두 교사가 될 수 있는 것도 아니다. 교사 충원 구조에 변화가 있어야 한다.

교과 과정도 혁신돼야 한다는 주장이 있습니다.

교과과정위원회에 몇 번 나가봤다. 가서 회의하는 모습을 보니 속이 터져 더는 나가지 못하겠다고 느꼈다. 우리나라 교육은 말기암 수준이다. 일례로 국어과목이 문법, 작문 등 일고여덟 개로 쪼개져 있다. 사회 과목도 마찬가지다. 분야마다 과목을 그렇게 세분화해서 가르칠 필요가 있나 싶다. 전국적으로 사회과목 교사가 자연과목 교사보다 훨씬 많다. 지방에는 과학 교사가 전무한 학교도 있다. 반면에 사회과는 일고여덟 개로 나누어 가르친다. 이게 무슨 의미가 있나? '교육 마피아'들이 교사 일자리를 늘리려고 교과 과정을 그렇게 나누어 놓은 것이다.

문과와 이과를 나누는 문제에 대해서도 할 말이 많으신 듯합니다.
문과와 이과 나누는 건 사실상 인권의 문제이다. 어느 순간에 새로운 직업에 도전을 해야 되는데 중·고등학교 때 문과/이과로 나뉜 바람에 새 직업을 얻지 못하게 되면 이건 국가가 책임져야 한다.

자기 공부를 할 수 있는 능력의 중요성

학교에서 체육·예능 시간이 사라지고 있습니다.
평형동물은 뇌가 온몸에 분포한다. 척추동물이 되면서 뇌도 효율을 높이기 위해 중앙집권화된 거다. 따라서 체육을 해야만 몸이 발달할 수 있다. 온몸에 분포했던 뇌가 효율을 높이기 위해 덩어리로 뭉치고, 척추동물화되면서 중앙에 집중된 것이다. 몸이 알아서 하는 일들이 상당히 있다. 체육을 통해 몸이 발달할 수 있다. 몸은 아무것도 아닌데 뇌만 잘나면 모든 게 해결된다는 것이 아니라는 말이다. 몸이 뇌의 기능을 받쳐줄 수 있도록 해야 하는 게 정답이다. 예술도 인간 진화에 굉장한 역할을 했다. 서양 음악은 수학과 관련이 있다. 피타고라스가 음의 체계를 만들었기 때문이다. 아이에게 어느 한쪽만 키워줘선 절대 안 된다. 양쪽이 부딪치게 키워야 창의성이 늘어난다.

언어 교육은 어떻게 해야 할까요?

어릴 때 인간의 뇌는 기막히게 유연하다. 받아들일 수 있는 용량이 어마어마할 것이다. 그래서 몇 개 언어를 한꺼번에 배워도 소화 능력이 있다고 본다. 아버지는 스웨덴인, 어머니는 한국인이고 사는 곳은 독일인 조카가 있다. 4개 국어를 자유자재로 구사한다. 언어는 이렇게 일상에서 쓸 수 있는 환경이 되어야 한다.

평소 수학修學 능력을 키우는 교육을 해야 한다고 하셨습니다. 어떤 맥락에서 하신 말씀이십니까?

내 연구실에 들어오려는 학생에게는 통계학과 영어를 공부하라고 한다. 아마추어는 감으로, 프로는 통계로 일한다. 또 영어를 공부해야 새로운 세계에 도전할 능력이 생긴다. 50대 초반이면 직장에서 쫓겨나는데, 그 뒤 100세까지 무엇을 하고 살 것인가? 언제든지 새로운 분야에 도전하고 공부할 능력을 갖춰야 한다.

외국에선 수학 능력을 어떻게 키웁니까?

하버드대학교는 역사가 370여 년이고, 옥스퍼드대학교는 800년이나 되지만 학습체제가 변한 게 거의 없다. 무슨 전공을 하든 인문학과 기초과학을 반드시 이수해야 한다. 문과 학생이 행여 학점을 C나 D밖에 받지 못하더라도 양자역학을 배우고 간다. 우리 대학생은 그런 과목을 배울 기회 자체가 봉쇄되어 있다. 수학 능력을 키워주느냐가 우리 대학의 고민이 되어야 하는데 취직을 얼마나 시키느냐에만 매달리고 있다. 이제 교육계는 세계적으로 엄청난 변화를 겪을 수밖에 없다. 매사추세츠공과대학^{MIT}이 부속고등학교를 세우면 전 세계 누구나 MIT 부속고등학교에 들어갈 수 있게 된다. 이미 강남 학원 상당수가 외국 자본에 넘어가고 있다. 전 세계 교육 시장을 놓고 돈벌이가 시작된 거다. 이런 상황에서 우리 대학이 할 일은 결국 기초 학문을 가르치는 것이다. 그러면 학생들이 언제든 다른 걸 배울 능력을 갖추게 된다. 대학이 기초 학문을 잡아주지 않으면 나라의 미래를 장담할 수 없다. 인문학과 자연과학의 기초를 가르쳐야 한다. 지금의 수 배, 수십 배 예산을 기초 학문에 투입해야 한다.

최근 국민대통합위원회 위원이 되셨습니다. 어떤 부분에 중점을 두고 활동하실 계획이십니까?

대통령 임기 내에 교육 문제를 확실하게 수술할 것이다. 또한 다문화 가정에 신경을 써야 할 것이다. 동남아시아에서 우리나라로 온 사람들은 도전정신이 강한 유전자를 가진 사람들이다. 이들을 통해 한국인의 유전자군이 더 건강해질 수 있다. 다문화가정의 아이들을 어떻게 키우느냐에 따라 대한민국이 일어설지 불안한 사회로 빠질지 결정될 것이다.

마지막 질문을 드리겠습니다. 인생이란 무엇입니까?

셰익스피어는 "인간은 자기의 역할도 모르면서 무대에서 한바탕 연극을 하고 떠나가는 존재"라고 했다. 인간은 사실 유전자가 만들어 낸 존재다. 리처드 도킨스의 《이기적 유전자》를 읽고 세계관이 바뀌었다. 결국 인생은 DNA가 다 하는 것인데, 아등바등할 게 뭐 있나

싶더라. 자살충동까지 생겼다. 하지만 더 공부해보니 기막히게 평온한 날이 찾아왔다. DNA가 내게 '열심히 살아보라'고 했으니 열심히 살다 가면 되는 게 아닌가 하는 깨달음을 얻었다. 실패했다고 어떻게 되는 것도 아니다. 요즘엔 실패라는 건 원래 없는 거란 생각도 든다.

● 최재천 교수가 미국 유학 생활을 할 때의 에피소드가 기억에 남는다. 한 살배기 아이에게 이웃의 할머니가 신문을 읽어주면서 다 알아듣는다고 한 것이다. 그 뒤로 최재천 교수는 아이가 눈 뜨고 있는 시간에는 동화책은 물론이고 논문까지 읽어줬다. 그래서인지 최재천 교수의 자녀는 독서광이 되었고, 미국의 주요 대학까지 갔다.

유아기는 아동뿐 아니라 인간의 발달에 가장 중요한 시기이다. 만세 살이 되기 전까지 두뇌가 받은 자극이 이후의 성장에 큰 영향을 미치기 때문이다. 그 때문에 유럽에선 어린이집과 유치원 시절에 최고 수준의 교육을 받도록 지원한다. 이런 점은 우리도 본받아야 할 것이다. 우리나라의 어린이집과 유치원 교사를 교육 공무원으로 대우해줘야 안정적인 상태에서 교육에 전념할 수 있을 것이다.

중·고등학교 교육도 크게 바뀌어야 한다. 최재천 교수는 지금의 문과/이과 분리를 심지어 '인권의 문제'로까지 보았다. 사람의 인생 항로가 어떻게 변할지 모르는데, 고등학교 때의 적성에 따라서 교육의 기회까지 차단한다면 그것은 누가 책임질 것인가. 이것은 교육이라는 이름으로 학생의 교육 선택권을 박탈한 행위라고 해석할 수 있을 것이다.

이런 상황은 모두 공급자 중심의 교육 시스템 때문에 벌어진 일이다. 수요자인 학생에 대한 배려가 부족했다. 교육계 일자리를 확보하기 위해 과목을 쪼개고 쪼개 학생들의 학습 부담을 높였다는 점에서 최재천 교수는 '교육 마피아'라는 격한 표현을 쓰기도 했다. 아이의 수가 줄어들어 교대, 사범대를 나와도 전부 교사가 될 수 없는 것도 문제다. 부모도 아이도 선생님도 지쳐 있다. 이젠, 결단이 필요할 때가 왔다. '교육 대통령'의 탄생이 무르익고 있다.

2

행복

고전에 인간의 길을 묻다

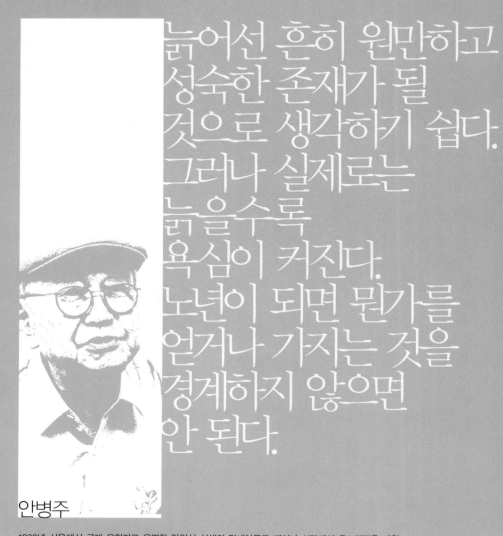

늙어선 흔히 원만하고
성숙한 존재가 될
것으로 생각하기 쉽다.
그러나 실제로는
늙을수록
욕심이 커진다.
노년이 되면 뭔가를
얻거나 가지는 것을
경계하지 않으면
안 된다.

안병주

1930년 서울에서 근대 유학자로 유명한 안인식 선생의 막내아들로 태어나 서당에서 유교경전을 배웠
다. 성균관대학교에서 동양철학으로 박사학위를 받은 뒤 교수로 재직했고, 성균관대학교 유학대학장을
지냈다. 장자 연구의 대가로 꼽힌다. 퇴계 이황의 철학에도 조예가 깊어 국제퇴계학회장과 퇴계학연구원
장을 역임했다. 1985년 유교학회 초대 회장을 지냈고 1987년에는 전두환 정부의 4·13 호헌조치에 항의
해 성균관대학교 교수들과 함께 시국선언을 냈다. 1999년엔 여성학 연구자들을 유교학회에 초청해 유
학과 페미니즘의 접점을 모색했다.

행복하려면
탐욕을 버려야 한다

● 　다들 힐링을 외치지만 진정한 마음의 치유는 얻기 어려운 시대이다. 그런 바람을 타고 출판계에선 고전 서적 열풍이 불기도 한다. 고전을 통해 참된 삶과 행복의 비결을 연구해온 유학계의 태두 안병주 성균관대 명예교수를 만났다. 유학자 안인식 선생의 아들인 안병주 명예교수는 어릴 적 서당에서 한학을 공부한 뒤 성균관대학교에서 동양철학을 전공했다. 전통과 근대 한학 연구를 겸비한 원로 유학자인 그는 "행복은 오히려 근심하고, 슬퍼하는 속에서 오는 것"이라고 단언했다. 스트레스를 극복하면서 맛보는 행복감이 보통이 아니라고 역설하면서 "모든 것을 긍정적으로 볼 필요가 있다"고 권했다. "착하기만 한 사람들은 대개 마음이 약하지만 악한 사람들은 마음이 강해 오래 사는 경우가 많다"며 "악과 싸울 능력을 가지면서 착해야 한다. 권선징악하려면 강해져야 한다"고도 했다.

인간에겐 얼마만큼의 땅이 필요한가

부처님은 '인생은 고통의 바다苦海'라고 했습니다. 행복이란 게 과연 있는 것
이긴 할까요?

맹자는 '사람이란 우환 속에서 살아남을 수는 있으나 안락에 빠지면
죽는다'고 했다. 행복은 찰나의 쾌락과는 다르다. 행복에는 질적인 차
이가 있다. 땅값이나 주식, 골동품값이 오를 때, 책을 읽고 상승감이
올 때, 자식이 잘되었을 때, 신에 귀의하여 종교적 희열을 느낄 때 사
람이 느끼는 행복은 각기 다르다. 맹인 여성이 건축가 가우디가 세운
집을 만지고 행복의 미소를 지을 때처럼 행복은 다 다르게 다가오는
것이다.

그러면 행복은 어디에서 오는 것입니까?

톨스토이가 쓴 〈인간에게 얼마만큼의 땅이 필요한가〉라는 단편을 보
면 알 수 있다. 지주가 농부에게 '아침부터 해 질 때까지 달려 원위치
에 오면 그 땅을 거저 주겠다'고 한다. 농부는 더 많은 땅을 가지려고
심장이 터지도록 뛰다 죽고 만다. 농부를 땅에 묻던 하인은 '인간에게
필요한 땅은 2미터밖에 되지 않는데'라며 혀를 찬다. 행복은 지족知足,
즉 만족할 줄 알고 탐욕을 버리는 데서 시작된다.

톨스토이 이야기가 흥미롭군요. 다른 이야기가 더 있나요?

톨스토이의 사상은 '전쟁 부정'과 '지족의 철학'이라고 말할 수 있다.
그는 노자철학에 심취하여 노자의 《도덕경》을 러시아어로 번역하기

도 했다. 노자는 '탐욕의 노예가 되지 말고 만족하라'고 말한다. 《도덕경》 29장엔 '심한 행동을 하지 말고, 사치하지 말고, 거만한 행동을 하지 말라'고 쓰여 있다. 58장엔 '행복 속에 재앙이 숨어 있고, 재앙 속에 행복이 숨어 있다'고도 되어 있다. 톨스토이는 이런 《도덕경》을 읽으며 지족의 철학을 완성시켰을 것이다.

출생, 죽음, 누군가를 만나고 헤어지는 게 인생인데, 인연에 대해선 어떤 철학이 있습니까?

'인仁'과 '서恕'가 중요하다. '인'은 '사람이 하나가 아니고 둘이라는 뜻이다. '서'는 '마음이 같아야 한다'는 뜻이다. 사람은 혼자서는 살 수 없는 사회적 존재다. 인연에 대해선 동서를 초월한 황금률이 있다. 기독교 성경에는 '남에게 대접받고자 하는 대로 너희도 남에게 대접하라'고 되어 있다. 어진 사람은 자신이 일어서고 싶으면 남도 서도록 돕는다. 《논어》에는 '남이 내게 하기를 원하지 않는 것과 자신이 하기 싫은 것을 남에게 하지 말라'고 쓰여 있다. 좋은 인연을 만들고 행복해지려면 우선 남을 배려해야 한다.

배려란 무엇입니까?

40년간 하버드대학교 총장을 지낸 수학자 엘리엇 교수는 "남을 배려하는 것이 습관처럼 되도록 하라"고 했다. 인仁의 실천과도 같은 경지이다. 도쿄대학 총장을 지낸 가야 세이지 교수는 졸업식 축사에서 "가능한 한 친절하자. 친절이 사회적 습관이 되도록 하자"라고 말했다. 여기서 시작된 '작은 친절 운동'은 2008년에 288만 명이 참가한 전국적인 캠페인이 됐다. 습관적인 작은 친절은 행복한 미소를 만들어낸다. 고슴도치처럼 살아가는 우리 사회에 작은 친절이 두루 퍼져야 정의와 행복이 실현된다.

인간은 행복감을 느끼다가도 금방 불행하다고 말할 만큼 변덕스러운 존재입니다. 그런데 그것이 가능할까요?

노자는 행복이란 걸 '화禍'와 '복福'을 포괄한 개념으로 설명하고 있다. '인간만사 새옹지마'라는 말도 있다. 행복이라 생각한 게 재앙이 될 수 있다는 거다. 그러니 행복했을 때 거만하게 행동하지 말고, 함부로 남을 대하지 말아야 한다. 오히려 근심하고, 슬퍼하는 가운데 즐거움이 생긴다. 100세 이상 산 분들의 책을 보면 '약간의 스트레스는 있는 게 좋다'는 식의 이야기를 많이 볼 수 있다. 약간의 스트레스를 극복하면 엔도르핀이 나오는데 그 행복감이 보통이 아니라는 얘기다. 모든 것을 긍정적으로 볼 필요가 있다.

사람이 누군가를 만나는 것보다 헤어지는 게 더 어렵다고 합니다. 실제로 그렇습니까?

춘추전국시대 무장 악의는 "군자는 헤어질 때 험한 말을 입에 담지 않는다"고 했다. 생각과 이상이 달라 헤어질 뿐 상대를 존중하는 마음을 간직해야 한다. 사람을 만나는 데는 한 시간, 사랑하는 데는 하루가 걸리지만, 그를 잊어버리는 데는 평생이 걸린다는 말도 있다.

노년의 행복은 탐욕을 버리는 데서 온다

청년기와 장년·노년기를 살면서 각각 어떤 점을 주의해야 합니까?

젊을 때엔 혈기血氣가 정해지지 않았으므로 여색女色을 경계해야 하고, 장성해선 혈기가 한창 강해지므로 싸움을 경계해야 한다. 늙어선 흔히 원만하고 성숙한 존재가 될 것으로 생각하기 쉽다. 그러나 실제로는 늙을수록 욕심이 커진다. 노년이 되면 뭔가를 얻거나 가지는 것을 경계하지 않으면 안 된다.

'100세 시대'가 되었습니다. 나이 든 뒤에도 행복하려면 어떻게 해야 합니까?

10년 전 큰 병을 앓고 난 뒤 깨달은 게 있다. 책 읽는 습관이 중요하다는 것이다. 오래 살면 좋지만 치매나 중풍에 걸리면 자신뿐 아니라 가족들이 고생하게 된다. 건강을 유지하기 위해 노력해야 한다. 언젠가 100세를 넘긴 노인이 치매에 걸리지 않으려고 중국어 공부를 시작했다는 뉴스를 본 적이 있다. 나도 같은 이유로 러시아어 공부를 했다. 죽는 순간 옆에 책을 놔두고 싶다는 생각을 한다. 지금 내 나이가 팔십을 넘겼는데도 재미있는 책을 읽다 밤을 새운다. 독서는 치매 예방에 좋다. 특히 사람 이름이 많이 나오는 역사책을 원문으로 보면 유익하다. 무엇보다 노년에 행복하려면 탐욕을 버려야 한다.

결혼을 앞둔 젊은이들에게 해주고 싶은 말씀이 있으십니까?

남남이 한집에서 가정을 이루고 산다는 것이 얼마나 어려운 일인가? 부부는 서로를 배려하는 지혜가 필요하다. 친구는 자신이 배울 수 있도록 한 계단 높은 이를 사귀고, 부인은 한 계단 낮은 곳에서 맞이하는 것이 가정 평화에 좋다는 이야기가 있었다. 우리 조상의 슬기다. 결혼과 관련해서도 중요한 건 사람이 돼야 한다는 거다. 양가 부모를 서로 존중하고, 자식들도 서로 아껴주어야 한다. 부부가 사랑도 하면서 서로 배우려고 노력할 때 이상적인 집안이 되지 않을까 싶다.

재물이나 권력은 너무 가까이하면 타 죽고 너무 멀리하면 얼어 죽는다고 합니다. 재물과 관련한 옛 성현의 지혜는 어떤 것이 있습니까?

노자의 《도덕경》 44장에 보면 '명예와 생명 중 어느 쪽이 더 절실한가? 또는 생명과 재물 중 어느 것이 더 중요한가? 얻는 것과 잃는 것 중 어느 것이 더 마음 아픈 것인가?' 등등의 질문이 나온다. 권력이나 재물, 명예를 몹시 사랑하면 반드시 크게 망한다고도 했다.

탐욕은 문제지만 최소한의 물질은 있어야 사는 것 아닌가요?

당연하다. 맹자는 "백성들이 산 사람을 먹여 살리고, 죽은 사람의 장사를 잘 지내 여한이 없도록 하라"고 했다. 부를 축적한다기보다는 최소한의 생활을 보장해야 한다는 뜻이다. 요즘 말로는 복지국가일 것이다. 민본정치의 목적은 백성의 행복을 보장하는 것이라고 할 수 있다. 물론 본인의 노력도 중요하다.

인생에서 성공을 부르는 요소는 무엇입니까?

성공과 실패는 사람마다 다른 것이다. 다만 무엇을 이루려면 목적을 향해 집중하는 노력이 필요하다. 맹자는 외국어를 배우려면 그 나라

시장에 가서 배워야 한다고 했다. 그래야 그 나라 말만 쓰게 된다는 거다. 즉 무엇을 시도하든 집중해야 한다는 걸 강조한 것이다.

인생에서 시련과 좌절을 이겨내려면 어떻게 해야 합니까?

시련에 빠진 이들은 사마천을 배워야 한다. 궁형宮刑을 당한 절망적인 상황에서 사마천을 일으켜준 건 역사책을 완성해야 한다는 사명감이 었다. 그가 쓴 《사기》는 130권의 대하 역사서이자 문학 분야에서도 필두로 올라갈 책이다. 맹자도 성공하는 위대한 사람이 되기 위한 전제로 시련의 극복을 들었다.

"사주팔자는 신경안정제"라고 주장하셨습니다. 어떤 의미였습니까?

'운'이라는 건 거역할 수도, 바꿀 수도 없다. 그러나 노력을 통해 운도 바꿀 수 있다는 의식이 있으면 운명을 이겨나갈 수 있지 않을까 싶다. 그런 점에서 사주팔자는 신경안정제에 불과하다는 것이다. 좋다면 믿고, 나쁠 땐 조심하면 된다.

모든 것은 마음먹기에 달렸다는 뜻인가요?

인간은 마음 가는 대로 산다. 그러기에 어떤 마음을 먹느냐가 중요하다. 인간은 시련 때문에 무너지는 것이 아니다. 증자는 '선비는 크고 굳세지 않으면 안 된다. 짐은 무거운데 갈 길이 멀기 때문이다. 인으로 나의 짐을 삼았으니 무겁다. 죽은 뒤에야 그 짐을 내려놓을 수 있으니 멀다 하지 않겠는가?'라는 마음가짐을 가져야 한다고 했다. 마음이 무너지면 무너지는 것이다.

권선징악을 위해선 강한 마음이 있어야 한다

세상사를 보면 착한 사람이 일찍 세상을 떠나고 나쁜 사람이 오래 사는 경우가 적지 않은 것 같습니다.

상식적으로 생각하면 의지가 강한 사람이 오래 살고, 의지가 약한 사람은 일찍 죽는다. 착하기만 한 사람들은 대개 마음이 약한 사람이 많다. 악한 사람들은 나쁘지만 마음은 강하다. 악과 싸울 능력을 가지면서 착한 것이 중요하다. 권선징악하려면 강해져야 한다. 공자가 고난을 수없이 당했음에도 여유만만하게 살 수 있었던 건 본인이 세상을 바로잡아야 할 천명을 타고났다고 생각하고 끝없이 노력했기 때문이다.

인간은 자신을 누군가와 비교하면서 고통받는 존재인 것 같습니다.

사물이나 사람이나 똑같을 수 없는 게 숙명이다. 어떤 힘으로도 숙명을 동일하게 만들 수는 없다. 남에게 있는 것이 나에게는 없지만 나에게 있는 것이 남에겐 없을 수도 있다. 따라서 세상은 서로 의지하며 살아갈 수밖에 없는 것이다. 다른 사람과 나를 비교하는 것은 부질없는 일이다. 마음에 불행을 안겨주는 일일 뿐이다.

인생은 선택의 연속인 것 같습니다. 올바른 선택을 하려면 어떻게 하는 것이 좋을까요?

순간의 선택이 10년을 좌우한다는 말도 있다. 아마추어는 감각으로 선택하고 프로는 확률로 선택한다는 말도 있다. 즐거움과 올바름이라는 두 가지 기준으로 선택을 해야 한다. 올바른 선택을 한 뒤에는 흔들림 없이 지켜야 한다. 즐거움이란 자기 스스로 행복하다고 느끼는 것을 말한다.

맹자는 닭이나 개가 집을 나가면 온 식구가 찾아 나서는데, 정작 자기의 양심은 찾지 않는다고 했습니다.

자기 본래의 양심은 찾을 생각은 안 하고 집에서 기르던 짐승이 없어져서 찾으러 다닌다는 건데, 일반적으로 흔히 있는 모습을 맹자가 인용한 거다. 손가락이 붙어서 불구가 됐을 때는 천리를 찾아가서라도 고치려고 애쓰면서 자기의 잃어버린 양심은 한 발자국도 나가서 찾으려 하지 않는다는 얘기다. 맹자는 학문의 길은 다른 데 있는 것이 아니라 자신의 잃어버린 마음을 찾는 데 있다고 했다. 나가버린 착한 마음을 찾아야 한다.

우리나라의 대통령에게는 어떤 이야기를 해주고 싶으십니까?

공公을 해치는 사私를 없애야 한다. 그러려면 지역과 계층, 세대를 넘는 대통합, 즉 민족 대통합을 이뤄야 한다. 또 사보다 공을 앞세우는 능력 있는 인물을 발탁해야 한다. 마오쩌둥은 한국전쟁에서 아들을 잃었다. 부하들이 아들을 고국으로 돌려보내자고 했지만 마오쩌둥은 "다른 병사들을 생각하면 그럴 수 없다"고 일축했다. 결국 지도자 계층이 모범이 되어야 한다. 그래야 대중이 따라가고 행복지수 높은 사회가 실현되는 것이다.

죽음에 대해서는 어떻게 생각하십니까?

고대 철학자 가운데 죽음의 문제를 가장 근원적으로 응시한 이가 장자다. 장자는 죽음을 삶의 종말이라고 보지 않고 새로운 생에 앞선 전생轉生의 종말로 보았다. 죽음 뒤의 세계는 어떤 차별도 존재하지 않는 평등의 세계가 펼쳐진다고 본 것이다. 그래서 그는 죽어가는 사람 앞에서 우는 가족들을 향해 "조용히 하라. 위대한 변화의 작용을 방해하지 말라"고 했다. 생과 사를 같이 보는 이런 사생관을 가지면 어려운 일이 닥쳐도 마음이 든든해진다.

평생 동양철학을 공부하셨습니다. 독자들에게 글귀 하나를 권하신다면 어떤 것을 고르시겠습니까?

상선약수上善若水다. '최상의 선은 물과 같다'는 뜻이다.《도덕경》에 나오는 말이다. 최상의 선은 남보다 아래로 내려가는 겸허한 삶이다. 물 같은 것이다. 물은 낮은 곳으로 끝없이 내려가면서 만물에게 은택을 주고 베푼다.

인생이란 무엇입니까?

인생을 살면서 자신의 이름이 남에게 알려지지 않을까 걱정할 필요는 없다. 사람이 착하게 살다 갔다는 말을 듣기도 쉽지 않다. '정직하게 살려고 애쓰다 간 사람'이라 기억될 정도면 그 인생은 괜찮은 인생이다. 올바른 인생은 정직 위에서만 이룰 수 있다.

●   부처는 인생을 '고통의 바다'라고 했다. 살아간다는 것은 끊임없는 유혹과 고통의 연속이다. 이런 인생에서 행복이란 어디에서 찾을 수 있을까? 안락함이 우리를 행복하게 할까? 맹자는 '사람이란 우환 속에서 살아남을 수는 있으나 안락에 빠지면 죽는다'고 했다. 안락함만을 추구한다고 해서 행복이 보장되는 것은 아닌 모양이다.

약간의 스트레스는 오히려 정신 건강에 좋다. 안병주 교수는 오히려 스트레스를 극복할 때 생성되는 엔도르핀의 효과를 이야기했다. 안락함에만 빠져 어떠한 위기감과 스트레스 없이 살아간다면 면역력이 떨어진다는 지적은 멋진 지혜라는 생각이 들었다. 안병주 교수와의 인터뷰를 통해 느낀 점은 끊임없이 공부해야 한다는 것이다. 위인들의 일화와 고전의 경구를 인용하는 모습에서 건강한 정신을 유지하는 비결이 공부임을 알 수 있었다. 실제로 그는 치매에 걸리지 않으려고 새로 러시아어를 배우기도 했고, 여든이 넘은 지금도 책을 읽으며 밤을 지새우기도 한다. 단순히 치매 때문은 아닐 것이다. 안병주 교수는 "나이가 들수록 욕심이 늘어나기 때문에 무엇인가 더 가지려는 집착에서 벗어나야 한다"고 말했다.

강원도 평창 오대산 근처 법정 스님이 사시던 집 주변을 다녀온 적이 있다. 지금은 사시지 않는 그 집을 바라보면서 몇 번이고 허공에다 물은 적이 있었다.

'스님, 인생은 무엇입니까?'

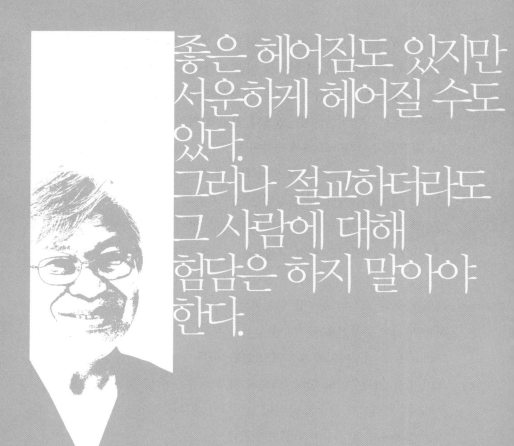

좋은 헤어짐도 있지만
서운하게 헤어질 수도
있다.
그러나 절교하더라도
그 사람에 대해
험담은 하지 말아야
한다.

성백효

1945년 충남 예산의 한학자 집안에서 태어나 전북 익산의 서당에서 공부한 뒤 1977년 민족문화추진회 (지금의 고전번역원) 부설 국역연수원에 입사해 동양고전 보급에 매진해왔다. 국방군사연구소 선임연구원 과 민족문화추진회 교수, 한국고전번역원 교수를 역임했다. 현재 해동경사연구소 소장으로 재직 중이다. 그가 번역한 《논어》, 《맹자》 등은 '가장 원전에 충실한 번역서'로 평가돼 여러 대학에서 교재로 채택됐 고, 10만 권 넘게 팔린 스테디셀러로 자리매김하고 있다.

고전에 행복의 길이 있다

● 　안병주 명예교수에 이어 성백효 한국고전번역원 명예교수를 만나 그가 생각하는 행복론을 들었다. 성백효 명예교수는 유학자 집 안에서 태어나 서구식 교육을 전혀 받지 않고 서당에서 한학을 공부 한 사람이다. 30여 년간 동양고전 해석에 정진하며 대가 반열에 오른 그는 자신이 완역한 《논어 집주》와 《대학·중용 집주》 등 유가 경전을 바탕으로 행복한 삶의 비결을 제시했다.

고전에서 배우는 인연의 중요함

사람은 항상 인연 때문에 흥하고 인연 때문에 망하는 것 같습니다. 인연을 잘 맺으려면 어떤 지혜가 필요할까요?

《명심보감》에 '모든 일에 인정을 남겨두면 훗날에 좋게 만나는 수가 있다'는 말이 있다. 좋은 헤어짐도 있지만 서운하게 헤어질 수도 있 다. 그러나 절교하더라도 그 사람에 대해 험담은 하지 말아야 한다.

증자는 부인과 헤어지면서 '부인이 부모에게 배를 제대로 못 삶아드리기 때문'이란 명분을 내세웠다. 다른 명분을 얘기하면 다른 사람이 부인을 데려가지 않을 것을 우려했기 때문이다.

좋은 인연을 만나는 것은 인생에서 얼마나 중요합니까?

인연에 관해서라면 《춘추》에 나오는 이야기를 드는 게 좋을 것이다. 정나라에 자산이라는 사람이 있었다. 그의 상관이 자신이 아닌 다른 사람에게 큰 고을을 맡겼다. 그 상관은 "큰 고을을 맡겨 행정하는 법을 배우게 한 뒤 정치가로 키우려고 임용한 것"이라고 자산에게 설명했다. 그러자 자산은 "누군가에게 고급 비단을 선물받았다면 어떻게 비단옷을 만들 생각이십니까"라고 물었다. 상관은 "최고의 사람에게 맡겨 비단옷을 만들 것"이라고 답했다. 그러자 자산은 "비단옷이 중요합니까, 아니면 고을이 중요합니까"라고 되물었다. 비단옷은 훌륭한 재단사에게 맡기면서 고을은 경험 없는 인물에게 맡긴 조치의 부당함을 지적한 것이다. 이처럼 정치인은 물론 일반인도 사람을 잘 만나야 한다. 그러려면 우선 본인이 반듯해야 한다.

평소 "죽는 순간까지 공부해야 한다"고 강조하셨는데, 특별한 이유라도 있으신가요?

초나라의 한 정치가가 공자의 제자인 자로에게 공자는 어떤 사람이냐고 물었다. 자로는 '정확한 답을 주지 못할 수 있다'며 답변을 하지 않았다. 뒤에 자로가 공자에게 이런 사정을 얘기하자 공자는 '학문하다 모르는 게 있으면 밥 먹는 것도 잊고 열심히 하고, 깨달으면 즐거워 근심을 잊어 늙음이 닥쳐오는 줄도 모른다고 말하지 않았느냐'라고 했다. 이렇게 공자조차 평생 공부를 했다. 추사 김정희의 서재 이름은 '부지 노지 장지실 不知 老之 將之室'이다. '열성을 갖고 정진을 계속하면 노년이 다가옴을 느끼지 못한다'란 뜻이다.

자기 자신을 알려면 고전을 읽어야 한다고 하는데 왜 그렇습니까?

자기 자신을 알려면 우선 겸손해야 하고, 그다음으로 독서를 해야 한다. 특히 고전 읽기를 권한다. 고전은 오랜 역사를 거치며 비판적으로 읽혀왔다. 수천 년간 생명을 유지해온 건 그만큼 깊이와 지혜가 있기 때문이다.

주역의 '길흉吉凶'에서 최고의 괘는 무엇입니까?

주역은 원래 64개의 괘로 길흉을 밝혔다. 아무리 좋은 것도 나쁜 측면이 있다. 64괘 중에서 가장 좋은 괘가 왜 '겸謙'인지 깊이 새겨야 한다. '높은 사람이 겸손하면 더욱 빛이 나고, 낮은 사람이 겸손하면 도저히 밟고 넘어갈 수 없다'고도 한다. 높은 곳으로 가길 원하면 낮은 곳으로 가라는 구절도 새겨볼 만한 말이다.

개과천선, 늘 새롭게 변해야 한다

'수신제가 치국평천하修身齊家 治國平天下'는 어떻게 실천해야 합니까?

이 말은 《대학》의 기본이다. 무엇보다 자신의 몸을 닦고 집안을 가지

런히 해야 한다. 강조하고 싶은 게 두 가지 있다. 험한 말을 하게 되면, 반드시 험한 말을 듣게 되어 있다. 세 치 혀는 칼보다도 무섭다. 말은 아껴야 한다. 다음으로, 이치에 안 맞게 들어온 재물은 반드시 어긋나게 나간다. 전두환 전 대통령의 예를 보면 잘 알 수 있다.

사마천의 《사기》에서는 어떤 교훈을 얻을 수 있습니까?

'개과천선改過遷善'이다. 제나라의 명재상인 안영에게는 비서가 하나 있었다. 비서는 정승을 모시고 다닌다는 이유로 늘 기세가 등등했다. 어느 날 이 비서의 부인이 남편에게 헤어지자고 했다. "안영 재상은 길을 갈 때 고개를 숙이고 겸손하게 걷는데 그를 모시는 당신이 으스대고 눈을 부라리는 걸 보고 실망했다"는 것이었다. "그런 버릇을 고치지 않으면 헤어지겠다"는 것이었다. 그 비서는 자신을 고쳐 겸손한 사람이 됐다. 안영은 그를 중용했다. 이처럼 개과천선, 즉 자신을 고치려는 피나는 노력이 새로운 인생을 만든다.

요즘 전 국민 사이에 힐링 열풍이 불고 있습니다. 어떻게 보십니까?

즐겁다, 슬프다, 이런 감정만 좇으며 살면 안 된다. 자신이 추구하는 목적을 이루려면 고통을 감내할 줄도 알아야 한다. 그것이 없이 뭔가를 이룬다는 것은 불가능한 일이다. 시련이라는 걸 잘 보아야 한다. 인생은 잘나가다가도 고꾸라질 때가 온다. 내리막길이 시작되는 것이다. 하지만 언젠가는 다시 올라간다. 이런 사이클을 견디지 못하면 안 된다. 아무리 스스로 내려가고 있다고 느끼더라도 의지만 강하면 다시 살아날 수 있다. 인생은 누구도 대신 살아줄 수 없다. 이것은 변하지 않는 진리다. 사람의 마음은 작게 쓰면 바늘 하나 꽂을 곳이 없지만 마음을 크게 먹으면 우주를 담을 수 있다. 자신에게 정직하고 겸손하며 작아도 만족할 줄 알면 행복이 찾아온다. 고난을 두려워 말아야 한다.

요즘 젊은이들에게 필요한 것은 무엇이 있을까요?

옛날에는 어른과 함께 밥을 먹으면 어른이 다 식사를 마친 뒤에야 자리에서 뜰 수 있었다. 함께 밥을 먹으면서 인생 얘기도 하며 소위 밥상교육을 받았다. 그런데 지금은 밥상교육이 없어졌다. 요즘 40대, 50대 가장들도 그런 교육을 받지 못하고 자랐다. 학교에서 '도道'교육을 강화해야 한다. 수능 시험에 나오지 않으면 아무리 중요한 것이라도 배울 생각을 하지 않는데, 도덕 교육도 강화해서 점수에 반영해야 한다고 본다.

노년을 잘 보내려면 어떻게 해야 할까요?

욕심을 버려야 한다. 운동을 하는 것도 나이가 들수록 점차 쉽지 않다. 따라서 독서를 권하고 싶다. 요즘은 의료기술이 발달해 오래 사는 것 자체가 문제다. 일흔, 여든이 되면 치매가 온다. 그러면 아무 소용이 없다. 옛날엔 일찍 죽으니 치매 걱정이 없었고, 자식들이 부모를 잘 받들었다. 지금은 자식들이 노부모를 실버타운에 보낸다. 상속 제도를 바꿔야 한다. 원래 제사 모시고 부모를 받들라고 상속이 있는 것인데, 지금은 그냥 후손이라고 해서 받는다. 이건 서구식도 아니다. 자식 잘되게 하는 건 재물을 물려주는 것이 아니다. 돈을 자식에게 물려주는 대신 어려운 데 베푸는 쪽으로 상속 문화를 바꿔야 한다.

행복한 인생을 살기 위해선 어떻게 해야 합니까?

조선 후기의 문신 성대중은 "제일 행복한 사람은 본인이 은덕을 많이 베풀었으나 아직 보답을 받지 못한 사람이고, 가장 불행한 사람은 덕을 쌓지 않았는데 많이 받아먹은 사람"이라고 했다. '덕은 갚지 않음이 없다'는 말도 있다. 행복한 인생은 베풀고 사는 인생이다.

마지막 질문을 드리겠습니다. 인생이란 무엇입니까?

인생이란 한 사람의 삶만이 아니라 그와 타인들의 관계까지 포괄하는 것이다. 인간은 '도'를 해야 한다고 공자는 말했다. 인간으로 태어났으면 인간으로 가야 할 길을 따라가다 숨지는 게 인생이라고 보면 된다. 자아를 인식하며 살아가다 기운이 다하면 가는 게 인생이다. 인생이 특별히 무언가를 성취해야 하는 게 아니다. 자연에 순응하면서 사는 수밖에 없다.

● 전국이 힐링 열풍으로 휩싸이고 있다. 치유를 뜻하는 '힐링'이지만 그것이 '열풍'이 되어 또다른 스트레스로 다가오고 있는 것이다. 힐링이라는 것은 결국 마음먹기에 따라 달라지는 것인데, 그것이 쉬운 일은 아니다.

인생은 잘 풀릴 때도 있고 안 풀릴 때도 있다. 한창 성장하는 것 같다가도 어느 순간 내리막길이 시작되기도 한다. 인생만 그런 것이 아니다. 역사도 마찬가지다. 이런 사이클을 견디지 못하고 포기하면 아무것도 안 된다. 어떤 상황에서도 강한 의지로 이겨내야겠다는 마음가짐만 있으면 불가능한 것은 없다.

인생은 다른 사람이 살아줄 수 있는 것이 아니다. 온전히 자기 자신의 몫이다. 이것은 누구도 거스를 수 없는 대자연의 섭리이다. 사람은 마음을 크게 먹으면 우주도 담을 수 있다고 한다. 모든 것은 마음먹기에 달려 있다. 더구나 다른 것도 아니고 내 마음 하나만 잘 다스리면 되니 이 얼마나 간단한 일인가.

우리는 늘 번뇌에 시달린다. 없는 번뇌도 찾아서 자신을 괴롭히는 데 쓰고 있다. 작은 것에도 만족할 줄 알면 행복이 찾아온다. 평생 평온하게 살 수도 없는 노릇이다. 고난과 시련은 당연히 닥칠 수밖에 없는 것이니 그것을 두려워하거나 억지로 피하려 해서는 안 된다.

모두가 힐링을 이야기하지만, 가장 중요한 것은 '내부의 힘'인 듯하다. 내부의 힘을 기르려면 먼저 마음을 안정되게 품어야 할 것이다. 그다음 절대로 꿈을 잃지 말아야 할 것이다. 꿈이 있으면 고난도 즐거움으로 변한다. 우리는 꿈을 갖고 있는가? 독자 여러분의 꿈은 무엇입니까?

3

도시문화

어떤 도시에서 살 것인가?

책과 쌀과 사람 농사
한꺼번에 짓는
'북팜시티' 세워
생태 지식산업
키우고 싶다.

이기웅

1940년 강릉시 운정동의 고택 '선교장'에서 태어났다. 성균관대학교 철학과를 졸업한 뒤 1966년 출판계
에 입문하여 1971년 미술·인문 서적 전문 출판사인 열화당을 세우면서 불모지였던 미술서 출판에 도전
했다. 1980년대부터 10년간 한국출판협동조합 이사를 역임했고, 1991년 파주출판문화정보 산업단지
사업협동조합 이사장을 맡아 세계에서 유례가 드문 책 도시인 파주출판도시 건설을 주도했다. 한국출판
금고 이사와 대한출판문화협회 부회장 등을 지내며 국내 출판계의 기둥 역할을 해왔다.

책·쌀·사람이 함께하는 지식생태계를 꿈꾼다

● 　　경기도 파주시 교하읍에 위치한 파주출판도시는 인간과 자연, 책과 건축이 공생하는 곳이다. 자유로를 건설하다 생긴 158만 6777제곱미터^{약 48만 평} 늪지대 위에 세워진 단지는 친환경 소재로 지은 창의적인 건축물로 가득하다. 300여 개 출판 업체가 입주한 이곳은 1988년 뜻있는 출판인과 건축가가 의기투합해 밑그림을 그렸다. 이후 20년 가까운 공사 끝에 1단계로 출판도시가 완성됐다. 전 세계에서 유례를 찾아볼 수 없는 '책의 도시'가 탄생한 것이다. 2단계로 영화제작 관련업체 수십 곳이 입주할 예정이다. 너도나도 '창조'를 떠들지만 창조력의 근간인 책을 도외시하는 우리 풍토 속에서 묵묵히 출판도시를 일궈낸 이기웅 출판도시문화재단 전임 이사장을 만났다.

책, 인간을 인간이게 하는 도구

어떻게 출판을 처음 시작하셨습니까?

어렸을 때부터 책더미 속에 살았고 책 만드는 심부름도 많이 했다. 고등학교에 다닐 때부터 직접 책을 만들었다. 벌써 60년이 됐다.

좀 난해한 질문일 텐데요. 책이란 무엇입니까?

인간을 인간이게 하는 도구다. 이 도구를 활용하지 않으면 인간이 될 수 없다. 어떤 제자가 스승에게 물었다. "당신이 돌아가시면 저는 누구에게 물어야 합니까?" 그러자 스승이 이렇게 답했다고 한다. "내가 죽으면 책에게 물어라." 책은 영원히 말씀으로 증언하는 것이다. 사람의 지혜와 기술을 모아둔 게 책이다. 지금은 녹음기도 있고 영화도 있다. 하지만 책이 가장 모태적 형태가 아닌가 생각한다. 그러나 모든 책이 다 도구는 아니다. 진짜로 잘 만든 책이 도구다.

잘 만든 책이란 어떤 책이죠?

사무사思無邪다. 생각에 거짓됨이 없어야 한다. 공자의 제자들이 시 300편을 놓고 "좋은 시가 무엇이냐"고 물으니 공자는 "생각하는 데 사악함이 없는 것"이라 답했다. 인간주의를 바로 세웠으면 좋겠다. 말이 바로 서야 사람도 집안도 나라도 바로 선다.

책을 많이 보고도 나쁜 일을 하는 인물들도 있지 않습니까?

인간은 완벽하진 않아도 선정을 키워나가야 한다. 지식을 나쁘게 쓰지 않도록 스스로 성찰해야 한다.

책은 세상을 바꾸는 인물, 사상을 만든다고 합니다. 프랑스의 루이 14세가

감옥에 가서 루소의 책을 보고 "네가 나를 감옥으로 보냈구나" 했다는데 세상을 바꾼 책은 뭐가 있을까요?

세상을 바꾸는 시대정신을 일으킨 책은 여러 가지가 있다. 플루타르크의 《영웅전》, 아우구스티누스의 《참회록》, 다윈의 《종의 기원》과 뉴턴의 만유인력 법칙, 그리고 볼테르와 루소 등 계몽주의자들의 책, 루터의 종교 개혁 격문, 정약용의 《목민심서》 등이다. 이 책들은 독자의 마음을 파고들며 시대정신을 만들어낸다. 그 밖에도 마음으로 읽는 책, 즉 심서心書가 있다.

심서란 무엇입니까?

각자 스스로 마음에 새기는 책이요, 늘 간직하는 책이다. 나는 국내에 성공회의 뿌리를 내린 세실 쿠퍼 주교가 쓴 '사도문'을 늘 간직하고 있다. '사람이 호흡을 아니하며 음식을 폐하며 세수를 아니하면 육신의 생명이 능히 보존되지 못함과 같이, 사람이 신령한 음식과 청결함을 받지 아니하면 영혼의 성령이 잘 보존될 수 없다. 입으로 먹기만 해서는 안 된다. 머리로 들어가는 음식을 먹지 않으면 인간이 아니다'라는 내용이다. 말씀이라는 도구를 제대로 써야 인간이 된다고 했다. 이런 심서를 한 권씩은 간직하고 사는 인생이 아름다운 인생이다.

물질주의에 지친 사람들이 행복한 인생을 찾아 나서면서 '힐링'이란 말이 유행하고 있습니다. 어떻게 보십니까?

너무들 힐링에만 매달리는 것 같아 안타까울 때가 있다. 진정한 힐링은 작위적이지 않은 것이다. 현대 사회는 겉만 화려할 뿐 풍요가 지나쳐 인간을 속박하고 있다. 절제가 주는 기쁨을 깨달아야 한다. 절제는 인색한 게 아니라 시간을 아끼고 인간을 아끼고 자연을 아끼는 것이다. 남을 죽이는 경쟁이 아니라 서로 보완하는 삶이 중요하다. 프랑스에서 라틀레르라는 수도원에 갔다. 조그만 방에 담요 두 장이 전부였다. 한 장은 깔고 한 장은 덮고 자는 곳이었다. 절제가 주는 자양분을 느낄 수 있었다.

중·장년과 젊은이에게 어떤 책을 권하고 싶으십니까?
중·장년에겐 헬레나 노르베리 호지의 《행복의 경제학》이란 책을 권하고 싶다. 당신은 어떤 삶을 살고 있느냐는 질문에 도움이 될 것이다. 젊은이들에겐 마하트마 간디 자서전과 안중근 의사 전기를 권하고 싶다.

어느 정도 사회적으로 큰 입지를 세운 분들 중 집에 책이 많은 분들이 있습니다. 이들의 책을 효과적으로 이용하려면 어떻게 해야 할까요?
인간이 염을 하듯 책도 염을 해야 한다. 유명 인사들이 한평생 함께 해온 책들을 기념관으로 보내줘야 한다. 마을 단위로 북카페를 만들어 지적 공동체 문화를 만들어가면 좋겠다. 선진국이란 마을마다 작은 도서관이 있고, 공부하는 국민이 많은 나라다.

우리의 독서 현실을 평가해주십시오.
책을 너무 안 읽는다. 베스트셀러에만 지나치게 편중되고, 진지한 지적 탐구열이 낮다. 그러기에 독서의 편식 만큼이나 사회적으로 쏠림 현상이 큰 것이다. 우리 교육열은 오로지 입시만을 향해 있다. 인간이 되도록 하는 교육열은 너무나 부족하다. 독서 속에 길이 있다. 일본은 메이지유신 전후부터 국민적 차원에서 독서운동을 펼쳤다. 그러기에 중국의 쑨원, 량치차오가 일본에서 유학했고, 우리나라 지식인들도 일본 유학을 많이 했다. 영국 상원의원들이 토론하는 과정을 보면 그들의 지적인 깊이를 알 수가 있다. 사회가 진지해지려면 책을 읽어야 한다.

요즘은 논술 시험조차 외워서 쓰다 보니 젊은이들의 글 솜씨가 크게 떨어졌다고 합니다.

논술의 힘은 독서량에서 나온다. 읽고 생각해야 글이 나오지 않겠는가. 스스로 문장을 통해 사고력을 터득하는 시간을 가져야 한다. 학교에서 매일 30분이라도 독서 시간을 가져야 한다. 낭독도 좋다. 좋은 시 구절 하나라도 낭독하며 들려주는 것이 필요하다. 영국의 패러데이는 가난해 학교를 못 가고 인쇄소에서 일했다. 하지만 거기서 책을 읽은 게 계기가 돼 전기를 발견하고, 위대한 과학자가 되었다. 독서는 백번 강조해도 부족하지 않다.

인간은 이성이 있을 때 아름답다

책에서 시대를 본다고 합니다. 지난 60년간 책을 만들면서 느낀 시대의 과제는 무엇이었습니까?

남북 분단이 제일 가슴 아프다. 남북이 서로 싸움만 하는데 싸움의 목적이 없다. 서로 기득권을 지키려는 싸움뿐이다. 또 무슨 말만 하면 빨갱이니, 보수꼴통이니 색안경을 씌우니 말의 자유가 없다. 자유도 무한히 보장될 수 없다는 걸 알지만 적어도 진리만큼은 얘기할 수 있어야 한다. 분단으로 인한 상처를 치유하지 않고 대립만 한다면 100년 후에는 대한민국의 우환이 될 거다.

분단의 아픔을 자꾸 얘기하는 이유라도 있나요?
박명림 교수, 정병균 교수 등 전쟁을 겪지 않은 소장 학자들이 노력 끝에 발견한 자료를 모아 책을 냈는데 기가 막힌 책들이다. 너무 가슴 아픈 내용이라 가슴을 치며 생각했다. 한 세기를 뛰어넘어 진보와 보수가, 남과 북이 화해해야 한다. 무조건 화해를 하자는 게 아니다. 어떻게든 인간의 기교를 이용해 화해하자는 거다.

안중근 도서관을 짓는 데 20억 원어치 땅을 내놓아 화제가 되었습니다. 어떤 사연이 있었나요?
파주 헤이리에 카페가 너무 많아졌다. 상업주의가 기승을 부리고 있다. 그래서 균형을 유지하려는 뜻이었다. 더 중요한 이유는 우리 지도자와 국민이 안중근 의사의 거대한 구상을 배워야 하기 때문이다. 우리는 안중근 의사를 이토 히로부미를 암살한 열혈청년 정도로만 알고 있다. 하지만 안 의사는 담대한 평화의 비전을 지닌 아시아의 위대한 평화주의자였다. 토지 기증은 아내가 결단을 내려준 데 힘입은 거다. 건축가 조병수 씨가 설계를 맡을 예정이다. 진지함이 묻어나도록 건물이 자연 속에 파묻히는 방식으로 지어질 것이다.

안중근 의사의 아시아 평화 구상은 어떤 것이죠?

1910년 일제 법정에서 안중근 의사가 재판받은 기록을 보면서 알게 된 것이다. 안중근 의사는 100년 전인 당시에 놀랄 만한 제안을 한다. 동북아시아의 평화를 위해 중국 뤼순에 한국·중국·일본의 공동 평화회의 본부를 둔다. 또 한·중·일 국민이 1원씩 기금을 내 삼국 공동으로 은행을 설립한다. 은행 본점은 만주에 두고 경성·도쿄·베이징에 지점을 설치해 공통 화폐를 사용한다. 그리고 적어도 각국이 두 개의 언어를 사용할 수 있도록 해 서로를 이해하고, 아시아에 평화를 가져오자고 주장했다. 탁월하지 않은가? 그 위대한 목소리가 100년 뒤인 지금 다시 태어나고 있다. 우리 지도자도 국민도 이런 큰 뜻을 가져야 한반도의 미래가 밝아질 것이다.

파주출판도시는 어떻게 만들게 되었습니까?

좋은 책을 만들기 위해서다. 물류비를 줄여 비용을 낮춰야 했다. 기획사, 인쇄소, 종이 공장이 모두 멀리 떨어져 있어 비효율적이었다. 같은 장소에 모여 일하면 책 품질이 좋아지고, 비용은 3분의 1로 줄어든다는 논리로 국가를 설득했다. 처음엔 공무원들이 "책이 어떻게 국가산업단지에 오느냐"며 웃었다. 나는 "자동차보다도 책이 더 중요하다"고 설득했다.

출판도시를 산업단지로 만드는 데 어려움이 많았다고 들었습니다.

오륙 년 넘게 걸렸다. 시작은 노태우 정부 때 했는데 워낙 반대가 심했다. 출판도시가 국가산업단지로 승인받도록 사력을 다했다. 결국 김영삼 정부 때 이수성 총리가 국가산업단지로 인정하며 서명했다. 하지만 공무원들이 "공장 부지니까 법률에 따라 공장처럼 지어야 한다"고 시비를 걸었다. 비싸게 짓는다고도 타박했다. 우리는 "출판은 지식산업이다. 아름다운 건축물이 있는 도시가 산업 효율을 높인다"고 설득해 최종 허가를 받아냈다.

건축가들과 '위대한 계약', '선한 계약'을 맺었다고 들었습니다. 어떤 방식의 계약인가요?

출판인들은 아름다운 건축물을 원했다. 그러자 건축가들은 '돈도 없으면서 욕심만 많다'고 했다. 수없이 토론한 끝에 '파주에 제대로 된 도시모델 하나 만들어내자'고 의기투합했다. 건축가들은 시세보다 훨씬 싼 가격으로 설계해주고 출판인들은 그 설계대로 건물을 만들어 건축가들의 뜻을 살려준다는 '위대한 계약'을 맺었다. 민현식, 조성형 등 건축계 동지들이 우리 뜻을 높이 사 성사된 거다. 이 계약을 바탕으로 천재 건축가인 김석철이 창작과비평 사옥, 승효상이 교보문고 사옥, 영국의 플로리안 베이글이 열화당 사옥, 포르투갈의 알바로 시저가 열린책들 사옥을 각각 설계했다. 150채의 건물이 하나하나 아름답다. 서로 조금씩 양보하면 더 큰 게 생긴다는 걸 깨달았다. 영화 산업이 들어오는 2단계부터는 '위대한 계약'을 더욱 선한 마음으로 이어 가자는 뜻에서 '선한 계약'으로 개명했다.

건축가들이 제대로 된 건물을 지어볼 기회가 되었을 것 같습니다.

건축가들에겐 순전히 자신들의 뜻대로 건물을 설계하고 지을 기회였다. 그러나 그들의 경제적 희생이 컸다. 이 과정에서 많은 실험을 하며 알게 된 건데, 국가가 건축가에게 창의적인 설계를 할 기회를 많이 줘야 한다는 것이다. 아름다운 건축물이 있는 곳이 세계적인 관광지이고 선진국이다.

지금 파주출판도시는 어떤 상황인가요?

파주출판도시는 세계에서 유례가 없는 시도였다. 출판인이 협동조합을 만들고 건축가와 함께 '건축시민운동'을 한 결과다. 1단계는 출판사와 인쇄 기업이 들어왔다. 한길사·창비·김영사 등 300곳이다. 2단계는 영화계다. 〈건축학 개론〉을 제작한 명필름, 특수효과로 유명한 영상기술업체 '데몰리션' 등 34개 회사가 입주했다. 이어서 쇼핑센터와 갤러리, 병원 등이 들어왔다. 서점도 들어서고 있다. 단지 내 종사자가 1만 명에 달한다.

다음 단계로 꿈꾸는 건 무엇입니까?

책과 쌀과 사람 농사를 한꺼번에 짓는 '북팜시티'를 세우는 거다. 인간이 힐링을 원하는 건 자연 속으로 돌아가려는 본능과 같다. 북팜시티엔 농촌에 맞는 슈퍼마켓이나 병원도 들어선다. 여기서 나오는 생산품은 고유한 브랜드로 보장받는다. 고양에 위치한 절대농지 330만 제곱미터^{100만 평}가 후보지다. 지도자의 결단만 있으면 파주에서 고양까지 거대한 생태지식산업의 메카가 탄생할 것이다.

마지막 질문을 드리겠습니다. 인생이란 무엇입니까?

그 질문을 들으니 갑자기 슬퍼진다. 건강할 땐 슬픔을 못 느낀다. 약간 아프고 괴로울 때 슬픔을 크게 느낀다. 반면 갑자기 일이 잘 풀릴 땐 기쁘다. 그 기쁨과 슬픔 사이에서 냉철함을 유지하는 존재가 인간인 듯하다. 인간은 이성이 있을 때 인간답다. 인간은 부족함을 느낄 때 그 부족함의 완성을 향해 철학적으로 사색하고, 더 노력하고, 더 깊은 걸 터득한다. 그리하여 죽음을 죽음답게 마치는 것이다. 다음 세대에 떳떳하게 인생을 마칠 수 있을 때가 인생의 가장 좋은 경지가 아닌가 생각한다.

●   파주출판도시는 이전에도 여러 차례 다닌 적이 있다. 인간의 노력으로 황무지 위에 창조해낸 아름다운 건축을 보면서 감탄했다. 어쩌면 인간은 작고 보잘것없는 존재가 아니라 나름대로 위대한 얼굴을 가진 존재가 아닐까 하는 생각을 한다. 인간은 생각의 동물이다. 생각은 스스로를 관철하려는 속성을 가지고 있다. 그렇기 때문에 토론과 논쟁이 있다. 태양이 지구를 돌든, 지구가 태양을 돌든 무슨 상관이 있겠는가? 그러나 갈릴레이는 지동설을 주장하며 목숨을 걸었다. 생각에 목숨을 거는 것이 인간이다.

책이란 인간의 생각을 키우는 도구이다. 책에는 수천 년간 쌓아온 인류의 지식과 지혜가 녹아 있다. 요즘은 지하철에서도 책 읽는 사람을 찾아보기가 어렵다. 심지어 대학 시험에서 논술을 보는데도 논술 답안을 외울 뿐 책을 읽지 않는다. 낭독하는 시 한 편 없는 사람들이 허다하다. 매일 30분이라도 책을 읽어야 한다. 진정한 창조성은 독서에서 나오기 때문이다.

이기웅 이사장과의 인터뷰에서 건진 가장 큰 기쁨은 안중근 의사의 발견이었다. 이토 히로부미를 저격한 열혈청년으로만 알려진 안중근 의사의 담대한 구상을 알 수 있었다. 그는 우리나라의 독립뿐 아니라 동북아시아의 진정한 평화를 구상한 평화사상가였다.

안중근 의사가 제안했던 한·중·일 삼국의 공동은행은 남덕우 전 총리가 제안한 동북아평화개발은행과도 일맥상통하고, 역사학자 강만길 교수의 구상과도 통한다. 동북아평화개발은행 설립 사상은 안중근, 남덕우, 강만길로 이어졌다. 보수·진보를 뛰어넘는 구상인 것이다.

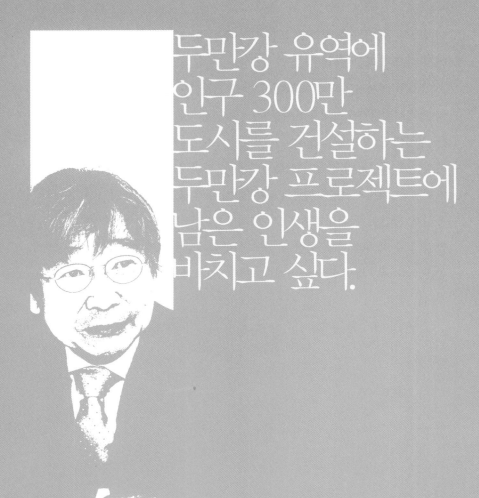

두만강 유역에
인구 300만
도시를 건설하는
두만강 프로젝트에
남은 인생을
바치고 싶다.

김석철

1943년 함경남도 안변에서 태어나 서울대학교 건축과를 졸업한 뒤 당시 건축계의 거두 김중업과 김수근을 사사했다. 1960년대 말 한강 및 강남 개발과 여의도 개발 마스터플랜 등 대규모 도시개발에 참여했고, 1970년대엔 서울대학교 관악캠퍼스와 경주 보문단지, 한강 개발계획안을 입안했다. 예술의전당과 제주도 신영영화박물관, 성신여자대학교 운정그린캠퍼스도 그의 작품이다. 1992년 제1회 한국건축문화대상을 받았고 2004년엔 올해의건축인상을 수상했다. 현재 아키반건축도시연구원 대표를 맡고 있으며 명지대학교 용인캠퍼스 건축학과 석좌교수로 재직 중이다.

도시를 넘어
한국의 미래를 설계한다

● 　　아름다운 도시 건설을 넘어서 한국의 미래를 설계할 인물로 국내도시 설계 분야의 원로인 김석철 명지대학교 석좌교수를 만났다. 스물아홉 살 때 여의도 마스터 플랜에 참여했고, 한강 및 강남 개발 등 대규모 개발계획을 주도한 김석철 교수는 최근 《한반도 그랜드 디자인》이란 책을 내고, 한국을 대륙국가·해양국가이자 아시아의 허브로 만드는 원대한 시나리오를 제시했다.

도시계획의 핵심은 역사다

최근 사람들의 욕망이 바뀌면서 투자용이 아닌 진짜로 살 집을 원하는 이들이 늘고 있습니다. 집 지을 때 가장 고려해야 할 점은 무엇일까요?

요즘 사람들이 단독주택을 원하는 것은 아파트에 질렸기 때문이다. 하지만 정작 우리에게 필요한 건 공동체, 이웃, 그리고 마을이다. 유럽의 아름다운 도시가 대개 소도시인 건 그 때문이다. 그러나 이런 공동체 소도시를 만드는 데는 시간이 필요하다. 베네치아는 초기 단계 건설에만 300년 걸렸다. 지난 100년 동안 1년에 거의 건물 한 채씩 신축을 허가해주었다. 반면 강남은 20년 만에 급조한 신도시인 셈이다.

전국이 수십 층짜리 고층 아파트 천지입니다. 100년 뒤 이 건물들은 어떻게 될까요?

철거될 것이다. 영국에선 철거를 강제하도록 법제화되어 있다. 재건축하면 높은 세금을 물린다. 사실 고층 아파트는 문제가 많다. 우리가 산 위에 올라가면 멀쩡한 사람도 어느 정도는 추위를 느낀다. 아파트 10층 높이만 되도 지표면보다 기온이 낮아진다. 그럼에도 그 높이에서 살 수 있는 것은 에너지로 버티기 때문이다. 에너지를 과소비할 수밖에 없는 구조다. 특히 중소도시에 대형 아파트를 짓는 것은 바보 같은 짓이다. 평지에서 살면 되는데 일부러 산꼭대기에 올라가 사는 거다.

유럽은 아름다운 건축물이 문화유산이 되는 경우가 많더군요. 도시계획위원회는 어떤 역할을 하는 겁니까?

유럽에선 시민위원회가 그 역할을 한다. 유럽에서 도시계획 허가를 두세 번 받아봤는데 심사위원들이 전부 지식인이더라. 경제학자부터 세계적인 화가나 소설가, 역사가 등이 참여하고, 그 도시에 가장 오래 산 주민도 끼어 있었다. 스무 명 심사위원 중 건축가는 두명뿐이었다. 베네치아에서 한국관을 지을 때, 시인·작가이자 시의회 원로인 한 심사위원이 "50년 뒤 이 건물이 어떻게 될 것으로 예상하고 설계했냐"고 물었다. 예상치 못한 질문에 진땀을 흘렸다. 허가를 받는 데까지 2년이 걸렸다.

도시계획에서 가장 핵심적인 가치는 무엇인가요?

역사다. 도시계획에서 가장 큰 힘은 문화인데, 그 문화가 바로 역사인 거다. 둘째는 지리다. 베네치아에서 일주일에 닷새를 여행하며 돌아다녔는데, 처음엔 다 비슷해 보이더니 수십 개 도시가 모두 다르더라. 역사와 지리가 다르기 때문이다. 셋째는 인간이다. 한 집단이 오래 함께 살다 보면 잠재의식이 생긴다. 그래서 같은 나라라도 지방마다 고유한 색깔이 생긴다.

그렇다면 세종시를 살리려면 어떻게 해야 합니까?

세종시가 중부권 이남에서 한반도의 중심 도시가 돼야 한다. 서울대학교를 없애는 대신 국립대학교를 통합해야 한다. 국립대학교 본부를 세종시에 두고, 1·2학년생은 전부 그곳 기숙사에서 지내게 한다. 그리고 3·4학년생은 파리 1·2·3대학처럼 지역별로 1·2·3대학에 보내는 거다. 또 세종시에 다국적 대학을 세우고 대전의 과학벨트와 연계해 교육과학도시로 만들어야 한다. 국회도 세종시에 분원을 세우는 게 좋다.

국가의 미래를 위한 3대 구상

최근 《한반도 그랜드 디자인》이란 책에서 국가 미래를 위한 3대 구상을 밝히셨습니다. 간략하게 설명해주십시오.

지금 우리 상황은 열강에 포위됐던 100년 전과 흡사하다. 중국이 점점 강력해지고, 러시아도 강해지고 있다. 미국과 일본의 영향력이 줄어든 것도 아니다. 우리의 돌파구는 동아시아가 하나가 되는 경제공동체에서 찾아야 한다. 그저 같은 민족이라는 이유로 남북이 합치자는 주장이 아니다. 나는 보수주의자다. 대한민국이 살기 위한 전략으로 남북이 합쳐야 한다는 거다. 남쪽은 대륙과 차단되고 북쪽은 바다와 차단되어 있다. 이런 핸디캡을 극복하기 위해 제시한 것이 '한반도 3대 프로젝트'다.

3대 프로젝트의 첫 번째가 두만강 개발인가요?

두만강 일대는 한반도에서 가장 중요한 곳이다. 김종서 장군이 세종대왕에게 "두만강을 잃으면 바다를 잃지만 두만강을 차지하면 중국을 봉쇄할 수 있다"고 했다. 지금 두만강은 만주철도와 중국횡단철도, 시베리아철도가 서로 만나는 곳이다. 또 자원 매장량이 세계 최대인 중앙아시아 국가가 세계로 진출하려면 이곳을 통해야 한다. 일본 역시 두만강을 뚫으면 모스크바까지 바로 갈 수 있다.

그런 두만강을 어떻게 개발할까요?

두만강과 굴포 사이에 베네치아만 한 늪지대가 있는데, 훈춘부터 이곳까지 수로가 뚫려 있다. 중국·일본·러시아와 남북한이 공동으로 투자를 추진 중인 시베리아 가스관도 통과할 수 있는 지점이다. 그 일대에는 인구 10만의 도시가 50개 있다. 여기에 인구 300만 명의 에너지 도시를 세우는 것이다. 에너지에 이어 대학과 병원, 리조트를 만들면 중심도시가 된다. 그곳은 10만 년 전부터 사람이 살던 곳이다. 문화교육도시로 발전시켜야 한다. 이건 대한민국 대통령이 중국과 러시아를 설득하면 되는 것이다. 일본은 중앙아시아로 가는 길이 열리고, 동북삼성은 러시아로 가는 길이 열리는 것이다. 우리는 이것을 절호의 기회로 삼아야 한다. 중국을 염두에 두면 위화도가 중심이지만 일본과 러시아까지 고려하면 바로 두만강 하구가 동북아의 중심이다.

두 번째 프로젝트로 인천에 공항도시를 세우자고 했습니다.

인천 송도와 영종도 국제공항 사이에 삼각형 꼴의 섬이 있다. 여기에 거대한 시장도시를 만드는 것이다. 지금 세계 200대 다국적 기업 중에 한국에 들어와 있는 기업이 거의 없다. 공항 보세 구역 안에 있는 것은 모두 국적을 초월하는 것이기 때문에 투자 매력이 있다. 공항 10킬로미터 옆에 붙어서 국제화도시구역을 만들면 다국적 기업을 유치할 수 있다. 이탈리아의 밀라노는 디자인 등 라이선스 비용만 1년에 20조 원을 거두어들인다. 그런 도시를 만들면 피에라밀라노 같은 세계적인 디자인 회사를 유치할 수 있고, 세계 최강의 디자인 문화도시를 만들 수 있다. 또 인천에 시장도시를 만들면 베이징·상하이·도쿄·오사카를 모두 커버하는 물류중심지가 된다.

이렇게 시장도시를 강조하는 이유가 있습니까?

인천과 가까운 베이징·천진·당산 지구에 사는 사람이 5000만 명인데 가까운 해안 조비전이란 곳에 수억 평의 공단이 생기고 있다. 그 공단이 완성되면 한국의 서해는 경쟁력을 잃는다. 그러니 이제는 공장도시를 넘어서 서비스산업, 창조산업으로 일어설 수 있는 시장도시를 만들어야 한다. 앞으로 시장은 온라인 시장과 견본 시장으로 나뉠텐데, 견본 시장은 고가품의 현물을 확인하는 시장이다. 세계 최대 견본 시장은 이탈리아 밀라노와 독일의 하노버이다. 밀라노는 1년 내내 개발해서 4주 만에 견본 시장에서 다 팔아버린다.

세 번째로 거제·가덕도 신공항과 부산 크루즈항 건설을 제안했습니다.

지역 공항을 만들어야 한다는 것이다. 국제공항 이용자가 1억 명 정도는 있어야 세계 공항으로 발돋움한다. 목포부터 거제도까지 남해안 일대, 부산에서 울산, 오사카까지 중국으로는 항저우까지 이어지면 거의 1억 명이 된다. 거기에 허브공항이 필요한데 현재 상하이 공항은 수요를 충족하지 못한다. 또한 일본은 더 이상 공항을 지을 곳이 없다. 내가 거제도 삼성중공업 본사를 설계했는데, 그곳은 파도가 거의 없다. 이 거제도와 가덕도 일대에 공항을 지으면 된다. 그다음 필요한 게 떠다니는 호텔인 크루즈 산업이다. 부산부터 오사카와 상하이를 잇는 라인이 가장 이상적이다. 그 기항을 부산 신항에 두어야 한다. 거제·가덕도 공항과 부산 크루즈항을 연결하면 세계 최강의 조합이 된다. 우리 남해안 일대가 프랑스에서 가장 잘사는 남부 해안처럼 된다. 이 구상은 대통령만 오케이하면 안 될 게 없다.

지금까지 건축가로 살아오시면서 아쉬운 점은 없었나요?

죽게 되면 평생의 한이 바쿠 도시개발과 취푸 도시계획이다. 여의도를 지은 게 무슨 소용인가 싶다. 이대로 죽으면 평생의 한이 될 것 같아서 이루고 죽고 싶다. 노무현 전 대통령이 아제르바이잔 바쿠의 도시개발계획을 따냈다. 그러고 나서 내게 일을 맡겼다. 하필 그때 암투병이 시작돼 일의 진척이 더뎠다. 노무현 대통령이 수시로 바쿠 개발은 어떻게 돼가냐고 물었다. 그런데 정권이 바뀌면서 없던 일이 돼버렸다. 또 하나는 공자가 태어난 중국 취푸시 개발계획이다. 성사 직전 중국 최고 지도부가 취소해버렸다. 이제 두만강 프로젝트에 남은 인생을 바치고 싶다.

지금까지도 여전히 대단히 정력적이시군요. 마지막 질문을 드리겠습니다. 인생이란 무엇일까요?

어제 아놀드 토인비가 80세 때 쓴 글을 읽었다. "삶과 죽음에 대해 아직도 모르겠다"고 되어 있었다. 내가 요즘 많이 아프다. 방사선 치료를 규정량의 두 배 이상으로 받고 있다. 죽음을 실감하게 된다. 스테로이드를 먹으면 약간의 환각 상태까지 느낀다. 어떨 땐 아침에 안 일어났으면 좋겠다는 생각이 들기도 한다. 그럴 때 삶을 생각해보면, 인생이란 초등학교 때부터 지금까지 기억나는 시간들의 집적이 아닐까 싶다. 사흘 전에 창덕궁에 갔다. 철쭉이 처참하게 지고 있더라. 그러함을 느끼는 시간들, 서로 의미가 연속되지 않는, 끝없는 시간들의 집합이 삶인가 싶다.

●　　김석철 교수를 만나고 나서 인간에게 꿈이 얼마나 중요한가를 알게 되었다. 상상력의 힘은 위대한 것이다. 도시계획이라는 것은 철저한 조사와 데이터를 통해 꿈과 현실을 조화시켜 미래를 만드는 것이다. 나는 평창 동계올림픽 유치를 위해 많은 나라를 다녔다. 그때마다 많은 것을 느꼈다. 파란색 문과 새하얀 벽이 인상적인 그리스, 붉은 지붕이 강렬한 프랑스, 솔비치 같은 눈부심을 간직한 스페인의 남부는 무척이나 아름다웠다.

유럽의 아름다운 도시 어디에서도 그리고 큰 도시에서도 고층 건물은 거의 볼 수 없었다. 어느 도시든 건물은 자연과 조화를 이루는 따뜻한 모습이었다. 수백 년 된 건물이 지금도 사용되고 있으며, 문화재로 지정되어 도시의 풍요로움을 상징하고 있었다. 특히 체코의 프라하는 경이로웠다. 반면 우리나라는 쉴 새 없이 고층 건물이 지어지고 있다. 시골 마을에서도 산을 볼 수 없을 정도로 고층 아파트를 짓는다. 어쩌다 이렇게 되었을까?

한반도는 산지가 많아 활용 가능한 토지가 5퍼센트뿐이다. 오히려 이 땅을 넓게 사용할 수 있도록 규제를 풀어야 한다. 그래야 땅 값을 낮출 수 있고 자연과 더불어 살 수 있는 생태 도시와 아름다운 마을들이 탄생할 수 있다.

이러면 마치 자연을 훼손한다고 생각하는데, 스위스에 가게 되면 레만호라는 아름다운 호수 주변으로 낮고 아름다운 집들이 즐비하다. 그런데 우리는 호수 근처 50미터 근방에는 집을 지을 수 없게 되어 있다. 가장 아름다운 곳에 집을 짓고 인간이 살 수 있게 하고 환경을 보호하는 시스템을 만들면 된다.

우리나라 모든 지자체 도시계획위원회의 구성원은 절반 이상이 토목공학과 출신이다. 6·25전쟁 이후 빠른 속도로 도시화가 진행되었기 때문에 대형 공장과 아파트를 짓기 위해 토목과 출신이 산을 절개하고 땅을 밀고 도시를 만들었기 때문이다. 이제라도 도시계획위원회에 건축학 전공자가 대폭 늘어나야 하고 각 분야의 전문가가 참여할 수 있어야 한다.

가장 아름다운 도시 가운데 하나인 시카고의 도시계획위원회의 스카이라인 위원회를 방문한 적이 있다. 아름다운 건축물이어야 허가해주는 것은 물론이고 스카이라인까지 아름다워야 허가를 내주는 것을 보고 놀랐다. 도시계획위원회가 아름다운 도시, 미래의 도시, 창조의 도시를 만들 수 있도록 해야 한다. 자연과 더불어 아름답게 사는 대한민국을 꿈꿔본다.

암 투병 중에도 두만강 유역 신도시, 인천 송도에 전시도시를 구상 중인 김석철 교수에게 깊은 감동을 받았다. 그를 두고 '집념의 화신'이라는 평을 내리는 것도 들었다. 나는 그런 김 교수의 면모가 있었기 때문에 세계적으로 인정받는 건축가가 될 수 있었다고 생각한다. 그의 구상을 국가가 깊이 받아들일 필요가 있다고 확신한다.

4

예술교육

창의성은 어떻게 발현되는가?

1999년 대장암으로 큰 수술을 받았다. '인생에서 가장 비참한 지금, 가장 아름다운 곡을 만들고 싶다'는 열망이 불타올랐다.

황병기

1936년에 태어나 중학교 3학년 때 우연히 길에서 김철옥 선생의 가야금 연주를 듣고 그때부터 국립국악원에서 가야금을 배웠다. 정악의 명인 김영윤과 산조의 명인 김윤덕을 사사했다. 서울대학교 법대를 다니는 동안에도 가야금을 놓지 않았다. 1962년 미당 서정주의 시에 곡을 붙인 〈국화 옆에서〉를 선보이며 가야금 연주자로 첫발을 내디뎠다. 이화여자대학교 한국음악과 교수, 미국 하버드대학교 객원교수를 거쳐 현재 이화여자대학교 명예교수 및 대한민국예술원 부회장, 한국국악학회 고문을 맡고 있다. 대표곡으로 〈침향무〉, 〈미궁〉 등이 꼽힌다. 대한민국국악상, 은관문화훈장, 대한민국예술원상 등을 받았다.

대가가 되는 길은
연습 또 연습이다

● 　　그의 가야금 선율에 맞춰 비보이들이 힙합 춤을 추었다. 국립발레단도 그의 선율을 타고 춤사위를 뽐어냈다. 프랑스 파리오페라발레단 출신 니콜라 폴도 그의 〈비단길〉을 바탕으로 〈노바디 온 더 로드 Nobody on the road〉라는 무용 작품을 만들었다. 60년 세월이 겹겹이 쌓인 그의 음악은 국악과 서양 고전음악은 물론 팝·재즈·댄스 뮤직까지 넘나들며 경계를 허문다. 한국이 낳은 세계적인 가야금 명인 황병기 이화여자대학교 명예교수의 전율적인 매력이다. 황병기 교수는 농밀한 선율로 예술 간 경계를 허물고 만물일체의 탐미적 세계를 구축했다. 그는 "기마민족 특유의 우수한 유전자에도 불구하고 한국인의 창의력이 떨어지는 건 잘못된 교육체제에 원인이 있다"며 "학생들의 기를 살려주는 쪽으로 시스템을 뜯어고쳐야 한다"고 역설했다.

인생은 좋아하는 것을 하다 보면 길이 생긴다

시작부터 조금은 건방져 보이는 질문을 하겠습니다. 왜 예술을 하십니까?

내가 좋아서 하는 것이다. 1999년 대장암이 발견되어 큰 수술을 받았다. "수술 중 죽어도 책임을 묻지 않겠다"는 서약을 한 뒤 수술을 받았다. 인생에서 가장 고통스럽고, 어찌 보면 비참한 시간들이 흘러갔다. 입원실에 있는데 멀리 시계탑이 보였다. 그 순간 '인생에서 가장 비참한 지금, 가장 아름다운 곡을 만들고 싶다'는 열망이 불타올랐다. 내 인생과 예술의 관계는 이렇게 숙명적인 것 아닐까 싶다.

음악에서 일가를 이루셨는데, 혹시 부모님도 예술을 하셨습니까?

전혀 아니다. 아버님은 예술을 제일 싫어하셨다. 특히 소리를 싫어하셔서 아버님이 집에 오시면 라디오도 껐다. 평생 휘파람 한번 부시는 걸 본 적이 없다. 일생에 영화를 보신 것도 단 세 번뿐인데, 그나마도 중간에 극장을 나오셨다. 주로 한문으로 된 중국 소설을 즐겨 읽으셨을 뿐이다.

예술가에게 천부적인 자질과 노력 중 무엇이 중요할까요?

쉽게 대답하기 어려운 질문이다. 나는 서울 종로구에 있는 재동초등학교를 다녔다. 당시는 방과 후에 예체능을 집중적으로 가르쳤다. 나는 풍금 소리를 좋아했고 줄곧 음악반 활동을 했다. 그래서인지 음악 성적이 월등히 좋았다. 어렸을 적에는 괴짜이고 문제아란 이야길 주로 들었다. 중학교 3학년 때 한국전쟁이 일어나 부산에 피난해 있던 시절에 가야금을 만나면서 음악인의 삶을 걸어왔다.

피난 시절에 가야금을 만나다니 특이합니다.

모범생이었던 반장이 가야금을 배우자고 해서 '김동민 고전무용연구소'란 곳을 찾아갔다. 그곳에서 셋방살이하던 김철옥 노인을 통해 가야금을 만났다. 지금도 잊지 못할 아름다운 소리였다. 영혼이 빨려들어가는 느낌이 들어 가야금을 배우기 시작했다. 피난 국회가 부산 용두산에 세운 국립국악원을 거쳐 지금의 비원 앞으로 이사한 국립국악원에서 하루도 거르지 않고 가야금 연습을 했다. 반장이었던 친구는 부모의 반대로 가야금을 접었다. 인생이란 자신이 좋아하는 걸 하다 보면 길이 생기는 것 같다.

부모님께서 가야금 배우는 것을 반대하지는 않으셨나요?

반대가 심했다. 그래서 "아인슈타인도 바이올린을 했다. 가야금을 배우게 해주시면 공부를 더 열심히 하겠다"고 설득했다. 그만큼 가야금이 좋았다. 경기고등학교, 서울대학교 법대를 다닐 때는 물론 졸업 후 사업가, 교수를 지내며 60년이 흐른 지금까지 하루도 거르지 않고 가야금 연습을 하고 있다.

노력을 중요하게 생각하시는 것 같습니다.

음악의 꽃은 역시 연주다. 연주는 육체 행위이며 육체는 매우 정직하다. 정신은 속일 수 있지만 육체는 속일 수 없다. 그만큼 훈련이 중요하다. 김연아 선수는 일주일에 엿새, 하루 여섯 시간씩 연습했다고 한다. 천하의 김연아 선수도 아마 몇 달 연습을 쉬면 얼음판에 넘어질 것이다. 가야금은 한 달만 쉬면 손가락에 물집도 잡히고 근육이 풀려 연주를 못한다. 대가가 된다는 건 연습의 연속이다.

대가가 되려면 천부적인 재질과 노력 외에 또 무엇이 필요합니까?

환경이다. 천재는 사회가 만들어낸다. 만약 베토벤이 조선시대 제주도에서 태어났다면 역사에 길이 남을 명곡을 낳을 수 있었겠나? 아주 간단한 말이지만 피아노가 없으니 불가능했을 것이다. 베토벤이 악성이 된 건 그 시대의 사회와 문화, 기술에 힘입은 것이다.

서울대학교 법대 출신으로 가야금의 대가가 됐습니다. 미술계에 족적을 남긴 이대원 전 홍익대학교 총장도 경성제대 법대 출신이고 첼리스트 장한나도 하버드대학교 철학과 졸업생입니다. 이건 어떤 의미입니까?

예술처럼 창의적인 분야는 학교에서 배우는 것을 뛰어넘는 게 많다. 김소월 시인은 시 작법을 배운 적이 없다. 내가 가장 좋아하는 〈봄의 제전〉을 작곡한 스트라빈스키는 상트페테르부르크대학교 법대 출신이다. 그는 음악 선생을 둔 적도 없다. 현대 음악의 거성 쇤베르크 역시 음악학교 문턱도 가지 않았다. 특히 작곡 분야는 더욱 창의성을 요한다. 나 역시 전례도 없고, 선배도 선생도 없는 가운데 1962년에 현대 가야금 창작곡 1호인 〈숲〉을 만들었다.

전공보다는 소질이 중요하다는 말씀인가요?

우리 역대 대통령 가운데 정치학과를 나온 분이 몇 명인가? 거의 없다. 재계의 이병철, 정주영, 구자경 회장 가운데 상과대학을 나온 분이 있나? 공부해서 일가를 이룬 분들이 아니다. 창의력으로 일가를 이룬 분들이다.

창의성을 가로막는 교육

우리나라 사람들이 왜 창의력이 부족하다고 생각하십니까?

음악 분야만 놓고 얘기한다면, 기교가 중요한 연주에선 한국이 세계 콩쿠르를 휩쓴다. 그런데 작곡 분야에선 많이 뒤떨어진다. 우리 사회 모든 분야에서 창의력이 떨어진다. 이미 만들어진 것을 모방하는 데는 강한 반면 시대를 선도하는 창의력은 약한 것이다. 그 이유는 잘못된 교육에 있다. 주입식 교육이 문제다. 틀에 박힌 교육을 한다. 미국이 문제가 많은 나라처럼 보이지만 창의력 교육은 매우 훌륭하다. 학생이 좋아하는 일을 발견하게 해주고, 그것을 잘할 수 있도록 키워주기 때문이다. 우리도 그래야 한다. 미래창조과학부를 만들었는데, 거기도 창의적 인재가 바탕이 되어야 한다. 우리는 기마민족이고, 창의력 있는 유전자를 갖고 있다. 교육이 문제다. 변화가 필요하다.

우리 민족의 창의력이라면 어떤 것이 있습니까?

백남준을 보자. 거부의 아들이었는데 다섯 살 때 바지를 사주었더니 무릎 부분을 가위로 잘라 입고 다녔다고 한다. 패션에서 50년을 앞서 간 거다. 그는 젊은 나이에 베네치아 비엔날레에서 대상을 받았고 비디오 아트라는 새 장르를 열었다. 비디오 아트는 오늘날 유튜브 아닌가? 또 백남준은 우리 민족이 기마민족이라고 했는데, 싸이가 말춤으로 그 유전자를 예술화했다. 또 그 말춤은 백남준이 원조인 유튜브를 통해 전 세계로 퍼져 나갔다. 이렇게 백남준과 싸이의 만남은 우발적이긴 하지만 한국인의 저력을 말해준다. 둘을 연결하면 더 큰 에너지를 만들어낼 수 있다.

선생님도 천재 소리를 들으셨지만 네 자녀 모두 공부를 잘한다고 들었습니다.
넷 모두 공부를 잘했다. 그중 한 아이는 서울대학교와 하버드대학교를 나와 고등수학원을 다녔다. 유독 수학을 좋아해 하버드대학교 유학 시절 추수감사절에 학교 전체가 문을 닫았는데도 열쇠를 얻어 홀로 종일 공부했다. 동료 학생들이 아들을 보고 질렸다고 한다. 결국 자기가 좋아하는 걸 하는 게 가장 중요하다. 아이들을 가르친 특별한 비결은 없다. 공부하라는 얘기를 한 적도 없다. 집안이 책 읽는 분위기가 되는 게 중요하다. 무엇보다 부모가 솔선수범해야 한다.

노력을 강조하는데 창작은 어떤 방식으로 하십니까?
마음속으로 2년 정도 구상하고, 작곡을 시작하면 2주 정도에 걸쳐 집중한다. 시작하면 거의 식음을 전폐한다. 서양이나 전통 흉내를 내지 않고, 자기 모방을 하지 않는 것을 원칙으로 세우고 집중한다. 작품마다 새로운 자기 세계를 창조하려고 노력했다. 60년 동안 창작집 다섯 개를 냈다. 과작이지만 대중이 외면한 적은 없었다.

〈침향무〉, 〈비단길〉 같은 작품은 대부분 슬픈 느낌을 주는 것 같습니다.

모든 예술적 감정의 바탕은 슬픔이다. 가장 기쁜 순간, 예를 들어 올림픽에서 금메달 딸 때나 이산가족이 상봉할 때를 보면 울지 않는가? 그게 최고의 기쁨이다. 나는 바흐의 무반주 바이올린 파르티타 2번 〈샤콘chaconne〉을 들으면 지금도 눈물이 난다. 채플린의 희극도 깊이 들여다보면 슬프지 않은가?

전통이 이어지려면 어떻게 해야 합니까?

전통이란 통統을 전傳해 내려간다는 뜻이다. 옛날 것이 오늘날 다시 창조적으로 전해져야 골동품이 되지 않고 전통이 된다. 요즘 국악도 퓨전이 대세인데 후배 음악인들에게 "좋다. 마음대로 하라"고 말한다. 그러나 나는 퓨전은 안 한다. 퓨전을 싫어한다. 프랑스 음식도 정통, 한식도 정통을 좋아한다. 청량음료가 아니라 생수, 약수 같은 것을 찾으려고 노력한다. 새것만으로는 허망하다. 옛것고전에 의존해야 맛이 있고 깊이와 생명, 안정감이 있다. 내 작품 〈침향무〉도 조선을 넘어 신라에서 찾은 것이다.

1990년 민간인으로는 처음 평양의 초청을 받아 방북하셨습니다. 그때 이야기를 좀 해주십시오.

당시 평양에서 열린 '범민족 통일음악회'에 참여했다. 판문점에서 걸어서 휴전선을 넘었다. 개성에서 평양까지는 기차로 갔다. 돌아와서 북한 음악인들을 초청했고, 그들이 방한해 공연했다. 공연 마지막 순서에서 북한 측이 〈우리의 소원은 통일〉을 부르고 주먹을 불끈 쥔 채

무대 앞으로 걸어나오는 것으로 끝을 맺었다. 우리나라에서는 그걸 보고 질색을 했다. 노래 자체는 남한 작곡가가 한 것인데 북한에서는 누가 했다 그런 말이 없었다. 논란이 생겼다. 2차 공연 때는 북한을 설득했다. "곡을 〈아리랑〉으로 하자", "양보하는 것이 이기는 것"이라고 했다. 한편으로는 안기부·통일원 관계자들에게 "북한이 서울에 또 오게 하기 위해 그들을 좀 거들겠다. 북한이 문을 여는 게 우리에게 유리한 것 아닌가"라고 설득했다.

가야금은 어떤 악기인가요?

오동나무와 명주실로 만드는 자연의 악기다. 골무를 쓰거나 손끝으로 직접 뜯는다. 현악기를 연주할 때 일본은 다다미, 중국은 탁자를 쓰지만 가야금은 무릎 위에 올려놓고 연주를 한다. 사람과 악기가 직접 피부로 접촉하니 줄과 육체가 연결되어 심금을 울리는 매력 있는 소리가 난다. 또 서양 현악기는 줄이 금속이고, 화음을 통해 소리를 벽돌처럼 쌓아가는 것이라면, 가야금은 여음이 있으며 음 하나하나가 속으로 파고들어간다. 그래서 소리를 쌓을 수가 없다. 또 중국 현은 팽팽하지만 가야금은 느슨하다. 그래서 줄을 탄다고 하는 것이다. 이것을 농현이라 하는데, 가야금을 가지고 노는 것이다. 여기서 깊은 맛이 난다. 특히 LP판으로 들으면 음질이 따뜻하다.

돌 틈에서 자라다 말라죽은 오동나무로 만든 가야금이 제일이라는데 맞습니까?

맞다. 오동나무는 원래 영양분이 많은 곳에서 자란다. 나무질이 물

러 손톱도 들어간다. 음성이다. 그런데 돌 틈에서 말라죽은 오동나무
는 양성이 많은 것이다. 대금도 반드시 쌍골죽을 쓴다. 병든 대나무
인 셈이다. 그런데 그 병든 대나무의 음색이 아름답다. 진주도 조개
가 상처를 치유하면서 생긴 것이다. 인생도 편안한 곳보다 어려움을
극복하는 과정에서 감동적인 사연이 만들어지는 것 아닌가.

사람은 무엇으로 남을까요?

호랑이는 죽어 가죽을 남기고, 사람은 이름을 남긴다는 옛말은 틀렸
다. 집에 진짜 호피가 있었는데 세월이 지나니 털이 빠지고 애물단지
가 되더라. 인사동에서 헐값에 팔았다. 이름을 남기려 애쓰는 이를
보면 안타깝다. 덩샤오핑을 생각해본다. 그는 중국 13억 인구를 먹여
살리는 데 큰 기여를 했다. 은퇴한 뒤 후계자를 키웠고, 중국 지도부
의 임기제를 정착시켰다. 사후에는 미라가 되어 국민의 참배를 강요
한 레닌 등 다른 공산국가 지도자들과 달리 가루로만 남았다.

부인인 소설가 한말숙 씨와 금혼식을 할 만큼 해로하셨는데, 부부의 도는 어
때야 할까요?

고교 시절 가야금을 배울 때 대학 4학년생인 아내를 만났다. 오랜 세
월을 함께했다. 부부는 내가 옳다고 주장하기 이전에 나 때문에 그
사람이 방해를 받지 않을까 생각해야 한다. 같이 살면서 혼자 사느니
보다 못해서야 되겠나. 애국한다고 하기 전에 내가 나라에 손해를 끼
치고 있지 않나를 먼저 생각해야 한다. 부부든 친구든 역시 의리가
중요하다.

마지막 질문을 드리겠습니다. 인생이란 무엇입니까?

사람은 누구나 자연에서 와서 자연으로 간다. 자연과 자연 사이에 있는 시간이 인생이다. 그러니 그 시간 동안 정직하게 사는 것이 중요하다. 내가 생각하는 잘 사는 방법은 가급적 마음을 비우면서 노력하고 사는 것이다.

● 황병기 교수와 이야기를 나누며 두 가지에 주목했다. 하나는 교육이고 하나는 연습이다. 교육은 우리나라의 창의성과도 연결된다. 황병기 교수의 자녀 넷은 모두 빼어난 수재로 유명하다. 황병기 교수도 서울대학교 법대 출신으로 가야금을 연주한 특이한 이력이 있는데, 자녀들도 그에 못지않다. 하지만 특별한 자녀 교육의 비법이 있는 것은 아니었다. 당신도 자녀에게 공부하라고 이야기한 적이 없다고 했다. 다만 집안이 책 읽는 분위기가 되는 게 중요하다는 말에서 비결을 알 수 있었다. 부모가 솔선수범하여 공부하는 모습을 보이면 아이들은 따라할 수밖에 없다.

이러한 교육 방식은 자연스럽게 창의성을 키워준다. 우리나라 연주자는 기교에서는 세계적인 수준에 이르지만 작곡 분야에서는 많이 뒤떨어진다고 한다. 어릴 때부터 강한 주입식 교육을 받았기 때문이다. 강제하지 않고 솔선수범하며 아이들이 좋아하는 일을 발견하게 해주고, 그것에 집중할 수 있도록 해준다면 창의성은 더욱 커질 것이다. 일가를 이룬 천재의 탄생은 어디에서 오는가? 평양예술학교에 간 적이 있었다. 칠판 위에 '천재는 99퍼센트의 선천적 재능과 1퍼센트의 노력 위에 탄생한다'라는 문구가 있었다. 사회주의 국가의 표현 치고는 충격이었다. 천성과 양육의 힘, 어느 쪽이 더 중요할까 하는 의문이 들었다. 그러나 황교수를 인터뷰하면서 나는 노력의 위대함을 믿게 되었다.

황병기 교수는 지금까지도 매일 가야금을 연습한다. 고등학교 때 처음 가야금을 배운 뒤로 60년이 지난 지금까지도 계속 이어오고 있는 원칙이다. 악기 연주도 결국은 몸의 근육이 하는 일이다. 따라서 연습을 게을리하면 결국 몸에서 티가 날 수밖에 없는 것이다. 말콤 글래드웰의 1만 시간의 법칙이 떠오르는 대목이다. 진정으로 일가를 이루고 싶다면, 한 분야의 대가가 되고 싶다면, 뼈를 깎고 영혼을 바쳐 집중하고 연습하는 것이 왕도임을 새삼 깨달았다.

경제적인
성장 못지않게
문화적인 성장이
필요하다.
몸이 삶의 목적이
아니라 마음이
삶의 목적이라는 걸
잊지 말아야 한다.

이강숙

1936년에 태어나 서울대학교 피아노학과를 졸업한 뒤 휴스턴대학교에서 음악학 석사, 미시건 주립대학교에서 음악교육학 박사학위를 받았다. 한국 최초의 음악학자로 서울대학교 음대 교수를 거쳐 한국예술종합학교 초대 총장으로 10년간 재임했다. 2001년 단편 〈빈병 교향곡〉으로 등단해 장편 《피아니스트의 탄생》,《젊은 음악가의 초상》 등을 쓴 소설가이기도 하다. 현재 한국예술종합학교 석좌교수와 안익태기념재단 명예이사장, 러시아 모스크바국립음악원 명예교수를 맡고 있다. 2002년 금관문화훈장을 받았다.

교육의 주인은 학생이다

● 황병기 이화여자대학교 명예교수는 창의력 있는 인재들을 키우기 위해선 틀에 박힌 학교 시스템을 전면 개혁해 자유로운 교육 환경을 만들어야 한다고 제언했다. 그런 교육 개혁의 성공 사례로 꼽히는 한국예술종합학교^{한예종}의 이강숙 전 총장을 만나 얘기를 들어봤다. 이 전 총장이 산파역을 맡은 한예종은 1992년 국가대표 예술 교육기관으로 문을 연 뒤 창의력 위주의 학생 선발과 자유로운 교육 방식을 통해 피아니스트 손열음, 바이올리니스트 신현수, 뮤지컬 감독 장유정 등 빼어난 예술계 인재를 배출해왔다. 이강숙 전 총장은 국가가 법으로 자유로운 예술 교육을 보장·지원하고 유아·아동기에 예술을 집중 교육해 인재를 발굴해야 한다고 제언했다.

자유로운 예술학교 한예종의 기적

한국 최초의 음악학자이면서 최근엔 소설도 써서 발표하셨습니다. 왜 음악을 하고 글을 쓰십니까?

감동을 주기 때문에 좋아한다, 아니 사랑한다. 일상에서 조그만 일이라도 감동을 느끼는 그 순간이 정말 사는 것 같다. 슈베르트는 나를 울린다. 교직에서 은퇴한 지금, 소설을 쓰고 있는데 어느 순간 머리를 스치는 단어나 문장을 기록하는 그때 살아 있다는 느낌이 든다.

평소 우리나라가 "경제국가이자 문화국가가 돼야 한다"고 강조해오셨습니다. 어떤 의미인가요?

사람은 몸과 마음이라는 두 기둥으로 지탱한다. 몸이 먹고사는 데는 경제가 기초다. 마음이 먹고사는 것은 교육과 문화, 예술이 제공한다. 몸과 마음은 따로 노는 것이 아니다. 그 때문에 경제적인 성장 못지않게 문화적인 성장이 필요한 것이다. 몸이 삶의 목적이 아니라 마음이 삶의 목적이라는 걸 잊지 말아야 한다.

'한예종의 기적'을 만드셨습니다. 그 과정에 어려움이 많으셨을 줄 압니다.

'예술학교 설치령' 하나만 믿고 서울대학교 교수직을 버린 채 총장을 맡았다. 피아노 한 대 없이 시작했다. 예산이 없어 천재지변이 일어났을 때 쓰는 예비비를 억지로 받아내 문을 열었다. 살인적인 인내를 했다. 김동호 전 문화부 차관이 많이 도와줬다.

한예종 출신들이 세계 콩쿠르를 휩쓸고 예술 교육의 새 역사를 만들고 있습니다. 성공 요인은 무엇이라고 생각하십니까?

교육 원리에 예술 원리를 가미했기 때문이다. 현재 교단을 지배하는

'교육 원리'만 갖고 학교를 운영했다면 불가능했을 것이다. 다행히 교육부가 문화부에 한예종을 일임했고, 문화부는 내게 교수 채용권, 운영권 등 전권을 줬다. 기존 교육 시스템으로 했다면 오늘날 세계적인 예술학교 한예종은 탄생하지 못했을 것이다.

교수 채용 과정에서도 한예종은 달랐다고 합니다. 어떤 점이 그랬습니까?
학위가 없어도 뛰어난 실력을 갖춘 인재라면 채용했다. 첼리스트 정명화, 피아니스트 이경수를 교수로 임명했다. 처음엔 반발이 심했지만 돌파했다. 기대에 어긋나지 않았다. 그분들은 훌륭한 교수로 맹활약했다. 서울대학교 교수직을 버리고 과감히 합류한 이건용, 김남윤 교수의 열정도 학교를 빛냈다.

학생은 어떤 기준으로 뽑으셨습니까?
진짜 학생들을 뽑겠다는 열정으로 했다. 입시 부정을 없애기 위해 심사위원을 전부 외국인으로 했다. 진짜 예술을 할 수 있는 사람을 뽑으라고 했다. 보통 교수들은 자기 전공 학생을 많이 확보하려고 싸우는데, 절대평가를 도입해 정원을 다 못 채웠다. 정원이 133명이었지만 합격자가 100명도 안 되었다. 그만큼 사명감을 갖고 임했다. 수능 성적 대신 예술적 재능을 보고 뽑았다. 의미 있는 인재들을 선발하기 위해서였다.

수업 방식도 남달랐을 것 같습니다.
레슨은 무제한으로 했다. 교수들이 레슨을 1시간부터 30시간까지 자유자재로 했다. 강충모, 김대진 교수는 매일 레슨을 했다. 그 결과 손열음, 김성욱, 김현수 등 세계적인 피아니스트가 나왔다. 음악에 이어 연극·영상·무용·전통예술 등 분야별로 6년 만에 여섯 개 분과가 만들어졌다. 교수들과 서로 껴안고 얼마나 울었는지 모른다.

한예종은 앞으로 어떻게 될 것으로 전망하십니까?
연주 분야에서는 국제 경쟁력을 확보했지만 작곡에선 세계적 인재가 나오지 않고 있다. 이렇게 창작 분야가 뒤떨어진 건 우리 사회 전 분야에 창의력이 부족한 게 한 원인일 것이다.

아동기에 최고의 교사를

창의력 있는 인재를 키우려면 아동기 교육이 중요하다고 합니다. 어떻게 생각하십니까?
음악은 생후 아홉 달 만에 소질이 결정된다는 말이 있다. 어릴 때부터 공부하는 커리큘럼이 달라야 한다. '아동 중심 교육'을 교과에 넣어야 한다. 선생이 아이의 DNA를 찾아내야 한다. 그런 능력과 사명감을 가진 선생이 대우받는 시스템을 만들어야 한다. 암기 위주의 교육은 교육의 살인자가 되기 쉽다.

학생 중심의 교사 시스템을 강조하는 것 같습니다.
수능시험에 출제된 음악 문제를 보았는데, 나도 못 푸는 문제가 나오더라. 교사가 주인이 아니라 학생이 주인이 돼야 한다. 쌍둥이를 낳아도 한 아이는 창가에서 하늘과 별과 비를 볼 수 있고, 한 아이는 벽만 보고 자란다. 아이들에겐 부모가 모르는 변수가 얼마든지 있다. 유럽처럼 유아·아동 교육에 최고의 교사가 배치돼야 한다.

교육 개혁에는 제도가 중요하다고 강조하셨습니다. 자세히 설명해주십시오.
개혁은 말로 이루어지지 않는다. 더럽더라도 현실에 기반한다. 그래서 정치가 중요하고 리더가 중요하다. 한예종도 '한국예술종합학교 설치령'이라는 제도가 없었다면 불가능했다. 앞으로 '예술교육법'을 제정해 교육법이 예술 교육의 모든 것을 간섭하는 현상을 없애야 한다.

'피벗 코드 Pivot Chord' 사회를 만들자고 주장하셨는데 이게 무슨 뜻입니까?
음악에서 서로 다른 두 조調에 공통으로 존재하는 화음을 피벗 코드라고 한다. G코드는 C장조에서는 속음이지만 G장조에선 주된 음이다. C장조와 G장조 중간 지점에 공존하는 G코드 때문에 하나의 상태에서 다른 상태로 바뀌는 전조 현상이 일어난다. 우리 사회에도 갈라진 보수와 진보, 남과 북, 동과 서, 빈과 부를 연결하는 '피벗 코드'가 있어야 진화가 가능하다. 베토벤도 보수적인 사람이었지만 기존의 틀을 깨고 낭만주의의 선구자가 됐다. 민생도 중요하지만 몸과 마음을 더불어 먹여 살리는 지도자가 나와야 한다.

KBS 교향악단 총감독에서 한예종 총장, 소설가까지 다양한 삶을 살아오셨습니다. 비결은 무엇입니까?

열심히 했다. 무엇을 하든 다 좋았다. 근데 중독이 될 정도로 좀 더 열심히 할걸 하는 반성이 든다. 누군가는 미쳐서 일을 해야 세상이 바뀐다.

마지막 질문을 드리겠습니다. 인생이란 무엇인가요?

인생은 크레셴도^{점점 크게}와 디크레셴도^{점점 작게}가 있다 크레셴도와 디크레셴도가 자주 교차하는 게 좋은 인생 같다. 즉 인생엔 정착과 방황이 있는데 너무 쉽게 정착해도, 너무 많이 방황해도 안 된다는 거다. 방황할 만큼 방황하고, 정착할 만큼 정착하는 게 인생이다. 자신의 삶의 길을 발견해 태어난 보람을 느끼고 자신 때문에 사회도 득을 보는 일이 있다면 멋진 인생이다.

● 예술교육은 일반 교육과 다를 수밖에 없다. 그런 의미에서 1992년에 개교한 한국예술종합학교는 명실상부한 한국 최고의 예술학교로 자리 잡았다. 이강숙 총장은 서울대학교 교수라는 안정적인 자리를 포기한 채 진짜 예술교육을 위해 한예종 총장을 맡았다. 은퇴 후에도 예술적 열정으로 소설가로 변신하며 예술혼을 불태우고 있다.

한예종은 수능 성적 대신 예술재능을 보고 학생을 선발했다. 기존의 예술교육의 틀을 깨고 혁신을 이루어냈다.

국회에 있을 때, 한예종 설립을 못마땅하고 반대했던 교육부의 맨 얼굴을 기억한다. 한예종이 지금의 권위를 가지게 된 것은 이강숙 총장의 열정과 교육혁신 덕분에 가능했을 것이다.

이강숙 총장은 우리나라가 경제국가인 동시에 문화국가가 되어야 한다고 강조했다. 사람에게 몸뿐 아니라 마음이 중요하듯이 국가에도 경제뿐 아니라 그 정신이라 할 수 있는 문화가 중요하다는 것이다. 문화를 강조하는 모습에서 김구 선생의 문화강국론이 떠올랐다. 21세기는 무력이 강한 나라가 아니라 문화가 풍부한 나라가 더 돋보일 것이다. 삶의 목적이 몸이 아니라 마음이라는 것을 잊지 말아야 한다는 말씀을 가슴에 묻어두기로 했다.

5

창작

작가는 무엇으로 말하는가?

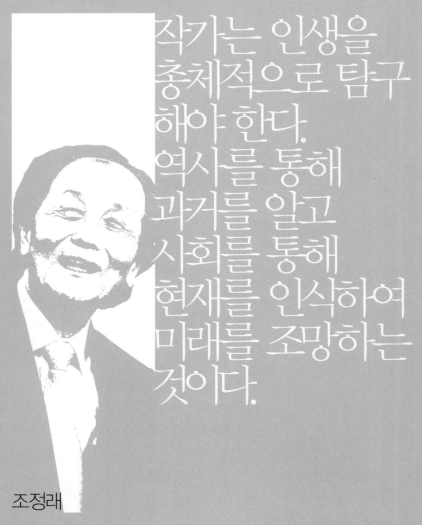

작가는 인생을
총체적으로 탐구
해야 한다.
역사를 통해
과거를 알고
사회를 통해
현재를 인식하여
미래를 조망하는
것이다.

조정래

1943년에 전라남도 승주군 선암사에서 태어났다. 동국대학교 국문학과를 졸업하고 1970년 《현대문학》
에 소설 《누명》으로 등단했다. 우리 현대사를 소재로 한 대하소설 3부작 《태백산맥》, 《아리랑》, 《한강》으
로 한국을 대표하는 작가 반열에 올랐다. 주요 작품으로 《황토》, 《유형의 땅》, 《불놀이》, 《인간연습》, 《사
람의 탈》, 《허수아비 춤》 등이 있다. 최근 인터넷 포털 사이트에 연재해온 장편소설 《정글만리》를 책으로
내 베스트셀러가 됐다. 월간문학 편집장과 민예사 대표, 한국문학 주간을 지낸 뒤 동국대 국문과 석좌
교수로 재직 중이다. 현대문학상과 대한민국문학상, 단재문학상, 노신문학상, 광주문화예술상, 만해대상,
현대불교문학상 등을 수상했다.

작가는 시대의 나침반이다

● 　　조정래 작가는 하드코어다. 새로 낸 책《정글만리》는 원고지로 3615장이다. 바닥에 쌓으면 어른 가슴 높이에 이른다.《태백산맥》,《한강》,《아리랑》등 그동안 쓴 소설을 원고지로 쌓으면 몇 층짜리 건물 높이에 맞먹는다. 그는 컴퓨터 대신 원고지에 펜으로 글을 쓰고, 휴대전화조차 없다. 설 연휴 빼고 1년 362일, 매일 열두 시간 넘게 서른 장씩 글을 쓴다. 그는 이런 생활을 "황홀한 글 감옥"이라고 표현했다. "세상사는 결국 노동이고 모든 노동은 치열함을 요구할 뿐 감상을 허용하지 않는다"는 것이다. 조정래 작가는 오전 여섯 시에 일어나 운동을 하고 아홉 시에 서재로 '출근'해 집필에 몰두한다. 뻐근하면 보건체조를 한다. 술은 한 모금도 안 마시고, 새벽 두 시까지 글을 쓰고 잔다. 그를 찾아온 문학 지망생들은 "이렇게 해야 소설이 되는 거라면 작가의 꿈을 접겠다"며 무릎을 꿇는다. "내가 미쳐 있어. 새것을 배우는 기쁨, 그리고 내 글을 많은 이가 더불어 읽어주는 희열이 날 미치게 해."

　　스스로를 채찍질해가며 달리는 천리마, 조정래 작가를 만났다. 그는 "한국 문학이 죽고 있다. 장편 대신 1인칭 사소설이 판을 치고 무라카미 하루키만 본뜨고 있다. 후배들은 제발 우리 역사를 치열하게 다뤄달라"고 힘줘 말했다. 박근혜 대통령에게도 비정규직 해결, 남북 관계 개선, 정파를 초월한 인재 등용을 당부했다.

분단 문제를 다루다

서양에는 톨스토이의 《전쟁과 평화》, 헤밍웨이의 《누구를 위하여 종은 울리나》 등 전쟁의 상흔을 그린 대작이 많습니다. 그러나 국내에선 한국전쟁이나 4·19 혁명, 5·18 민주화운동을 다룬 위대한 작품을 찾기 힘든데요. 이유가 뭘까요?

300여 명에 달하는 우리나라 평론가들의 주류는 분단 문학의 중요성을 강조한다. 그러나 문제는 국가보안법이 있다는 거다. 국가보안법을 넘어서야 사실에 근거한 작품을 쓸 수 있다. 맨몸으로 가시넝쿨, 탱자 울타리를 뚫고 가야 한다. 그러나 작가는 혁명가가 아니지 않은가?

글을 쓰시면서 국가보안법 때문에 어떤 고충을 겪으셨나요?

《태백산맥》을 쓸 때 고난을 각오했다. 그럼에도 400만 부 넘게 팔렸다. 《뉴스위크》는 "앞으로 10년 내에 이런 작품이 나오지 못할 것"이라고 호평했다. 그러나 국내 현실은 엄중했다. 나를 좌파로 몰아붙였고 새벽 2시에 "죽이겠다, 집을 폭파한다"는 협박전화가 여러 번 걸려왔다. 결국 국가보안법 위반으로 기소됐다. 11년 뒤 노무현 정부가 들어서고 나서야 무죄가 되었다.

위험한 줄 알면서도 《태백산맥》을 쓰신 배경이 있나요?

서른여덟 살에 내 삶을 찾아나섰다. 1980년 5·18 민주화운동 직후 아내, 아들과 광주를 찾았다. YWCA 건물에 박힌 총탄 자국을 셌다. 350개까지 세다 눈물이 앞을 가려 포기했다. 마음이 아파 잠을 잘 수 없었다. 40대를 눈물로 보낼 수는 없다고 마음먹고 직장에 사표를 냈다. 분단 문제를 정면으로 다루는 글을 쓰기로 결심했다.

《태백산맥》 이후 좌파라는 공격을 받았지만 《한강》에선 고 박태준 회장을 영웅으로 그렸습니다.

작가는 시대 현실을 정직하고 용기 있게 대면해야 한다. 질기고 긴 군부 독재가 국민에 의해 무너졌다. 이젠 국내총생산 2만 달러의 눈부신 경제 발전이 어디에서 왔는지를 다뤄야 한다고 생각했다. 경제학자 여러 명을 만나봤다. 포항제철과 중동에서 벌어들인 오일달러가 경제 성장의 핵심임을 알게 됐다. 그래서 박태준 회장을 취재하게 됐고, 큰 감동을 받았다. 박태준 회장은 육군사관학교 생도 시절 '짧은 인생을 영원한 조국에'란 좌표를 세웠다. 그 좌표에 따라 박태준은 포항제철을 만들어냈다. 그의 열정은 쇳물이 되어 한국 경제의 거대한 산맥을 만들었다. 나는 소설을 통해 영웅을 만나는 행운을 누린 것이다.

박태준 회장 비문에 '한국 경제의 아버지'라고 쓰셨는데, 이유는 뭔가요?

그를 취재하면서 강력한 의지와 순수한 애국심을 봤다. 그는 포항제철을 떠날 때 "후임자들이 스톡옵션을 받는다면 할복하겠다"고 했다. 주식의 1퍼센트도 갖지 않았다. 박태준 정신의 100분의 1만 따라갔어도 비정규직은 나타나지 않았을 것이다. 자기들 이익을 줄이면 된다. 부자감세가 도대체 무슨 말인가? 부자가 세금을 더 내는 것이 발전한 자본주의의 표본이다. 부자감세 해준 나라는 대한민국밖에 없다. 일본으로부터 받은 청구권 자금으로 세운 포항제철도 현재 표류하고 있다. 정신 차려야 한다. 박태준 회장에게 부끄럽지도 않나? 우리 기업인들도 그를 본받아야 한다. 그래야 부자가 존경받고 선진국이 된다.

중국 철강업체가 박태준 회장 추모사업을 후원하고 있지만 국내에선 그런 노력이 부족해 보입니다.

덩샤오핑이 일본에 "포항제철 같은 회사를 만들어달라"고 요청했다. 그러자 일본은 "당신 나라에는 박태준 회장 같은 사람이 없어 안 된다"고 거절했다. 이에 중국은 박태준 회장을 경제고문으로 영입해 국빈으로 대접하며 수업을 받았다. 김영삼 전 대통령이 박 회장을 탄압할 때 일어난 일이다. 국내에 박 회장 때문에 돈을 번 사람이 얼마나 많은가? 박 회장이 나라를 위해 일한 게 헛수고가 아님을 우리 정부와 사회가 보여줘야 할 때다.

작품을 놓고 보수·진보 양측에서 공격을 받기도 하셨습니다. 보수와 진보란 무엇이라고 보십니까?

인간사에서 탄생과 죽음은 피할 수 없다. 사람도, 사회도, 보수도, 진보도 모두 완벽하지 못하다. 그게 현실이다. 보수와 진보는 둘 다 모순을 갖고 있다. 작가는 이걸 치열하게 파고들어야 한다.

작가 정신의 핵심은 무엇입니까?

작가는 인생을 총체적으로 탐구해야 한다. 역사를 통해 과거를 알고 사회를 통해 현재를 인식하여 미래를 조망하는 것이다. 어느 시대에나 문제가 있다. 그런 모순된 현실을 타파하려는 의식을 가져야 위대한 작품이 나온다. 에스파냐 내전에 참여했던 앙드레 말로나 드레퓌스 사건을 고발한 에밀 졸라, 그리스 독립 전쟁에 참전한 바이런은 모두 시대의 아픔을 함께했다. 그 결과 인류에 위대한 작품을 선사했다. 작가는 인간에게 기여할 수 없는 건 쓰지 말아야 한다.

작가란 무엇으로 살아가는 사람인가요?

작가의 정의는 '그 시대의 스승'이다. 또 그 시대의 등불이며 나침반이다. 모든 작가가 그렇다는 게 아니라, 위대한 작품으로 업적을 세웠을 때만 그렇게 대접받는다. 나는 고전 소설 《춘향전》, 《홍길동전》과 홍명희의 《임꺽정》을 좋아한다. 《춘향전》은 사랑의 이야기이면서 동시에 사회 변혁 소설이기 때문이다.

작가로서 따르고 싶은 롤 모델이 있다면 말씀해주십시오.

빅토르 위고다. 영국에 셰익스피어, 독일에 괴테가 있다면 위고는 프랑스의 자존심이다. 프랑스 위인들이 묻힌 '팡테옹'에 위고만 유일하게 부인과 합장되는 영광을 누렸다. 위고는 "예술은 아름답다, 그러나 진보를 위한 예술은 더 아름답다"고 했다. 소설은 그 시대 인간이 달성해야 할 진실을 이야기해야 한다. 톨스토이는 "민중과 함께 있으라. 반 발짝만 먼저 가라, 진실을 말하라"고 했다. 얼마나 멋있나.

부인 얘기가 나왔으니 궁금해집니다. 부인 김초혜 시인은 어떤 분이신가요?
시를 못 쓰는 사람이 시인 아내를 맞이해 여왕처럼 모시고 산다. 원고를 쓰면 아내에게 가장 먼저 보여준다. 아내는 내 작품의 첫 독자이자 감시자, 교정자, 충고자다. 나는 아내가 고치라면 반드시 고친다. 반대로 내가 아내의 작품을 보고 "고치라"고 하면 아내는 절대로 안 고친다. "소설 쓰는 사람이 시를 뭘 아냐"면서 말이다. 아내는 동국대학교 국문학과 동창생이다. 일등병 시절 면회 온 아내에게 "결혼하자"고 했다. 용감하게 결혼했다. 그때 병장들이 "우리보다 먼저 장가갔다"며 나를 곡괭이 자루로 50대를 때려 쓰러졌다. 아내는 내가 가난하고, 힘들고, 핍박받았을 때 작가 정신을 독려하고 힘이 되어준 사람이다.

학창 시절 작가로 성장하는 데 도움을 준 스승이 있었습니까?
황순원 선생이다. 후배들에게 흠을 보이지 않는 삶을 사셨다. 작품도 좋았다. 무엇보다 문단정치를 하지 않으셨다.

작품을 구상할 때 취재를 많이 하시는 것 같습니다.

정확하고 치밀하게 취재한다. 전공자도 만나고, 역사학자도 만난다. 발로 뛰어다니며 확인한다. 톨스토이나 위고도 철저히 취재하고 글을 쓴 작가다.

집필은 어떤 방식으로 하십니까?

팽팽한 긴장을 유지하기 위해 매일 25~30매를 집중해서 쓴다. 아침 6시에 일어나 운동과 식사를 한 뒤 9시에 서재로 출근한다. 새벽 두세 시까지 죽을힘을 다해 쓴다. 20년 동안 세상과 절연하고 장편 세 편을 썼다. 그때 술을 끊었다. 술을 마시면 이틀 뒤까지 꼬박 사흘을 숙취로 날려버린다. 원고 100매가 사라진다. 그게 싫었다. 하도 열심히 썼더니 팔에 마비가 와 수술을 받아야 했다.

죽기를 각오하고 쓰라

노벨 문학상에 대해서는 어떻게 생각하십니까?

매년 노벨 문학상 수상자가 발표될 때마다 나는 굴욕감을 느낀다. 우리가 노벨상에 너무 주눅 들어 있지 않나 싶다. 노벨상을 냉정하게 바라볼 필요가 있다. 수상자의 90퍼센트가 백인이다. 버락 오바마 미국 대통령이 2009년 노벨 평화상을 받았을 때 "왜 받게 됐는지 나도 모르겠다"고 하지 않았나? 노벨상보다는 우리 문학을 스스로 사랑하고 키우는 데 더 관심을 기울여야 한다.

현재 한국 문학을 평가해주십시오.

1990년대 이후 한국 소설이 왜소해지고 있다. 장편 소설이 전부 1인칭이다. 1인칭이 사라지면 소설이 사라지는 구조다. 장편은 복잡하고 무거운 주제를 다뤄야 한다. 또 소재가 다양해야 하고, 수많은 주인공이 등장해야 한다. 그런데 전부 개인 소설이 되고 있다. 공동체나 사회의 모순, 우리 역사를 치열하게 다룬 작품이 거의 없다. 요즘 학생들은 일본 작가 무라카미 하루키의 작품을 보고 창작을 공부한다는데 걱정이다.

후배 작가들에게 한마디 해주십시오.

천재는 1퍼센트의 영감과 99퍼센트의 노력으로 이루어진다는 말이 너무 좋다. 영혼을 담아 치열하게 노력하길 바란다. 괴테의 말처럼 80세가 돼도 소년의 마음을 가져야 한다. 90세를 넘긴 작가라도 작품에선 나이를 알 수 없도록 해야 한다. 좋은 영화가 나오면 1000만 명이 보고, 뮤지컬도 100만 명쯤 본다. 좋은 소설이 없는 것이지, 국민이 책을 안 읽거나 소설을 싫어하는 게 아니다. 죽기를 각오하고 노력하라. 시대의 등불이 되려면 말이다.

우리나라의 대통령이 해결해야 할 문제는 어떤 것이 있습니까?

세 가지다. 우선 비정규직 문제 해결에 앞장서야 한다. 우리 국민이 불행한 첫째 이유가 비정규직 문제이다. 정부와 여야가 힘을 모아 정규직 전환 운동을 일으키길 바란다. 둘째, 남북관계 개선이다. 김대중·노무현 전 대통령이 닦은 평화통일의 길을 이어가야 한다. 개성공단과 이산가족 상봉, 금강산 관광을 재개하고 압록강변과 동·서 해안에 제2, 제3의 개성공단을 세워야 한다. 셋째는 인사다. 능력 있는 인재는 많다. 대통령은 마음을 크게 쓰고 정파를 초월해 국가적 인재를 활용해야 한다.

요즘 '행복한 인생'이 전 국민의 화두로 떠오른 것 같습니다.

돈이 없어 비행기 타고 제주도에 못 간다고 불행해하지 말라. 배를 타고 가면 비행기로는 못 보는 아름다운 산하를 볼 수 있다. 망망대해와 수평선, 아름다운 석양을 볼 수 있다. 많이 갖는 것, 높이 빨리 가는 것 대신 자신의 속도로 인생을 살면 아름다운 것을 수없이 만난다. 그러면 행복해질 수 있는 거다. 자신이 좋아하는 일을 자신의 속도로 해나가기 위해선 독서를 권한다. 독서는 앉아서 하는 여행이고, 여행은 서서 하는 독서다.

마지막 질문을 드리겠습니다. 인생이란 무엇인가요?

연습도 재공연도 할 수 없는 단 한 회짜리 연극이다. 매 순간 긴장하고, 가장 하고 싶은 일에 최선을 다하는 것이다. 그러면 목표는 이뤄진다. 설령 목표를 이루지 못해도 후회 없는 인생이 된다. 〈생활의 달인〉이라는 프로그램을 좋아하는데, 필부도 노력하면 신을 능가하는 능력을 갖게 된다는 메시지가 담겼기 때문이다.

●　　　작가는 시대의 등불이며 나침반이다. 언제나 시대의 현실과

부조리를 대면하고, 정직하고 용기 있게 고발해야 한다. 조정래 작가는 이러한 사명에 충실한 작가다. 1인칭 체험담 소설이 주류를 이루는 문단에서 조정래 작가의 한마디는 작가를 지망하는 사람들에 대한 일침이기도 하다. 인간은 역사를 통해 과거를 알고 사회를 통해 현재를 인식하여 미래를 조망하는 존재다. 그리고 작가는 이러한 과정을 가감없이 고발하고 모순된 현실을 타파하려는 의식을 가져야 한다. 위대한 작품은 그렇게 탄생한다.

톨스토이의 《전쟁과 평화》, 파스테르나크의 《닥터 지바고》, 헤밍웨이의 《누구를 위하여 종은 울리나》 등 격동의 역사를 살아간 인간의 얼굴을 그렸다. 시대와 호흡할 때 명작이 나온다. 우리에겐 6·25 전쟁으로 수백만의 목숨이 잔혹하게 사라진 역사가 있다. 그런데 왜 세계적인 전쟁 문학, 전쟁을 다룬 문학 작품이 탄생하지 못했을까? 그런 생각을 가지고 있었는데 《태백산맥》이 탄생했다. 조정래 작가는 시대와 치열하게 만났기에 위대한 작품이 나왔다. 마르지 않는 샘처럼 시대를 초월해 영혼을 키우는 작품은 어떻게 탄생할까? 완벽한 사람은 없다. 완벽한 사회도 없다. 그것이 현실이다. 모든 사회와 모든 진영, 모든 사람은 모순을 가지고 있다. 작가는 이것을 치열하게 파고들어야 한다. 조정래 작가는 시대와의 치열한 조우를 몸으로 처절하게 보여주었다.

그는 오전 9시부터 새벽 2시까지 치열하게 글을 쓴다. 글 쓰는 데 방해가 된다는 이유로 술을 마시지도 않는다. 철저한 취재와 연구로 글의 바탕을 마련한다. 감상에 치우쳐 알 수 없는 이야기를 주절거리지 않는다. 철저히 사실에 바탕을 둔 저널리스트처럼 시대와 현장을 보고 그것을 원고지에 옮긴다. 팔에 마비가 와 수술을 받을 때까지 글을 쓴다.

시대의 목격자, 시대의 고발자로서의 위대한 작가는 이렇게 탄생한다. 노력의 중요성을 강조하는 그가 "죽기를 각오하고 쓰라"고 던진 조언은 비단 작가 지망생에게만 해당하는 것은 아닐 것이다. 학생이든 직장인이든 정치인이든 죽기를 각오하고 자신의 일에 매진해야 한다. 일가를 이루려면 말이다.

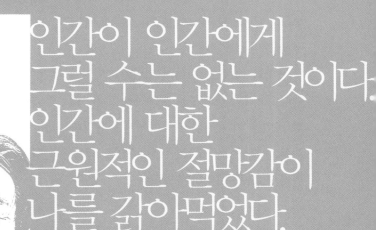

인간이 인간에게
그럴 수는 없는 것이다.
인간에 대한
근원적인 절망감이
나를 갉아먹었다.

한수산

1946년 강원도 인제에서 태어나 경희대학교 영문학과를 졸업했다. 1972년 《동아일보》 신춘문예에 단편 《4월의 끝》으로 등단했다. 풍부한 감성과 화려한 문체로 1970년대 베스트셀러 작가 반열에 올랐다. 1981년 5월 중앙일보에 소설 《욕망의 거리》를 연재하던 중 반정부 여론을 선동하려 했다는 이유로 《중앙일보》 문화부장과 동료 시인 박정만 등과 함께 국군보안사령부에 연행돼 혹독한 고문을 당했다. 이후 한국에서의 창작 활동에 회의를 느껴 몇 년간 일본에서 지내기도 했다. 주요 작품으로 《부초》, 《유민》, 《밤의 찬가》, 《욕망의 거리》 등이 있다.

효율적인 번역 시스템을
지원해야 한다

●   조정래 작가는 "노벨 문학상을 바라는 대신 우리 문학의 내실을 키우는 데 열성을 갖자"고 제안했다. 그 구체적인 비결을 듣기 위해 한수산 작가를 만났다. 한수산 작가는 "일본은 자국 작가들의 작품을 발 빠르게 번역해 외국에 소개하고 해외 신간 서적도 나오자마자 번역·보급하는 시스템을 통해 풍요로운 지적 토양을 구축했다. 일본 작가가 45년 전 노벨 문학상_{가와바타 야스나리의 《설국》}을 받은 것은 이런 토양에 힘입은 것"이라고 지적했다. 이어 "우리도 학술진흥재단 등에서 석·박사들이 해외 논문을 번역하도록 지원해주고, 출판계가 해외 신간 서적 번역을 장려하면 우리 문학과 문화가 크게 발전할 것"이라고 제언했다.

작가는 치열하게 접근해야 한다

"사회적 교양을 갖고 살고 싶어" 뒤늦게 대학에 들어갔다고 들었습니다.

중·고등학교를 다닐 때 도서관에 있는 책을 닥치는 대로 읽었다. 시골에 땅이 있어 농사를 지으려고 대학에는 가지 않았다. 그러다가 사람이 살면서 교양이 있어야 하는 것 아닌가 하는 생각이 들어 뒤늦게 경희대학교에 들어갔다. 아침 8시에 학교에 가 교양강좌를 들으며 열심히 공부했다.

그러면 어떻게 작가가 되셨습니까?

1971년 가을 박정희 정권의 위수령이 내려지면서 캠퍼스에 군인들이 진주했다. 교문이 닫힌 가운데 기관총으로 무장한 군인들이 바리케이드를 치고 있었다. 암울했다. '무엇을 하고 살 것인가' 하는 고민에 빠졌다. 친구 한 명은 사찰로 들어갔다. 하지만 나는 창조적인 삶을 살고 싶었다. 빈 강의실에 몰래 들어가 글을 쓰기 시작했다. 무엇에 홀린 듯 한 달 반 동안 단편소설 열여섯 편을 썼다. 그 소설 가운데 하나가 그해 겨울《동아일보》신춘문예에 당선했다.

요즘 우리 문학에 바라는 것이 있다면 말씀해주십시오.

작가는 치열하게 역사에 접근해야 한다. 우리 역사는 식민지 경험과 한국전쟁 등 소설의 소재가 많다. 재해석하고, 재조명하면 위대한 작품을 낳을 수 있다. 문학을 통해 역사가 끊임없이 새롭게 태어나야 한다.

해마다 10월이면 노벨 문학상 때문에 문학계가 술렁이고 있습니다. 우리나라의 노벨 문학상 수상 가능성은 어떻게 보십니까?

노벨 문학상을 놓고 국가적으로 난리 칠 일은 아니다. 문학은 혼자 가는 게 아니라 문화 전반이 성숙해지면서 함께 길이 열리는 거다. 1986년에 아프리카 작가 최초로 노벨 문학상을 받은 월레 소잉카는 나이지리아 사람이지만 영국 옥스퍼드대학교를 나와 프랑스에서 활동했다. 자신의 나라 민담을 현대화한 작품으로 노벨 문학상을 탔다. 1988년에 아랍권 작가 최초로 노벨 문학상을 받은 나기브 마푸즈는 이집트 사람으로 자기 나라의 종교를 회의적인 시선으로 바라보는 소설을 썼다. 그 때문에 테러를 당하기도 했다. 문학은 상이 아니라 내용, 즉 작가가 얼마나 자신의 세계를 갖고 썼느냐가 중요하다.

우리 문학이 노벨상 수상에 다가가려면 영어 번역이 중요하다고 하셨습니다. 어떤 의미인가요?

우리 문학이 영어를 비롯한 다른 나라 언어로 번역되어 여러 나라에서 많은 독자가 읽을 수 있게 해야 한다. 한국 작품 가운데 영어로 번역돼 해외에서 출판된 작품은 손에 꼽을 수준에 불과하다.

그런 면에서 본다면 일본의 번역 시스템이 대단한 것 같습니다.

분야를 막론하고 외국 신간 서적이 가장 빨리 번역돼 출판되는 나라가 일본이다. 번역 전문 업체가 워낙 많다 보니 일본 소설이 영어로, 프랑스어로 가장 빨리 해외에 보급된다. 예를 들어 '선禪'은 한국이 강하지만, 미국에 가보면 선 관련 서적은 전부 일본인이 쓴 책뿐이다. 일본이 문화강국이 된 건 서양 문물을 이렇게 빠르게 받아들인 결과다. 특히 효율적인 번역 시스템이 주효했다고 볼 수 있다.

우리도 국가적으로 번역 시스템을 만들 필요가 있다는 말씀이신가요?

국민 모두가 외국어를 할 수 있으면 좋겠지만 현실적으로는 어려운 얘기다. 또 영어로 작품을 쓸 수 있는 작가가 국내에 몇 명이나 되겠 나? 출판사도 이익이 날 책만 번역해낼 수밖에 없다. 그러면 국가적 으로 축적되는 지식의 양은 적어진다. 해결책은 해외 유학을 마쳤지 만 일자리를 찾지 못해 놀고 있는 석·박사들이 해외 논문을 번역해 국내에 소개하고, 국내의 논문을 영어로 번역해 해외에 소개하도록 정부나 학술진흥재단에서 지원해주는 것이다. 정부는 출판계가 문학 뿐 아니라 과학·기술 등 모든 분야의 해외 신간 서적을 신속히 번역 해 출간하도록 지원해야 한다.

보통명사의 삶과 추상명사의 삶

일본의 역사왜곡이 계속 문제를 일으키고 있습니다. 이런 상황에서 우리 문 학은 어떻게 대응해야 할까요?

두 차례의 세계대전을 일으킨 독일은 철저히 반성했다. 이것은 독일 이 위대하다기보다는 유대인이 위대한 거다. 제2차 세계대전 당시 유대인이 겪은 고통을 다룬 소설과 영화가 지속적으로 나오고 있다. 귄터 그라스의 《양철북》이 얼마나 많은 감동을 주었는가? 우리나라 에서는 왜 식민지 시대를 다룬 위대한 작품이 많이 나오지 못했는지 고민해봐야 한다. 일본이 전 세계 앞에 반성하고 사죄할 때까지 관련 역사를 다룬 작품이 끊임없이 나와야 한다. 역사는 살아 있는 교과서

이기 때문이다.

작가에게 중요한 것은 무엇입니까?

작가는 삶을 관찰하고, 보고, 쓰는 사람이다. 작품의 주인공 삶 속에
들어가야 한다. 그래서 사전 취재와 조사를 철저히 해야 한다. 나는
이걸 아주 중시한다. 《부초》란 작품은 서커스단 얘기인데, 3년 동안
서커스 단원들과 함께 여관 생활을 하며 같이 먹고 자면서 그들의 삶
을 이해하려 노력했다. 《까마귀》를 쓰기 위해서 15년간 일본을 취재
했다. 취재와 조사로만 소설을 만들 수 있는 것은 아니지만, 글에 생
명을 불어넣는다. 요즘 우리 작가들은 취재를 그다지 중요하게 여기
지 않는 것 같다. 이것은 좋지 않은 풍토다.

일관되게 사회적 교양의 중요성을 강조해오셨는데 특별한 이유가 있습니까?

인간은 먹기만을 위해 사는 존재가 아니다. '그 무엇'이 있는 삶을 추
구할 때 향기로운 삶이 탄생한다. 어릴 때 가구를 만드는 걸 좋아했
는데, 가구처럼 사회에 쓰임새가 있는 무언가가 되는 게 중요하다고
본다. 좋은 대학이란 돈 많이 버는 방법을 가르치는 곳이 아니라 사
회에 유용한 사람을 키우는 곳이다.

**일명 '《욕망의 거리》 필화사건'으로 국군보안사령부에서 고문을 당하셨는데,
요즘 심정은 어떠십니까?**

고문을 당하는 사람은 처절하게 뭉개진다. 그런데 그이 앞에는 고문
을 하느라 지쳐 눈에 핏발이 서고 땀을 뻘뻘 흘리고 있는 인간이 있

다. 그는 요즘 결혼식에는 얼마를 부조해야 하냐며 묻고는 주머니를 부스럭거리면서 나가더라. 인간이 인간에게 그럴 수는 없는 것이다. '하느님이 계시다면 보안사 고문실로 좀 가보세요. 당신이 만든 세상입니다.' 인간에 대한 근원적인 절망감이 나를 갉아먹었다. 그런데 결국 사람을 통해 극복할 수 있었다. 당시 고문에 가담했던 군인이 애인이 읽던 내 소설을 보고는 직업 군인의 길을 포기하고 편지를 보내왔다. "선생님 같은 분을 고문하는 일을 하는 곳이기에 떠난다. 시골로 내려간다. 고문 후유증이 없도록 건강관리를 잘하시라"는 편지였다. 아픈 시간들이 흘렀고 8년 뒤 백두산 천지에서 세례를 받았다. 김수환 추기경님은 나에게 큰 힘이 되었다.

〈산티아고에 비가 내린다〉라는 영화를 보면, 신부가 고문당하는 장면에서 "우린 인간이란 말이다! 인간" 이런 대사가 나옵니다.

고문을 받고 나오면서 나는 추상명사를 잊어버렸다. 우리는 보통 직장이나 월급·회사·가정 등 보통명사를 갖고 인생을 살아간다. 하지만 그것만으로는 살 수 없다. 우정·모성애·의리·가치 등 추상명사도 있어야 한다. 그런데 고문을 당하면서 추상명사를 잃어버렸다. 그것을 회복하고 극복하는 것은 참으로 힘들었다. 인간과 야만의 차이가 그런 게 아닌가 싶다. 보통명사로 살긴 하겠지만 추상명사로 살아가는 것이 인간이다. 사랑·우정·이념·사상·가치 등의 추상명사를 추구하며 살아갈 때 인간다운 것이다.

후배 작가들에게 하고 싶은 말씀이 있으십니까?

역사에 치열하게 접근하기 바란다. 또 새 장르를 개척하길 바란다. 종이책의 시대는 끝난 것 아닌가 싶다. 시나 소설, 희곡같이 과거에 만들어진 장르를 넘어서는 새로운 시도를 해야 한다. 외국어 공부를 열심히 해 해외의 좋은 작품들을 원어로 읽을 수 있도록 해야 한다.

행복한 인생이란 어떤 걸까요?

행복은 마음에서 오는 것이다. 마음의 평화가 행복이다. 평화로울 수 있는 게 뭘까? 작게 가지라고 하지만 조금 갖는 건 쉽다. 많이 가졌다고 불행한 것도 아니다. 양으로 따질 문제가 아닌 것이다. 다만 돈과 지위로써 행복을 찾으면 불행해지는 건 확실하다. 평화는 마음이 편해지는 거다.

마지막 질문을 드리겠습니다. 인생이란 무엇인가요?

인생을 알면 살지 못하는 거다. '영원히 머물 것처럼 일하고, 내일 떠날 것처럼 준비하겠다'는 말을 늘 새기며 산다. 나이 들면 건강검진을 받을 때마다 이상 징후가 하나씩 는다. 주변 사람들이 하나씩 떠나가는 걸 본다. 아무 일도 할 수 없는데 인위적으로 목숨을 연장하는 게 인간을 귀하게 여기는 것인지 의문이다. 나는 그냥 묘비도 없이 사라지고 싶다.

●   한수산 작가를 만나러 가는 날은 비가 내렸다. 경기도 남양주의 주택 사이를 이리저리 헤매다가 멀리 한강이 보이는 집을 발견

했다. 설레는 마음으로 집에 들어섰다. 많은 책과 자료, 원고를 쓰다 만 흔적 등 정겨움이 느껴지는 집이었다. 한수산 작가는 고문이라는 극단적인 역사를 온몸으로 체험한 작가다. 스스로도 "처절하게 뭉개졌다"고 표현할 정도로 고문은 가혹했을 것이다. 그런 아픈 과거에도 한수산 작가의 모습은 평온하고 밝았다.

문학인을 만나면 나도 모르게 노벨상에 대해 묻곤 한다. 속물근성이 있는가 싶다. 조정래 작가와 마찬가지로 한수산 작가도 노벨 문학상에 크게 신경을 쓰지 않았다. 다만 우리나라 문화의 수준을 높이고 그것을 세계와 공유하기 위한 방편으로 번역을 강조하였다. 외국의 우수한 논문과 책을 우리말로 번역하고, 우리의 우수한 논문과 책을 외국어로 번역하는 것은 나라의 문화 수준을 높이는 지름길이다. 정부가 이 부분을 적극적으로 지원해야 할 것이다.

한수산 작가는 추상명사의 삶을 이야기했다. 사랑·우정·가치·평화·정의 같은 것들이다. 우리는 너무 물질적인 것에만 집착한 채 살아가고 있는 것이 아닌가 싶다. 인간으로서 겪을 수 있는 최악의 고통을 당했으면서도 그는 추상적 가치의 힘을 잃지 않고 있었다.

고문의 후유증과 그로 인한 칩거 생활이 없었더라면 한수산 작가는 국민적 작가로 더 왕성하게 활동할 수 있었을 것이다. 더 크게 더 아름답게 성장할 수 있는 작가를 유린해버린 한국의 현실이 안타까웠다. 고문 때문에 힘들었을 작가의 삶에 대해선 더 가슴이 아팠다. 인터뷰를 마치고 마음이 개운치 않았다. 인터뷰를 마치고 돌아오는 길에 다산 정약용 생가를 찾았다. 1801년 정약용 선생이 유배를 당한 그해 태평양 건너에서는 토머스 제퍼슨 대통령 취임식이 있었고, 2년

후에는 프랑스로부터 오늘날의 텍사스, 캘리포니아 땅을 사 미국의
영토를 두 배로 늘렸다. 그 당시 조선은 당파 싸움으로 아까운 인재들
이 전라도로 제주도로, 시골로 쫓겨갔다. 임금도 목숨을 부지하는 게
쉽지 않았다. 결국 식민지로 전락했다. 사람을 키우는 문화가 그립
다. 사람을 죽이는 풍토가 가슴 아프다. 정약용 생가 앞에서 비 맞고
있는 나를 보았다. 내리는 비만큼 많은 생각을 하게 된 인터뷰였다.

6

문화유산

문화강국 한국을 꿈꾸다

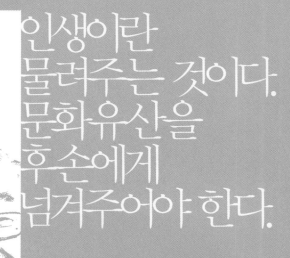

인생이란
물려주는 것이다.
문화유산을
후손에게
넘겨주어야 한다.

김종규

1939년 전남 무안에서 태어나 동국대학교 경제학과를 졸업했다. 1960년대 삼성출판사 부산 지사장을
맡은 뒤 《한국단편소설선집》, 《세계문학전집》, 《세계사상선집》 등 역작을 잇달아 냈다. 이후 삼성출판사
사장·회장을 역임하면서 30년간 모은 책과 사재를 털어 1990년 국내 최초의 출판전문 박물관인 삼성
출판박물관을 열었다. 한국박물관협회 3대, 4대 회장을 지내면서 전국에 산재한 박물관들을 조직화했
고, 2004년 서울에서 아시아 국가로는 처음으로 세계박물관대회를 개최했다. 2009년부터는 문화유산
국민신탁 이사장을 맡아 '문화 지킴이'로 나서고 있다. 기억력도 남달라 문화계의 뒷얘기를 복원해주는
백과사전으로 불린다. 박물관 발전에 기여한 공을 인정받아 2011년 은관문화훈장을 받았다.

문화재는 공공의 유산,
국가가 적극 지원해야 한다

● 　　우리 박물관과 출판계의 마당발이자 약방의 감초로 통하는
인사가 김종규 문화유산국민신탁 이사장이다. 그는 전국의 박물관
모임인 박물관협회장과 문화재위원회 박물관분과위원을 거쳤고, 수
많은 문화단체장직을 역임했다. 김종규 이사장은 "박물관이나 미술
관은 한마디로 창조정신이 끝없이 흘러나오는 샘터"라며 "박근혜 정
부가 추진하는 '창조경제'를 위해서라도 박물관과 미술관을 집중 육
성해야 한다"고 말했다. 또 부유층이 소장한 미술품을 박물관에 환원
하고, 정부는 기증자들에게 감세 혜택과 명예를 줘 선순환을 이뤄야
한다고 제언했다. "사립박물관도 결국은 개인 재산이 사회 공공재로
환원된 곳 아니냐"며 정부와 예술가 모두 이런 열린 관점에서 박물관
과 미술관을 바라보아야 한다고 한다. 프랑스와 네덜란드 등이 문화
강국이 된 이유는 그처럼 자신의 예술품을 소중히 여겼기 때문이란
다. 사람 사귀기를 좋아하는 그에겐 '풍류객'이란 별명이 따라다닌다.

문화재 지키려면 십시일반 국민운동 필요

인간은 글을 짓고 그림을 그리며 조각을 하고 사진을 찍는 유일한 동물이라고 합니다. 인간은 왜 이런 표현을 하고, 남기려 할까요?

인간에겐 기록의 본능이 있다. 인간은 삶도 기억력도 유한하다. 지금도 여행을 가면 우선 사진부터 찍으려고 하지 않는가? 인류는 태곳적에도 알타미라 동굴 벽화나 울산 반구대 암각화, 이집트 파피루스 같은 것을 통해 자신들의 흔적과 문화적 경험을 후손에게 남겨주려 했다. 잘 알려진 얘기지만 파피루스에 적힌 낙서 중엔 '요즘 젊은 것들은 버릇이 없다'는 말도 있다. 그때나 지금이나 다르지 않다는 걸 보여주는 귀중한 기록이다.

기록의 중요성을 강조하시는 것 같습니다.

세계 문화유산으로 등재된 《조선왕조실록》이 없었다면 《조선왕조 500년》이란 인기 사극도, 신봉승이라는 걸출한 작가도 탄생하지 못했을 것이다. 《난중일기》가 없었다면 우리는 이순신이란 영웅을 생생하게 만나지 못했을 것이다. 허구만으로는 상상력에 한계가 생길 수밖에 없다. 침수 위기에 놓인 울산 반구대 암각화는 당장은 돈이 많이 들고, 식수난을 겪더라도 국민들이 지켜내야 한다. 그래야 우리가 문화 민족의 문화유산이라고 전 세계에 당당히 선언할 수 있다.

출판박물관을 열게 된 배경은 무엇입니까?

큰형님이 1951년 목포에서 서점과 출판업을 시작했다. 얼마 뒤 형님과 함께 책을 만들며 돈을 벌었다. 이 돈으로 출판박물관을 열게 됐다. 세계에서 가장 먼저 금속활자를 만든 민족의 후예로서 의미 있는 일을 하자는 생각에서였다.

형님의 회사에 입사한 뒤 곧바로 출판에 뛰어드셨나요?

아니다. 형님은 개성 상인처럼 친구 회사에 나를 우선 들여보내 훈련을 시켰다. 그 회사가 대한도서주식회사다. 당시 부산에 있었다. 열심히 일한 덕분에 사장의 막내 여동생과 결혼을 하게 됐다. 아내는 영남 출신이고, 나는 호남 출신이다. 영·호남 젊은이가 부부의 연을 맺게 된 것이다.

개성 상인의 전통을 언급했는데 그게 구체적으로 어떤 겁니까?

개성 사람들은 고려가 망하고 조선이 들어서자 '벼슬을 하지 말자'고 결의한 뒤 장사에 나섰다. 우리 역사에서 처음 복식부기를 도입한 이들이 개성 상인이다. 이들은 혈족을 친분 있는 이의 가게에 취직시켜 고되게 훈련시켰다. 자연히 개성 상인들은 강했다. 일제 강점기에도 일본 상인들을 이겼다.

간송 전형필 선생도 개성 상인 아닌가요?

맞다. 전형필 선생을 비롯한 개성 상인들이 우리 박물관 역사의 효시다. 일제 강점기에 개성 박물관장을 지낸 우현 고유섭 선생의 제자들이 처음으로 우리 고유의 박물관을 만들었다. 간송 전형필과 호림 윤장섭, 최순우 전 국립박물관장 등이 그들이다. 특히 간송은 전 재산을 팔아 문화재를 사들였다. 일본인들에게 문화재가 넘어가지 않게 하려고 엄청난 노력을 기울인 거다. 3·1 독립선언을 한 33인의 한 분인 오세창 선생은 간송의 소장품을 감수해준 것으로도 유명하다. 간송은 이런 노력을 인정받아 건국 훈장을 받았다.

간송 미술관은 공간은 작지만 작품이 많아 전시회를 열면 인산인해를 이룹니다. 이런 박물관엔 정부의 전폭적인 지원이 필요하다고 보는데 어떻게 생각하십니까?

그렇다. 국보급 가치를 가진 박물관은 정부가 조건 없이 지원해야 한다. 이런 박물관을 설립한 사람들은 박물관을 만들 때 자신의 유산을 사회에 상속했다고 봐야 한다.

출판박물관을 운영하며 기억나는 일화가 있으면 소개해주십시오.

아버지와 형님에게 박물관을 한다며 구박을 많이 받았다. 한국전쟁 당시 피난민들이 들고 나온 가보들을 매입했다. 그런데 평안도에서 부산 수정동으로 내려와 세 들어 살던 사람이 가보를 팔겠다고 해놓고, 종전 뒤 사라졌다. 10년이 지나도 돌아오지 않았다. 결국 중간 상인을 통해 물건을 매입했다. 그가 살던 집 2층 다락에 있던 물건들 가운데 가치 있는 문화재들이 있었다. 그래서 집주인과 중개인에게 사례금을 두둑하게 줬다. 그랬더니 동네에 소문이 나서 값진 문화재가 있는 사람들은 전부 나에게 팔려고 왔다. 의도한 일은 아니었다.

소장 작품 가운데 국보급 문화재가 많다고 들었습니다.

여러 점 있다. 1980년대의 일이다. 《초조대장경》을 구하려 했는데, 당시 금액으로 2억 원이 필요했지만 돈이 없었다. 둘째 처남한테 돈을 빌려달라고 했다. 이 사실을 형님께 말하면 나는 맞아 죽는다고 했다. 간신히 돈을 융통해 구입했다. 《남명송증도가》도 있다. 1239년에 제작한 고려시대 금속활자본 불교 서적이다. 이것 역시 국보다. 이 국보는 1984년 전두환 전 대통령이 일본에서 히로히토 일왕과 회담을 할 때 갖고 가겠다고 요청했지만 거절했다. 진본은 보내지 않고 영인본을 보냈다.

국립중앙박물관의 연간 문화유산 구입비가 50억 원을 밑도는 실정입니다.
국가 예산만으로는 작품을 구입하기가 어렵다. 기증자가 많아야 한다. 기증을 한 사람에게는 국가가 명예를 주고, 세금도 깎아줘야 한다. 일본의 도쿄박물관에는 마네나 모네의 작품이 즐비하다. 일본 기업이 기부한 것이다. 우리도 기부가 활성화되도록 관련 법규나 제도를 대폭 개정해야 한다. 그런데 최근 정부가 발표한 세법 개정안에는 기부자가 세금을 더 내게 되어 있다. 기부 문화를 더욱 위축시키는 것이다. 반드시 고쳐야 한다.

미술품에 대한 양도세 부과로 인해 미술 시장이 극도로 위축됐다는 지적도 있습니다.
미술품을 활발히 구매해줘야 작가가 살고, 작가가 살아야 창의적인 디자인과 패션, 문화가 살아난다. 그래야 요즘 정부가 좋아하는 '창조 산업'이 발달할 것 아닌가? 우리 화랑가에 일부 문제를 일으키는 사람들도 있지만 교각살우矯角殺牛해선 안 된다. 지금 우리 미술 시장은 완전히 죽었다. 되살리기 위한 특단의 대책이 필요하다.

국제적인 옥션 시장을 만들 필요가 있다는 지적도 있습니다.
우리 미술 시장의 투명성을 높이고, 세계적인 작품들이 국내에서 거래될 수 있는 길이 그것이다. 그래야 우리 박물관·미술관도 명작을 소장할 가능성이 높아진다.

문화체육관광부와 교육부가 문화 쿠폰을 만들어 학생들이 무료나 염가로 박물관·미술관을 관람하게 하자는 의견은 어떻게 생각하십니까?
그런 제도가 생기면 정말 좋겠다. 세계적인 예술가들은 어린 시절 박물관이나 미술관에서 산 사람들이다. 학생들이 무료 쿠폰을 갖고 박물관이나 미술관을 마음대로 다니게 하고 정부가 학생 입장 실적을 기준으로 박물관·미술관을 평가하고 지원해주면, 우리 미술문화가 한 단계 도약하는 계기가 될 것이다. 노태우 정부 시절 이어령 문화부 장관이 그런 취지로 어렵게 문화상품권을 만들었지만 활성화되지 못한 게 아쉽다.

인생은 '배턴 터치'······ 과욕은 금물

문화유산국민신탁 이사장직을 맡고 있으신데, 어떤 일을 하는 곳입니까?
유홍준 문화재청장 시절에 만들어진 조직이다. 문화재청이 종잣돈을 지원하고, 일반 회원 5000여 명의 기부로 뒷받침되는 민관협력체제다. 초대 사령탑을 맡은 유영구 전 이사장이 기틀을 잘 만들어줘 순항하고 있다. 앞으로는 가급적 민간 주도로 넘어가야 할 것이다. 영국에서는 1895년 내셔널트러스트 운동^{개인 소유 시설을 공공 소유로 전환시켜 영구 관리하는 운동}을 시작했고, 미국도 1940년대 정부 주도로 시작했지만 점차 민간 주도 체제로 바뀌었다. 내셔널트러스트 운동도 일정기간 정부가 지원해주어야 한다. 국민신탁^{문화재청}, 내셔널트러스트^{환경부}로 부처를 나누고 한정할 것이 아니라 문화유산을 지키려는 범정부적인 지원과 국민운동이 함께 일어나야 한다.

국민신탁에서 중점적으로 한 사업은 어떤 것이 있죠?
울릉도 주민인 이영관 씨의 전통가옥을 지킨 것이다. 독도강치 몰살 등 일제가 저지른 만행을 보여주는 역사 체험관으로 만들었다. 소설 《태백산맥》에 등장하는 보성여관과 고종이 미국 워싱턴에 세운 공사관을 102년 만에 되찾은 것도 기억에 남는 사업이다. 이 모든 일에는 큰돈이 든다. 문화재를 지키기 위해선 십시일반의 국민운동이 필요하다.

시주자^{큰돈을 내는 사람}보다 화주자^{소액을 내는 사람}가 중요하다고 주장하는데 이것은 어떤 의미입니까?
거액을 쾌척하는 시주자도 중요하지만 2000원부터 1만 원을 내는 화주자들이 더 중요하다. 인생이란 물려주는 것이다. 문화유산을 우리 후손들에게 넘겨줘야 한다. 영국은 내셔널트러스트 회원이 400만 명을 넘는다. 윈스턴 처칠 총리도 생전에 모은 모든 것을 기증했다.

우리나라가 일류 국가로 가는 길목에 문화가 있다고 하셨습니다. 설명을 더 해주십시오.

기부와 자원봉사가 많은 나라가 선진국이다. 선진국의 옛 성곽이나 오래된 마을에는 옛날 아이들이 그린 낙서가 그대로 남아 있다. 그런 게 문화다. 체코 프라하나 이탈리아 피렌체 같은 고도는 과거 건물을 내부만 수리하고 외관은 그대로 보전해 세계적인 유산을 양산했다. 독일도 제2차 세계대전으로 폐허가 된 자신들의 도시를 옛날 모습 그대로 복원하지 않았는가? 우리도 뉴타운이니 뭐니 하며 우리의 삶을 깡그리 부셔버리는 야만의 시대를 끝내야 일류국가로 갈 수 있다. 독일엔 8층 이상 건물을 지을 수 있는 도시가 얼마 안 된다. 반면 우리나라는 방방곡곡에 아파트가 하늘을 가리고 있다. 무엇이 인간답게 사는 길인가?

'문화계의 마당발'로 불리며 '보수'로 자칭하는데 보수와 진보는 무엇을 고쳐야 합니까?

인류는 보수와 진보의 투쟁을 통해 진화해왔다. 안정과 변화 모두 있어야 나라가 진화한다. 그런데 우리는 양측이 역지사지하는 마음이 부족하다. 고수들이 바둑을 두더라도 하수의 훈수가 맞을 때도 있다. 여당은 야당의 훈수를 들을 줄도 알아야 한다. 야당도 여당을 칭찬할 줄 알아야 한다. 여야 모두 명심해야 할 게 정당 위에 국가가 있다는 점이다. 국가를 위해 정당이 존재해야 하는 거다. 정당이 정권을 잡으려고 죽기 살기로 싸울 게 아니라 나라를 살리기 위해 훈수도 들고 칭찬도 해줘야 한다.

대통령에게 당부하고 싶은 말씀이 있으신지요.

위대한 대통령으로 기억되려면 교육 개혁의 씨앗을 심어야 한다. 임기 중 설익은 열매를 거두려 하지는 말아야 한다. 설사 다음 정권이 야당으로 넘어가도 먼 훗날 승자로 기록되려면 교육 개혁에 나서야 한다. 일본은 전후 문부성 예산으로 어머니들을 재교육해 고도 성장의 씨앗을 심었다. 우리도 아이를 쥐어짜는 교육은 이제 끝내야 한다. 그리고 야당을 통 크게 칭찬하고 포용해야 한다. 그러면 야당도 대통령과 함께할 것이다. 북한에도 마찬가지다. 칭찬은 고래도 춤추게 한다는데 여야, 남북 할 것 없이 칭찬할 것을 찾으면 일이 잘 풀릴 것이다. 그리고 차분히 시간을 갖고 독서하는 대통령이 되어야 한다.

말끝마다 독서를 강조하시는 것 같습니다.

일본이 경제대국이 된 이유는 선각자들이 선진 사상·문물을 제때 받아들였기 때문이다. 또 출판대국이란 점도 성공의 밑거름이 됐다. 일본은 신간이 나오면 2000~3000권을 중앙정부나 지방자치단체, 도서관 등이 구매한다. 그러다 보니 출판사가 양서를 내기 위해 노력할 수 있었다. 이것이 일본의 지적 토양이 됐다.

마지막 질문을 드리겠습니다. 인생이란 무엇인가요?

편도 차표라고 할 수 있을까? 인생은 가정이나 사회나 다 '배턴 터치'

다. 자신이 모든 걸 다 이룰 수는 없다는 자각이 중요하다. 의욕을 갖되 과욕은 금물이다. 나는 실패한 사람을 많이 봐왔다. 과욕을 부리는 사람들이 실패하고 건강마저 잃더라. 스스로 욕심을 제어하면 나중에 덕이 되는 경우가 많았다. 내 좌우명은 '누군가에게 베푼 건 생각하지 말고, 받은 건 결코 잊지 말자'다.

●   알타미라 동굴 벽화 사진을 볼 때마다 인간은 왜 예술작품을 남기는 것인지 궁금했다. 여행지에서 사진을 찍을 때도 마찬가지다. 정치인들은 자기보다 유력한 정치인과 사진을 찍어 자신의 가치를 올리려고 한다. 하지만 예술은 그런 목적이 있는 것이 아니다. 감상으로도 모자라서 왜 반드시 무언가를 남기려고 하는 걸까? 김종규 관장은 나의 이런 의문을 단 한마디로 해결했다. "본능이다." 인간은 예술 활동을 하는 유일한 동물이다. 그리고 그것을 후세에 남긴다. 그렇게 인간의 역사와 문화가 만들어져온 것이다.

우리 역사, 특히 20세기의 역사는 끝없는 수탈의 역사였다. 선조들이 남긴 찬란한 문화유산은 일본을 비롯한 20세기 초반의 강대국들이 무단으로 빼앗아갔다. 나라를 찾는 것만큼 빼앗긴 문화유산을 찾는 것도 하나의 독립운동이라 할 수 있다. 간송미술관에는 간송 전형필 선생이 독립운동을 하는 심정으로 일본인들로부터 우리 문화재를 지켜냈다. 그가 전 재산을 들여 우리 문화재를 지키지 못했다면 상당수가 소실되었거나 일본에 있을 것이다. 반 고흐는 생전에 자신의 작품을 몇 점 팔지 못했다. 그의 작품을 조카가 오랫동안 간직하고 있었기 때문에 우리는 그의 작품을 볼 수 있게 되었다. 인간의 영혼을 발산한 예술품들, 그리고 어떤 사람에게는 아무 의미가 없지만 예술품을 사랑하고 수집해서 작품들을 간직하고 모으는 사람들이 있기 때문에 문화의 힘은 점점 더 커져간다. 문화를 만드는 사람을 장려하고 문화 예술 활동을 통해 창작된 작품과 결과물이 잘 보존되는 사회가 선진국이 아닐까 싶다. 여행지에서 들은 말들이 있다. "인생 뭐 있어, 기록밖에 더 있나? 사진밖에 남는 게 없잖아. 자 한 장 찍자", "내가 산 흔적일랑 남겨둬야지"란 조용필 노래 가사가 생각난다. 인간의 흔적이 문화이고 역사일 것이다. 문화의 보물창고인 박물관, 미술관을 만들고 지키는 사람 모두가 존중되는 나라를 생각한다.

문화는
정부 주도로는
발전하기 어렵다.
민간 창의력이
극도로 진화하게
해야 한다.

김홍남

1948년 경남 진주에서 태어나 서울대학교 미학과를 졸업했다. 미국 예일대학교에서 한국인으로는 처음
으로 미술사학 박사학위를 받았다. 이후 메트로폴리탄미술관, 아시아소사이어티 록펠러동양미술관 등
미국 박물관 관련 기관에서 연구원을 지냈으며 메릴랜드주립대학교에서 교편을 잡기도 했다. 한국에 돌
아와 이화여자대학교 교수와 민속박물관장을 지낸 뒤 2006년 국립중앙박물관장에 임명됐다. 〈조선시대
도자기전〉, 〈18세기 조선 회화전〉, 〈민화와 장식병풍〉 같은 전시를 기획해 호평을 받았다.

박물관 입장료를 낮추고, 관장 인사권을 보장해야 한다

● 　　김종규 문화유산국민신탁 이사장은 다음 세대의 감성지능 EQ 발달과 창조경제의 동력으로 박물관·미술관 집중 육성을 꼽았다. 이에 따라 김홍남 전 국립중앙박물관장을 만나 구체적인 방법론을 들어봤다. 김홍남 관장은 지난 2006년 국립중앙박물관 개관 61년 만에 여성으로는 처음 관장직에 올라 화제를 일으켰다. 그는 "예술품 거래의 투명성을 확보한다는 전제하에 기증자에게 대대적인 세금 혜택을 주고, 박물관에 정부보증보험제도를 적용해 입장료를 낮춰야 한다"고 제언했다.

박물관은 영혼의 보물창고

우리 박물관과 미술관의 현주소는 어떻습니까?
박물관과 미술관은 소중한 문화 자원이자 EQ의 원천이다. 수많은 거장과 예술가 들이 박물관과 미술관에서 감각과 영혼을 훈련시켰다.

한마디로 보물창고다. 우리나라 박물관과 미술관도 양적으로는 크게 활성화되고 있다.

국공립 박물관이 개선할 점은 어떤 것이 있을까요?

100퍼센트 정부 예산으로 운영되고 있는데 이젠 자립의 시대로 나아가야 한다. 일본과 유럽 국가들은 국가가 60퍼센트가량만 예산을 지원해주고 40퍼센트는 자체 조달한다. 무엇보다 인사권이 제대로 주어져야 한다. 박물관과 미술관은 전문기관이기 때문이다.

그렇다면 외국 박물관은 어떻게 자립을 이루게 되었나요?

우선 재단을 만들어 후원 조직과 이사회를 출범시켰다. 이어 기부자를 끌어들이고 계속해서 여러 형태로 후원회를 추가한 것이다. 또 자체적으로 돈벌이에도 나섬으로써 재정을 확충할 수 있었다.

그런 점에서 본다면, 우리나라 국공립 박물관은 어떤 상황인가요?

가장 큰 문제점은 관장에게 인사권이 없다는 거다. 구조적으로 필요한 인재를 쓸 수 없다. 또 국립박물관재단은 문화체육관광부 소속이다. 자연히 이사장도 정부에서 별도로 위촉하니 박물관의 자율권이 약하다. 두 번째 문제로는 기금 모집을 못 하게 돼 있다는 것이다. 또 돈벌이를 통해 재정을 확충할 수도 없게 돼 있다. 예를 들면 특별전을 열고 이와 관련된 상품을 개발해 팔려 해도 이런 프로세스에 박물관은 참여할 수 없게 돼 있다.

그런 문제점으로 인해 겪은 애로사항이 있다면 말씀해주십시오.

세계적인 석학을 데려와 강연을 부탁하고 싶어도 현행 강사 초빙 규정이나 여비 제한 때문에 모셔올 방법이 없다. 대안으로 후원회를 통해서 비용을 염출하려 해도 이를 뒷받침해줄 시스템이 없어 못 한다. 프랑스 루브르박물관은 정부로부터 40~60퍼센트 지원을 받지만 운영은 스스로 책임지는 제도라서 행정을 탄력적으로 할 수 있어 나날이 발전하고 있다.

국립 박물관들 사이에 유물 확보 경쟁이 심해 문제란 지적도 있습니다.

과거 정부의 문화재관리국이 박물관을 관장하던 시절엔 경주 고분에서 문화재가 발굴되면 당연히 국립박물관에 줬다. 그런데 문화재청이 자체 전시 기능을 확보한 뒤부터는 국립박물관에 유물을 주지 않는다. 그러다 보니 국립박물관들끼리 유물 확보 전쟁에 돌입하게 된 거다. 구입비로 주어진 국가 예산은 턱없이 적으니 더 치열해질 수밖에 없다.

문화재청과 국립중앙박물관의 위상 정립에도 문제가 있다고 들었습니다.

두 기관의 역할을 놓고 혼선이 있다. 문화재청은 행정과 문화재 발굴 업무, 전국의 문화재 등록사업을 하면 된다. 그런데 문화재 활용 분야까지 손을 대려 하니 국립중앙박물관과 충돌하게 된 거다. 하루빨리 조정돼야 한다.

예술품 시장의 투명성과 기증자에 대한 혜택

우리 박물관과 미술관의 작품 구입 예산이 너무 적은 것 아닙니까?

조선시대 만들어진 달항아리 한 점이 100억 원가량 할 것이다. 우리 박물관 예산으로는 턱도 없는 액수다. 선진국에서 배워야 한다. 미국 뉴욕의 메트로폴리탄박물관은 이럴 경우 우선 이사회를 열어 독지가를 찾는다. 다음으로 소장가를 만나 기증을 독려한다. 미국은 문화재를 기증하면 세제 혜택을 받을 수 있어 기증을 유도하기가 쉽다. 다만 우리 기업 가운데 '동원 컬렉션'은 세제 지원을 고려하지 않고 깨끗하게 기증한 드문 예를 남기긴 했다.

우리도 기부자에게 대폭적인 세제 혜택을 주어야 하지 않습니까?

그래야 한다. 외국은 기부자에게 60퍼센트까지 세제 혜택을 준다. 우리는 겨우 10퍼센트 수준이다. 미국은 존 F. 케네디 대통령 시절부터 세제 혜택 제도를 실시해 박물관 전성시대를 열었다. 박물관이 엘리트 중심에서 대중 시스템으로 전환된 계기가 바로 그것이었다. 구겐하임미술관, 스미소니언박물관 등 박물관의 98퍼센트가 사립이다. 국가의 세금으로 작품을 구입해 박물관 문화를 살린 것이다.

세제 혜택을 확대하기 위해선 어떻게 해야 합니까?

우선 세제 혜택 조치의 공정성과 투명성이 보장되어야 한다. 거래 과정과 금액이 투명해야 한다. 1억 원짜리 그림이 2억 원이나 5000만 원에 거래된 것처럼 속여선 안 된다. 세계적인 미술품 경매장인 크리

스티나 소더비는 거래 과정에서 금액을 정확히 밝힌다. 소장자와 경매자, 중간 화랑, 구매자 사이에서도 투명성 확보가 중요하다. 둘째, 감사기관이 있어야 한다. 미국은 기증되는 예술 작품에 대한 감사기관이 연방정부 차원에서 설치돼 있다. 감사위원들이 정기적으로 교체되고 배심원제로 운영돼 투명성이 높다. 이 두 가지를 완비한 뒤 대대적인 세제 혜택을 줘야 한다.

고가 미술품에 대한 부정적인 사회 인식도 문제 아닌가 싶습니다.

예술품 구입에 대해 정부와 사회가 긍정적인 시각을 가져야 한다. 물론 그러기 위해선 투명성을 확보하는 것이 선행 조건이다. 고려의 명품인 나전칠기나 불경함은 국내에 한 점도 없다. 일본에 몇 점이 있는데 20년 전엔 30억 원 수준이었다. 지금은 100억 원 선으로 가격이 올랐을 것이다. 누군가 100억 원을 주고 국내에 들여온다면 세제 혜택을 줘야 한다고 본다. 기증한다면 더더욱 그렇다.

우리 박물관의 전시회 입장료가 비싸다는 지적이 있습니다.

정부가 보증하는 예술품 보험제도가 없어서 그렇다. 그러다 보니 전시 한 번 하는 데 막대한 보험료가 들어간다. 또 민간 기획사가 돈을 끌어모아 전시회를 여니 입장료가 비싸지는 것이다. 속히 정부가 보증하는 보험 제도를 만들어야 한다.

해외에 흘러나간 우리 문화재는 어떻게 환수해야 할까요?

우선 파르테논 신전에서 대영박물관으로 빠져나간 유물이나 경주 석

굴암에서 외국으로 빠져나간 유물 등 유적지 현장에서 빠져나간 유물은 속히 본국으로 환수돼야 한다. 그러나 몇 단계를 거쳐 루브르박물관 등에 소장돼 한국을 알리고 있는 유물은 환수할 수 없다. 그 외의 유물들은 개인의 사재나 기금을 통해 구입해야 한다. 중국은 대형 기금을 만들어 해외로 빠져나간 문화유산을 사들이고 있다.

박물관과 미술관에 학생들이 많이 오게 하려면 어떻게 해야 합니까?
국공립 박물관은 현재 학생들에게 무료다. 초등학생들이 많이 온다. 그런데 중·고생은 입시 공부 때문에 오지를 못한다. 입시 제도에 박물관 방문 평가 항목을 넣어 중·고생들도 박물관과 미술관에서 많은 시간을 보내게 해야 한다.

그렇다면 대통령은 이와 관련해서 어떤 일을 할 수 있을까요?
문화는 정부 주도로 발전하기는 어렵다. 민간 창의력이 극도로 진화하게 해야 한다. 예술품 거래나 기부 과정에서 공정성·투명성을 확보한 뒤 대대적인 세제 혜택을 해주어야 한다. 박물관 입장료를 낮추기 위해 정부보증 보험제도를 도입하는 것이 좋다.

● 　김홍남 관장의 집은 삼청동 언덕에 있다. 한옥을 현대식으로 개조한 집이었다. 집안에 걸린 살아 있는 듯한 소나무 사진이 인상적이었다. 배병우 작가의 사진이다. 수많은 거장과 예술가가 박물관과 미술관에서 영혼을 벼리고 감각을 훈련했다. 박물관과 미술관

은 말 그대로 보물창고일 뿐 아니라 영혼과 예술의 보물창고이기도 하다. 예술품들이 활발하게 거래되고, 예술품을 소장하고 있는 것이 자랑이 되어야 한다고 생각한다. 땅을 갖는 것은 유한한 자원을 독점하는 것이다. 하지만 미술품을 갖는 것은 무한한 상상을 가지는 것이다. 상상력의 거래가 커질 때 창의적인 사회가 오기 때문이다.

미국의 존 F. 케네디 대통령은 박물관이나 미술관에 예술작품이나 문화재를 기부하는 사람에게 세제 혜택을 주는 법을 만들었다. 그 결과 미국에 박물관·미술관 전성시대가 올 수 있었다. 전 세계의 경매시장도 미국 중심으로 활성화될 수 있었다.

미술품과 문화재의 거래 과정이 투명해져야 한다. 문화재와 예술품의 거래에 투명성을 확보하고, 기증자에게 세제 혜택을 주는 방향으로 정책을 추진해나가야 한다. 중국에는 홍콩에 이어 상하이에도 예술품 자유 특구가 건설되고 있다. 홍콩 아트페어가 점점 커지고 있다. 상하이 특구 규모는 거대했다. 우리도 더 늦기 전에 인천 '예술품 자유 특구'를 지정해서 활성화해야 한다. 문화가 만개한 나라 대한문국大韓文國을 꿈꾸어본다.

인생에 도움이 되는
국가는 어떻게 가능한가

몇 년 전부터 힐링이 대세다. 삶이 고단하기 때문이다. 인생의 3대 기둥인 일자리, 보육과 교육, 복지가 삶을 든든하게 받쳐주지 못하고 있다. 내가 낸 세금은 다 어디로 간 것인가? 국가는 무엇을 하고 있는가? 물음이 시작되었다. '경제 민주화', '복지국가'가 시대의 지배적 용어가 되었다.

2013년 겨울 영화 〈변호인〉이 탄생했다. 〈변호인〉은 '국가란 무엇인가?'란 화두를 던졌다. 국가가 국민을 지켜주지는 못할망정 국민을 억압하는 국가에 대해 국민이 무엇을 해야 하는지를 생각하게 해준 영화였다.

2014년 소치 동계올림픽에서 안현수 선수가 러시아 국가대표로 등장하여 화려하게 부활했다. 대한민국은 그의 꿈을 키워주지도 못했고 이 나라에서 지켜주지도 못했다. 그래서 그는 대한민국을 떠났다. 많은 국민들은 안 선수를 욕하기보다 우리 대한민국, 그리고 국가를 돌아보았다. '국가가 국민을 지켜주지 못하면 국민이 국가를 떠날 수도 있는 거구나' 하는 생각도 들게 했다. 또 한편으로는 안 선수가 떠날 수밖에 없는 현실을 보면서 '대한민국, 과연 잘 가고 있는 것인가?' 하는 의문도 들었다.

2014년 4월 16일 세월호 사고는 대한민국에 심리적인 국가부도사태를 가져왔다. 뻔히 눈앞에 수백 명의 아이들이 무참하게 사라져가는 상황 앞에서 느낀 참담함과 비참함은 이루 말할 수 없는 충격을 주었다. 내가 살고 있는 이 땅의 국가 수준이 고작 이것밖에 되지 않는 것에 대해 절망했다. "나라가 우리를 지켜주지 못하니 우리는 나라를 떠나겠다"라고 했던 어느 유가족의 인터뷰는 모두의 가슴을 치게 했다. 이대로는 안 되겠다. 나라와 사회를 다시 세워야겠다는 결의와 믿음이 커지고 있다.

국가란 무엇인가? 이 나라는 어디로 가야 하는가? 행복한 인생은 어디에서 오는가를 가지고 원로와 전문가 들을 인터뷰하였다.

사람들은 힐링을 찾는다. 지치고 상처받은 마음을 치유하고 싶어 한다. 하지만 나는 힐링이 아닌 정책적 대안을 찾고 싶었다. 현실 안에서 현실과 부대끼며 치열하게 해결책을 찾고 싶었다.

인간은 불평등하게 태어난다. 가정으로 보면 부자 아빠, 가난한 아빠, 국가로 보면 부유한 나라, 가난한 나라 중 어디에서 태어나는가에 따라 인생이 큰 영향을 받는다. 개인의 노력도 중요하지만 국가와 사회의 운명도 개인의 운명에 깊은 영향을 미친다. 국가는 바로 이 불평등을 해소하고 기회를 줄 수 있어야 한다. '항산이 있어야 항심이 있다^{맹자}'. 일자리, 보육과 교육, 복지는 국가의 기본이다. 국가는 행복지수를 높이는 데 사용하는 도구이다. 국민 행복이 국가의 존재 이유이다.

'인생에 도움이 되는 국가는 어떻게 가능한가?'라는 질문에 대한 답은 몇 가지 길이 있었다. 인생도 국가도 흥망이 있다. 국가 흥망을 좌우하는 가장 핵심적인 요소는 똑똑한 국민 즉 '휴머니소스'와 '거버넌스제도, 리더십, 국민 열망 결집 등'에서 나온다는 지적이 공통적이었다. 개인과 나라가 함께 잘되려면 정권을 잃더라도 국가 과제를 밀고 가는 용기가 필요하다는 지적들은 마음에 깊이 와닿았다. 그렇게 하면 국민들은 그런 용기 있는 자들을 지지할 것이다. 우리나라는 지도자보다는 국민들이 우수한 나라이다. 역사의 기록이 그러하다.

　인생이란 무엇인가? "헛되고 헛되니 헛되고 헛되도다." 솔로몬 왕이 인생의 마지막 시기에 남긴 말이다. 알렉산더 대왕은 "죽으면 땅에 묻되 손을 밖으로 두게 해달라. 살아 있을 때 천하를 얻었어도 죽을 땐 빈손이란 걸 알게 하고 싶다"라고도 말했다. 최근에는 제2차 세계대전을 승리로 이끈 불굴의 정치인 처칠도 인생의 황혼기에 "모든 것이 지루하다"고 고백했다. 인생이란 가장 사랑하는 사람을 옆에 두고 혼자 울면서 태어나고, 가장 사랑하는 사람을 옆에 두고 홀로 죽어가는 것이다. 그 누구도 대신 살아줄 수도 없다. 인생이란 엄숙한 것이다.

　자연에 사계절이 있듯이 인생에도 사계절이 있다. 하지만 마음에는 계절이 없다. 마음만은 영원한 청춘, 새순 돋는 봄날처럼 지내시길 기원한다.

원로들이 들려주는
인생의 의미

각 분야의 원로들과 인터뷰를 하면서, 인생에 대해 여쭤보았다. 즐거운 삶, 정직하게 사는 삶, 사명을 가지고 살아가는 삶, 봉사의 삶, 애국하는 삶, 행복을 추구하는 삶, 주고받는 삶, 후세대를 위한 삶, 분수를 지키고 사는 삶, 오늘에 최선을 다하는 삶, 인생에 대한 여러 말씀을 다시 한 번 독자 여러분과 새겨보고 싶다.

인생은 전적으로 자기 책임이다. 남을 탓하지 말아야 한다. 흔히 하는 말이지만, 인간답게 사는 것, 즉 끊임없이 양심에 비추어보며 사는 것이 중요하다. 나도 평생을 학문과 교육에 몸 바쳤지만, 나보다 나은 사람을 양성하는 데 얼마나 노력했는지 반성하고 있다. 너무 고집 부리며 산 게 아닌가 하는 생각도 있다. 욕심을 버리고 일상에 만족할 줄 아는 게 중요하다.

● 강만길(고려대학교 명예교수)

세상이 아무리 빨리 변해도 휘둘리지 않는 뚜렷한 가치관이 있어야 한다. 다른 사람에게 조금이라도 도움이 되는 일을 하는 인생이 중요하다. 그래야 나이 들어 외롭지 않게 인생을 마무리할 수 있다. 자신만을 생각하면 성공한 뒤에도 허탈해진다.

● 강봉균(전 재정경제부 장관)

인생은 즐겁다. 즐거움의 원천이다. 즐거움을 유지하는 수단은 창의력을 갖고 도전하는 거다. 늙어 감을 무서워하지 말고, 낡음을 두려워해야 한다. 그래서 나는 항상 즐겁다.

● 김기영(전 광운대학교 총장)

인생은 '나그네길'이라 했다. 가수들은 '어디서 와서 어디로 가느냐' 하고 노래한다. 하지만 나는 과학자다. 엔트로피의 법칙에 따르면 생물은 반드시 죽는다. 영원한 것은 없다. 태양도 없어진다. 결국 새로운 태양이 생길 것이다. 이런 전제 아래 인생을 생각해보면 인생은 성실해야 한다는 결론에 이른다. '성誠, 정성'만 있어선 안 되고, '실實, 참됨'이 있어야 한다. 나는 '실'이 모자랐다. 행복도 다 성과 실에서 나오는 거다. 그러나 성실만 갖고는 안 된다. 직업을 잘 택해야 한다. 인간의 운명은 직업에 달려 있다. 성실과 직업을 어떻게 연결하느냐가 중요하다. 그다음으로 재치가 있어야 하고 끈기와 집념도 있어야 한다. 삼성 고 이병철 회장이 전자산업에 뛰어들 때 일가친척을 불러 "도장을 전부 가져오라"고 했다. 전자산업에 운명을 건 끝에 성공한 거다. '이거다' 싶을 땐 모든 걸 걸고 도전하며 사는 게 인생이다.

● 김기형(전 과학기술처 장관)

아놀드 토인비가 80세 때 쓴 글을 읽었다. "삶과 죽음에 대해 아직도 모르겠다"고 되어 있었다. 내가 요즘 많이 아프다. 방사선 치료를 규정량의 두 배 이상으로 받고 있다. 죽음을 실감하게 된다. 스테로이드를 먹으면 약간의 환각 상태까지 느낀다. 어떨 땐 아침에 안 일어났으면 좋겠다는 생각이 들기도 한다. 그럴 때 삶을 생각해보면, 인생이란 초등학교 때부터 지금까지 기억나는 시간들의 집적이 아닐까 싶다. 사흘 전에 창덕궁에 갔다. 철쭉이 처참하게 지고 있더라. 그러함을 느끼는 시간들, 서로 의미가 연속되지 않는, 끝없는 시간들의 집합이 삶인가 싶다.

● 김석철(명지대학교 석좌교수)

글쎄. 나도 아직 잘 모르겠다. 예수도 부처도 겸손한 분들이어서 인생이 뭔지 말씀하지 않았다. 한마디로 정리하기 어려운 문제다. 그저 맡은 일을 열심히 실천하면서 살 뿐이다.

● 김성수(대한성공회 대주교)

오늘 있다가 내일 없어지는, 안개와도 같은 것이다. 천년만년 살 것 같지만 인생은 잠깐이다. 어린아이가 무지개를 쫓는 것과 같은 거다. 그런 만큼 하루하루를 멋지게 살아야 한다. 다들 내일과 미래를 얘기하는데, 내일은 약속을 받지 못한 것이고, 어제는 이미 지나간 것이다. 오늘 하루를 열심히 사는 게 중요하다.

● 김장환(전 침례교세계연맹 총회장)

편도 차표라고 할 수 있을까? 인생은 가정이나 사회나 다 '배턴 터치'
다. 자신이 모든 걸 다 이룰 수는 없다는 자각이 중요하다. 의욕을 갖
되 과욕은 금물이다. 나는 실패한 사람을 많이 봐왔다. 과욕을 부리는
사람들이 실패하고 건강마저 잃더라. 스스로 욕심을 제어하면 나중에
덕이 되는 경우가 많았다. 내 좌우명은 '누군가에게 베푼 건 생각하지
말고, 받은 건 결코 잊지 말자'다.

● **김종규**(문화유산국민신탁 이사장)

인생은 자신이 노력해 구축하는 하나의 과정이다. 횡재를 바라지 말
고, 자신의 능력과 직분을 최대한 살려 국가에 기여하는 것이다. 요즘
젊은 부부들이 아이를 안 낳으려 하는데 국가·사회를 위해선 후손을
낳아 키우며 희생을 해야 한다. 옛날의 정겨운 가족제도와 이웃 공동
체를 복원해야 한다. 눈높이를 낮춰서 행복하게 살아야 한다.

● **김철수**(서울대학교 명예교수)

미국의 어느 기자가 은퇴 기념 파티에서 이렇게 연설했다. "평생 권력
주변을 취재해보니 권력이란 건 양파 속 같더라. 정치인들은 권력이라
는 양파 속을 모른 채 그 황홀한 외피만 보고 빠져든다. 부패하고 타락
하고 신념까지 버리면서 권력 핵심에 돌진한다. 하지만 핵심에 도달하
면 그 속은 공허하다. 양파 껍질을 까다 보면 아무것도 없는 것처럼 말
이다. 결국 인간적인 타락만 있었고 마지막에 도달한 건 허무다"라는
내용이었다. 권력의 끝은 공허함뿐이다. 타락하지 말고 살아야 한다.

● **남재희**(전 노동부 장관)

인생이란 완벽하지 않다. 상처받은 공동체에 발을 담그고 낯선 이들을 환영하며 살아야 한다. 끝이 없는 실험을 하는 게 인생이다.

● 류시문(노블레스 오블리주 시민실천 대표)

인생이란 한 사람의 삶만이 아니라 그와 타인들의 관계까지 포괄하는 것이다. 인간은 '도'를 추구해야 한다고 공자는 말했다. 인간으로 태어났으면 인간으로 가야 할 길을 따라가다 숨지는 게 인생이라고 보면 된다. 자아를 인식하며 살아가다 기운이 다하면 가는 게 인생이다. 인생이 특별히 무언가를 성취해야 하는 게 아니다. 자연에 순응하면서 사는 수밖에 없다.

● 성백효(한국고전번역원 명예교수)

살 만한 가치가 있는 즐거움이다. 《일리아드》에 "죽어서 황제가 되는 것보다 살아서 노예가 되는 게 낫다"는 말이 있다. 죽는 건 바보다. 인생은 충분히 즐거움을 누릴 수 있는 시간이다. 나는 즐겁지 않은 생활은 하지 않는다.

● 송복(연세대학교 명예 교수)

바르게 사는 것이다. 개인적으로 호텔 헬스클럽 30년 이용권을 받은 적이 있는데, 한 번도 이용해본 일이 없다. 일상이 건전하면 건강하다. 누가 마음에 안 든다고 '저놈 어떻게 때려잡을까' 궁리하며 살면 건강하지 못한 삶이다.

● 신봉승(작가)

인생을 살면서 자신의 이름이 남에게 알려지지 않을까 걱정할 필요는 없다. 사람이 착하게 살다 갔다는 말을 듣기도 쉽지 않다. '정직하게 살려고 애쓰다 간 사람'이라 기억될 정도면 그 인생은 괜찮은 인생이다. 올바른 인생은 정직 위에서만 이룰 수 있다.

● **안병주(성균관대학교 명예교수)**

인생은 사랑이다. 아이건 어른이건 누군가에게 사랑을 주는 사람이 돼야 하고, 또 동시에 사랑을 받는 사람이 돼야 한다. 나는 가족과 주변에 진 사랑의 빚을 어렵고 힘든 이웃들을 도와주는 것으로 갚으면서 열심히 살았다고 생각한다.

● **양재모(성심의료재단 이사)**

인생은 크레셴도^{점점 크게}와 디크레셴도^{점점 작게}가 있다 크레셴도와 디크레셴도가 자주 교차하는 게 좋은 인생 같다. 즉 인생엔 정착과 방황이 있는데 너무 쉽게 정착해도, 너무 많이 방황해도 안 된다는 거다. 방황할 만큼 방황하고, 정착할 만큼 정착하는 게 인생이다. 자신의 삶의 길을 발견해 태어난 보람을 느끼고 자신 때문에 사회도 득을 보는 일이 있다면 멋진 인생이다.

● **이강숙(한국예술종합학교 석좌교수)**

고시 동기생 모두 같은 꿈을 갖고 출발했지만 결과를 보니 그게 아니었다. 재능과 적성을 따라 사는 게 행복의 길이다.

● **이공현(전 헌법재판소 재판관)**

세상 모든 것은 자기 길이 있다. 하늘은 하늘의 길이, 땅은 땅의 길이, 사람은 사람의 길이 있다. 사람의 길은 윤리·도덕적인 것이다. 인간은 가치를 추구하지 않으면 동물보다 못해진다. 동물은 잘못하는 데 한계가 있지만 사람은 잘못하면 끝이 없다. 가치엔 도덕적 가치, 물질적 가치, 심리적 가치가 있는데 근본은 도덕적 가치다.

● **이광정(원불교 상사)**

인생이 무엇이냐는 질문을 들으니 갑자기 슬퍼진다. 건강할 땐 슬픔을 못 느낀다. 약간 아프고 괴로울 때 슬픔을 크게 느낀다. 반면 갑자기 일이 잘 풀릴 땐 기쁘다. 그 기쁨과 슬픔 사이에서 냉철함을 유지하는 존재가 인간인 듯하다. 인간은 이성이 있을 때 인간답다. 인간은 부족함을 느낄 때 그 부족함의 완성을 향해 철학적으로 사색하고, 더 노력하고, 더 깊은 걸 터득한다. 그리하여 죽음을 죽음답게 마치는 것이다. 다음 세대에 떳떳하게 인생을 마칠 수 있을 때가 인생의 가장 좋은 경지가 아닌가 생각한다.

● **이기웅(전 출판도시문화재단 이사장)**

어차피 인생은 참고 걸어가는 먼 길이다. 좋은 일도, 어려운 일도 많은 길이다. 한 치 앞을 알 수 없는 가변성을 지닌 길이다. 그래서 '지금' 그리고 '여기'를 소중히 해야 한다. 나는 검찰에 몸담던 시절 인생의 절정기에 있던 인사들을 수사하며 그들의 영욕을 지켜보았다. 잘나가던 사람이 욕심을 부리다 나락으로 떨어지는 것을 자주 보았다. 분수를 지키며 사는 것이 행복한 인생이란 교훈을 그때 얻었다. 도전도 야망도 분수에 맞게 가져야 한다.

● **이명재**(전 검찰총장)

인생은 핑퐁이다. 주고받는 것이다. 공이 안 오면 이기는 것이 된다. 그러나 늘 주고받아야 아름다운 인생이 되는 것 아닌가? 인생도 핑퐁도 항상 파트너가 있어야 한다.

● **이에리사**(국회의원)

인생은 이익을 추구하고 행복을 찾는 것이다. 행복한 삶이란 본인도 남도 행복하게 하고, 나아가 국가에 이바지하는 것이다. 나는 지금까지 오로지 해양 인재 양성을 목표로 일관되게 10년 이상 교수 생활을 해왔다. 후학을 키우는 것은 인생의 큰 행복이다. 공직 생활을 한 뒤 퇴직했으면 명예롭게 사는 게 중요하다. 그게 행복이다. 또 건강해야 한다. 건강을 위해선 시간과 노력을 투자해야 한다.

● **유삼남**(한국해양대학교 석좌교수)

사람은 사명을 타고 태어난다. 이왕 사람으로 태어난 이상 인류를 위해 기여해야 한다. '그냥 사람이니까 사람으로 산다'는 것은 말도 안 되는 얘기다. 사람은 사회를 위해 무언가 공헌해야 하고 발전해야 한다. 중국에서 지인이 《순자》에 나오는 '미의연년美意延年'이라는 글귀를 써 보내준 적이 있다. 아름다운 마음을 지니면 오래 산다는 뜻이다. 또 어떤 종교든지 하나를 믿고 살아야 한다. 그러면 신념이 강해진다.

● **전중윤**(삼양식품 명예회장)

성공적인 인생이란 나이를 먹어갈수록 어떤 면에서든 개선이 있어야 하는 것이다. 인생이 가치가 있으려면 오늘이 어제보다 조금이라도 낫고, 올해가 지난해보다 나아야 한다. 나이를 먹어감에 따라 뭔가 좋아진 게 있다는 것, 이게 인생이어야 한다.

● **조순(전 경제부총리)**

연습도 재공연도 할 수 없는 단 한 회짜리 연극이다. 매 순간 긴장하고, 가장 하고 싶은 일에 최선을 다하는 것이다. 그러면 목표는 이뤄진다. 설령 목표를 이루지 못해도 후회 없는 인생이 된다. 〈생활의 달인〉이라는 프로그램을 좋아하는데, 필부도 노력하면 신을 능가하는 능력을 갖게 된다는 메시지가 담겼기 때문이다.

● **조정래(작가)**

인생이란 사람이 태어나 자기에게 주어진 수명에 이를 때까지 숨 쉬고 사는 것이다. 그 과정에서 사람은 여러 경험을 하게 된다. 사회를 보는 눈이 넓어지면서 '내가 어떤 위치에 있나' 생각해보게 된다. 살아가면서 자신이 처한 상황에 만족하고 분수를 알고 그렇게 사는 거다. 그러면 마음이 편하다. 반드시 누군가와 경쟁하겠다고 벼를 필요가 없다. 자기 능력을 가지고 그 능력껏 살면 되는 것이다. 다른 사람보다 잘되려 애쓸 필요는 없다.

● **조완규(전 교육부 장관)**

인생은 내가 태어나고 싶어서 태어난 게 아니다. 내가 죽고 싶어서 죽는 것도 아니다. 내가 원해서 이 길을 걸어온 것도 아니다. 주어진 상황에 대해 스스로 의미를 부여하고 이를 통해 내 가치를 실현해나가는 게 인생이다.

● 진덕규(이화여자대학교 명예교수)

적에 포위돼 자결을 결심한 적이 있고, 죽을 고비도 여러 번 넘겼다. 그때마다 이순신 장군의 말씀을 따랐다. "살고자 하면 반드시 죽을 것이요, 죽고자 하면 반드시 살 것"이란 신념이 그것이다. 군복을 벗은 오늘에도 그런 마음으로 산다. 후배 군인들도 나라를 사랑한다는 얘기를 입으로 백번 해봐야 소용없다. 애국은 행동으로 실천하는 것이다.

● 고 채명신(주베트남 한국군 초대 사령관)

셰익스피어는 "인간은 자기의 역할도 모르면서 무대에서 한바탕 연극을 하고 떠나가는 존재"라고 했다. 인간은 사실 유전자가 만들어낸 존재다. 리처드 도킨스의 《이기적 유전자》를 읽고 세계관이 바뀌었다. 결국 인생은 DNA가 다 하는 것인데, 아등바등할 게 뭐 있나 싶더라. 자살충동까지 생겼다. 하지만 더 공부해보니 기막히게 평온한 날이 찾아왔다. DNA가 내게 '열심히 살아보라'고 했으니 열심히 살다 가면 되는 게 아닌가 하는 깨달음을 얻었다. 실패했다고 어떻게 되는 것도 아니다. 요즘엔 실패라는 건 원래 없는 거란 생각도 든다.

● 최재천(이화여자대학교 석좌교수)

인생을 알면 살지 못하는 거다. '영원히 머물 것처럼 일하고, 내일 떠날 것처럼 준비하겠다'는 말을 늘 새기며 산다. 나이 들면 건강검진을 받을 때마다 이상 징후가 하나씩 는다. 주변 사람들이 하나씩 떠나가는 걸 본다. 아무 일도 할 수 없는데 인위적으로 목숨을 연장하는 게 인간을 귀하게 여기는 것인지 의문이다. 나는 그냥 묘비도 없이 사라지고 싶다.

● 한수산(작가)

사람은 누구나 자연에서 와서 자연으로 간다. 자연과 자연 사이에 있는 시간이 인생이다. 그러니 그 시간 동안 정직하게 사는 것이 중요하다. 내가 생각하는 잘 사는 방법은 가급적 마음을 비우면서 노력하고 사는 것이다.

● 황병기(이화여자대학교 명예교수)

대한민국 어디로 가야 하는가

– 問得 원로에게 대한민국의 미래를 묻다

엮은이 | 이광재

초판 1쇄 발행일 2014년 6월 9일
초판 3쇄 발행일 2014년 7월 14일

발행인 | 김학원
경영인 | 이상용
편집주간 | 위원석
편집장 | 최세정 황서현
기획 | 문성환 박민영 박상경 임은선 최윤영 조은화 전두현 최인영 이혜인 정다이 이보람
디자인 | 김태형 임동렬 유주현 최영철 구현석
마케팅 | 이한주 김창규 이선희 이정인
저자·독자서비스 | 조다영 함주미(humanist@humanistbooks.com)
스캔·출력 | 이희수 com.
용지 | 화인페이퍼
인쇄 | 청아문화사
제본 | 정민문화사

발행처 | (주)휴머니스트 출판그룹
출판등록 | 제313-2007-000007호(2007년 1월 5일)
주소 | (121-869) 서울시 마포구 동교로23길 76(연남동)
전화 | 02-335-4422 팩스 | 02-334-3427
홈페이지 | www.humanistbooks.com

ISBN 978-89-5862-703-6 03300

● 이 도서의 국립중앙도서관 출판도서목록(CIP)은 서지정보유통지원시스템 홈페이지(http://seoji.
nl.go.kr)와 국자자료공동목록시스템(http://www.nl.go.kr/kolisnet)에서 이용하실 수 있습니다.
(CIP제어번호 : 2014014394)

만든 사람들
편집장 | 황서현
기획 | 박상경(psk2001@humanistbooks.com) 최윤영 이보람
편집 | 정일웅 이영란
디자인 | 김태형 최영철
사진 | 조용철